52

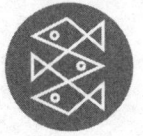

August Heinrich Hoffmann von Fallersleben

Das große Lesebuch

Herausgegeben von
Heinz Ludwig Arnold

Fischer Taschenbuch Verlag

Originalausgabe

Veröffentlicht im Fischer Taschenbuch Verlag,
einem Unternehmen der S. Fischer Verlag GmbH,
Frankfurt am Main, Juni 2011

Für diese Ausgabe:
© S. Fischer Verlag GmbH, Frankfurt am Main 2011
Satz: Dörlemann Satz, Lemförde
Druck und Bindung: CPI – Clausen & Bosse, Leck
Printed in Germany
ISBN 978-3-596-90338-2

Unsere Adressen im Internet:
www.fischerverlage.de
www.fischer-klassik.de

Inhalt

Ja, sie kehren immer wieder,
Niemals sind sie ausgesungen;
Eh' die alten sind verklungen,
Tönen wieder neue Lieder.

Und solang die neuen Lieder
Nicht dem Herzen sind entschwunden,
Kehren auch die schönern Stunden
Meines Lebens immer wieder.

Denn die Lieder sind mein Leben,
Eins geworden sind die beiden –
Beide laß zusammen scheiden,
Wie du sie, o Gott, gegeben.

1. LIEDER UND KINDERLIEDER

Dann ist er da!

Wenn die Lerch' empor sich schwingt,
Durch die blauen Lüfte singt,
Und der Kibitz um sein Nest
Kreisend sich vernehmen läßt,
Und das Ackermännchen schnell
Hüpft umher am Wiesenquell –
Dann, dann ist der Frühling da,
Freud' und Leben fern und nah!

Wenn das Veilchen freundlich blickt,
Seinen Morgengruß uns nickt,
Wenn der Himmelschlüssel sprießt,
Seine goldnen Kelch' erschließt,
Und Schneeglöckchen bim bam bom
Läuten: Frühling, komm komm komm! –
Dann, dann ist der Frühling da,
Freud' und Leben fern und nah!

Wenn das Auge Alles sieht
Und das Ohr hört jedes Lied;
Wenn das Herz von Lust bewegt
Frei sich fühlt und voller schlägt,
Und vergißt mit Einem Mal
All des Winters Leid und Qual –
Dann, dann ist der Frühling da,
Freud' und Leben fern und nah!

(28. März 1864)

Frühlingsbotschaft

Kuckuck, Kuckuck ruft aus dem Wald:
Lasset uns singen,
Tanzen und springen!
Frühling, Frühling wird es nun bald.

Kuckuck, Kuckuck läßt nicht sein Schrei'n:
Komm in die Felder,
Wiesen und Wälder!
Frühling, Frühling, stelle dich ein!

Kuckuck, Kuckuck, trefflicher Held!
Was du gesungen,
Ist dir gelungen:
Winter, Winter räumet das Feld.

(1835)

Bald ist der Frühling da!

Tra ri ra!
Bald ist der Frühling da!
Bald werden grün die Felder,
Die Wiesen und die Wälder.
Tra ri ra!
Bald ist der Frühling da!

Tra ri re!
Schon schmilzet Eis und Schnee:
Die Quellen rauschen wieder
Von allen Bergen nieder.
Tra ri re!
Schon schmilzet Eis und Schnee.

Tra ri ro!
Jetzt sind wir wieder froh!
Ja, Trost für lange Plage
Verleihn die längern Tage.
Tra ri ro!
Jetzt sind wir wieder froh!

Tra ri ru!
Du lieber Frühling du,
Laß uns nicht länger warten!
Komm bald in Feld und Garten!
Tra ri ru!
Du lieber Frühling du!

(21. Januar 1845)

Wie freu' ich mich der hellen Tage!

Wie freu' ich mich der hellen Tage,
Wenn unterm blauen Himmelszelt
Nach langer Kält' und Winterplage
Frohlockt die bunte Frühlingswelt!

Mir ist als müßt' ich jubelnd springen
In dieses Blüthenmeer hinein,
Als müßt' ich auch empor mich schwingen
Hell singend mit der Vögel Reihn.

Mein Auge hangt an jeder Blüthe,
Mein Ohr an jedem Klang und Ton,
Und aus dem zagenden Gemüthe
Ist alles Erdenleid entflohn.

Ihr fernen Lieben, laßt die Klage!
O kommt und freuet euch mit mir!
In meines Frühlings helle Tage,
So oft sie nahn, gehört auch ihr.

(4. April 1865)

Spiellust im Frühlinge

Der Winter ist wieder vergangen,
Es grünet und blühet das Feld;
Im Walde da singen die Vögel,
Es freut sich die ganze Welt.

Was macht nun ein rüstiger Bube?
Er bleibet nicht länger zu Haus,
Er ziehet gar lustig und munter
Mit uns in das Freie hinaus.

Und sind wir ins Freie gekommen,
Beginnen wir mancherlei Spiel:
Wir spielen Soldaten und Jäger,
Und laufen vereint nach dem Ziel.

Wir spielen dann immer was Neues:
Jetzt schlagen wir Ball und den Reif,
Dann lassen wir steigen den Drachen
Mit seinem gewaltigen Schweif.

Dann drehn wir uns lustig im Kreise
Und tanzen auf Einem Bein.
Das ist ein Leben und Treiben!
Wir trommeln und singen und schrei'n.

Und ist dann der Abend gekommen,
Dann gehen wir fröhlich nach Haus,
Dann sinnen wir andere Spiele
Auf morgen uns wiederum aus.

(25. Dez. 1843)

Des Kuckucks Ruf

Der Kuckuck ruft: ku ku!
Der Kuckuck ruft uns allen zu:
   »Ku ku, ku ku, ku ku!
Frisch auf, hinaus und höret mich!
Frisch auf, seid fröhlich so wie ich!
Blau ist der Himmel und grün das Feld
   Und fröhlich die Welt:
   Die Vögel sie singen,
   Die Hirsche sie springen,
   Die Täubchen sie girren,
   Die Enten sie schnattern,
   Die Käfer sie schwirren,
   Die Falter sie flattern
   Um Blumen und Blätter
   Im sonnigen Wetter –«
Ja, ja! sie machen's wie du!
   Ku ku, ku ku, ku ku!

Der Kuckuck ruft: ku ku!
Der Kuckuck ruft uns allen zu:
   »Ku ku, ku ku, ku ku!
Frisch auf, hinaus und höret mich!
Frisch auf, seid fröhlich so wie ich!
Blau ist der Himmel und grün das Feld
   Und fröhlich die Welt.«

Wir wollen auch singen
Und tanzen und springen,
Uns haschen und necken,
Und weben und schweben
Durch Sträucher und Hecken,
Durch Furchen und Gräben
Um Blumen und Blätter
Im sonnigen Wetter.
Ja, ja! wir machen's wie du!
　Ku ku, ku ku, ku ku!

(28. März 1864)

Tanzmeister Wiedehopf

Der Kuckuck nicket mit dem Kopf
Und spricht: Gevatter Wiedehopf,
Willst du der beste Tänzer sein
Vor allen Vögeln groß und klein,
Zeig deine Künste dann im Nu!
Ich musiciere dir dazu:
Kuckuck Kuckuck! hopp hopp!

Da hub Gevatter Wiedehopf
Gar stolz empor den bunten Schopf,
Und hopste lustig hopp hopp hopp!
Und freute sich gar sehr darob.
Wer gerne tanzt, ist gleich bereit,
Und wenn auch nur ein Kuckuck schreit:
Kuckuck Kuckuck! hopp hopp!

(5. Aug. 1858)

Maler Frühling

Der Frühling ist ein Maler,
Er malet Alles an,
Die Berge mit den Wäldern,
Die Thäler mit den Feldern:
Was der doch malen kann!

Auch meine lieben Blumen
Schmückt er mit Farbenpracht:
Wie sie so herrlich strahlen!
So schön kann Keiner malen,
So schön wie er es macht.

O könnt' ich doch so malen,
Ich malt' ihm einen Strauß
Und spräch' in frohem Muthe
Für alles Lieb' und Gute
So meinen Dank ihm aus!

(31. Jan. 1873)

Frühlings Ankunft

Alle Vögel sind schon da,
Alle Vögel, alle!
Welch ein Singen, Musiciern,
Pfeifen, Zwitschern, Tireliern!
Frühling will nun einmarschiern,
Kommt mit Sang und Schalle.

Wie sie alle lustig sind,
Flink und froh sich regen!
Amsel, Droßel, Fink' und Staar

Und die ganze Vogelschaar
Wünschet uns ein frohes Jahr,
Lauter Heil und Segen.

Was sie uns verkündet nun,
Nehmen wir zu Herzen:
Wir auch wollen lustig sein,
Lustig wie die Vögelein,
Hier und dort, feldaus, feldein
Singen, springen, scherzen!

(1835)

Vögleins Frage

»Bist du da? bist du da?«
Ja, ja! lieb Vöglein, ja!
Der Frühling ist da.
Verschwunden ist schon Eis und Schnee,
Die Sonne spiegelt sich im See;
Das Feld ist grün,
Schneeglöckchen blühn.
Ja, ja! lieb Vöglein, ja!
Der Frühling ist da.

»Bist du da? bist du da?«
Ja, ja! lieb Vöglein, ja!
Der Frühling ist da.
Du kannst dir schon dein Nestchen bau'n –
Er streuet Blumen auf die Au'n
Und schmücket bald
Mit Laub den Wald.
Ja, ja! lieb Vöglein, ja!
Der Frühling ist da.

(4. März 1861)

Mein Lämmchen

Ich hab' ein Lämmchen weiß wie Schnee,
Das geht auf grüner Weide,
Das ist so fromm, das ist so gut,
Thut Keinem was zu Leide.

Es suchet sich die Blümchen aus,
Die gelben und die weißen,
Den Quendel und den Thymian,
Und wie die Kräuter heißen.

Und wenn's genug gefressen hat
Und will nicht weiter grasen,
So lagert's sich am Erlenstrauch
Wol auf dem kühlen Rasen.

Und wenn der Hirt nach Hause treibt,
Kommt auch mein Lämmchen wieder,
Dann hüpft es in den Stall hinein,
Und blökt und legt sich nieder.

Dem Lämmchen bin ich gar zu gut,
Dem Lämmchen auf der Weide,
Und wer ihm was zu Leide thut,
Thut mir auch was zu Leide.

(7. Dez. 1843)

Der liebe Mond

Die Sonne hat in voller Pracht
Vollendet ihren Lauf,
Und drüben ging, eh wir's gedacht,
Der liebe Mond schon auf.

Wie schreitet er am Himmel hin
So freundlich seine Bahn!
Er hat ja Gutes nur im Sinn,
Hat Niemand Leids gethan.

Es ist als ob er früge zu:
Was habt ihr heut gemacht?
Er lächelt Jedem freundlich zu,
Wünscht Jedem gute Nacht.

Drum eine gute Nacht auch dir!
Leb wohl! auf Wiedersehn!
Leb wohl! 's ist so zu Muthe mir
Als müßt' ich mit dir gehn.

(23. Jan. 1845)

Wiegenlieder

Alles still in süßer Ruh,
Drum, mein Kind, so schlaf auch du!
Draußen säuselt nur der Wind:
Su susu! schlaf ein, mein Kind!

Schließ du deine Aeugelein,
Laß sie wie zwei Knospen sein!
Morgen wenn die Sonn' erglüht,
Sind sie wie die Blum' erblüht.

Und die Blümlein schau' ich an,
Und die Aeuglein küss' ich dann,
Und der Mutter Herz vergißt,
Daß es draußen Frühling ist.

(7. März 1827)

***

Der Frieden ruht auf Berg und Thal,
Die Welt will schlafen allzumal.
Ein Sternlein blickt zum Fenster 'nein,
Und fragt: schläft Kindlein noch nicht ein?

»Mein Kind ist gut und folget gern,
Das weißt du ja, mein lieber Stern!«
So wünsch' ich ihm denn gute Nacht,
Schlaf wohl, lieb Kind! dein Sternlein wacht.

(18. Dez. 1862)

Morgenlied

Werde heiter mein Gemüthe
Und vergiß der Angst und Pein!
Groß ist Gottes Gnad' und Güte,
Groß muß auch dein Hoffen sein.

Kommt der helle goldne Morgen
Nicht hervor aus dunkler Nacht?
Lag nicht einst in Schnee verborgen
Dieses Frühlings Blüthenpracht?

Durch die Finsterniß der Klagen
Bricht der Freude Morgenstern;
Bald wird auch dein Morgen tagen:
Gottes Güt' ist nimmer fern.

(1836)

Veilchen

Veilchen, wie so schweigend,
Wie so still dich neigend
In das grüne Moos!
Veilchen, sag was sinnst du,
Sag mir, was beginnst du,
Scheinst so freudenlos?

»Laß mich! still und bange
Lausch' ich dem Gesange
Jener Nachtigall.
Wenn sie singt, so schweig' ich,
Wenn sie singt, so neig' ich
Ihrem Sang und Schall.«

(1835)

Frühlingslied

Blauer Himmel, milde Luft,
Vogelsang und Blüthenduft,
Überall Sang und Schall,
Freud' und Leben überall.
Und in diesen schönen Tagen,
Herz, und du nur wolltest klagen?

Wie die Ros' in ihrer Pracht
Froh der Sonn' entgegen lacht,
Lächle du Voller Ruh
Gottes lieber Sonne zu!
Fürchte keine Nacht auf Erden!
Immer muß es Morgen werden.

(22. Juni 1851)

Wie mein Kind sich freuen kann!

Wie mein Kind sich freuen kann!
Sieht es nur ein Licht,
Sieht es nur ein Blümchen an,
Lächelt sein Gesicht.

Welche Freude wird es sein,
Wenn's im Frühlingsfeld
Laufen kann im Sonnenschein
Durch die Blumenwelt!

Wie's die Händchen dann erhebt
Nach dem Schmetterling!
Wie's nach Allem hascht und strebt!
Nichts ist ihm gering.

Und das Hälmchen in dem Ried,
Und das Blatt am Strauch,
Alles, Alles, was es sieht,
Alles freut es auch.

Und wie wird die Freude sein
In der Sommernacht,
Wenn der Mond mit güldnem Schein
Ihm entgegenlacht!

Freue dich, mein liebes Kind!
Wer sich freuen kann,
Ist, sobald er nur beginnt,
Schon ein bessrer Mann!

(21. Nov. 1855)

Komm mit!

Und Fränzchen hört die Vögel singen
Und sieht sie von Zweigen zu Zweigen springen,
Und wie sie rufen: widewitt! widewitt!
So ruft er ihnen: komm mit! komm mit!

Und Fränzchen sieht die Blumen winken
Und sieht die Steinchen im Wege blinken,
Er bückt sich und sammelt bei jedem Tritt
Und ruft bei allen: komm mit! komm mit!

Und Käfer schwirren, und Falter flattern,
Er will sie fangen, er will sie ergattern,
Er will hinterher mit verdoppeltem Schritt
Und ruft ihnen nach: komm mit! komm mit!

Und was er sieht von nah und von weiten,
Soll freu'n sich mit ihm und soll ihn begleiten,
Komm mit! so ruft er bei jedem Tritt,
Die ganze Welt soll mit, soll mit!

(28. März 1857)

Wanderlied

Vögel singen, Blumen blühen,
Grün ist wieder Wald und Feld.
O so laßt uns ziehn und wandern
Von dem einen Ort zum andern
Durch die weite grüne Welt!

Wie im Bauer sitzt der Vogel,
Saßen wir noch jüngst zu Haus.
Aufgethan ist jetzt das Bauer,
Hin ist Winter, Kält' und Trauer,
Und wir fliegen wieder aus.

Freude lebt auf allen Wegen,
Um uns, mit uns, überall.
Freude säuselt aus den Lüften,
Hauchet aus den Blumendüften,
Tönt im Sang der Nachtigall.

Nun so laßt uns ziehn und wandern
Durch den neuen Sonnenschein,
Durch die lichten Au'n und Felder,
Durch die dunkelgrünen Wälder
In die neue Welt hinein!

(1835)

Vergißmeinnicht

Es blüht ein schönes Blümchen
Auf unsrer grünen Au.
Sein Aug' ist wie der Himmel
So heiter und so blau.

Es weiß nicht viel zu reden
Und Alles was es spricht,
Ist immer nur dasselbe,
Ist nur: Vergißmeinnicht.

Wenn ich zwei Aeuglein sehe
So heiter und so blau,
So denk' ich an mein Blümchen
Auf unsrer grünen Au.

Da kann ich auch nicht reden
Und nur mein Herze spricht,
So bange nur, so leise,
Und nur: Vergißmeinnicht.

(1835)

Froh und lustig!

Wir ziehn auf Berg und Halde
Die grünen Felder entlang,
Wir lagern uns im Walde
Bei Scherz und fröhlichem Sang.

Wir trotzen Wind und Regen,
Versingen jegliches Leid,
Es giebt uns allerwegen
Die Freud' ein treues Geleit.

Der Freude drum zu Ehren
Stimmt an ein fröhliches Lied!
Sie will nur dort einkehren,
Wo freie Herzen sie sieht.

Wir wollen unsre Herzen
Von Gram und Kummer befrei'n,
Und spielen, lachen, scherzen,
Um froh und lustig zu sein.

(27. Juli 1866)

Die Weidenflöte

Jacob, wenn du Weiden schneidest,
O so denk an mich auch dann!
Schneid mir eine Weidenflöte,
Daß ich mir was spielen kann.

Lieber Jacob, ja du thust es,
Weil du mir so gut doch bist.
Hab' ich keine Weidenflöte,
Weiß ich kaum, daß Frühling ist.

In der stillen Zeit am Abend
Geh' ich auf und ab am Thor,
Spiel' auf meiner Weidenflöte
Jedermann ein Stückchen vor.

Mutter kommet mit dem Vater,
Und die Schwestern alle drei:
Jedem spiel' ich dann ein Stückchen,
Aber meiner Mutter zwei.

(18. Apr. 1851)

Leb wohl, du schöner Wald!

So scheiden wir mit Sang und Klang:
Leb wohl, du schöner Wald!
Mit deinem kühlen Schatten,
Mit deinen grünen Matten,
Du süßer Aufenthalt!

Wir singen auf dem Heimweg noch
Ein Lied der Dankbarkeit:
Lad ein wie heut' uns wieder
Auf Laubesduft und Lieder
Zur schönen Maienzeit!

Schaut hin! von fern noch hört's der Wald
In seiner Abendruh:
Die Wipfel möcht' er neigen,
Er rauschet mit den Zweigen,
Lebt wohl! ruft er uns zu.

(26. Jan. 1848)

Maiglöckchen und die Blümelein

Maiglöckchen läutet in dem Thal,
Das klingt so hell und fein:
So kommt zum Reigen allzumal,
Ihr lieben Blümelein!

Die Blümchen blau und gelb und weiß,
Die kommen all' herbei,
Vergißmeinnicht und Ehrenpreis,
Zeitlos' und Akelei.

Maiglöckchen spielt zum Tanz im Nu
Und Alle tanzen dann,
Der Mond sieht ihnen freundlich zu,
Hat seine Freude dran.

Den Junker Reif verdroß das sehr,
Er kommt ins Thal hinein:
Maiglöckchen spielt zum Tanz nicht mehr,
Fort sind die Blümelein.

Doch kaum der Reif das Thal verläßt,
Da rufet wiederum
Maiglöckchen zu dem Frühlingsfest
Und läutet bim bam bum.

Nun hält's auch mich nicht mehr zu Haus,
Maiglöckchen ruft auch mich:
Die Blümchen gehn zum Tanz hinaus,
Zum Tanze geh' auch ich.

(14. Dez. 1843)

Knabe und Veilchen

Heute, Veilchen, hol' ich dich,
Mußt du fort mit mir!
Und das liebe Veilchen spricht:
»Knabe, laß mich hier!

Laß mich hier im Sonnenschein
Auf der grünen Au!
Tages labt mich Maienluft,
Nachts des Himmels Thau.«

Alles was du wünschen kannst,
Hast du auch bei mir:

Maienluft und frischen Trank
Will ich geben dir.

»Wenn du mir auch Alles giebst,
Nimmst mir doch mein Glück:
Meine Heimat giebst du mir
Nimmermehr zurück.«

(1. Feb. 1848)

Zum Tanz!

Komm, mein liebes Fränzchen,
Mach mit mir ein Tänzchen,
   Tanze mit mir!
Komm! hinauf, hinunter,
Immer frisch und munter
   Tanz' ich mit dir!
Wie grün ist das Feld,
Die Thäler und Höhn!
Wie fröhlich die Welt,
Und Alles wie schön!

Komm, mein liebes Fränzchen,
Mach mit mir ein Tänzchen,
   Tanze mit mir!
Komm! hinauf, hinunter,
Immer frisch und munter
   Tanz' ich mit dir!
Die Mücken im Ried,
Die Vögel im Strauch,
Sie singen ein Lied
Und tanzen nun auch.

Komm, mein liebes Fränzchen,
Mach mit mir ein Tänzchen,

Tanze mit mir!
Komm! hinauf, hinunter,
Immer frisch und munter
Tanz' ich mit dir!
Es rieselt der Quell
Mit rauschendem Sang
Und tanzet so hell
Die Auen entlang.

(11. Aug. 1858)

Was er Alles kann!

Seht den kleinen Franz mal an,
Seht doch was er Alles kann!
Kann artig sein,
Kann Diener machen,
Kann lärmen und schrei'n,
Kann weinen und lachen,
Kann laufen und springen,
Kann trommeln und singen,
Kann rasseln
Und prasseln,
Kann werfen und schlagen,
Kann reiten und jagen,
Exercieren
Und marschieren,
Kann plappern und fragen,
Kann holen und tragen,
Kann Bilder besehn,
Spazieren gehn,
Auf dem Kopfe stehn,
Heißa im lustigen Tanze sich drehn!

(15. Dez. 1858)

Die Mäuse

In einer Scheune waren
Acht Mäuselein,
Die wollten gerne wandern
Ins Städtchen hinein,
Ins Städtchen auf den Markt,
Da gäb' es mancherlei
Backwerk und Leckerei.

Da sprach die alte Mutter:
Seid auf der Hut!
Wenn ihr ins Städtchen kommet,
Bedenkt was ihr thut!
Bleibt hier, ihr Kinder mein!
Bedenkt, der Städter ist
Voll Schlauheit, Tück' und List.

Die Mäuslein aber zogen
Ins Städtchen fort,
Sie wollten gar nicht hören
Auf Mütterchens Wort.
Sie schlüpften alle acht,
Zu halten einen Schmaus,
Wol in ein Bäckerhaus.

Der Bäcker höret pfeifen
Die Mäus' im Haus:
Ich werd' euch jetzt bereiten
Zur Nacht einen Schmaus.
Er stellt die Fallen auf,
Und fängt sie alle acht
In einer einz'gen Nacht. –

So geht es allen Kindern
Auch noch wie dort,
Wenn sie nicht hören wollen
Auf Mütterchens Wort.
Drum nehmt das Sprüchwort wahr:
Es kommet nach der That
Zu spät der gute Rath.

(17. Dez. 1843)

Hampelmann

Hampelmann, was fängst du an?
Hangst so ruhig an der Wand,
Regest weder Fuß noch Hand!
Hampelmann, was fällt dir ein,
Willst du nicht mehr lustig sein?
Warte nur! ich ziehe dich,
Lustig wirst du sicherlich;
Rühren sollst du Arm und Bein,
Lustig, lustig mußt du sein!
   Hampelmann, frisch, wolan!
Auf und nieder, hin und wieder
Recke, strecke deine Glieder!
Frisch, wolan! Hampelmann!

(23. Sept. 1857)

Wer ist Schuld daran?

Als unser Mops ein Möpschen war,
Da konnt' er freundlich sein;
Jetzt brummt er alle Tage,
Und bellt noch obendrein.

Du bist ein recht verzogen Thier!
Sonst nahmst du was ich bot,
Jetzt willst du Leckerbissen
Und magst kein trocken Brot.

Zum Knaben sprach der Mops darauf:
»Wie thöricht sprichst du doch!
Hätt'st du mich anders gezogen,
Wär' ich ein Möpschen noch.«

(6. Jan. 1844)

Die Kunst geht nach Brot

Spitzchen, Spitzchen, tanz einmal!
Was du kannst, das zeige!
Nein, er mag nicht – wenn ich auch
Ihm ein Stückchen geige:
Gigel junk, gigel junk,
    gigel junk junk, junk junk junk.

Halt' ich ihm ein Weckchen vor,
Tanzt er gleich manierlich.
Immer geht die Kunst nach Brot –
Ist das nicht possierlich?
Gigel junk, gigel junk,
    gigel junk junk, junk junk junk.

(15. Jan. 1848)

Wettstreit

Der Kuckuck und der Esel,
Die hatten großen Streit,
Wer wol am besten sänge
Zur schönen Maienzeit.

Der Kuckuck sprach: »das kann ich!«
Und hub gleich an zu schrei'n.
»Ich aber kann es besser!«
Fiel gleich der Esel ein.

Das klang so schön und lieblich,
So schön von fern und nah;
Sie sangen alle beide:
Kuku kuku ia!

(1835)

Das Tanzen ist nicht Jedermanns

Der Kibitz und die Kibitzin,
Die hatten beide Einen Sinn:
Sie fingen an zu tanzen.
Sie hoben hurtig Bein um Bein
Und sprangen hoch im Sonnenschein,
Das war ein lustig Tanzen!

Die Jungfer Gans die sah es an:
Was Andre können, ich auch kann!
Und fing auch an zu tanzen.
Ei, Jungfer Gans, was fällt dir ein?
Du brichst am Ende noch ein Bein
Mit deinem fetten Ranzen!

Die Gans die stolpert überm Stein
Und purzelt hin und bricht ein Bein:
Da war vorbei das Tanzen.
So mußt' es kommen, Jungfer Gans!
Das Tanzen ist nicht Jedermanns;
Laß künftig Andre tanzen!

(17. Aug. 1858)

Knabe und Maikäfer

Maikäfer, summ, summ, summ,
Nun sag mir an: warum?
Du fliegst am Fenster hin und her,
Und willst mein Laub und Haus nicht mehr!
Was schwirrst du so? was schnurrst du so?
Warum bist du nicht mehr so froh?

»Lieb Kindlein, still, still, still!
Hör, was ich sagen will.
Wie sollt' ich denn wol fröhlich sein
In deinem dunkeln Haus allein,
So fern von frischer Himmelsluft,
Von lichtem Grün und Laubesduft?«

Maikäfer, summ, summ, summ,
Nun sag mir an: warum?
Hab' ich doch Fenster dir gemacht,
Und frisches Laub dir stets gebracht,
Dein Haus in Sonnenschein gestellt,
Und dich geführt in Wald und Feld!

»Lieb Kindlein, still, still, still!
Hör, was ich sagen will.

Wenn ich's mit dir auch so gemacht,
Du würdest weinen Tag und Nacht,
Und wär' ich noch so gut dabei,
Du sprächst doch allzeit: laß mich frei!«

(Februar 1828)

Der böse Bach

Du Bach mit den silbernen Wellen,
Wie rinnest du heute so hin,
Als hättest du nie noch auf Erden,
Nie Böses gehabt im Sinn!

Du Bach mit den silbernen Wellen!
Was hab' ich dir doch gethan?
Du hast mir mein Gärtchen zerstöret
Und unseren Wiesenplan.

Du Bach mit den silbernen Wellen!
Einst warf ich Blumen dir nach –
Jetzt hab' ich nur Thränen und Klagen
Für dich, o du böser Bach!

(28. Jan. 1845)

Beim Regen

Liebe Sonne, scheine wieder,
Schein die düstern Wolken nieder!
Komm mit deinem goldnen Strahl
Wieder über Berg und Thal!

Trockne ab auf allen Wegen
Ueberall den alten Regen!
Liebe Sonne, laß dich sehn,
Daß wir können spielen gehn!

(18. Aug. 1858)

Regen, Regen!

Regen, Regen,
   Himmelssegen!
Bring uns Kühle, lösch den Staub
Und erquicke Halm' und Laub!

Regen, Regen,
   Himmelssegen!
Labe meine Blümelein,
Laß sie blühn im Sonnenschein!

Regen, Regen,
   Himmelssegen!
Nimm dich auch des Bächleins an,
Daß es wieder rauschen kann!

(12. Aug. 1858)

Der Sommer

Der Sommer, der Sommer,
Das ist die schönste Zeit:
Wir ziehen in die Wälder
Und durch die Au'n und Felder
Voll Lust und Fröhlichkeit.

Der Sommer, der Sommer,
Der schenkt uns Freuden viel:
Wir jagen dann und springen
Nach bunten Schmetterlingen
Und spielen manches Spiel.

Der Sommer, der Sommer,
Der schenkt uns manchen Fund:
Erdbeeren wir uns suchen
Im Schatten hoher Buchen
Und laben Herz und Mund.

Der Sommer, der Sommer,
Der heißt uns lustig sein:
Wir winden Blumenkränze
Und halten Reigentänze
Beim Abendsonnenschein.

(21. Feb. 1865)

In der Frühe

Wie herrlich glänzt im Morgenthau
Die grüne blumenreiche Au!
Wie ist von neuem belebt der Wald!
Wie's ringsum wiederum hallt und schallt!

Du bist erquickt von süßer Ruh,
Mein Herz, wie könntest schweigen du?
Dem Herrn des Tages, dem Herrn der Nacht,
Ihm sei dein frühester Dank gebracht!

(18. Sept. 1864)

Das Füchslein

Wer ist in unser Hühnerhaus
Eben doch gegangen?
Wer will sich dort zu einem Schmaus
Eine Henne fangen?
Füchslein, Füchslein, mach dich fort!
Füchslein, sag was willst du dort
Doch bei unsern Hühnern?

Das Füchslein aber bleibet da
Ohne Furcht und Bangen;
Doch eh er's selber sich versah,
Wird mein Fuchs gefangen.
Füchslein, Füchslein, bangt dir nicht?
Füchslein, jetzo vors Gericht!
Denn du bist gefangen.

Dem Fuchse ward zur Stelle dort
Gleich sein Recht verliehen:
Er mußte nach des Richters Wort
Seinen Pelz ausziehen.
Füchslein, Füchslein, wohlgemuth!
Füchslein, traun, es ruht sich gut
Auf des Kürschners Stange!

(14. Jan. 1845)

Der gefangene Zeisig

Zeisig, mein Zeisig, was fällt dir denn ein, ein, ein?
Zeisig, mein Zeisig, was fällt dir denn ein?
»Wär' ich doch wieder frei,
Fort aus der Sklaverei!«
Sklaverei? Narrethei!
Bist du nicht frei?

Zeisig, mein Zeisig, ei, bist du nicht frei, frei, frei?
Zeisig, mein Zeisig, ei, bist du nicht frei?
»Frei in der Kerkerhaft,
Frei in Gefangenschaft?«
Ho ho ho! anderswo
Geht's dir nicht so!

Zeisig, mein Zeisig, wo geht's dir so gut, gut, gut?
Zeisig, mein Zeisig, wo geht's dir so gut?
»Nirgend als dort allein,
Dort wo ich frei kann sein.«
Doch doch doch sag mir noch,
Ei, wohin doch?

Zeisig, mein Zeisig, wo willst du doch hin, hin, hin?
Zeisig, mein Zeisig, wo willst du doch hin?
»Wo es mir wohlgefällt,
Draußen in Wald und Feld.«
Geh geh geh! nun so geh!
Zeisig, ade!

(18. April 1844)

Wie der Zaunschlüpfer König ward

Weithin König Adler sah,
Wie der Frühling fern und nah
Alles hatte schön geschmückt
Und erfreuet und beglückt.

König Adler fröhlich war,
Rief: »Gut Heil, du Vogelschaar!
Morgen soll ein Turnfest sein,
Und ich lad' euch alle ein!«

Und da kam die Vogelschaar:
Rabe, Drossel, Elster, Staar,
Meise, Häher, Wiedewall,
Kuckuck, Specht und Nachtigall.

Und man reckt sich, streckt sich, ringt,
Klettert, schwingt sich, hüpft und springt;
Endlich kommt der Dauerlauf –
König Adler spricht darauf:

»Stellt euch jetzt in Reih' und Glied,
Alle, ohne Unterschied!
Wer am höchsten fliegen kann,
Der soll König sein fortan!«

Turr! da flog die ganze Schaar,
Aber unterm Flügelpaar
König Adlers saß versteckt
Herr Zaunschlüpfer unentdeckt.

Als der Adler endlich doch
Matt ward, flog Zaunschlüpfer noch,
Höher noch ein ganzes Stück,
Kam als König dann zurück.

(27. März 1865)

Tanzlied der Mücken

Frisch, ihr Blumen und Halme,
Frisch, spielt uns zum Reihn!
Denn es winket die Sonne
Mit purpurnem Schein.
Laßt uns schweben im Tanze
Am Bach und im Feld!
Uns gehöret die ganze,
Die unendliche Welt.

Weile länger, o Sonne!
Wer weiß, ob einmal
Uns noch scheinet zum Tanze
Dein lieblicher Strahl?
Ach, wer weiß, ob uns morgen
Ein Wiedersehn lacht?
Heißa, lustig getanzet,
Eh uns scheidet die Nacht.

Heißa, lustig getanzet
Im blumigen Duft!
Laßt uns singen und summen
In säuselnder Luft!
Laßt uns schweben und weben
Hinab und hinauf!
Denn es hat ja die Sonne
Bald vollendet den Lauf.

(12. Jan. 1844)

Mückentanz

Dideldum!
Summ summ summ!
Das ist zum Entzücken!
Wie tanzen die Mücken!
Die schnellen Gesellen
So leise im Kreise,
So wohlig, so munter
Hinauf und herunter!
Dideldum! dideldum!
Summ summ!
Immer herum,
Dideldum!
Immer herum,
Summ summ!

(20. Juli 1849)

Biene

Summ summ summ!
Bienchen summ herum!
Ei, wir thun dir nichts zu Leide,
Flieg nun aus in Wald und Heide!
Summ summ summ!
Bienchen summ herum!

Summ summ summ!
Bienchen summ herum!
Such in Blumen, such in Blümchen
Dir ein Tröpfchen, dir ein Krümchen!
Summ summ summ!
Bienchen summ herum!

Summ summ summ!
Bienchen summ herum!
Kehre heim mit reicher Habe,
Bau uns manche volle Wabe!
Summ summ summ!
Bienchen summ herum!

Summ summ summ!
Bienchen summ herum!
Bei den Heilig Christ-Geschenken
Wollen wir auch dein gedenken –
Summ summ summ!
Bienchen summ herum!

Summ summ summ!
Bienchen summ herum!
Wenn wir mit dem Wachsstock suchen
Pfeffernüss' und Honigkuchen.
Summ summ summ!
Bienchen summ herum!

(1835)

Bienenlied

Lustig ist das Bienenleben!
Lustig in dem Sonnenschein
Um die duft'gen Bäume schweben,
Kosten edlen Blüthenwein!

Alles horchet, wenn sie summen
In die Sommerwelt hinein,
Ja die Lüfte selbst verstummen,
Lauschen ihren Melodei'n.

Bei der ersten Morgenhelle
Sind sie munter und bereit,
Sie verlassen ihre Zelle,
Und kein Weg ist je zu weit.

Darum will der Sommer ihnen
Lohnen auch ihr heißes Mühn,
Lässet für die lieben Bienen
Seine bunten Blumen blühn.

Das Lauerkätzchen

Wer sitzt auf unsrer Mauer?
Die Katz' sitzt auf der Lauer.
O Spätzelein,
Nehmt euch in Acht vorm Kätzelein!

Nehmt euch in Acht, ihr Spätzchen!
Es kommt das Mausekätzchen.
O Spätzelein,
Nehmt euch in Acht vorm Kätzelein!

Die Katz' ist heimgegangen,
Sie hat den Spatz gefangen.
Drum, Spätzelein,
Nehmt euch in Acht vorm Kätzelein!

Was macht die Mausekatze
Doch mit dem kleinen Spatze?
Das Spätzelein
Bringt sie zu ihren Kätzelein.

(20. Dez. 1843)

Honigerndte

Laßt euch nicht länger bitten!
Es giebt gar süßen Schmaus.
Der Honig wird geschnitten!
Hinaus, aufs Dorf hinaus!

Wie hell doch aus den Waben
Der süße Honig fließt!
Der Anblick schon muß laben,
Noch eh der Gaum genießt.

Nun läßt sich leicht erklären,
Warum man gern ihn schleckt,
Und auch warum den Bären
So gut der Honig schmeckt.

(7. Juli 1859)

Eichhörnchen

Heißa, wer tanzt mit mir?
Lustig und munter!
Kopfüber, kopfunter
Mit Manier!
Immerfort
Von Ort zu Ort,
Jetzo hier,
Jetzo dort! Hopp!
Ohne Ruh, ohne Rast,
Vom Zweig auf den Ast,
Vom Ast auf den Wipfel hoch in die Luft,
Im Blättersäusel und Blüthenduft!
Immerzu
Ohne Rast, ohne Ruh!
Heut' ist Kirms und heut' ist Ball!
Spielet, Drossel, Nachtigall,
Stieglitz, Amsel, Fink und Specht,
Pfeift und geigt und macht es recht!
Ich bin ein Mann,
Der tanzen kann.
Hänschen Eichhorn heiß' ich,
Was ich gelernt hab' weiß ich.
Kommt der Jäger in Wald hinein,
Will mir kein Vogel singen,
Hänschen läßt das Tanzen sein,
Tanzen, Hüpfen und Springen;
Hänschen schlüpft hinein zum Haus,
Hänschen schaut zum Haus heraus,
Hänschen lacht den Jäger aus.

(1833)

Du schöner Wald!

O wie still, du schöner Wald!
Doch wir lassen jetzt uns nieder
Und wir singen unsre Lieder,
Und lebendig wird es bald:
   Ueberall, überall
Unsers Sanges Wiederhall.

Welch ein lieber Aufenthalt
In dem duftig frischen Schatten,
Hier auf deinen grünen Matten!
Sei gegrüßt, du schöner Wald!
   Ueberall, überall
Sei gegrüßt mit Sang und Schall!

Sei gegrüßt, du schöner Wald!
O du laubumwölbte Halle,
Deiner freuen wir uns alle:
Unsre Freude wiederhallt,
   Ueberall, überall
Unsrer Freude Klang und Schall.

Sei gegrüßt, du schöner Wald!
Uns geziemt vor allen Dingen,
Scheidend dir ein Hoch zu singen,
Daß erschallt und wiederhallt
   Ueberall, überall
Unsers Dankes Jubelschall!

(9. März 1873)

Auf dem See

Kaum haben wir verlassen den Wald,
Den liebsten Sommeraufenthalt,
So liegt vor uns im Abendschein
Ein See so freundlich als lüd' er uns ein.
An seinen Ufern wartet ein Nachen,
Wir steigen ein und rudern fort,
Und fahren unter Singen und Lachen
Umher an des Seees blumigem Bord.

(wohl 1860)

Der Reiher

Wenn spazieren geht der Reiher,
Denkt er über Manches nach:
Ob sich's besser fischt am Weiher
Oder besser noch am Bach.

Endlich hat er sich entschlossen,
Geht zum Weiher hin und fischt,
Und da weilt er unverdrossen,
Bis er einen Fisch erwischt.

Warten das versteht er prächtig,
Langeweile kennt er nicht;
Was er thut, er thut's bedächtig,
Und Geduld ist seine Pflicht. –

Willst du irgend was erringen,
Lern vom Reiher mancherlei,
Und Geduld vor allen Dingen
Bestens dir empfohlen sei.

(11. Feb. 1873)

Schifffahrt

Ueber die hellen
Funkelnden Wellen
Tanzen Libellen den lustigen Tanz,
Fröhlich und munter,
Auf und hinunter,
Schweben und weben im sonnigen Glanz.

Kühlende Lüfte,
Liebliche Düfte,
Wonniges Wetter und Vögelgesang!
Gleich den Libellen
Ueber die Wellen
Schwebt unser Nachen am Ufer entlang.

Blumen und Bäume
Fliegen wie Träume,
Alles enteilet und schwindet dahin.
Doch im Enteilen
Lassen wir weilen,
Weilen im Herzen den fröhlichen Sinn.

(1835)

Beim Fischen

Welche Freude, wenn wir heute
Ziehn das große Netz ans Land,
Und es liegt vor uns die Beute
Ausgebreitet auf dem Sand!

Welche Fische bei einander!
Klein' und groß' und allerlei!

Aal, Karausche, Barsch und Zander,
Brachse, Karpfe, Hecht und Schlei.

Nun, so laßt die Netz' uns senken
In das Wasser tief hinein,
Und die Fische, eh wir's denken,
Werden sie gefangen sein.

(16. Juli 1859)

Nachtigallen und Frösche

Wenn die Nachtigallen schlagen,
Ei, wem sollt' es nicht behagen!
Tjo tjo, tjo tjo, tü tü tü, zirr zirr zirr zirr zirr,
   tjo tjo tjo tjo tü, tjo tjo tjo tjo tü!
Ei, wem sollt' es nicht behagen!

Doch die Frösch' in ihren Lachen,
Hört nur, was für Lärm sie machen!
Qua quack, qua quack, quack quack quack,
    qua qua qua qua quack
  qua qua qua qua quack,
    qua qua qua qua quack!
Hört nur, was für Lärm sie machen!

Mancher hebet an zu singen,
Und er meint, es müsse klingen:
Tjo tjo, tjo tjo, tü tü tü, zirr zirr zirr zirr zirr,
   tjo tjo tjo tjo tü, tjo tjo tjo tjo tü!
Ja, er meint, so müss' es klingen.

Doch es klingt wie Froschgequacke
Und wie aus dem Dudelsacke:

51

Qua quack, qua quack, quack quack quack,
    qua qua qua qua quack
  qua qua qua qua quack,
    qua qua qua qua quack!
Ja, wie aus dem Dudelsacke.

(15. April 1844)

Der Sommerabend

Eben sank die Sonne nieder
Und nun wird es Abend wieder.
Kühle Luft beginnt zu wehn,
Süße Labung träufelt nieder,
Und es badet sich im Thau
Halm und Blum' in Feld und Au.

Stille wird es und es dunkelt,
Und der Abendstern schon funkelt.
Alles ist so müd' und matt,
Alles suchet Ruh und Frieden,
Nur die Nachtigall noch wacht,
Singt uns eine gute Nacht.

(10. Feb. 1845)

Den Blumen Fried' und Ruh!

Lieben Abendwinde,
Säuselt Fried' und Ruh,
Säuselt leis' und linde
Meinen Blumen zu!
Lieben Abendwinde,
Säuselt Fried' und Ruh!

Scheine freundlich wieder,
Lieber Mondenschein,
Sende Schlummer nieder
Meinen Blümelein!
Scheine freundlich wieder,
Lieber Mondenschein!

Singt, ihr Nachtigallen,
Singet hübsch und fein,
Gute Nacht! singt allen
Meinen Blümelein!
Singt, ihr Nachtigallen,
Singet hübsch und fein!

(20. Jan. 1848)

Abendlied

Die Sonne sank, der Abend naht
Und stiller wird's auf Straß' und Pfad,
Und süßer Friede, Ruh und Rast
Folgt auf des Tages Sorg' und Last.

Es schweigt der Wald, es schweigt das Thal:
Die Vögel schlafen allzumal,
Sogar die Blume nicket ein
Und schlummert bis zum Tag hinein.

Schon rieselt nieder kühler Thau
Auf Halm und Blatt in Feld und Au,
Im Laube spielet frische Luft,
Und Blüth' und Blume spendet Duft.

Der Abendstern mit güldnem Schein
Blickt in die stille Welt hinein,
Als rief' er jedem Herzen zu:
Sei still, sei still, und schlaf auch du!

(27. Feb. 1854)

Johanniswürmchen

Was tanzen so goldige Sternchen
Umher in funkelnder Pracht?
Sind Käfer mit ihren Laternchen,
Die fliegen spazier'n bei Nacht.

Wenn einer begegnet dem andern,
Dann grüßen sie sich, wie man's thut,
Erzählen sich was und wandern
Dann weiter gar wohlgemuth.

Und kehrt der Morgen dann wieder,
Sucht Jeglicher eilig sein Haus,
Doch eh er sich leget nieder,
Löscht er sein Laternchen aus.

(21. Aug. 1858)

Das Lied vom Monde

Wer hat die schönsten Schäfchen?
Die hat der goldne Mond,
Der hinter unsern Bäumen
Am Himmel drüben wohnt.

Er kommt am späten Abend,
Wann Alles schlafen will,
Hervor aus seinem Hause
Zum Himmel leis' und still.

Dann weidet er die Schäfchen
Auf seiner blauen Flur;
Denn all die weißen Sterne
Sind seine Schäfchen nur.

Sie thun sich nichts zu Leide,
Hat eins das andre gern,
Und Schwestern sind und Brüder
Da droben Stern an Stern.

Und soll ich dir eins bringen,
So darfst du niemals schrei'n,
Mußt freundlich wie die Schäfchen
Und wie ihr Schäfer sein!

(28. Jan. 1830)

Sommer, o verlaß uns nicht

»Will der Sommer wieder scheiden,
Blickt er auf die öden Heiden,
Und da lächeln ihm im Nu
Heideblümchen freundlich zu.
Hell umglänzt vom Strahl der Sonne
Freu'n sie sich der Sommerwonne,
Und ein jedes Blümchen spricht:
Sommer, o verlaß uns nicht!

Doch den Blumen ist hienieden
Ach! Ein Sommer nur beschieden:
Mitten in der Freudenzeit
Trifft sie oft das Winterleid.
Sommer, sieh noch einmal wieder
Von dem blauen Himmel nieder!
Send uns doch dein mildes Licht!
Sommer, o verlaß uns nicht!«

Sommer hört's und käme gerne,
Doch er kann aus weiter Ferne
Einen Scheidegruß allein
Senden seinen Blümelein.
Und die armen Blumen wagen
Kaum die Augen aufzuschlagen,
Rufen bis ihr Herze bricht:
»Sommer, o verlaß uns nicht!«

(31. März 1873)

Das Aehrenfeld

Ein Leben war's im Aehrenfeld
Wie sonst wohl nirgend auf der Welt:
Musik und Kirmeß weit und breit
Und lauter Lust und Fröhlichkeit.

Die Grillen zirpten früh am Tag
Und luden ein zum Zechgelag:
Hier ist es gut, herein! herein!
Hier schenkt man Thau und Blüthenwein.

Der Käfer kam mit seiner Frau,
Trank hier ein Mäßlein kühlen Thau,
Und wo nur winkt' ein Blümelein,
Da kehrte gleich das Bienchen ein.

Den Fliegen ward die Zeit nicht lang,
Sie summten manchen frohen Sang.
Die Mücken tanzten ihren Reihn
Wol auf und ab im Sonnenschein.

Das war ein Leben rings umher,
Als ob es ewig Kirmeß wär'.
Die Gäste zogen aus und ein
Und ließen sich's gar wohl dort sein.

Wie aber geht es in der Welt?
Heut' ist gemäht das Aehrenfeld,
Zerstöret ist das schöne Haus,
Und hin ist Kirmeß, Tanz und Schmaus.

(12. Dez. 1843)

Erntelied

Der Sommer bleibt nicht lange mehr,
Der Tag wird kürzer, die Nacht wird länger,
Das Korn ist gemäht, das Feld wird leer,
Es schweigen schon des Waldes Sänger.
Doch eh uns der Sommer ganz verläßt,
So giebt er uns noch ein fröhlich Fest.
Seht da! sie bringen den Erntekranz
Mit bunten Bändern und Flittern,
Sie eilen alle zum fröhlichen Tanz,
Die Mädchen mit den Schnittern.

Und Alles tanzt und springt,
Und Alles jubelt und singt:
Juchheißa juchhei!
Die Erndt' ist vorbei.

(wohl 1860)

Herbstlied

Der Frühling hat es angefangen,
Der Sommer hat's vollbracht.
Seht, wie mit seinen rothen Wangen
So mancher Apfel lacht!

Es kommt der Herbst mit reicher Gabe,
Er theilt sie fröhlich aus,
Und geht dann, wie am Bettelstabe
Ein armer Mann, nach Haus.

Er hat die Keller und die Speicher
Gefüllt mit Speis' und Trank;
Er wurde arm, wir wurden reicher,
Und will doch keinen Dank.

Er will uns ohne Dank erfreuen,
Kommt immer wieder her:
Laßt uns das Gute so erneuen,
Dann sind wir gut wie er.

(1835)

Hab Dank, du lieber Wind!

Ich bin in den Garten gegangen
Und mag nicht wieder hinaus.
Die goldigen Aepfel prangen
Mit ihren rothen Wangen
Und laden ein zum Schmaus.

Wie ist es anzufangen?
Sie sind mir zu hoch und fern.
Ich sehe sie hangen und prangen
Und kann sie nicht erlangen,
Und hätte doch einen gern!

Da kommt der Wind aus dem Westen
Und schüttelt den Baum geschwind
Und weht herab von den Aesten
Den allerschönsten und besten –
Hab Dank, du lieber Wind!

(21. Sept. 1858)

Der Birnenschmaus

So komm, du lieber Sonnenschein,
Laß unsre Birnen gut gedeihn!

Und wenn sie gelb geworden sind,
Dann komm und wehe, lieber Wind!

Komm, Wind, und schüttle jeden Ast
Und lad uns alle samt zu Gast!

Dann eilen wir zum Haus hinaus
Und halten einen Birnenschmaus.

(1. Sept. 1857)

Trauben, die ess' ich gern

Trauben die ess' ich gern,
Das kannst du glauben,
Süßer als Mandelkern
Schmecken die Trauben.

Trauben hol mir geschwind,
Hole mir Trauben!
Daß sie gegessen sind,
Kann ich nicht glauben.

Mutter, an dem Spalier
Und an den Lauben,
Überall, da und hier
Giebt es noch Trauben.

Trauben die ess' ich gern,
Das kannst du glauben,
Süßer als Mandelkern
Schmecken die Trauben.

(14. Sept. 1857)

Der Schwalben Abschied

O sieh, wie allenthalben
Sich sammeln unsre Schwalben!
Sie haben sich auf den dürren Ast
In unserm Apfelbaum gesetzt
Und halten noch eine kurze Rast
Und zwitschern ein Lied zu guter Letzt:
Fort fort fort, ich ziehe fort
    Zirrrrr!

An einen andern Ort.
Den Sommer den ich machte,
Das gute Wetter das ich brachte,
Nehm' ich mit, nehm' ich mit.
    Zirrrrr!
Gott bewahre dich wirthlich Haus,
Und was gehet ein und aus!
    Zirrrrr!
Wir kehren wieder und bringen zurück
Euch neue Lieder und neues Glück.
    Zirr zirr zirrrrr!

(22. Aug. 1858)

Der Störche Wanderlied

Fort, fort, fort und fort
An einen andern Ort!
Nun ist vorbei die Sommerzeit:
Drum sind wir Störche jetzt bereit,
Von einem Land zum andern
    Zu wandern.

Ihr, ihr, ihr und ihr,
Ihr Bauern, lebet wohl!
Ihr gabt zur Herberg' euer Dach,
Und schütztet uns vor Ungemach:
Drum sei euch Glück und Frieden
    Beschieden.

Du, du, du und du,
Leb wohl, du schöner Teich!
Du hast an deinen Ufern oft
Verliehn, was unser Herz gehofft.

Dein denken wir von ferne
  Noch gerne.

Ihr, ihr, ihr und ihr,
Ihr Frösche, lebet wohl!
Ihr habt uns oft Musik gemacht
Und uns mit manchem Schmaus bedacht.
Lebt wohl auf Wiedersehen!
  Wir gehen.

Fort, fort, fort und fort
An einen andern Ort!
Nun ist vorbei die Sommerzeit:
Drum sind wir Störche jetzt bereit,
Von einem Land zum andern
  Zu wandern.

(6. Jan. 1844)

Abschiedslied der Zugvögel

Wie war so schön doch Wald und Feld!
Wie traurig ist anjetzt die Welt!
Hin ist die schöne Sommerzeit
Und nach der Freude kam das Leid.

Wir wußten nichts von Ungemach,
Wir saßen unterm Laubesdach
Vergnügt und froh im Sonnenschein
Und sangen in die Welt hinein.

Wir armen Vögel trauern sehr,
Wir haben keine Heimat mehr,
Wir müssen jetzt von hinnen fliehn
Und in die weite Fremde ziehn.

(25. Dez. 1843)

Martinslied

Die Gänse mit dem Gänserich,
Die machen groß Geschrei:
Die beste Zeit für sie verstrich,
Der Sommer ist vorbei.
Gigack, gigack, gigack.

Der Tag ist kurz, lang ist die Nacht.
Die Weid' ist ohne Gras,
Der Gang zum Born und Weiher macht
Im Winter keinen Spaß.
Gigack, gigack, gigack.

Ihr dürft im Schnee und auf dem Eis
Nicht lang mehr barfuß gehn,
Laßt euer Schrei'n, es ist, wer weiß
Gar bald um euch geschehn.
Gigack, gigack, gigack.

Am Martinsabend wandert ihr
Gebraten auf den Tisch,
Und nichts von euch behalten wir
Als nur den Flederwisch.
Gigack, gigack, gigack.

So ist's und ist nun immerso,
Für uns nur lebtet ihr,
Wir sind des Gänsebratens froh,
Ihr schweigt, doch singen wir
Gigack, gigack, gigack.

(9. Sept 1868)

Herbstlied

Bald fällt von diesen Zweigen
Das letzte Laub herab.
Die Büsch' und Wälder schweigen,
Die Welt ist wie ein Grab.
Wo sind sie denn geblieben?
Ach! sie sangen einst so schön –
Der Reif hat sie vertrieben
Weg über Thal und Höhn.

Und bange wird's und bänger
Und öd' in Feld und Hag;
Die Nächte werden länger
Und kürzer wird der Tag.
Die Vögel sind verschwunden,
Suchen Frühling anderswo;
Nur wo sie den gefunden,
Da sind sie wieder froh.

Und wenn von diesen Zweigen
Das letzte Laub nun fällt,
Wenn Büsch' und Wälder schweigen,
Als trauerte die Welt –
Dein Frühling kann nicht schwinden,
Immer gleich bleibt dein Geschick,
Du kannst den Frühling finden
Noch jeden Augenblick.

(1836)

Sehnsucht nach dem Frühling

O wie ist es kalt geworden
Und so traurig, öd' und leer!
Rauhe Winde wehn von Norden
Und die Sonne scheint nicht mehr.

Auf die Berge möcht' ich fliegen,
Möchte sehn ein grünes Thal,
Möcht' in Gras und Blumen liegen
Und mich freu'n am Sonnenstrahl;

Möchte hören die Schalmeien
Und der Heerden Glockenklang,
Möchte freuen mich im Freien
An der Vögel süßem Sang.

Schöner Frühling, komm doch wieder,
Lieber Frühling, komm doch bald,
Bring uns Blumen, Laub und Lieder,
Schmücke wieder Feld und Wald!

Ja, du bist uns treu geblieben,
Kommst nun bald in Pracht und Glanz,
Bringst nun bald all deinen Lieben
Sang und Freude, Spiel und Tanz.

(1835)

Der Reif

Der Reif ist ein geschickter Mann:
O seht doch, was er Alles kann!
Er haucht nur in den Wald hinein,
Wie ist verzuckert schön und fein
Ein jeder Zweig und Busch und Strauch
    Von seinem Hauch!

Wie schnell es ihm von Händen geht!
Kein Zuckerbäcker das versteht.
Und Alles fein und silberrein,
Wie glänzt es doch im Sonnenschein!
Wär' Alles doch nur Zucker auch
    Von seinem Hauch!

Doch nein, wir sind schon sehr erfreut,
Daß uns der Reif so Schönes beut.
O Winter, deinen Reif auch gieb!
Uns ist die Augenweide lieb,
Und ohne Duft und Frühlingshauch
    Freu'n wir uns auch.

(19. Feb. 1873)

Der Winter

    Wol ist der Winter die schlimmste Zeit:
Der Frühling, er ist so weit, so weit!
Von Grünen und Blühen keine Spur,
Am Fenster gefrorene Blumen nur.
Und dennoch tröst' ich mich: mir blüht
Ein ewiger Frühling im Gemüth.
Ich kann in Gedanken dem Winter entschweben
Und trotz dem Winter im Frühling leben.

(wohl 1860)

Winternacht

Wie ist so herrlich die Winternacht!
Es glänzt der Mond in voller Pracht
Mit den silbernen Sternen am Himmelszelt.
Es zieht der Frost durch Wald und Feld
Und überspinnet jedes Reis
Und alle Halme silberweiß.
Er hauchet über dem See, und im Nu,
Noch eh' wir's denken, friert er zu.
So hat der Winter auch unser gedacht
Und über Nacht uns Freude gebracht.
Nun wollen wir auch dem Winter nicht grollen
Und ihm auch Lieder des Dankes zollen.

(wohl 1860)

Die armen Vögelein

Des Winters, wann es schneit,
Dann ist gar böse Zeit.
Die armen, armen Vögelein,
Die thun mir gar zu leid!

Ach, könnt' ich locken sie,
Und wüßt' ich doch nur wie?
Die armen, armen Vögelein,
Sie sollten hungern nie!

O nehmet hier Quartier!
O kommt! was zaudert ihr?
Ihr armen, armen Vögelein,
Kommt her und speist bei mir! –

Das Futter streut' ich aus,
Da kamen sie ans Haus,
Die armen, armen Vögelein,
Sie hielten einen Schmaus.

O glücklich Jedermann,
Wer geben mag und kann!
Ihr armen, armen Vögelein,
Nehmt meine Gaben an!

(14. Feb. 1873)

Der Blümlein Antwort

In unsers Vaters Garten,
Da war's noch gestern grün,
Da sah ich noch so mancherlei,
So schöne Blumen blühn.

Und heut' ist Alles anders,
Und heut' ist Alles todt:
Wo seid ihr hin, ihr Blümelein,
Ihr Blümlein gelb und roth?

»O liebes Kind, wir schlafen
Nach Gottes Willen hier,
Bis er uns seinen Frühling schickt,
Und dann erwachen wir.

Ja, deine Blümlein schlafen:
So wirst auch schlafen du,
Bis dich erweckt ein Frühlingstag
Aus deiner langen Ruh.

Und wenn du dann erwachest,
O möchtest du dann sein
So heiter und so frühlingsfroh
Wie deine Blümelein!«

(5. Dez. 1842)

Weihnachten

Zwar ist das Jahr an Festen reich,
Doch ist kein Fest dem Feste gleich,
Worauf wir Kinder Jahr aus Jahr ein
Stets harren in süßer Lust und Pein.
O schöne, herrliche Weihnachtszeit,
Was bringst du Lust und Fröhlichkeit!
Wenn der heilige Christ in jedem Haus
Theilt seine lieben Gaben aus.
Und ist das Häuschen noch so klein,
So kommt der heilige Christ hinein,
Und alle sind ihm lieb wie die Seinen,
Die Armen und Reichen, die Großen und Kleinen.
Der heilige Christ an alle denkt,
Ein jedes wird von ihm beschenkt.
Drum laßt uns freu'n und dankbar sein!
Er denkt auch unser, mein und dein.

(wohl 1860)

Der Traum

Ich lag und schlief, da träumte mir
Ein wunderschöner Traum:
Es stand auf unserm Tisch vor mir
Ein hoher Weihnachtsbaum.

Und bunte Lichter ohne Zahl
Die brannten rings umher,
Die Zweige waren allzumal
Von goldnen Aepfeln schwer.

Und Zuckerpuppen hingen dran:
Das war mal eine Pracht!
Da gab's was ich nur wünschen kann
Und was mir Freude macht.

Und als ich nach dem Baume sah
Und ganz verwundert stand,
Nach einem Apfel griff ich da,
Und Alles, Alles schwand.

Da wacht' ich auf aus meinem Traum
Und dunkel war's um mich:
Du lieber schöner Weihnachtsbaum,
Sag an, wo find' ich dich?

Da war es just als rief' er mir:
»Du darfst nur artig sein,
Dann steh' ich wiederum vor dir –
Jetzt aber schlaf nur ein!

Und wenn du folgst und artig bist,
Dann ist erfüllt dein Traum,
Dann bringet dir der heil'ge Christ
Den schönsten Weihnachtsbaum.«

(1. Dez. 1842)

Der Weihnachtsbaum

Von allen den Bäumen jung und alt,
Von allen den Bäumen groß und klein,
Von allen in unserm ganzen Wald,
Wer mag doch der allerschönste sein?

Der schönste von allen weit und breit,
Das ist doch allein, wer zweifelt dran?
Der Baum, der da grünet allezeit,
Den heute mir bringt der Weihnachtsmann.

Wenn Alles schon schläft in stiller Nacht,
Dann holet er ihn bei Sternenschein
Und schlüpfet, eh einer sich's gedacht,
Gar heimlich damit ins Haus hinein.

Dann schmückt er mit Lichtern jeden Zweig,
Hängt Kuchen und Nüss' und Aepfel dran:
So macht er uns Alle freudenreich,
Der liebe, der gute Weihnachtsmann.

(24. Dez. 1862)

Der Weihnachtsmann

Morgen kommt der Weihnachtsmann,
Kommt mit seinen Gaben.
Trommel, Pfeifen und Gewehr,
Fahn' und Säbel, und noch mehr,
Ja, ein ganzes Kriegesheer
Möcht' ich gerne haben!

Bring uns, lieber Weihnachtsmann,
Bring auch morgen, bringe
Musketier und Grenadier,
Zottelbär und Pantherthier,
Roß und Esel, Schaf und Stier,
Lauter schöne Dinge!

Doch du weißt ja unsern Wunsch,
Kennst ja unsre Herzen.
Kinder, Vater und Mama,
Auch sogar der Großpapa,
Alle, alle sind wir da,
Warten dein mit Schmerzen.

(1835)

Frühlingsbotschaft

Vor meinem Fenster sang
Ein Vögelein,
Und bittend sprach's: »mach auf!«
Da ließ ich's ein.

Sag, liebes Vöglein, sag,
Was willst du hier?
Was könnt'st du bringen jetzt
Für Botschaft mir?

Es liegt in Trauer still
Noch Wald und Feld,
Es ist als wäre todt
Die ganze Welt. –

»Der Frühling grüßet dich,
Er denket dein,
Er wollte bald bei dir
Sich finden ein.« –

Hab Dank, lieb Vögelein,
Hab Dank dafür!
Sag ihm: geöffnet sei
Ihm Herz und Thür!

(2. März 1873)

Frühling, juchhe!

So hört doch, was die Lerche singt
Hört, wie sie frohe Botschaft bringt!
Es kommt auf goldnem Sonnenstrahl
Der Frühling heim in unser Thal,
Er streuet bunte Blumen aus
Und bringet Freud' in jedes Haus.
    Winter, ade!
    Frühling, juchhe!

Was uns die liebe Lerche singt,
In unsern Herzen wiederklingt.
Der Winter sagt ade! ade!
Und hin ist Kälte, Reif und Schnee
Und Nebel hin und Dunkelheit –
Willkommen, süße Frühlingszeit!
    Winter, ade!
    Frühling, juchhe!

(30. Jan. 1872)

Winters Abschied

Winter, ade!
Scheiden thut weh.
Aber dein Scheiden macht,
Daß jetzt mein Herze lacht.
Winter, ade!
Scheiden thut weh.

Winter, ade!
Scheiden thut weh.
Gerne vergeß' ich dein,
Kannst immer ferne sein.
Winter, ade!
Scheiden thut weh.

Winter, ade!
Scheiden thut weh.
Gehst du nicht bald nach Haus,
Lacht dich der Kuckuck aus.
Winter, ade!
Scheiden thut weh.

(1835)

Räthsel

1.

Rathe, wer da rathen kann!
Sagt, wer sieht es dann und wann?
Sagt, wer sieht es immer?
Sagt, wer sieht es nimmer?
   Jeder der es hat errathen,
   Strecke die Hand aus!

(21. Dez. 1843)

Die großen Herren machen
Mit mir wol großen Staat,
Und Mancher, der mich träget,
Denkt wunder was er hat.

Des Nachts am blauen Himmel
Und auf dem Sand am Meer,
Am Schnee, an mancher Blume
Bewundert man mich sehr.

Der mich verlangt zu sehen,
Der sieht mich nur durch mich,
Und kannst du mich nicht sehen,
Bin ich betrübt um dich.

Jetzt rathe wie ich heiße?
Wenn du's errathen hast,
So komm du in mein Wirthshaus
Zu mir und sei mein Gast!

(24. Jan. 1845)

3.

Ich bin schon lange fertig,
Heut' aber erst gemacht.
Ein Jeder hat mich gerne,
Wenn's kommt um Mitternacht.

Ich labe Müd' und Kranke
Und stille Gram und Leid.
Doch mag mich Niemand hüten,
Hätt' er dazu auch Zeit.

Gar Mancher preist sich glücklich,
Wenn er nur Eins erwirbt:

Daß er auf mir hienieden,
In Ruh' und Frieden stirbt.

(28. Jan. 1845)

4.

Man braucht mich aller Orten,
Weil man mich nöthig hat;
Doch folget meinen Worten
Nicht immer nach die That.

Bei manchem Titel trab' ich
Bescheiden hinten an;
Oft zum Genossen hab' ich
Der mich nie brauchen kann.

Will ich mich selber pflegen,
So setz' ich mich in mich;
Dann werd' ich oft verlegen,
Fehlt mir mein eigen Ich.

Hast du mich nun errathen,
So geb' ich dir den Rath:
Brauch mich bei allen Thaten
Zum Guten früh' und spat!

(27. Jan. 1845)

Ein schweres Räthsel

Auf unsrer Wiese gehet was,
Watet durch die Sümpfe,
Es hat ein weißes Jäcklein an,
Trägt auch rothe Strümpfe,

Fängt die Frösche schnapp wapp wapp,
Klappert lustig klapper di klapp –
Wer kann das errathen?

Ihr denkt, das kann der Storch nur sein!
O nein! o nein!
Ich hab's errathen – nun wißt es!
Die Störchin ist es!

(21. Dez. 1843)

Räthsel

1.

Ein Männlein steht im Walde
Ganz still und stumm,
Es hat von lauter Purpur
Ein Mäntlein um.
Sagt, wer mag das Männlein sein,
Das da steht im Wald' allein
Mit dem pupurrothen Mäntelein?

Das Männlein steht im Walde
Auf einem Bein,
Und hat auf seinem Haupte
Schwarz Käpplein klein.
Sagt, wer mag das Männlein sein,
Das da steht im Wald allein
Mit dem kleinen schwarzen Käppelein?

Das Männlein dort auf Einem Bein,
Mit seinem rothen Mäntelein
Und seinem schwarzen Käppelein,
Kann nur die Hagebutte sein!

2.

Es kommt der Vogel Federlos
Aus hoher Luft gezogen,
Und ist auf Bäumchen Blätterlos
Ganz munter hingeflogen.

Da sitzt der Vogel Federlos
Und fühlt sich recht geborgen,
Und denkt: hier hast du Ruh und Rast.
Wie aber geht's ihm morgen?

Am andern Morgen hat sich gleich
Frau Mundlos hergeschwungen
Und hat den Vogel Federlos
Mit Haut und Haar verschlungen.

Nun rathe wer da rathen kann!
Ihr habt es jetzt vernommen,
Und wer's erräth, der soll sogleich
Dies Kränzelein bekommen.

———

Mit Federlos ist der Schnee gemeint,
Der schnell von jedem Bäumlein schwindet
Und wo er sich sonst auf Erden findet,
Sobald Frau Mundlos, die Sonne, scheint.

(21. Dez. 1843)

2. LIEBESLIEDER

Aus dem »Buch der Liebe«
1836

1

Das ist der Liebe Zauberei
Und wunderliches Abentheuer:
Dein Herz ist noch von Liebe frei
Und meins steht lichterloh in Feuer.

2

Dein Aug' ist nur ein Edelstein
Aus deines Herzens Schacht:
O glücklich, wem ein solcher Schein
Aus solchem Herzen lacht!

3

Wenn alles schläft in stiller Nacht,
Die Liebe wacht.
Sie wandelt leise von Haus zu Haus,
Und theilt die schönsten Gaben aus;
Sie bringet Trost für altes Leid,
Bringt neue Lust und Fröhlichkeit. –
Laß, Liebe, deine Gabe mich sein,
Flicht mich in deine Träume mit ein,
Daß *die*, nach der mein Herz verlanget
Und sehnsuchtglühend banget,
Im Traume mich sieht
Und hört mein Lied.

Stört mich nicht in meinen Träumen,
Laßt mich wie ich will genießen,
Laßt mich ruhen, laßt mich lauschen
Und im Schau'n die Zeit verbringen!
Laßt mich unter Blüthenbäumen
Sehen wie die Quellen fließen,
Hören wie die Blätter rauschen
Und die Vögel lieblich singen!

Sagt, was soll ich sonst beginnen?
Sagt, was soll ich mehr gewinnen?
Laßt mich unter Blüthenbäumen
So im Schau'n die Zeit verbringen!
Laßt mich ruhen, laßt mich lauschen,
Laßt mich wie ich will genießen!
Stört mich nicht in meinen Träumen,
Wenn ich unter Blüthenbäumen
Meine Zeit so will verbringen,
Hören will die Vögel singen,
Wenn ich schauen will und lauschen,
Ob die Blätter wehn und rauschen,
Wie die hellen Quellen fließen,
Wie die Blumen um mich sprießen.

Nein, du bist mir nicht gewogen!
Auf der Lippen rothen Bogen
Legst du deiner Seele Pfeile,
Und du triffst mich, wenn ich weile,
Und du triffst mich, wenn ich eile.

Nur die Liebe kann gewähren,
Was die Welt verweigert hat,
Und du kannst und mußt entbehren
Und verzichten früh und spat.

Nur die Liebe hat noch Kränze
Für dein stilles redlich Mühn,
Pflanzt an deiner Wünsche Gränze
Maienbäume hoffnungsgrün.

Und was willst du weiter haben?
Lieb' erfüllt ja wunderbar
Mit dem Reichtum ihrer Gaben
Dir dein Innres ganz und gar.

7

Ich will von dir, was keine Zeit zerstöret,
Nur Schönheit, die das Herz verleiht;
Ich will von dir, was nie der Welt gehöret,
Die engelreine Kindlichkeit.

Das sind des Himmels allerbeste Gaben,
Das ist des Lebens schönste Zier,
Hat dich die Welt, so kann ich dich nicht haben;
Lebst du der Welt, so stirbst du mir.

I

O schöner Tag!
Holdorf, im Herbste 1848.

Du unvergeßlicher von allen Tagen,
 O schöner Tag!
Ich sag' es heut' und muß es immer sagen,
 O schöner Tag!
So ruft der müde Wandrer, wenn er wieder
 Nach manchem Leid
Die Heimat sieht, mit innigem Behagen:
 O schöner Tag!
So ruft der Schiffer, wenn beruhigt wieder
 Nach Sturmesnacht
Die Wellen ihm sein Schiff zum Hafen tragen:
 O schöner Tag!
So ruft der Krieger, wenn er endlich heimkehrt
 Nach mancher Schlacht
Und ihm der Seinen Herzen froh entgegen schlagen:
 O schöner Tag!
So rief auch ich, und Alles schien erfüllet,
 Was ich gehofft,
Als ob wir uns schon in den Armen lagen:
 O schöner Tag!
Ich sah dich an, du schlugst die Augen nieder –
 Ich fragte dich,
Du aber schwiegst, als wolltest du nicht sagen:
 O schöner Tag!

2

Drüben an dem Neckar schimmert
In dem hohen Haus ein Licht –
Und so schön hat mir geflimmert
Noch ein Stern auf Erden nicht.

Meine Blicke ziehn mich immer
Drüben nach dem Fensterlein,
Suchen nur des Lichtes Schimmer
Wie der Mond den Sonnenschein.

Heitre Bilder vor mir schweben
Wie aus einer andren Welt,
Und ich seh' im trüben Leben
Meiner Sehnsucht Mond erhellt.

3

Gestern konnt' ich Hoffnung haben:
Gestern war's noch um mich grün.
Heute liegt in Schnee begraben
Was in Freuden wollte blühn.

Gestern blühte noch die Mandel,
Und ich brachte dir ein Reis.
Heute, heute – welch ein Wandel!
Ist der Baum von Flocken weiß.

Und so wechselt auch mein Leben
Zwischen Furcht und Hoffnung ab,
Und mein schönstes Tun und Streben
Findet oft zu früh ein Grab.

Und so wird mein Herz sich grämen,
Und die Welt wird fröhlich sein,
Wann ich werde Abschied nehmen
Und im Frühling bin allein.

4

Das frohe Leben ist verstummet;
Nur leise weht's vom Wald hervor,
Und hie und da ein Käfer summet.
Und fernhin hallt der Frösche Chor.

Des Tages Auge schloß sich wieder,
Hin ist des Frühlings Glanz und Glut:
Nacht sinkt auf Thal und Berge nieder,
Matt leuchtet nur des Rheines Flut.

Und wie durch Blüthenbäume flimmert
Der Abendstern so froh und mild,
Ist mir's, als ob von ferne schimmert
In meine Nacht Johanna's Bild.

5

Holdorf, 1. Oktober 1848.

Wie vom Glanz der Abendröthe
Golden strahlt der Wolke Saum,
Schien verklärt mein dunkles Leben –
Aber Alles war ein Traum.

Daß ich liebte, innig liebte,
Wagt' ich dir zu sagen kaum,
Und ich sagt's und durfte hoffen –
Aber Alles war ein Traum.

Neue Blätter, neue Blüthen
Trieb mein kranker Lebensbaum,
Glücklich pries ich meine Zukunft –
Aber Alles war ein Traum.

Fahre hin denn, Lieb und Hoffnung!
Diese Welt hat keinen Raum,
Wo mein Herz nicht sagen dürfte:
Alles, Alles ist ein Traum!

Aus dem Zyklus »Ida«
1849

1
Ja, du bist mein!
Fallersleben 10. August 1849.

Ja, du bist mein!
Ich will's dem blauen Himmel sagen,
Ich will's der dunklen Nacht vertrau'n,
Ich will's als frohe Botschaft tragen
Auf Bergeshöhn, durch Heid' und Au'n.
Die ganze Welt soll Zeuge sein:
    Ja, du bist mein!
    Und ewig mein!

Ja, du bist mein!
In meinem Herzen sollst du leben,
Sollst haben was sein Liebstes ist,
Du sollst von Lieb' und Lust umgeben
Ganz fühlen, daß du glücklich bist.
Schließ mich in deine Arme ein!
    Ja, du bist mein!
    Und ewig mein!

Wenn die Lerche singt
3. Dezember 1849.

Wenn die Lerche singt, wenn das Veilchen sprießt,
Wenn der Gießbach sich in das Tal ergießt,
Wenn im Frühthau die Knospen sich dehnen,
Dann erbebt in Bangen und Sehnen,
In Leid und in Lust
Mir das Herz in der Brust,
Und es möchte fliehn mit dem Sonnenstrahl
Ueber Berg und Thal,
Durch Wald und Feld
Hinaus in die weite unendliche Welt.

Und so war's in jedem Frühling:
Immer zog mein Herz hinaus,
Mit der alten Sehnsucht kam es
Immer wieder heim nach Haus.

Herz, wie bist du still geworden!
Was du suchtest, wurde dein:
Ja, es ist dein erster Frühling,
Wo du nicht mehr bist allein.

Sei gegrüßt, du Frühlingssonne!
Neues Leben, neue Wonne!
Ich darf kein Fremdling hienieden mehr sein –
Die weite unendliche Welt ist mein!

Leiden und Liebe
Juni 1854.

1

Ich sah sie wieder, sah sie wieder,
Die ich im Leben nie vergaß,
Die einst mein Herz und seine Lieder
Auf dieser Welt allein besaß.

Wie eine wunderbare Sage
Herüber klingt aus grauer Zeit,
So ward das Bild verklungner Tage
Vor meinem Blicke Wirklichkeit.

Wie war ich damals frisch und rege!
Wie keck ich in das Leben trat!
Lang waren da der Hoffnung Wege
Und kurz noch der Erinnrung Pfad.

Und heute ward dies Frühlingsleben
Erneut mit seiner Liebeslust,
Ein zauberhaftes Wonnebeben
Durchflog auch heute meine Brust.

Du Immergrün der Jugendliebe,
Bleib mein für heut' und immer mein!
Heil dir, Heil jedem edlen Triebe!
Was war, es hat ein Recht zu sein.

2

Wie die Blätter an dem Baume
Sprießen, welken und vergehn.
Ach, so wird es unsern Wünschen,
Unsern Hoffnungen ergehn.

Wenn sie stehn in voller Grüne,
Welken sie und fallen ab,
Von des Schicksals Sturm getrieben
Finden *sie* auch bald ein Grab.

Und kein Blatt bleibt unverschonet,
Jedes trifft des Winters Hauch:
Er verweht das Blatt der Rose
Und das Blatt des Lorbeers auch.

3. ZEITGEDICHTE

Zwischen Frankreich und dem Böhmerwald,
Da wachsen unsre Reben.
Grüß mein Lieb am grünen Rhein,
Grüß mir meinen kühlen Wein!
Nur in Deutschland,
Da will ich ewig leben!

Fern in fremden Landen war ich auch,
Bald bin ich heimgegangen:
Heiße Luft und Durst dabei,
Qual und Sorgen mancherlei –
Nur nach Deutschland
Tät heiß mein Herz verlangen.

Ist ein Land, es heißt Italia,
Blühn Orangen und Zitronen.
Singe! sprach die Römerin,
Und ich sang zum Norden hin:
Nur in Deutschland,
Da muß mein Schätzlein wohnen.

Als ich sah die Alpen wieder glühn
Hell in der Morgensonne:
Grüß mein Liebchen, goldner Schein,
Grüß mir meinen grünen Rhein!
Nur in Deutschland,
Da wohnet Freud' und Wonne.

Unpolitische Lieder (1840 und 1841)

Erster Theil

Und ich ging hin zum Engel und sprach zu ihm:
Gieb mir das Büchlein. Und er sprach zu mir:
Nimm hin, und verschlinge es; und es wird dich im
Bauch grimmen, aber in deinem Munde wird es
süß sein wie Honig. Und ich nahm das Büchlein
von der Hand des Engels, und verschlang es; und
es war süß in meinem Munde wie Honig; und da
ich's gegessen hatte, grimmete mich's im Bauch.
Offenbarung St. Johannis 10, 9. 10.

Knüppel aus dem Sack

Von allen Wünschen in der Welt
Nur Einer mir anjetzt gefällt,
   Nur: Knüppel aus dem Sack!
Und gäbe Gott mir Wunschesmacht,
Ich dächte nur bei Tag und Nacht,
   Nur: Knüppel aus dem Sack!

Dann braucht' ich weder Gut noch Gold,
Ich machte mir die Welt schon hold
   Mit: Knüppel aus dem Sack!
Ich wär' ein Sieger, wär' ein Held,
Der erst' und beste Mann der Welt
   Mit: Knüppel aus dem Sack!

Ich schaffte Freiheit, Recht und Ruh
Und frohes Leben noch dazu
   Beim: Knüppel aus dem Sack!
Und wollt' ich selbst recht lustig sein,
So ließ' ich tanzen Groß und Klein
   Beim: Knüppel aus dem Sack!

O Märchen, würdest du doch wahr
Nur Einen einz'gen Tag im Jahr,
   O Knüppel aus dem Sack!
Ich gäbe drum, ich weiß nicht was,
Und schlüge drein ohn' Unterlaß:
   Frisch: Knüppel aus dem Sack
      Auf's Lumpenpack!
      Auf's Hundepack!

Grün

Deutsches Volk, wie gut berathen!
Hoffnung sprießt in deinen Gau'n:
Grün sind stets noch deine Saaten,
Deine Wälder, deine Au'n.

In der Hoffnung ruht dein Leben:
Bleibt auch manche Hoffnung aus –
Steuern nehmen, Steuern geben,
Diese Hoffnung stirbt nicht aus.

Hoffnung tilget deine Klagen,
Löschet deines Zweifels Spur,
Denn mit grünem Tuch beschlagen
Sind die Sitzungstische nur.

Darum geh in diesen Tagen,
Deutsches Volk, in Hoffnungstracht;
Grüne Röcke musst du tragen,
Weil man dir nur Hoffnung macht.

Stand und Stände

Ha! eure Mauern, eure Wände,
Hat sie nicht längst die Zeit zerstört?
Wo blieb der Unterschied der Stände?
Hat jeder Stand nicht aufgehört?

Wir haben keine Zeit zum Stehen,
Nichts hat noch seinen alten Stand;
Jetzt will die ganze Welt nur gehen,
Wie kann da stehen noch ein Land?

Was soll der Stand? was sollen Stände?
Sie hemmen nicht der Zeiten Lauf.
O, reicht euch alle gern die Hände!
Euch alle nimmt Ein Haus nur auf.

Des Leibes und der Seele Krieg

Das die Albernen gelüstet, tödtet sie.
Sprüche Salomonis 1, 32.

Nach Seelen wird die Zählung nur gemacht,
Nach Köpfen wird die Steuer aufgebracht.
Da dachtet ihr, der Leib hat seine Rechte
Und wie man ihn in Reih' und Glied wohl brächte.

Da fing mit einem Mal das Turnen an,
Und wer nicht turnte war kein biderb Mann;
Man sang vom Barrn, Rung, Reck und Schwingel Lieder
Und Deutschland hallte freudig alles wieder.

Da kam die Polizei euch auf den Leib:
Was soll der demagogische Zeitvertreib?
Der Staat will Köpf' und Seelen, doch mit Nichten
Turnleiber, so die Steuer nicht entrichten.

Der Staat beschränkte drum das Turnen nur
Auf edle fromme geistige Dressur.
Was lerntet ihr doch auch vom Schwingen, Recken?
Ihr lerntet nur euch nach der Decke strecken.

Die deutschgesinnte Polizei

Mel.: Süße, heilige Natur.

Weg mit wälschem Ungeschmack
Und dem schamlos offnen Frack!
Deutscher Rock und deutsch Baret,
Ei, wie steht's so fein und nett!

Also sprach man Tag und Nacht
Nach der Leipziger Freiheitsschlacht,
Doch behielt im ganzen Land
Stets der Frack die Oberhand.

Bald auch hing man an den Pflock
Hie und da den deutschen Rock;
Nur der Bruder Studio
Machte noch damit Halloh.

Und nun kam die Polizei
Und sie sprach: es ist vorbei!
Deutsche Tracht ist Tand und Schein,
Deutsch von Herzen sollt ihr sein!

Maîtres de danse

Le patriotisme des nations doit être égoiste.
Mme. de Staël.

Ja, es war ein tolles Tanzen
Ohne Rast und ohne Ruh;
Von den Wällen, aus den Schanzen
Tanzten sie nach Frankreich zu.

Welche Schmach für eure Väter,
O wie dumm und wie verkehrt,
Daß ihr lernt von Frankreichs *Maîtres*
Was wir selber sie gelehrt!

Pfui! welche Schmach und Schande,
O wie dumm und wie verkehrt,
Daß ihr lernt die *Allemande,*
Die wir selber sie gelehrt!

Sparet euren Fleiß und Eifer,
Bis der Feind uns kommt ins Haus,
Tanzt mit ihm dann einen Schleifer
Hopsasa! zum Land' hinaus!

Zarte Rücksichten

Wir waren es! o Heil, daß *wir* es waren,
Die einst erfanden vor vierhundert Jahren
Dich, Pflegetochter hoher Gnad' und Gunst,
Dich, weitberühmte edle Druckerkunst!

Herbei aus allen deutschen Gau'n in Schaaren!
Kommt, lasst uns unsern Dank Ihm offenbaren,
Ihm, der das Wort gefreit aus seinem Bann,
Daß es die ganze Welt erfreuen kann.

Von allen Thürmen soll es hell erschallen,
Aus allen Feuerschlünden wiederhallen!
Dank, Guttenberg, du hast das Wort gefreit,
Frei sei's und bleib's bei uns auch allezeit!

Doch nein! es ist manch allerhöchster Wille,
Daß wir uns jetzt nur freu'n ganz stille, stille:
Ein Jubelfest von Deutschland nur allein
Säh' aus, als sollt' es Schadenfreude sein.

Was würde Holland wohl, was China sagen,
Wenn wir so jubelten in diesen Tagen?
Es ist kein schönes, ist kein würdig Fest,
Wozu sich nicht der Nachbar laden lässt.

Schlafe! was willst du mehr?

Mel.: O gieb, vom weichen Pfühle.

Wo sind noch Würm' und Drachen,
Riesen mit Schwert und Speer?
Was kannst du weiter machen?
Schlafe! was willst du mehr?

Du hast genug gelitten
Qualen in Kampf und Strauß;
Du hast genug gestritten –
Schlafe, mein Volk, schlaf' aus!

Wo sind noch Würm' und Drachen,
Riesen mit Schwert und Speer?
Die Volksvertreter wachen:
Schlafe! was willst du mehr?

Hunde und Katzen

Die Hund' und die Katzen die stritten sich
Und zankten sich um die Wette,
Wer unter ihnen urkundlich
Den ältesten Adel hätte.

»Wir haben ein ururaltes Diplom
Lang her von undenklichen Tagen,
Was Remus mit Romulus einst zu Rom
Gab allen Isegrims-Magen.«

»Zeigt uns, erwiedern die Katzen, wohlan!
Zeigt her die alten Briefe!
Was steht denn drin, was hangt denn dran?
Wo sind sie, in welchem Archive?«

Man schickte den Pudel eilig nach Rom
Zum Aerger der Katzen und Kater,
Der sollte holen das alte Diplom
Herbei vom heiligen Vater.

Der Pudel kommt ganz ungeniert
Zum Papst hereingetreten;
Er hat den Pantoffel ihm apportiert
Und dann ihn höflich gebeten.

Der Pudel empfing aus des Papstes Hand
Was das Hundevolk begehrte;

Dann zog er wiederum in sein Land
Auf seiner alten Fährte.

Und als er kam an den Po bei Rom,
Da schwamm vor ihm ein Braten,
Er schnappte danach, und verlor sein Diplom,
Und musst' es auf ewig entrathen.

So stand die Sache nun wie zuletzt,
Der Streit blieb unentschieden,
Und Hund' und Katzen halten bis jetzt
Noch immer keinen Frieden.

Die Hunde die denken noch immer so:
Wir werden sie schon überwinden!
Sie suchen und forschen noch immer am Po –
Und können den Adel nicht finden.

Von

*Auf die Präpositiones In, Von, Zu nehmen sie groß
Acht, als ob ihrer Ehren und Wohlfahrt ein großes
daran gelegen.*
Matthias Quad von Kinckelbach,
Teutscher Nation Herrlichkeit 1609. Seite 27.

An meine Heimath dacht' ich eben,
Da schrieb ich mich von Fallersleben.
Ich schrieb's und dachte nie dabei
An Staatscensur und Polizei.

So schrieben sich viel Biederleute
Nach ihrem Ort und thun's noch heute,
Und keiner dachte je daran,
Durch *von* würd' er ein Edelmann.

Von und Aus

Ich bin herunter gekommen
Und weiß doch selber nicht wie.
Schäfers Klagelied von v. Göthe.

Auf Burgen saßen Edelleute,
Wo aber sind die Burgen heute?
Es wohnt oft ohne Hab' und Gut
Im Thale manches adlich Blut.

Und von den Gütern ihrer Lieben
Ist ihnen nur ein *von* geblieben;
Des alten Namens Herrlichkeit
Blieb manchem nur in unsrer Zeit.

So bin auch *ich von* Fallersleben.
Wer wird ein *aus* mir wiedergeben?
Ich bin nur *von,* einst war ich *aus,*
Jetzt hab' ich weder Hof noch Haus.

Der deutsche Zollverein

τοῦ γὰρ χράτος ἐστὶ μέγιστον.
Homeri Ilias 2, 118.

Schwefelhölzer, Fenchel, Bricken,
Kühe, Käse, Krapp, Papier,
Schinken, Scheeren, Stiefel, Wicken,
Wolle, Seife, Garn und Bier;
Pfefferkuchen, Lumpen, Trichter,
Nüsse, Tabak, Gläser, Flachs,
Leder, Salz, Schmalz, Puppen, Lichter,
Rettig, Rips, Raps, Schnaps, Lachs, Wachs!

Und ihr andern deutschen Sachen,
Tausend Dank sei euch gebracht!
Was kein Geist je konnte machen,
Ei, das habet *ihr* gemacht:
Denn ihr habt ein Band gewunden
Um das deutsche Vaterland,
Und die Herzen hat verbunden
Mehr als unser Bund dies Band.

Hindurch!

Es ist die Zeit ein großer Fluß,
Wir sitzen an dem Strande;
Und was uns Freude bringen muß,
Liegt drüben auf dem Lande.

Hindurch! hindurch! was stehst du still?
Der Fluß wird nie verrinnen.
Wer durch die Fluth nicht schwimmen will,
Der wird kein Land gewinnen.

Mützen

Wunderthätig ward die Mütze,
Die dereinst Francesco* trug –
Das ist Wunder doch genug!

Die französische Freiheitsmütze
Ward zur Kaiserkrone gar –
O wie groß, wie wunderbar!

* Siehe Ristretto storico della vita e prodigiose gesta del Beato Francesco di
  Girolamo della Comp. di Gesu. Roma 1816.

Und des Preußen Landwehrmütze
Ward ein deutscher Siegeshut –
Und dies Wunder that uns gut.

Doch bei unsern heut'gen Mützen
Ist von Wunder keine Spur,
Denn es sind – Schlafmützen nur.

Statistische Glückseligkeit

Unsers ganzen Wohlstands Quellen
Siehst du alle hell und klar
Uebersichtlich in Tabellen
Jahr für Jahr und bis auf's Haar.

Hier zehn Schafe *mehr* geschoren,
Dort ein *neues* Lagerbier,
Dort drei Ochsen *mehr* geboren,
Und ein Drittel Seele hier.

Welch ein Wachsthum zum Entzücken!
Lauter höhere Cultur,
Lauter Streben zum Beglücken!
Und *wir* sind das Glückskind nur.

Lapidarstil

Ist das Deutsch schon so verdorben,
Daß man's kaum noch schreiben kann?
Oder ist es ausgestorben,
Daß man's spricht nur dann und wann?

Oder habet ihr vernommen,
Daß es bald zu Ende geht?
Daß die Zeiten nächstens kommen,
Wo kein Mensch mehr deutsch versteht?

Jedes Denkmal wird frisieret
Von der Philologen Hand,
Und so haben sie beschmieret
Erz und Stein und Tisch und Wand.

Wo man hinschaut, strotzt und glotzet
Eine Inschrift in Latein,
Die sich trotzig hat schmarotzet
In das Denkmal mit hinein.

Deutsches Volk, du musst studieren
Und vor allem das Latein,
Niemals kannst du sonst capieren
Was dein eigner Ruhm soll sein!

Ein Weltgericht

Die Weltgeschichte ist das Weltgericht,
Doch kein Gericht für jeden Magen,
Denn solche derbe Speise würde nicht
Ein jeder Herr und Knecht vertragen.

Drum hat man viele Männer angestellt,
Die müssen's klopfen, kochen, braten,
Daß dies Gericht der ganzen Welt gefällt,
Zumal den hohen Potentaten.

Zu haben ist es dann an jedem Ort,
Für Geld bekommt es leicht ein Jeder;
Mit einer Brühe giebt man's *gratis* fort
Sogar auch wohl noch vom Katheder.

Es ist bereitet dann so excellent,
Daß man die Finger danach lecket;
Gesättigt rufen wir: potz Element!
Wie gut doch die Geschichte schmecket!

Ein Staatsgericht

Wer sich absondert, der suchet was ihn gelüstet,
und setzt sich wider alles was gut ist.
Sprüche Salomonis 18, 1.

Es hat die Welt wohl ihre Mucken,
Doch leider ihre Mucker auch;
Die Mucken könntest du verschlucken,
Vom Mucker platzte dir der Bauch.

Doch wär' ein Staatsbauch mir beschieden,
O weh der armen Muckerschaar!
Kein einz'ger Mucker blieb' in Frieden,
Ich fräße sie mit Haut und Haar.

Niemandes Herr, Niemandes Knecht

Zum Amboß hielt ich mich zu schlecht,
Zum Hammer war ich euch nicht recht.
So bin ich Amboß nicht noch Hammer
Und rufe frei von Herzensjammer:
So ist es gut, so ist es recht,
Niemandes Herr, Niemandes Knecht!

Fliegt frei der Vogel durch das Feld,
So ist noch sein die ganze Welt.
Müsst' er im goldnen Käfich hocken,
Er würde schwerlich dort frohlocken:
So ist es gut, so ist es recht,
Niemandes Herr, Niemandes Knecht!

Blitzableiter

Wilder Geist wie Wetterwolke
Ueber uns zusammenzieht:
Ach, wie hilft man unserm Volke,
Daß ihm nicht ein Leid geschieht?

Wetterschäden zu verhüten,
Giebt es ja ein Mittel jetzt;
Für des wilden Geistes Wüthen
Giebt's ein Mittel auch zuletzt.

Hänget an die Blitzableiter
Titel, Würden, Orden, Geld,
Und das Wetter wird gleich heiter,
Und beruhigt ist die Welt.

Die Adelszeitung
nach Christi Geburt 1840

Stemmata quid faciunt?
Juvenalis 8, 1.

Was bringt die Adelszeitung Neues?
Sie bringt die alte Herrlichkeit,
Das alte Glück der alten Zeit,
Der Deutschen alten Preis und Ruhm:
Das heil'ge deutsche Adelsthum.

Was bringt die Adelszeitung Neues?
Sie bringt, was ihr von Alters wisst,
Daß uralt aller Adel ist,
Denn eh die Welt den Heiland sah,
War schon der deutsche Adel da.

Was bringt die Adelszeitung Neues?
Sie bringt und singt den alten Sang,
Daß aus der Götter Schoß entsprang
Des alten Adels echtes Reis,
Der armen Menschheit Ehrenpreis.

Was bringt die Adelszeitung Neues?
Sie bringt und singt das alte Lied,
Das alte Lied vom Unterschied,
Und daß ein göttergleich Geschlecht
Verdient ein eignes Menschenrecht.

Was bringt die Adelszeitung Neues?
Sie bringt den alten Satz zurück,
Daß Fürstenheil und Völkerglück
Und alles Gut' in dieser Welt
Nur mit dem Adel steht und fällt.

Was bringt die Adelszeitung Neues?
Sie bringet uns das Alte nur:
Daß jede Bürgercreatur
Nie ein Verdienst hat um den Staat,
So lang sie nicht den Adel hat.

Was bringt die Adelszeitung Neues?
Sie bringt das einz'ge Neue nur,
Daß auf des Vaterlandes Flur
Stammbäume wieder gut gedeihn –
Gott woll' uns allen gnädig sein!

Die Patrioten

Nunc patimur longae pacis mala.
Juvenalis 6, 291.

Ich saß in einer alten Schenke,
Verräuchert waren Tisch' und Bänke,
Kaum sah man Ohren, Aug' und Nase,
Ein jeder saß vor seinem Glase.

Und als sie so im Zwielichtscheine
Still saßen da bei ihrem Weine,
Da ward es Zwielicht auch in ihnen,
Daß sie sich selber hell erschienen.

Die Augen funkelten wie Blitze,
Sie rückten schnell von ihrem Sitze,
Sie wurden laut und immer lauter,
Vertrauter dann und noch vertrauter.

Wie sie aus voller Kehle sangen!
Und wie die Gläser hell erklangen!
»Gesegnet sei die gute Stunde!«
So scholl es laut aus jedem Munde.

»Dem König Heil! Heil seinen Fahnen!
Heil seinen guten Unterthanen!
Heil seinen treuen braven Knechten,
Die für ihn sterben, für ihn fechten!«

Da gab es Witze, Scherz' und Schwänke,
Lebendig ward die ganze Schenke;
Sie wurden toll und immer toller,
Die Flaschen leer, die Köpfe voller.

Der eine fiel, der andre schwankte,
Der eine sank, der andre wankte,
Und hob sich einer auch mal wieder,
So fiel er mit dem andern nieder.

Und Wirth und Gäste, Tisch' und Bänke,
Und Flaschen, Gläser, Scherz' und Schwänke,
Wie lag's beisammen da so traulich,
Und wie gemüthlich und erbaulich!

Licht und Schatten

– so wäre es vielleicht manchem Schriftsteller
vom Anfange des 19. Jahrhunderts in prote-
stantischen *Ländern nicht zu verdenken, wenn*
er sich einen schicklichen und bescheidenen
Theil von derjenigen Preßfreiheit wünschte,
welche die Päpste *zu Anfange des 16. ohne*
Bedenken allgemein zugestanden haben.
Fichte, Reden an die deutsche Nation
(Berlin 1808.) S. 12.

Freilich, Luthers Zeiten hatten
Schatten mehr, viel mehr als Licht,
Und man ließ der Welt den Schatten,
Doch das Licht verbot man nicht.

Zwar noch heut' ist frei der Schatten,
Aber nicht des Lichtes Schein;
Licht will man uns wohl verstatten,
Doch zum Schattenspiel allein.

Jene finstern Zeiten kannten
Keine – – sche Censur:
Und ihr hellen Protestanten
Rühmt euch geistiger Cultur?!

Lasst doch jedem seinen Schatten,
Und sein Licht verwehrt ihm nicht;
Lasst doch uns auch, was wir hatten,
Unsern Schatten, unser Licht!

Lasst auch uns in unsern Tagen
Ihn den Fürsten finstrer Nacht
Mit dem Dintenfaß verjagen,
Wie es Luther hat gemacht!

Censorenmißverständniß

Hierum wo etwas frei noch wär,
Bald bringen sie ein Ursach her,
Zu fassen das mit einem Strick.
Ulrich von Hutten.

»Die Kaiserkronen sind erfroren,
Und heuer sieht das Volk sie nicht.«
So faßt den Nachtfrost bei den Ohren,
Ihn streichet, ihn, nicht mein Gedicht!

»Die Königskerzen sind erfroren,
Und heuer glänzt nicht mehr ihr Licht.«
Der Herbstwind that's, o ihr Censoren,
Ihn streichet, ihn, nicht mein Gedicht!

Nicht strafet mich, nicht straft den Dichter!
Nur Wahrheit sprach und spricht sein Mund:
Der Dichter ist nur ein Berichter,
Er thut nur das Erlebniß kund.

Freiheit

Wozu sollen die Beschwerden?
Freiheit ist genug auf Erden,
Wenig, viel und nichts zu werden.

Freiheit ward uns in Gewerben,
Im Verthun und im Verderben,
Im Verhungern und im Sterben.

Weiter kannst du's hier nicht bringen;
Andre Freiheit zu erringen,
Wird dir dort nur erst gelingen.

Landwirthschaftliches

Mit Vortheil lässt sich bauen
Ein neues Futterkraut,
Das man in allen Gauen
Sonst wenig hat gebaut.

Damit kann man beleben
Die Viehzucht überall,
Man kann es täglich geben
Dem Vieh in Hürd' und Stall.

Duck-dich so heißt der Samen
Und ist gar wohl bekannt,
Die Frucht hat andern Namen,
Wird *Knute* nur genannt.

Wenn's Vieh daran nur lecket,
So wird es wohlgemuth,
Daß es, was man bezwecket,
Recht gern und willig thut.

Schlagverse

Nein, bestehen soll das Schlagen!
Zwar nicht gut ist Schlag und Hieb:
Werden *wir* nur nicht geschlagen,
Ist uns alles Schlagen lieb.

Denn wir sind gut eingeschlagen,
Nicht geschlagen aus der Art.
Wenn die Trommel wird geschlagen,
Ist schon unser Volk geschaart.

Gegen Feindes Anschlag schlagen
Wir den Richtweg ein zur Schlacht,
Und es wird die Schlacht geschlagen,
Eh's der Feind noch hat gedacht.

Wie ein Schiff im Meer verschlagen,
Schlägt sein böser Anschlag um,
Und die Trommel wird geschlagen,
Siegreich kehrn wir wieder um.

Und so wagen und so schlagen
Wir uns muthig durch die Welt,
Bis das Herz hat ausgeschlagen
Und des Lebens Schlagbaum fällt.

Und so lange Finken schlagen
Und die Eichen schlagen aus,
Werden deutsche Herzen schlagen,
Und das Schlagen stirbt nicht aus.

Ein schöner Zug

Wenn ihr nicht frei euch fühlt zu Haus,
Wohlan, so ziehet gleich hinaus!
Frei könnt ihr ziehn aus allen deutschen Landen,
Freizügigkeit ist auch für euch vorhanden.

Ein schöner Zug von unsrer Zeit!
Ein schöner Zug: Freizügigkeit!
Dir fehlt ein n an deines Glückes Sterne:
Freizügig Volk, freizüngig wärst du gerne!

Kirchenhistorisches

Dank, Luther, Dank! du lehrtest jeden
Mit Gott in deutscher Sprache reden,
Hast uns zu Gottes Preis und Ruhm
Gebracht ein deutsches Christenthum.

Doch hat uns unter deinem Schilde
Gebracht die Philologengilde
Zu ihrem eignen Preis und Ruhm
Ein protestantisch Heidenthum.

Die liberalen Modegecken

Du schwörest Allem Untergang
Was je dich hemmt in deinem Frieden,
Verfluchest den Gewissenszwang
Und Geistesdruck hienieden;

Du schreist nach Freiheit, schreist nach Recht
Im Anblick großer Kriegesheere,
O du großmäuliges Geschlecht,
Und dich beherrscht die Schneiderscheere!

Humanitätsstudien

Idque apud imperitos humanitas *vocabatur,*
cum pars servitutis esset.
Taciti Agricola cap. 21.

Dies Geschlecht, das in Vokabeln
Wie der Ochs' im Joche zieht,
Das vor grauen Götterfabeln
Keine Gegenwart mehr sieht –

Dies Geschlecht, es schien geboren
Nur in Rom und in Athen,
Und wie Deutschland ging verloren,
Ließen sie es gern geschehn.

Wenn nur Götterruh und Frieden
Ihre matte Seele fand,
Nun, das war für sie hienieden
Mehr als je ein Vaterland.

Wirbst auch *du* um Siegeskränze
In der todten Wissenschaft?
Weihst auch *du* dem fremden Lenze
Deines Lebens Füll' und Kraft?

Deutsche Jugend, du von heute,
Voll von Griechisch und Latein,
Wirst du *auch* der Vorwelt Beute,
Du auch uns verloren sein?

Ein Geschlecht, das in Vokabeln
Wie der Ochs' im Joche zieht,
Das vor grauen Götterfabeln
Keine Gegenwart mehr sieht?

Des Censors Klagelied
nebst Chor der Laien

Mel.: Ich lobe mir das Burschenleben.

Wer nie ein Censor ist gewesen,
Der weiß nicht, wie es solchem geht;
Was muß er doch nicht alles lesen,
Und wenn er's auch gar nicht versteht!
   Chor.
Doch kann er streichen nach Belieben,
Und wenn's der liebe Gott geschrieben.

Dann muß er wie ein Falke passen
Auf Staat und Kirche, Kirch' und Staat;
Die fix' Idee darf er nicht lassen,
Bis er die Welt verlassen hat.
   Chor.
Doch sieht er auch einmal daneben,
Das kostet ihm noch nicht das Leben.

Wie wenig Lohn wird ihm gegeben!
Wie wird er oft so sehr verkannt!
Er aber opfert gern sein Leben
Für König, Gott und Vaterland.
   Chor.
Doch giebt's auch Orden, Tabatièren –
Ach, wenn wir doch Censoren wären!

Virtus philologica

Quos ego!

Was rühmt ihr doch an Rom und Griechenland
Stets Freiheit, Tapferkeit und Vaterland?
O wäret ihr nur Sklaven dort gewesen,
Von eurem Rühmen wärt ihr längst genesen!

Zwar Sklaven seid ihr, eurer Wissenschaft,
Die euch verzehret euer Mark und Kraft,
Daß ihr trotz allen alten Herrlichkeiten
Schulfüchse seid und bleibt in unsern Zeiten.

Böhmische Dörfer

Pegasus der alte Schimmel
Und Apollo fehlet nie,
Ja der ganze Götterhimmel
Prunkt in eurer Poesie.

Mit dem Wörterbuche lesen
Muß man jedes Maigedicht;
Wer die Cypris ist gewesen,
Weiß ich armer Deutscher nicht.

Auch Pandora, Flora, Iris,
Zeus, Aurora, Rhadamanth,
Midas, Isis und Osiris
Sind mir gänzlich unbekannt.

Sagt, für wen doch wollt ihr dichten?
Für's gelehrte Häufelein?

Nun, so müsst ihr drauf verzichten,
Deutschlands Dichter je zu sein.

Zwar das deutsche Volk hat immer
Seinen hochgelehrten Stand;
Dieser aber hatte nimmer
In der Welt ein Vaterland.

Besser drum, ihr singt und pfeifet
Wie's gemäß dem deutschen Mund:
Castor! Pollux! das begreifet
Auch sogar ein dummer Hund.

Oeffentliche Meinung

Sag an, du öffentliche Meinung,
Sag an, wie lange schweigst du still?
Wann bringst du endlich zur Erscheinung
Was Deutschland soll und muß und will?

Zeig deines Volkes Wundenmale,
Zeig seine Blut- und Thränensaat,
Und wieg auf deiner Wageschale
Des Volkes Lohn, der Fürsten That!

Du willst nicht Aufruhr, nicht Zerwürfniß,
Träumst nicht von Hochverrath und Mord –
Dein Wunsch ist nur das *Zeitbedürfniß*,
Und *Recht* und *Wahrheit* ist dein Wort.

Herren und Knechte

Ihr wolltet euch zu Göttern machen,
Und siehe, das gelang euch schlecht;
Da machtet ihr das Volk der Schwachen
Zu einem dienenden Geschlecht.

Und dies Geschlecht muß immer büßen,
Zu groß ist seine eigne Schuld,
Und wollt ihr's Leben ihm versüßen,
So ist es eure Gnad' und Huld.

Da ist die Rede nicht vom Rechte,
Das wär' auch nur ein toller Wahn:
Ihr seid die Herrn, sie sind die Knechte,
Und was ihr thut ist wohlgethan.

Nota bene!

Ihr könnt die Welt nicht retten
Mit Hals- und Hochgericht;
Mit des Gefangnen Ketten
Hemmt ihr sein Laster nicht.

Im Arbeitshaus' erwachet
Nicht Fleiß und Arbeitstrieb;
Das Zwangs- und Zuchthaus machet
Nicht tugendhaft den Dieb.

Bei Brot und Wasser eilet
Nicht weg die Sündenlust,
Und keine Bibel heilet
Die frevelvolle Brust.

Wollt ihr Genesung bringen
Der armen kranken Zeit,
Lernt selbst vor allen Dingen
Recht und Gerechtigkeit.

Steuerverweigerungsverfassungsmäßigberechtigt

Sprecht von Volks- und Menschenrechten,
's Ist doch eitel was ihr sprecht!
Ihr erlangt mit allem Fechten
Weder Schreib- noch Rederecht.

Sprecht zu hunderttausend Malen
Immer nein, und nein, ja nein:
Eure Steuern müsst ihr zahlen!
Das ist euer Recht allein.

In Deutschland

Noch kumpt vröude und sanges tac,
wol im ders erbeiten mac.
                Walther von der Vogelweide.

Noch ist Freude, noch ist Leben
Ueberall im deutschen Land.
Deutsche Fraun und Männer geben
Sich einander noch die Hand.

Und der schöne Glaube lebt noch
An die deutsche Ehrlichkeit,
Und der Geist der Treue schwebt noch
Ueber uns und unsrer Zeit.

Und es wird noch Frühling wieder
Auch für uns in Wald und Feld,
Und es singt noch frohe Lieder
Ueberall die deutsche Welt.

Wahrheit findet noch und Dichtung
Ihre Herzen, ihren Mund,
Und es thut nach mancher Richtung
Sich das Schön' und Bessre kund.

Tadelt nicht die Zeit die neue,
Wünschet nicht das Heute fern!
Zeit ist daß sich jeder freue,
Jeder lobe Gott den Herrn.

Sprecht ihr Weisen, sprecht ihr Thoren!
Und wer wäre nicht ein Kind? –
Ach! ich bin zu früh geboren!
Eine neue Welt beginnt.

Mein Vaterland

Treue Liebe bis zum Grabe
Schwör' ich dir mit Herz und Hand:
Was ich bin und was ich habe,
Dank' ich dir, mein Vaterland.

Nicht in Worten nur und Liedern
Ist mein Herz zum Dank bereit;
Mit der That will ich's erwiedern
Dir in Noth, in Kampf und Streit.

In der Freude wie im Leide
Ruf' ich's Freund' und Feinden zu:
Ewig sind vereint wir beide,
Und mein Trost, mein Glück bist du.

Treue Liebe bis zum Grabe
Schwör' ich dir mit Herz und Hand:
Was ich bin und was ich habe,
Dank' ich dir, mein Vaterland.

Abendlied

Abend wird es wieder:
Ueber Wald und Feld
Säuselt Frieden nieder,
Und es ruht die Welt.

Nur der Bach ergießet
Sich am Felsen dort,
Und er braust und fließet
Immer, immer fort.

Und kein Abend bringet
Frieden ihm und Ruh,
Keine Glocke klinget
Ihm ein Rastlied zu.

So in deinem Streben
Bist, mein Herz, auch du:
Gott nur kann dir geben
Wahre Abendruh.

Letztes Lied

Nackt ein, nackt aus,
Zur Welt hinaus:
Mein Bündel Sorgen mit hinab
Ins dunkle Grab!
Nun schaufelt zu und immerzu!
Ich schlafe fest und habe Ruh.

In Liebesmuth
Voll Jugendglut
Ein halbes Leben mir verschwand;
Das andre fand
In dieser Welt nicht Rast noch Ruh –
Drum, Brüder, scharret zu, nur zu!

Zweiter Theil

Eins und Alles

O Deutschland erwache, gedenke deiner selbst erstehe von diesem tödtlichen Kampfe! Das Reich kann nur durch das Reich, Deutschland durch Deutschland wiedergeboren werden, und durch die Sonne der göttlichen Gnade wie ein Phönix aus der Asche seines eigenen Leibes hervorgehn. Nicht Katholiken oder Unkatholiken, nicht Römische oder Lutherische (Namen, den arglistigen Feinden willkommen) sollen uns davon abhalten; sondern als Glieder eines Leibes, eines Staats, als Brüder müssen sich alle Deutsche in Liebe umfassen, und mit allen Kräften und Tugenden heldenmüthig jenem großen Ziele nachstreben. Das Vaterland schützen, vertheidigen, erhalten, dazu ist Jeder, dazu sind alle verbunden.

Paraenesis ad Germanos 1647.

Deutschland erst in sich vereint!
Auf! wir wollen uns verbinden,
Und wir können jeden Feind
Treuverbunden überwinden.

Deutschland erst in sich vereint!
Lasset Alles, Alles schwinden
Was ihr wünschet, hofft und meint!
Alles andre wird sich finden.

Deutschland erst in sich vereint!
Danach strebet, danach ringet!
Daß der schöne Tag erscheint,
Der uns Einheit wiederbringet.

Deutschland erst in sich vereint!
Wenn uns *das* einmal gelinget,
Hat die Welt noch einen Feind,
Der uns wiederum bezwinget?

Das Wort

Im Anfang war das Wort.
Evang. Joh. 1, 1.

Uns blieb nur Eine Waffe noch:
Frisch auf! sie ist uns gut genug!
Mit ihr zerhau'n wir jedes Joch,
Und jeden Lug und jeden Trug.

Das Wort ist unser Schild und Helm,
Das Wort ist unser Schwert und Speer
Trotz jedem Schurken, jedem Schelm!
Dem Satan Trotz und seinem Heer!

Uns blieb nur eine Waffe noch:
Frisch auf! sie ist uns gut genug!
Mit ihr zerhau'n wir jedes Joch,
Und jeden Lug und jeden Trug.

Und wenn die Welt voll Teufel wär',
Wir ziehn hinaus und kämpfen doch:
Das Kämpfen fällt uns nicht so schwer,
Uns blieb ja Eine Waffe noch.

Wir wollen es nicht haben

Wir sollen hübsch im Paradiese bleiben
Und uns wie's Adam that die Zeit vertreiben,
Und keine Bücher lesen, keine schreiben –
Wir sollen hübsch im Paradiese bleiben.

Wir sollen vom Erkenntnißbaum nicht essen,
Uns freu'n an Allem was uns zugemessen,
Und des Gebotes nimmermehr vergessen:
Wir sollen vom Erkenntnißbaum nicht essen.

Das Paradies hat uns nur stets verdrossen,
Wie gerne sind wir *davon* ausgeschlossen!
Drum haben wir von diesem Baum genossen –
Das Paradies hat uns nur stets verdrossen.

Du Paradies der Diener und Soldaten,
Leb wohl, du Jagdrevier der Potentaten,
Wir wollen dein auf ewig nun entrathen,
Du Paradies der Diener und Soldaten!

Vetter Michel

Verspottet nur den Vetter Michel!
  Er pflügt und sät:
Einst sprießt die Saat, die keine Sichel
Der löblichen Censur ihm mäht.

Sie leben noch die etwas wollen
  Mit Herz und Hand,
Die Gut und Blut noch freudig zollen
Für Gott und für das Vaterland.

Rococo's Glaubensbekenntniß

Swer lobt des snecken springen,
unt des ohsen singen,
der quam nie dâ der lebarte spranc
unt dâ diu nahtegale sanc.
                                        Vrîdanc.

Mel.: Ich war erst sechszehn Sommer alt,
      Unschuldig und nichts weiter.

Ich stimme für die Monarchie,
Da giebt's noch Räng' und Stände;
Mit Republik geht Poesie
Und alles Glück zu Ende.

Ich stimme für die Monarchie;
Wenn wir darin nicht wären,
Wie könnten wir doch ohne sie
So viele Leut' ernähren.

Ich stimme für die Monarchie,
Für Würden, Titel, Orden;
In Republiken sind noch nie
Verdienste was geworden.

Ich stimme für die Monarchie,
Wo die Censur noch waltet,
Wo nicht der Presse Despotie
Nach Herzenslüsten schaltet.

Ich stimme für die Monarchie,
Wo weise wird regieret,
Weil Grundbesitz mit Hab' und Vieh
Nur ist repräsentieret.

Ich stimme für die Monarchie,
Die giebt noch gute Rente;
Es gab die Republik doch nie
Vier oder fünf Procente.

Drum laß ich mir die Monarchie
Auch nun und nimmer rauben:
Wir haben Eine Liturgie,
Und Einen Gott und Glauben.

Wie ist doch die Zeitung interessant!

*Man kann unstreitig zu unsern Tagen Vieles sagen,
was man noch zu den Zeiten unsrer Väter kaum
leise denken durfte. Vielleicht kommt noch in dem
folgenden Jahrhundert die Zeit, wo man Alles,
was man denkt und glaubt, laut sagen darf.*
Fridr. Karl Freih. v. Moser,
»Politische Wahrheiten.« I. 1796. S. XV.

Wie ist doch die Zeitung interessant
Für unser liebes Vaterland!
Was haben wir heute nicht Alles vernommen!
Die Fürstin ist gestern niedergekommen,
Und morgen wird der Herzog kommen,
Hier ist der König heimgekommen,
Dort ist der Kaiser durchgekommen,
Bald werden sie alle zusammenkommen –
Wie interessant! wie interessant!
Gott segne das liebe Vaterland!

Wie ist doch die Zeitung interessant
Für unser liebes Vaterland!
Was ist uns nicht Alles berichtet worden!

Ein Portepéefähnrich ist Leutnant geworden,
Ein Oberhofprediger erhielt einen Orden,
Die Lakaien erhielten silberne Borden,
Die höchsten Herrschaften gehen nach Norden
Und zeitig ist es Frühling geworden –
Wie interessant, wie interessant!
Gott segne das liebe Vaterland!

Der König weiß es nicht

*Wir warten aber eines neuen Himmels und
einer neuen Erde, nach seiner Verheißung,
in welchen Gerechtigkeit wohnet.*
                              Petri Epistel 2, 3, 13.

Mel.: Helft, Leutchen, mir vom Wagen doch.

Wie ist des Elends in der Welt
So viel und mancherlei!
Und dennoch giebt man soviel Geld,
Daß jeder glücklich sei.
Ach! wer das Elend einmal sah,
Ich weiß, das Herz ihm bricht.
Was hilft's? ihr saget immer: ja,
Der König weiß es nicht.

Wie geht das Unrecht allezeit
So sicher doch umher!
Wie ist doch die Gerechtigkeit
So theuer und so schwer!
Warum giebt's soviel Unrecht noch?
So manchen Bösewicht?
Ich weiß, ihr wißt es alle, doch
Der König weiß es nicht.

Wie das Verdienst so wenig gilt
Und doch Geburt so viel!
Ist das nach Christi Ebenbild?
Das unsrer Liebe Ziel?
Ist Adel denn ein Vorzug noch?
So gebt mir doch Bericht!
Ich weiß, ihr wißt es alle, doch
Der König weiß es nicht.

Ständisches

»Ein jeder bleib' in seinem Stande,
Ein jeder denke nur an sich;
Das ist ein Segen unserm Lande,
Das paßt sich gut für dich und mich.«

O weh, o weh, du schnöde Schande!
Du teuflische Simplicitas!
Bleibt jeder nur bei seinem Stande,
So kommt zu Stande niemals was.

Wegebesserung

Laßt uns Gottes Güte preisen,
Die uns gab den Fürstenstand:
Nur wenn unsre Fürsten reisen,
Bessert sich der Weg durch's Land.

Sind auch solche Reisen theuer,
Sind sie uns doch lieb und werth;
Gern bezahlt man jede Steuer,
Wenn man noch erträglich fährt.

Unterschied des Bedingten und Unbedingten

Göthe präsentierte mich dem gnädigsten Herrn,
zu dem ich mich auf den Sopha, – ich glaube sogar
ich saß ihm zur Rechten, – setzte.
                    Hegel's Werke 17, 621.

Mel.: So hab' ich wirklich dich verloren.

Das Absolute zu ergründen,
Hatt' er sich selbst der Welt entrückt;
Das Absolute zu verkünden,
Hat ihn nur auf der Welt beglückt.

Und wenn er saß auf dem Katheder
Und sprach vom absoluten Sein –
Fürwahr, da glaubt' und dachte Jeder:
Hier spricht nur Gott durch sich allein.

Und dennoch konnt' er's nicht vergessen,
Daß er bei einem Herzog saß,
Er der doch höher nie gesessen
Als wenn er sein Collegium las.

Die Wasserfrage

Nun kommt auch noch die Wasserkur
Zu unsern vielen Tagesfragen,
Als könnten uns die Aerzte nicht
Genug auf andre Weise plagen.

Wär' eine Schwimmhaut mir beschert
Und hätt' ich einen Haifischmagen,
Da würde mir die Wasserkur
Vielleicht tagtäglich auch behagen.

Doch mißlich ist's auch sonst damit,
Wie mit den diplomat'schen Fragen:
Von ihrem Anfang kann man wohl,
Von ihrem Ende niemals sagen.

Der Hausorden

> *Ach, gar zu bescheiben*
> *Sind doch ihre Freuden*
> *Und kaum von Leiden*
> *Zu unterscheiden.*
> Tieck im Zerbino.

Mel.: Kleine Blumen, kleine Blätter.

Dem Verdienste seine Kronen!
Also denket mancher Mann,
Und er will sich selbst belohnen,
Denn kein andrer denkt daran.

Und wie große Potentaten
Heckt er einen Orden aus
Zur Belohnung seiner Thaten
Nur für sich und für sein Haus.

Und er theilet dann in Klassen
Diesen Orden seiner Wahl,
Und er will damit umfassen
Der Verdienste große Zahl.

Ehekreuz das ist die erste,
Hauskreuz muß die zweite sein,
Und dann kommt die schönst' und hehrste,
Todtenkreuz noch hinterdrein.

Seit die Orden sind geworden
Jedem Stand' ein Liebespfand,
Nun, so hascht man auch nach Orden
In dem heil'gen Ehestand.

Wenn dich drum der Staat nicht ehret,
Werde gleich ein Ehemann,
Und dir wird ein Kreuz bescheret,
Daß du denkst zeitlebens dran.

Mißheirath

*Le bourgeois, par une vanité ridicule, font de
leurs filles un fumier pour les gens de qualité.*
Chamfort, Pensées.

Haltet rein das edle Blut!
Hat mein Vater oft gesagt.
Ach! was nun mein Enkel thut!
Ach! dem Himmel sei's geklagt!

Eine Bürgerliche frei'n!
Nein, das ist fürwahr zu arg!
Ach! das wird ein Nagel sein
Ganz gewiß zu meinem Sarg!

Also sprach der Großpapa,
Und die Ahnen an der Wand
Nickten alle gleichsam: ja!
Als ob's jeder mitempfand.

Und der gute Junker nahm
Doch zur Frau das Bürgerblut,
Und der arme Junker kam
So zu großem Geld und Gut.

Und erfüllt von Lieb' und Dank
Fand der Alte sich darein;
Er der sonst nur Wasser trank,
Trank anjetzo nur noch Wein.

Eine Bürgerliche frei'n,
Fand er jetzt nicht mehr so arg,
Doch der gute Bürgerwein
Ward ein Nagel ihm zum Sarg.

Seehandlung

Nocere posse et nolle, laus amplissima est.
Publius Syrus.

Seht, wir wechseln, leihen, borgen;
Seht, wir schaffen, mühn und sorgen,
Daß des Volkes Kraft erwache,
Kunst und Fleiß sich geltend mache,
Daß die Armuth werde kleiner
Und die Wohlfahrt allgemeiner.
    Juchhe! juchhe!
So treiben wir Handlung auf der See.

Seht, wir trachten nur und dichten,
Musterwerke zu errichten,
Zu beseelen alle Hände
Zum Gedeihen aller Stände,
Kunst und Industrie zu heben
Und den Marktplatz zu beleben.
    Juchhe! juchhe!
So treiben wir Handlung auf der See.

Nicht wie sich im Haus die Schnecke
Haben wir uns nur zum Zwecke:
Ei, wie könnten wir euch hindern!
Wir, die wir den Nothstand lindern,
Und bereit sind alle Zeiten
Euch nur Wohlstand zu bereiten?
   Juchhe! juchhe!
So treiben wir Handlung auf der See.

Laßt das Kleinliche verderben!
Ward nicht Freiheit den Gewerben?
Kann nicht jeder seine Sachen,
Fleiß und Waare geltend machen?
Sä't wie wir die Saat der Mühe,
Daß auch *euch* das Heil erblühe!
   Juchhe! juchhe!
So treibet auch Handlung auf der See!

Alles könnt auch ihr beginnen:
Malen, weben, hecheln, spinnen.
Weg mit Flotten, weg mit Schiffen!
Wer die Zeiten hat begriffen,
Bringet auch auf trocknem Sande
Eine Seefahrt noch zu Stande.
   Juchhe! juchhe!
Hoch lebe die Handlung auf der See!

Die Wahrheitsbill

Es geschah in alten Tagen,
Daß der liebe Gott befahl:
»Wer nicht will die Wahrheit sagen,
Wird ein Stottrer allzumal.«

Wie bei Greisen, Männern, Buben
Da die Stotterei begann!
Auch die Officianten huben
Alle gleich zu stottern an.

Als nun Gott der Herr gesehen,
Daß der Mensch zur Wahrheit will
Schlechterdings sich nicht verstehen,
Hob er auf die strenge Bill.

Und so stottern auch noch lange
Unsre Officianten nicht,
Doch weil ihnen davor bange,
Geben schriftlich sie Bericht.

Vieh- und Virilstimmen

In solcher Zeit wie diese ziemt es nicht,
Daß jeder kleine Fehl bekrittelt werde.
Shakspeare, Jul. Cäsar.

Der Ochse brüllet, es grunzt das Schwein,
Die Schafe bläken, die Frösche schrei'n –
Ob schön das lautet? wird wohl keiner fragen;
Was läßt sich auch von Bestiensprache sagen?

Doch brüllt kein Ochs' und es grunzt kein Schwein,
Noch Schafe bläken und Frösche schrei'n
So unterthänigst, jämmerlichst wehmüthigst
Als deutsche Unterthanen tiefst demüthigst.

Unfruchtbar

Du möchtest Allen Alles sein,
Conservativ und liberal,
Aristokratisch, radical,
Und demagogisch auch einmal.

Du möchtest Allen Alles sein!
Wärst du ein Esel oder Pferd,
So wärst du überall begehrt –
Maulesel sind zur Zucht nichts werth.

Heraldisches

Die Fürsten voller Güt' und Milde,
Was führen sie in ihrem Schilde?
Gemeiniglich ein wildes Thier,
Ein Thier voll Raub- und Mordbegier,
Wovon gottlob nichts weiß die Welt,
Als daß man es im Käfich hält.

Doch diese Thiere könnten leben,
Lebendig jeden Thron umgeben –
Uns brächte weniger Gefahr
Bär, Geier, Löwe, Greif und Aar,
Als jenes saubre Hofgeschmeiß,
Wovon die Welt zu viel nur weiß.

Was ist denn zollfrei?

Besteuert ist die ganze Welt
Und alles drum und dran:
Gewerbe, Handel, Gut und Geld,
Weg, Wasser, Weib und Mann.
Wem wäre nicht das Leben theuer,
Wofür man zahlt so manche Steuer?

Besteuert ist der Bissen Brot,
Den man im Schweiß gewinnt!
Besteuert ist sogar der Tod,
Weil wir am Ziele sind.
Nur zu erzeugen unsers Gleichen
Ist frei den Armen und den Reichen.

Bienenloos

Wir geben und der König nimmt,
Wird sind zum Geben nur bestimmt,
Wir sind nichts weiter als die Bienen,
Arbeiten müssen wir und dienen.

Und statt des Stachels gab Natur
Uns eine stumpfe Zunge nur,
Die dürfen wir nie unsertwegen
Und nur im Dienst des Königs regen.

Kuhschnappelsche Thorsperre

Einen Leibzoll zu entrichten
Für das Vieh, mag menschlich sein:
Ochsen dürfen doch mit Nichten
Ungestraft zur Stadt hinein!

Doch daß man den Ochsen gleich gilt,
Ochsig zahlen muß und soll,
Wenn man kommt zu spät ins Weichbild –
Bestialisch ist *der* Zoll.

Kuhschnappelsche Volksrepräsentation

Ei, was soll noch Kunst und Witz?
Hier gilt nur der Grundbesitz.
Für den Landbau, für's Gewerbe
Schweigt kein Volksrepräsentant;
Doch des Geistes Gut und Erbe
Legen sie in Gottes Hand.

Wie verlassen und verwaist,
Armer, armer Menschengeist!
Wie der Vogel auf dem Dache
Hast auch du kein Vaterland,
Und der Menschheit heil'ge Sache
Gab dir Gott in deine Hand.

Schnaderhüpfel

Mel.: Mein Schatz ist a Reiter, a Reiter muß sein.

Der Fürst und der Adel stehn immer im Bund,
Der Fürst ist der Jäger, der Adel der Hund.

Der Fürst ist der Jäger, das Volk ist das Wild,
Weil mehr das Regal als das Menschenrecht gilt.

Und gehet der Jäger auf die Hasenjagd,
Hat noch immer der Hund den Vermittler gemacht.

Und wenn es sich handelt um Constitution,
Vermittelt der Adel zwischen Fürst und Nation.

Bläst Jäger und Hund und Has' in Ein Horn,
Sind wir alle vergnügt von hinten und vorn.

Landtagsabschied

Mel.: Jetzt schwingen wir den Hut.

Jetzt gehen wir nach Haus,
Der Landtag ist nun aus.
Wir waren einig allezeit,
Und thaten unsre Schuldigkeit,
Sogar bei jedem Schmause, ja Schmause.

Wir haben Tag und Nacht
Gesessen und gedacht,
Und sahen fest und unverwandt
Auf unser theures Vaterland,
Sogar bei jedem Schmause, ja Schmause.

Die Zeitung giebt Bericht:
Wir thaten unsre Pflicht;
Wir hielten nicht umsonst Diät,
(Das weiß auch Seine Majestät,)
Sogar bei jedem Schmause, ja Schmause.

Petitionsrecht

Das Beten und das Bitten ist erlaubt,
Ja, und erlaubt ist Alles überhaupt,
Was niemals nützt den armen Unterthanen.
Wenn wir an ein Versprechen etwa mahnen,
Gesetzlich bitten, was wir fordern können,
Da will man uns das Bitten auch nicht gönnen,
Man weist uns ab mit kaltem Hohn zuletzt:
    Ihr habt die Form verletzt.

Der Herr der Welten höret unser Flehn,
Er naht und ist bereit uns beizustehn,
Er fordert was wir bitten kaum noch wollten,
Erfüllt was wir nach Recht verlangen sollten.
Zu jenen, die ihr heiligstes Versprechen
Gebrochen haben und noch heute brechen,
Spricht er ein allerhöchstes Wort zuletzt:
    Ihr habt das Recht verletzt

Die sieben Sachen

Wie heißen doch die sieben Sachen,
Die einen Mann von Stande machen?
Nichts lernen früh von Kindesbeinen
Und Alles doch zu wissen meinen,
Die ganze Nacht beim Spiel durchwachen,
Den ganzen Tag brav Schulden machen,
Das Deutsch so schlecht als möglich sprechen,
Französisch trefflich radebrechen,
Champagner trinken obendrein
Und überall hoffähig sein.
Das sind, das sind die sieben Sachen,
Die einen Mann von Stande machen.

Wie heißen doch die sieben Sachen,
Die keinen Mann von Stande machen?
Nicht sich allein auf Erden leben,
Für Andre still zu wirken streben,
Sich nie um Schulden mahnen lassen
Und nie auf Andrer Kosten prassen,
Der Knechtschaft Sprache radebrechen,
Gut Deutsch für Recht und Freiheit sprechen,
Und lieber leiden Noth und Pein
Als irgendwo hoffähig sein.
Das sind, das sind die sieben Sachen,
Die keinen Mann von Stande machen.

Wächterlied

Die Hähne krähten durch das Land:
Und wer in Schlafes Banden ruht,
Sei munter jetzt und wohlgemuth!
Der Tag beginnt, die Nacht verschwand.

Der Wächter auf der Zinne stand
Und rief: ihr sollet munter sein,
Ich sehe schon des Tages Schein;
Wacht auf! wacht auf! die Nacht verschwand.

Da stand man auf wohl hie und dort,
Die Hähne that man in den Topf,
Dem Wächter hieb man ab den Kopf,
Dann aber schlief man weiter fort.

Wer will noch Hahn und Wächter sein?
Wer wecket uns aus Schlafes Noth
Bald zu der Freiheit Morgenroth?
Wir schlafen in den Tag hinein.

Creationstheorien

1.

Der Teufel schuf die Preßfreiheit,
Ein Engel die Censur:
Gottlob, es ist doch noch zur Zeit
Von jener wenig Spur.

Denn wer ein bös Gewissen hat,
Dem stehn die Engel bei;
Auch hindert es noch Kirch und Staat,
Daß man des Teufels sei.

Ein Engel schuf die Preßfreiheit,
Ein Teufel die Censur:
Und leider ist drum auch zur Zeit
Von jener wenig Spur.

Denn wer ein bös Gewissen hat,
Dem steht der Teufel bei;
Der Teufel will in Kirch' und Staat,
Daß man des Teufels sei.

Die freien Künste

Unsere Maler malen
Vieles und mancherlei,
Aber zu tausendmalen
Sind die Maler nicht frei.

Immer wird zur Schablone
Ihnen die Fürstengunst,
Immer in alter Frohne
Regt sich die freie Kunst.

Immer Traditionen,
Bibel und Mythologie,
Fremdes aus allen Zonen,
Selbstempfundenes nie.

Ist es da denn ein Wunder,
Wenn sich erhebt ein Geschrei:
Laßt doch den alten Plunder,
Maler, und werdet doch frei!

Der Dichter ein Seher

Mel.: Es war ein König in Thule.

Der Dichter ist ein Seher,
Er sieht gar gut und weit;
Wer sieht so gut und eher
Das große Spiel der Zeit?

Doch will man nur *den* Seher
Der nach dem Munde spricht;
Zum andern sagt man: geh' er!
Zu uns hier paßt er nicht.

Phantasien eines kunstliebenden Klosterbruders

*Mel.: Ach, Gott und Herr wie groß und schwer
Sind mein' begangne Sünden.*

Die freie Kunst, sie ist nicht frei:
Wo Freiheit nicht vorhanden,
Da ist es mit der Kunst vorbei
In allen, allen Landen.

Und buhlt sie auch um Fürstengunst,
Das kann ihr wenig frommen!
Durch Fürsten ist herab die Kunst,
Doch nie emporgekommen.

Wer nicht in Freiheit wirkt und schafft,
Kann Fürsten wohl genügen,
Doch wird er stets um Geist und Kraft
Sich und die Welt betrügen.

Nur aus dem Volk, ins Volk zurück
Muß stets der Künstler steigen,
Dann wird im Volke Ruhm und Glück
Dem Künstler auch zu eigen.

Classisches Stilleben

Mel.: Singend, und vom Saft der Reben
Glühend und vom Mädchenkuß.

Stört doch nicht die alten Jungen!
Denn sie lesen eben jetzt
Was Homeros hat gesungen
Und wie's Voß hat übersetzt.

Besser läßt es sich doch sitzen
Oben in dem Götterrath,
Als dereinst die Zeit verschwitzen
Actenmatt im Magistrat.

Besser klingen doch die Sagen
Von der Götter Haß und Groll,
Als der Bürger ew'ge Klagen
Ueber Steuern, Mauth und Zoll.

Besser klingt das Schiffregister
Und so mancher Schlachtbericht,
Als wenn uns ein Stockphilister
Von dem letzten Budget spricht.

Besser, wenn Thersites grimmig
Ueber seinen König schreit,
Als wenn unser Land einstimmig
Schweigt von der Preßfreiheit.

Besser klinget Priams Jammer,
Daß sein Sohn im Kampf erlag,
Als wenn unsre zweite Kammer
Schreibet an den Bundestag.

Besser klingt's, wenn nun im Feuer
Endlich Trojas Feste steht,
Als wenn unser Landtag heuer
Ruhig auseinander geht.

Eine himmlische Etymologie

Mel.: Ich bin der Doctor Eisenbart.

»Ein großer Teufel ist schon Gog,
Ma-Gog ist ein viel größrer noch.
Was aber ist der De-Ma-Gog,
Das ist der allergrößte doch.«

So sprach dereinst der Engel Mund,
Und das vernahm der deutsche Bund,
Der machte schnell den Engelsfund
Uns armen, armen Teufeln kund.

Philister über dir, Simson!

Ich missevalle manegem man,
der mir ouch niht wol gefallen kan.
Vrîdanc 124, 7.

Mel.: Wer wollte sich mit Grillen plagen.

Die einst mich froh willkommen hießen,
Die sehn mich ernst und schweigend an:
Was mag sie wohl an mir verdrießen?
Bin ich nicht mehr derselbe Mann?

Bin ich im Hassen und im Lieben,
Bin ich dem Vaterlande nicht,
Bin ich nicht Allem treu geblieben,
Was nur für Recht und Freiheit spricht?

Still, still! ich kenne mein Verbrechen:
Hätt' ich behalten nur für mich
Was ich gewagt frei auszusprechen –
Sie grüßten auch noch heute mich.

Schacher

Jeder solcher Lumpenhunde
Wird vom zweiten abgethan.
Sei nur brav zu jeder Stunde,
Niemand hat dir etwas an.
Göthe.

Man sieht, ihr wollt nur Honorare,
Man sieht's aus allem was ihr schreibt;
Die Freiheit ist euch eine Waare,
Womit ihr nur Geschäfte treibt.

Ihr laßt um euer lumpig Ichlein
Die Welt sich drehn bei Tag und Nacht;
Für Freiheit macht ihr nicht ein Strichlein,
Wenn ihr's zugleich für euch nicht macht.

Und liegt die Freiheit auf der Bahre,
Dann lebet ihr noch fort und schreibt,
Dann habt ihr eine andre Waare,
Womit ihr noch Geschäfte treibt.

Abendlied
eines lahmen Invaliden vom J. 1813

Mel.: So mancher steigt herum.
Aus dem Bauer als Milliönar.

Wie viel man auch verspricht,
O traut den Worten nicht!
Ein Wort ist Schall und Wind –
Seid doch nicht taub und blind!
O seht euch vor und um,
Seid doch nicht gar zu dumm!
Ist's immer noch nicht Zeit,
Zu werden mal gescheit?
    O Deutschland! o Deutschland!

Wann kommt denn wohl die Zeit?
Wann wird die Welt gescheit?
Viel Gutes wird gedacht,
Mehr Schlechtes wird gemacht.
Doch fällt mir gar nicht ein,
Ein Schuft und Lump zu sein.
Wie oft sie auch erliegt,
Die gute Sache siegt –
    Hoch Deutschland! hoch Deutschland!

Türkische Liturgie

Mel.: Wenn Tage, Jahre, Wochen schwinden,
Wir kein Glück im Wechsel finden.

Wir müssen beten für den Einen,
Und nur für Ihn und für die Seinen.
Wir thaten's gern und thun es gern
Und flehn für Ihn zu Gott dem Herrn.

Es steht ja in der Schrift geschrieben:
Wir sollen unsre Feinde lieben.
Drum laßt uns beten das Gebet
Für unsers Sultans Majestät!

Neueste Beschreibung des Wiener Congresses

Was sie jeden Tag vollbrachten,
Ob sie scherzten, ob sie lachten,
    Wird genau erzählt;
Wie sie standen, wie sie saßen,
Daß sie tranken, daß sie aßen,
    Wird auch nicht verhehlt.

Wann sie hin zu Balle gingen,
Wann sie an zu tanzen fingen,
    Wird genau erzählt;
Ob das Schauspiel sie zerstreute,
Ob sie das Ballett erfreute,
    Wird auch nicht verhehlt.

Wie sie glänzend bankettierten,
Wie sie ritterlich turnierten,
    Wird genau erzählt;

Ob sie große Heerschau hielten,
Oder Schach und Dame spielten,
   Wird auch nicht verhehlt.

Ob sie ritten, ob sie fuhren,
Ob im Frack, ob in Monturen,
   Wird genau erzählt;
Wie sie sich der Menge zeigten,
Wie sie gnädigst sich verneigten,
   Wird auch nicht verhehlt.

Doch ihr sonstig Thun und Rathen –
Was sie für die Völker thaten,
   Wird genau verhehlt;
Ob sie sonst was Gutes dachten,
Ueberhaupt was Gutes machten,
   Wird auch nie erzählt.

Militärisch

»Ha! was eilt die Straß entlang?
Wie's da blitzt im Sonnenglanz!
Trommelwirbel, Pfeifenklang!
Lustig, heißa! wie zum Tanz.«

Sind Soldaten, ziehn herein,
Kommen vom Begräbniß her,
Müssen jetzo lustig sein,
Als wenn nichts passieret wär.

Sind Soldaten, liebes Kind,
Die nicht Tod und Teufel scheu'n,
Auf Commando traurig sind
Und sich auf Commando freu'n.

Tragische Geschichte

Mel.: Nun sich der Tag geendet hat
Und keine Sonn' mehr scheint.

Jüngst ist ein General erwacht,
Ein tapfrer General,
Dem hat ein Traum um Mitternacht
Gemacht viel Angst und Qual.

Er war im Leben noch erschreckt
Durch keinerlei Gefahr,
Doch hat ein Traum ihn aufgeweckt,
Ein Traum gar wunderbar.

Was träumte denn dem General
In später Mitternacht?
Was hat ihm denn so große Qual
Und soviel Angst gemacht?

Ihn der gebebt in keiner Schlacht,
Den nichts noch hatt' erschreckt,
Was hat ihn denn um Mitternacht
Aus seinem Schlaf geweckt?

War's Krieg und Pest, war's Hungersnoth?
War's Hülf- und Feuerschrei?
War's Hochverrath und Mord und Tod?
War's blut'ge Meuterei?

Ihm träumte – nun, es war enorm! –
Daß durch das ganze Heer
Erhielte jede Uniform
Hinfort zwei Knöpfe mehr.

Chinesisches Loblied

Stehende Heere müssen wir haben,
Stehende Heer' im himmlischen Reich.
Wär' es nicht wahrlich Jammer und Schade,
Wenn wir nicht hätten manchmal Parade,
Wenn wir nicht hörten den Zapfenstreich?
Stehende Heere müssen wir haben,
Stehende Heer' im himmlischen Reich.

Stehende Heere müssen wir haben,
Weil sie in Umlauf bringen das Geld:
Wo die Soldaten zechen und zehren
Muß sich der Handel und Wandel vermehren,
Und es verdienet dann alle Welt.
Stehende Heere müssen wir haben,
Weil sie in Umlauf bringen das Geld.

Stehende Heere müssen wir haben;
Wo sie bestehen, bestehen auch wir.
Wenn wir die stehenden Heere nicht wollten,
Wüßten die Junker nicht was sie sollten,
Ach! und die meisten verschmachteten schier.
Stehende Heere müssen wir haben;
Wo sie bestehen, bestehen auch wir.

Untersuchung und Gnade ohne Ende

Mel.: Im Felde schleich' ich still und wild,
Lausch' mit dem Feuerrohr.

Die Demagogenfängerei
Sei wieder allgemein!
Man denkt und spricht doch gar zu frei:
Das soll und darf nicht sein!

Laßt dem Gesetze freien Lauf!
Ihr habt genug verziehn.
Macht eure Kerker wieder auf
Für künft'ge Amnestien!

Es ist die höchste Poesie,
Es ist ein wahres Fest,
Wenn sich der Gnadenborn doch nie
Und nie erschöpfen läßt.

Die Bauern in der Schenke

Die Bauern in der Schenke,
Sie stritten sich, sie zankten sich,
Sie schrie'n und lärmten fürchterlich,
Und endlich ward die Zänkerei
Zur mörderlichsten Prügelei.

Die Bauern in der Schenke,
Sie hörten plötzlich einen Krach,
Es schlug der Blitz ins Kirchendach,
Und Zänkerei und Prügelei
War da mit Einem Mal vorbei.

Die Bauern in der Schenke,
Sie wurden schnell Ein Herz, Ein Sinn
Und liefen zu dem Feuer hin.
Doch als das Feuer war vorbei,
Ging's wiederum zur Prügelei.

Die Bauern in der Schenke –
So ging und geht es allezeit
Mit unsrer deutschen Einigkeit:
Kaum ist der Feind zum Land hinaus,
Beginnt im Lande Streit und Strauß.

Eine Singstimme

»Ich bin ein Preuße,« singt nur einer,
Die andern aber brummen drein.
Das klingt wahrhaftig, als ob keiner
So recht ein Preuße wollte sein.

O fände doch das Brummen Anhang
Und ließ' uns solch ein Singsang kühl,
Das wäre schon ein guter Anfang
Von deutscher Einheit Vorgefühl.

Die Julirevolution

La charte est une vérité.
Louis-Philippe.

Unsre lieben Hühnerchen
Verloren ihren Hahn,
Hatten ihm zu Leide
Zwar auch mal was gethan.
Wie trauerten die Hühnerchen,
Daß sie ihn nicht mehr sahn,
Den lieben guten Hahn!

Unsre lieben Hühnerchen
Sahn einen andern Hahn,
Der da ging spatzieren
Auf einem grünen Plan.
Wie freuten sich die Hühnerchen:
Komm, laß dich froh empfahn
Und sei du unser Hahn!

»Meine lieben Hühnerchen,
Gern bin ich euer Hahn:
Wahrheit wird die Charte!
Ihr könnt mich froh empfahn –«
Wie jubelten die Hühnerchen:
Wir sind dir unterthan,
Du bist der beste Hahn!

Unsre lieben Hühnerchen
Die führten ihren Hahn
Voller Freud und Jubel
Hoch auf den Schloßaltan.
Wie war'n entzückt die Hühnerchen,
Als da zu krähn begann
Der neue Hahnemann!

Die befestigte Freiheit

Wie euch die Freiheit doch belästigt!
Geduld! bald geht's damit vorbei,
Denn ist Paris nur erst befestigt,
Befestigt ist die Tyrannei.

Der König wird es anders deuten,
Er spricht: mein Volk bleibt ewig frei!
Ich aber sag's euch freien Leuten:
Befestigt ist die Tyrannei.

Der König lehrt euch von den Schanzen
Schön nach Kanonenmelodei
Zu eurer Marseillaise tanzen –
Befestigt ist die Tyrannei.

Aria
eines deutschen aus Frankreich heimkehrenden Aristokaten

*Aber was hilft mir alle Freiheit, wenn ich keinen
Tabak habe? Ich bin überzeugt, daß wenn mir
noch sechs Monate der Tabak fehlte, ich ein
vollkommener Aristokrat würde.*
Börne, Schriften 9, 162.

Wohl mir, daß ich dafür nicht stritt!
Freiheit und Gleichheit – weg damit!
Ich weiß, was ich in Frankreich litt.

Soviel Regie und Polizei!
O laßt uns unsre Sklaverei
Und dünkt euch glücklich, groß und frei!

Die Freiheit ist nur dummer Schnack,
So lang man raucht mit Hack und Pack
Nur Einen schlechten Rauchtabak.

Die deutschen Fahnen zu Paris

Ihr braucht nicht Fahnen und Standarten,
Ihr habt Erinnerung genug,
Genug, genug an Bonaparten,
Wie er die Welt in Fesseln schlug.

Nicht durch sein Siegen, Plündern, Morden
Ward er dereinst der Mann der Zeit;
Er ist was Großes nur geworden
Durch seiner Zeit Erbärmlichkeit.

Dies Große wißt ihr schlecht zu schätzen,
Ihr wollt kein Bild vom Zeitenlauf,
Sonst hingt ihr für die Fahnenfetzen
Euch einen deutschen Schlafrock auf.

Napoleon

Ruhen soll in tiefem Frieden
Er der große Mann des Kriegs
Im Hotel der Invaliden
Bei den Zeichen seines Siegs.

Mögt dann Staub zum Staube legen,
Wo der Staub im Staube ruht:
Legt auf's Grab ihm seinen Degen,
Seinen Stern und seinen Hut.

Nun, er ruh' in Gottes Namen,
Und du Frankreich freue dich!
Und wir alle jauchzten: Amen!
Wär's der letzte – Wütherich!

Notre Dame

Die Bühne ward zum Schaugerüste
Des Lasters und der Häßlichkeit,
Ein Tummelplatz gemeiner Lüste,
Ein Spittel voller Qual und Leid.

Ihr wißt uns weiter nichts zu geben
Als Mord und Todschlag, Lug und Trug;
Ihr macht noch schrecklicher das Leben,
Und schrecklich ist es doch genug.

Soll das uns diese Welt verschönen?
Erhöhn des Daseins kurze Lust?
Und mit dem Leben uns versöhnen?
Und Frieden bringen unsrer Brust?

Gott gab die Kunst dem Menschenleben,
Gott sei auch durch die Kunst geehrt;
Ihr aber habt, was Gott gegeben,
In schnöden Teufelsspuk verkehrt.

Jacob Grimm

Wenn es unsre Fürsten wüßten,
Was Er that für's Vaterland,
Legionen Orden müßten
Längst schon schmücken sein Gewand.

Und was ward im Vaterlande
Ihm doch für ein Ehrenlohn?
Nur zu Deutschlands Spott und Schande
Frankreichs Ehrenlegion.

Die deutsche Presse
unter des durchlauchtigsten deutschen
Bundes schützenden Privilegien

Mel.: Wann, o Schicksal, wird doch endlich
Meiner Seele Wunsch gewährt?

Büßen mußt du deutsche Presse,
Mit Gefängniß und mit Geld,
Bringst du etwas von Interesse
Was den Fremden nicht gefällt.

Frankreich pfuscht in deine Sachen,
Frankreich hält bei uns Gericht,
Frankreich kann es heute machen,
Daß kein Deutscher deutsch mehr spricht.

Rußland, dieser Geisterzwinger,
Rußland steht von fern und droht,
Rußland hebt den kleinen Finger:
Deutsche Press', es ist dein Tod.

China wird nun auch erwachen,
Sehn was man in Deutschland schreibt,
Und bei Allem Einspruch machen
Was dir jetzt noch übrig bleibt.

Deutsche Presse, arme Presse,
Kauf dich bald in Gotha ein,
Daß zu deiner Todtenmesse
Uns noch wird ein Prämienschein!

Großhandel

Mel.: Fuchs, du hast die Gans gestohlen,
Gieb sie wieder her.

Sklavenhandel! weh, ich zittre
    Bei dem Worte schon;
Alles Grauenvoll' und Bittre
    Liegt in diesem Ton.

Nun, den Frevel hat gerochen
    Endlich unsre Zeit,
Endlich ward der Stab gebrochen
    Dieser Grausamkeit.

Aber ach! es schwand im Kleinen
    Nur der Menschenkauf,
Denn im Großen, will es scheinen,
    Hört er niemals auf.

Hat man doch auf den Congressen
    Seelen gnug verkauft,
Hat zur Wohlthat die Finessen
    Gnädigst umgetauft.

Und man wird noch wiederholen
   Diese Wohlthat oft,
Denn es giebt noch manches Polen,
   Wo man Theilung hofft.

Kriegslied

Alle.

Hört wie die Trommel schlägt!
Seht wie das Volk sich regt!
Die Fahne voran!
Wir folgen Mann für Mann.
Hinaus, hinaus
Von Hof und Haus!
Ihr Weiber und Kinder, gute Nacht!
Wir ziehen hinaus, hinaus in die Schlacht
   Mit Gott für König und Vaterland.

Ein Nachtwächter von 1813.

   O Gott! wofür? wofür?
Für Fürsten-Willkür, Ruhm und Macht
   Zur Schlacht?
Für Hofgeschmeiß und Junker hinaus
   Zum Strauß?
Für unsers Volks Unmündigkeit
   Zum Streit?
Für Most-, Schlacht-, Mahl- und Klassensteuer?
   Ins Feuer?
Und für Regal und für Censur
   Nur
Ganz unterthänigst zum Gefechte?
   Ich dächte, dächte –

Alle.

Hört wie die Trommel schlägt!
Seht wie das Volk sich regt!
Die Fahne voran!
Wir folgen Mann für Mann.
Im Kampf und Streit
Ist keine Zeit
Zu fragen warum? warum? warum?
Die Trommel die ruft wiederum pum pum pum pum
   Mit Gott für König und Vaterland.

Pfaffen

Ihr seid nicht Christen, seid nur Pfaffen,
Seid nicht des Heilands Ebenbild;
Ihr führet nicht der Liebe Waffen,
Und traget nicht der Demuth Schild.

Der Heiland hat der Welt den Frieden,
Und nur der Sünde Krieg gebracht:
Ihr aber habt zum Krieg hienieden
Die ganze Menschheit angefacht.

Ihr kreuzigt täglich noch den Heiland,
Erschien' er wie er einst erschien,
Ihr riefet wie die Juden weiland
Und lauter nur: ha kreuzigt ihn!

Suum cuique

Wir haben's wahrlich trefflich weit gebracht:
Zur Strafe ward der Bürgerstand gemacht.
Verwirkt sein Adelthum ein Edelmann,
So wird und ist er bürgerlich fortan.

Wie kommt zu solchem Eingriff doch der Staat?
Der Adel soll behalten was er hat;
Und wie er seine Tugend trägt allein,
Soll er auch seines Lasters Träger sein.

Hat man den Pranger nur für uns erdacht?
Das Zuchthaus nur für unser eins gemacht?
I nun, Herr Graf kann auch am Pranger steh'n,
Und Herr Baron kann auch in's Zuchthaus geh'n.

Wir sind doch in Sibirien noch nicht,
Wo der Verbrecher eine Nummer kriegt!
Das Individuell' ist noch zur Zeit
Die schönste deutsche Eigenthümlichkeit.

Es klingt auch hübsch, historisch obendrein,
Wenn man im Zuchthaus aufruft Groß und Klein:
Mandube! Schinderhans! Lips Tullian!
Baron von Habenix! Graf Tummerjan!

Deutscher Nationalreichthum

Hallelujah! Hallelulah!
Wir wandern nach Amerika.
Was nehmen wir mit ins neue Vaterland?
   Wohl allerlei, wohl allerhand:
Viele Bundestages-Protokolle,
Manch Budget und manche Steuerrolle,
Eine ganze Ladung von Schablonen
Zu Regierungsproclamationen –
   Weil es in der neuen Welt
   Sonst dem Deutschen nicht gefällt.

Hallelujah! Hallelujah!
Wir wandern nach Amerika.
Was nehmen wir mit ins neue Vaterland?
   Wohl allerlei, wohl allerhand:
Corporal- und andre schöne Stöcke,
Hunderttausend Schock Bedientenröcke,
Nationalcocarden, bunte Kappen,
Zehnmalhunderttausend Knöpfe mit Wappen –
   Weil es in der neuen Welt
   Sonst dem Deutschen nicht gefällt.

Hallelujah! Hallelujah!
Wir wandern nach Amerika.
Was nehmen wir mit ins neue Vaterland?
   Wohl allerlei, wohl allerhand:
Kammerherrenschlüssel viele Säckel,
Stamm- und Vollblutbäume dicke Päckel,
Hund- und Degenkoppeln tausend Lasten,
Ordensbänder hunderttausend Kasten –
   Weil es in der neuen Welt
   Sonst dem Deutschen nicht gefällt.

Hallelujah! Hallelujah!
Wir wandern nach Amerika.
Was nehmen wir mit ins neue Vaterland?
Wohl allerlei, wohl allerhand!
Schlendrian, Bocksbeutel und Perrücken,
Privilegien, Sorgenstühl' und Krücken,
Hofrathstitel und Conduitenlisten
Neunundneunzighunderttausend Kisten –
    Weil es in der neuen Welt
    Sonst dem Deutschen nicht gefällt.

Hallelujah! Hallelujah!
Wir wandern nach Amerika.
Was nehmen wir mit ins neue Vaterland?
Wohl allerlei, wohl allerhand:
Steuer-, Zoll-, Tauf-, Trau- und Todtenscheine,
Päss' und Wanderbücher groß' und kleine,
Viele hundert Censorinstructionen,
Polizeimandate drei Millionen –
    Weil es in der neuen Welt
    Sonst dem Deutschen nicht gefällt.

Deutsche Lieder aus der Schweiz (1843)

In der jetzigen Zeit, nicht der Völkerwanderung nach Außen, sondern der Völkerregungen nach Innen, wo Welttheile einander bewegen und ein Land um das andre zum Vaterlande reift, wird auch der Dichter mit fortgezogen und wenigstens das Herz will mit schlagen helfen. Wahrlich! man kann nicht anders, und ich achte keinen Mann, der sich jetzo blos der Kunst zuwendet, ohne die Kunst selbst gegen die Zeit zu kehren.

Jean Paul

Das Lied der Deutschen
Helgoland, 26. August 1841.

Deutschland, Deutschland über Alles,
Über Alles in der Welt,
Wenn es stets zu Schutz und Trutze
Brüderlich zusammenhält,
Von der Maas bis an die Memel,
Von der Etsch bis an den Belt –
Deutschland, Deutschland über Alles,
Über Alles in der Welt!

Deutsche Frauen, deutsche Treue,
Deutscher Wein und deutscher Sang
Sollen in der Welt behalten
Ihren alten schönen Klang,
Uns zu edler That begeistern
Unser ganzes Leben lang –
Deutsche Frauen, deutsche Treue,
Deutscher Wein und deutscher Sang!

Einigkeit und Recht und Freiheit
Für das deutsche Vaterland!
Danach laßt uns alle streben
Brüderlich mit Herz und Hand!
Einigkeit und Recht und Freiheit
Sind des Glückes Unterpfand –
Blüh' im Glanze dieses Glückes,
Blühe deutsches Vaterland!

Wiegenlied

So schlaf in Ruh,
Mein Söhnlein du!
Dein Vater sprach ein freies Wort,
Da führten ihn die Schergen fort
In einen Kerker weit von hier,
Weit weg von mir, weit weg von dir.

So schlaf in Ruh,
Mein Söhnlein du!
Dein Vater leidet Schmach und Noth,
Dein Vater ist lebendig todt,
Und seine Freunde bleiben fern
Und sehn auch dich und mich nicht gern.

So schlaf in Ruh,
Mein Söhnlein du!
Dein Vater ist ein Biedermann –
Heil jedem wer so denken kann!
Heil dir, wenn du dereinst auch bist,
Was dein gefangner Vater ist!

So schlaf in Ruh,
Mein Söhnlein du!
Verschlaf des Vaterlandes Nacht,
Den Knechtssinn, die Despotenmacht;
Verschlaf was uns noch drückt und plagt,
Schlaf bis der bessre Morgen tagt!

(29. Nov. 1841)

Ein Lied aus meiner Zeit

Ein politisch Lied, ein garstig Lied!
So dachten die Dichter mit Goethe'n
Und glaubten, sie hätten genug gethan,
Wenn sie könnten girren und flöten
Von Nachtigallen, von Lieb' und Wein,
Von blauen Bergesfernen,
Von Rosenduft und Lilienschein,
Von Sonne, Mond und Sternen.

Ein politisch Lied, ein garstig Lied!
So dachten die Dichter mit Goethe'n
Und glaubten, sie hätten genug gethan,
Wenn sie könnten girren und flöten –
Doch anders dachte das Vaterland:
Das will von der Dichterinnung
Für den verbrauchten Leiertand,
Nur Muth und biedre Gesinnung.

Ich sang nach alter Sitt' und Brauch
Von Mond und Sternen und Sonne,
Von Wein und Nachtigallen auch,
Von Liebeslust und Wonne.
Da rief mir zu das Vaterland:
Du sollst das Alte lassen,
Den alten verbrauchten Leiertand,
Du sollst die Zeit erfassen!

Denn anders geworden ist die Welt,
Es leben andere Leute;
Was gestern noch stand, schon heute fällt,
Was gestern nicht galt, gilt heute.
Und wer nicht die Kunst *in* unserer Zeit
Weiß *gegen* die Zeit zu richten,
Der werde nun endlich bei Zeiten gescheit
Und lasse lieber das Dichten!

(15. Juni 1842)

Entweder – oder

Mel.: Es war'n mal drei Gesellen.

Es war'n einmal zwei Drohnen,
Die wollten nicht werken und frohnen.
Sie quälten beide sich
Um Nahrung gar nicht sehr;
Die eine thät gar nichts,
Die andre nicht viel mehr.

Da sprach die eine zur andern:
Beschwerlich ist das Wandern.
Ich weiß ein schönes Haus
Mit Speis' und Trank vollauf,
Komm, laß uns dahin richten
Fein eilig unsern Lauf.

Es sollen uns die Bienen
Das Brot schon mit verdienen;
Und lassen sie uns nicht
Gutwillig in das Haus,
So stürmen wir hinein
Und jagen sie hinaus.

Kaum war die Nacht gewichen,
So kamen die Drohnen geschlichen;
Sie klopften nicht erst an,
Sie zogen keck hinein,
Man hieß die stolzen Gäste
Ganz gottwillkommen sein.

Da lebten im Saus' und Brause
Die Drohnen in dem Hause;
Sie aßen, tranken dort

Den ganzen lieben Tag,
Sie tranken und sie aßen,
Was einer nur vermag.

Die Bienen darob sich beklagten,
Und endlich die Gäste fragten:
Ihr Drohnen wollt nichts thun –
Sagt an, was fällt euch ein?
In unserm Staate hier
Muß jeder thätig sein.

Da sprachen die Drohnen zu ihnen:
Ihr lieben guten Bienen!
Altadelich sind wir,
Ein freigebor'n Geschlecht;
Daß ihr uns müßt ernähren,
Das ist ja unser Recht.

Die adelichen Drohnen,
Sie wollten nicht werken und frohnen,
Sie lebten nach wie vor
In kummerloser Ruh,
Und wurden immer mehr,
Und schmausten immerzu.

Das hat denn die Bienen verdrossen,
Und sie haben einen Bund geschlossen.
Da war die Sache bald
Und gründlich abgemacht:
Sie schlugen eines Tags
Die große Drohnenschlacht.

(7. März 1842)

Die wahren Dichter

Ein Knecht zu sein ist keine Schmach,
Des treuen Knechtes harret Lohn.
Rückert, Erbauliches 1, 86.

Mel.: Wann, o Schicksal wird doch endlich
Meiner Seele Wunsch gewährt?

O singet nicht so kleine Lieder
Von eines Volkes Weh und Ach!
Die hallen von den Höfen wieder
Für euch nur Leid und Ungemach.

Schreibt Oden, große, ellenlange
Von Fürsten-Glanz und Herrlichkeit
Und ruft in hellem Jubelsange:
Schön ist und glücklich unsre Zeit!

So seid ihr wahrlich wahre Dichter,
Denn was ihr sagt ist Poesie,
Und euch verurtheilt nie ein Richter,
Und eine Strafe trifft euch nie.

Nein, eurer warten Pensionen
Und andre Gnadenehren auch.
Den wahren Dichter zu belohnen
War immer Fürsten-Sitt' und Brauch.

Ja ja, das sind die wahren Dichter!
So ruft auch Gottlieb, Hinz und Paul;
Ja ja! das andere Gelichter
Verdienet einen Klaps auf's Maul.

(17. März 1842)

175

Göthescher Farbenwechsel*

Mel.: Der Papst lebt herrlich in der Welt.

Der Goethe war fürs Vaterland
Und deutsche Freiheit einst entbrannt:
Er schrieb den Egmont, Götz und Faust,
Daß manchem Fürsten jetzt noch graust.

Doch Herr von Goethe ward er bald,
Für Vaterland und Freiheit kalt;
Ei, wie es wunderlich doch geht!
Der Goethe ward ein Hofpoet.

Der Goethe lobte Hutten sehr,
Bewies ihm eine große Ehr',
Und meint', es stünd' um Deutschland fein,
Wenn jeder wollt' ein Hutten sein.

Doch Herr von Goethe sah nicht an
Den weiland hochgepriesnen Mann;
Ei, wie es wunderlich doch geht!
Der Hutten war kein Hofpoet.

(15. Dez. 1841)

---

* Im Jahre 1776 schrieb der Dichter des Götz und Egmont das Denkmal Ul-
richs von Hutten und in demselben Jahre trat er in herzoglich Weimarische
Dienste und 1782 ward er Herr von. Das Denkmal Huttens steht nur in der
Himburgschen Ausgabe von G.s. Schriften.

Himmlisches Abentheuer

Mel.: Der Ritter muß zum blut'gen Kampf hinaus.

Jüngst kam ein König vor das Himmelsthor
Und schien in voller Zuversicht zu hoffen,
Wenn eine Majestät nur kommt davor,
So steh' ihr gleich der ganze Himmel offen.
Der König hört St. Peters Wort:
Du darfst hier keine Hoffnung fassen!
Bleib draußen stehn nur immerfort,
Du wirst fürwahr nie eingelassen.

Darauf erscheint ein deutscher Jesuit
Und spricht um Einlaß an den heil'gen Peter.
Sobald St. Petrus ihn nur eben sieht,
Da schreit er ihm entgegen Mord und Zeter.
Was willst du hier? auf! mach dich fort!
Ich kann euch Heuchler nicht vertragen;
Geh, setz dich zu dem König dort!
Im Himmel darfst du uns nicht plagen.

Zum König setzt sich da der Jesuit
Und tröstet ihn mit manchem frommen Worte:
»Ich weiß gewiß, auch unsre Qual entflieht,
Bald öffnet sich auch uns die Himmelspforte;
Bald findet sich Gelegenheit,
Dann werden wir auch eingelassen,
Dann ist vorbei auch unser Leid –
Drum laß uns ruhig Hoffnung fassen.«

Der Jesuit weiß die Gelegenheit
So ganz und gar fürtrefflich abzupassen:
Gefahren kommt des Papstes Heiligkeit,
Die wird sogleich von Petrus eingelassen.

»Jetzt, ruft er, Majestät mit mir!
Jetzt ist es Zeit: nur frisch, Courage!«
Doch Petrus fragt: wer seid denn ihr?
»Wir sind die päpstliche Bagage.«

(1. Juni 1842)

Wächterlied

Der Wächter sang herab von hoher Zinnen:
Die Nacht sie eilt von hinnen!
Wacht auf! wacht auf und lasset nicht
Das süße Licht
Des neuen Tags verrinnen!

Da hörte man die kleinen Vöglein singen
Und Preis dem Tage bringen,
Dem Tage, der von langer Nacht
Sie frei gemacht
Und aus des Schlafes Schlingen.

Des Volkes Sänger aber blieben liegen
In guter Ruh' und schwiegen;
Sie wollten nicht in Wald und Hag
Dem neuen Tag
Mit Sang entgegenfliegen.

(9. Dez. 1840)

Sum, ergo cogito

Der Deutsche reflectiert über Alles,
sieht Alles aus der Vogelperspective
und ist darum nie in der Mitte der Sache.
Der Deutsche hat Alles und ist Nichts.
                    Börne, Ges. W. 1, 16.

Mel.: Als ich noch im Flügelkleide.

Laßt uns unsern Geist versenken
In des Wissens tiefes Meer!
Laßt uns denken, immer denken!
Ei, das ziert den Deutschen sehr.
Und wenn man uns fragt: wie geht's?
Sagen wir: wir denken stets.

Alles denkt bei uns zu Lande,
Das ist deutsche Sitt' und Brauch;
Ja, man denkt in jedem Stande,
Schuster, Schneider denken auch.
Und wenn sie auch nichts gemacht,
Sagen sie: wir ha'n gedacht.

Denken muß der Deutsche immer,
Wo er sitzt und geht und steht,
Und er läßt das Denken nimmer,
Wenn's auch noch so schlecht ihm geht;
Und sein Trost, sein Glück und Heil
Ist: ich denke mir mein Theil.

»Du Gedankenland auf Erden,
Wenn dein Denken wird zur That,
Ei, was kann aus dir noch werden!
Kommt's nur etwa nicht zu spat,
Daß man fragt: was machtet ihr?
Und ihr sagt: stets dachten wir.«

                                    (18. Jan. 1842)

Brotstudium

Mel.: Ich bin der Schneider Kakadu.

Was macht der Bruder Studio
Drei ganzer Jahre lang?
Er lebt nach seinem Animo
Und ziemlich ohne Zwang.
Er hört nach Vorschrift dies und das,
Und weiß davon doch selten was,
Doch schmiert er fleißig nach und schmiert
Was der Professor ihm dictiert.

Der Herr Professor hat dociert,
Das heißt: er hat dictiert,
Der Studio hat nachgeschmiert,
Das heißt: er hat's capiert.
Ist das Collegium nun aus,
Trägt er die Weisheit flink nach Haus,
Und sieht das Heft nie wieder an,
Weil er's ja selbst nicht lesen kann.

Und sind die sechs Semester um,
Was hat er profitiert?
Er hörte manch Collegium
Und hat nun ausstudiert.
Nun fragt ihn mal, den Matador!
Er ist noch dümmer als zuvor,
Doch hat er nun einmal studiert,
Weil's auf dem Bogen steht testiert.

(10. März 1842)

An meinen König

Aus dürrem Staube wird das Laub noch brechen,
Und auch der nackte Felsen wird noch grün,
Du darfst ein Wort, ein einzig Wort nur sprechen,
Und unsre ganze Hoffnung wird erblühn.

Nur in der Hoffnung ruht das schönre Leben,
Die Hoffnung ist auch unser Heil und Hort;
Du giebst uns Alles, willst du Hoffnung geben,
Und unser ganzes Hoffen ist Ein Wort.

O sprich Ein Wort in diesen trüben Tagen,
Wo Trug und Knechtssinn, Lüg' und Schmeichelei
Die Wahrheit gern in Fesseln möchte schlagen,
Mein König, sprich das Wort: *das Wort sei frei*!

(19. Juli 1842)

Deutschland, was fehlt dir?

Mel.: Freudvoll und leidvoll, gedankenvoll sein.

Deutschland, was fehlt dir? was klagest du so?
Bist ja so glücklich, und dennoch nicht froh!
Deutschland, so klage, so traure doch nicht!
Hast du nicht Alles was vielen gebricht?

Wälder und Felder, und Thäler und Höhn,
Alles voll Segen, so herrlich und schön;
Honig und Butter, und Bier und auch Wein –
Sag, warum willst du denn fröhlich nicht sein?

Handel und Wandel, und Wissen und Kunst,
Dreißig Regenten mit fürstlicher Gunst,
Adel und Pfaffen und Staatskanzelei'n –
Sag, warum willst du denn fröhlich nicht sein?

Künstler, Gelehrte, wie Sand an dem Meer,
Tapfrer Soldaten manch prächtiges Heer,
Freie Censur und den freien Rhein –
Sag, warum willst du denn fröhlich nicht sein?

Constitutionen beschworen so fest,
Daß sich kein Wort davon austilgen läßt;
Völker und Fürsten im trauten Verein –
Sag, warum willst du denn fröhlich nicht sein?

Deutschland, was fehlt dir? was klagest du so?
Bist ja so glücklich, und dennoch nicht froh! –
»Fröhlich wol sollt' ich und wollt' ich auch sein,
Deutschland nur fehlt mir, nur Deutschland allein.«

(9. Dez. 1841)

Der ewige Demagog

Mel.: Gott erhalte Franz den Kaiser.

Schleppt den Frühling in den Kerker!
Denn er ist ein Demagog,
Weil er der gewohnten Herrschaft
Seines Vaters uns entzog,
Uns um unsre langen Nächte
Und den schönen Schlaf betrog –
Schleppt den Frühling in den Kerker!
Denn er ist ein Demagog.

Schleppt den Frühling in den Kerker!
Der die Welt in Aufruhr bringt:
Bäche rauschen, Bäume flüstern,
Jeder Vogel zirpt und singt,
Und auch in die Menschenherzen
Wunderbare Regung dringt –
Schleppt den Frühling in den Kerker!
Der die Welt in Aufruhr bringt.

Schleppt den Frühling in den Kerker,
Setzt den Winter auf den Thron!
Legitim ist nur der Winter
Und ein Demagog sein Sohn,
Dieser aber will nichts weiter,
Nichts als Revolution –
Schleppt den Frühling in den Kerker,
Setzt den Winter auf den Thron!

(30. April 1842)

Deutsche Leidenschaft

Wie sie grübeln, wie sie dichten
Was das Gut' und Rechte sei!
Wie sie rasch ihr Werk verrichten,
Eh der Zeitpunkt geht vorbei!

Seht, wie sie so ernsthaft sitzen,
Diese Männer voller Muth,
Die wie Helden sich erhitzen,
Die wie Helden glühn vor Wuth!

Kümmert sie, was einst geschehen?
Kümmert sie, was jetzt geschieht?

Ja, es kann die Welt vergehen,
Eh sich ihr Gesicht verzieht.

Wie sie ihre Sinne lenken
Unverrückt nach Einem Ziel!
Und ihr ganzes Thun und Denken
Ist doch nur ein Kartenspiel.

(6. Aug. 1842)

Letzter Wunsch

Mel.: O legt mich nicht ins dunkle Grab.

O Vaterland, verbannt aus dir,
Was wäre doch das Leben mir!
Soll ich verbannet sein,
So bin ich überall allein.

Verbannt mich aus dem Lande nicht!
O haltet nicht so streng Gericht!
Soll ich verbannet sein,
So übet Gnad' und sperrt mich ein!

O werft mich nicht in Kerkers Nacht,
Von Scherg und Büttel streng bewacht!
Soll ich begraben sein,
So senkt mich in das Grab hinein!

(13. März 1842)

Deutsche Gassenlieder (1843)

Mein Geburtstag 1843

Fünf Jahre noch – ein halb Jahrhundert
Ist dann mit mir dahingerollt;
Ich staun' und frage mich verwundert:
Hast du erreicht, was du gewollt?

Die Kinder spielten auf den Straßen
Vor fünfzig Jahren so wie jetzt;
Sie wurden Männer, tranken, aßen,
Und – blieben Kinder doch zuletzt.

Auch ich, ich bin ein Kind geblieben,
Im Wünschen nur und Hoffen froh;
Wohin das Schicksal mich getrieben,
Erfüllung fand ich nirgendwo.

Und dennoch ward mir viel beschieden,
Wonach umsonst ein Andrer strebt –
O liebes Herz, gieb dich zufrieden!
Ich habe nicht umsonst gelebt.

Michelsode

Mel.: Das Jahr ist gut, braun Bier ist gerathen.

Ihr habt Anno 13 den Michel gewecket
Und ihn aus dem bleiernen Schlafe geschrecket:
Wache nur bis den Feind du gejagt über'n Rhein –
Doch den Michel den schläfert ihr nie wieder ein!

Ihr habt Anno 14 auf euren Congressen
Des tapferen Michels so ziemlich vergessen

Und habt ihm gegeben ein Schlaftrünkelein –
Doch den Michel den schläfert ihr nie wieder ein!

Ihr habt Anno 15 in Frankfurt gegründet
Den deutschen Bund, und den Deutschen verkündet:
Jetzt könnten sie frei und glücklich erst sein –
Doch den Michel den schläfert ihr nie wieder ein!

Ihr habt Anno 19 in Karlsbad gesprochen,
Der Michel der habe gar vieles verbrochen,
Er müsse wieder schlafen zu seinem Gedeihn –
Doch den Michel den schläfert ihr nie wieder ein!

Ihr habt auch den Michel noch unterdessen
Gefasset bei seinen materiellen Interessen
Und habet gestiftet den Zollverein –
Doch den Michel den schläfert ihr nie wieder ein!

Ihr habt für Walhalla und den Dombau am Rheine
Begeistert die gläubige Michelsgemeine
Und bettet gerne den Michel hinein –
Doch den Michel den schläfert ihr nie wieder ein!

Ihr habt euch bemühet, mit allerlei Dingen
Den ehrlichen Michel in Schlummer zu bringen,
Ihm gesungen von Einheit, vom frei'n deutschen Rhein –
Doch den Michel den schläfert ihr nie wieder ein!

Ihr habt die Censur gelobt und gepriesen
Und ihre Nothwendigkeit Micheln bewiesen:
Um *seinetwillen* geschäh's nur allein –
Doch den Michel den schläfert ihr nie wieder ein!

Nein, Michel ist munter und wird hinfort wachen
Und läßt sich kein X für ein U hinfort machen,
Ihr möget censir'n und euch abkastei'n –
Vetter Michel den schläfert ihr nie wieder ein!

Das Lied vom deutschen Ausländer

Ein Knabe lernte ein Gebet,
Das sprach er täglich früh und spät,
Er sprach es, wo er ging und stand,
Zu Gott empor für's Vaterland:
    Kein Oesterreich, kein Preußen mehr!
    Ein einig Deutschland, groß und hehr,
    Ein freies Deutschland Gott bescheer'!
    Wie seine Berge fest zu Trutz und Wehr.

Und als der Knabe ward ein Mann,
Da thät man ihn sofort in Bann,
Man schickt' ihn flugs aus Preußen fort,
Weil er zu laut einst sprach das Wort:
    Kein Oesterreich, kein Preußen mehr!
    Ein einig Deutschland, groß und hehr,
    Ein freies Deutschland Gott bescheer'!
    Wie seine Berge fest zu Trutz und Wehr.

Wie er aus Preußen war verbannt,
Da nahm ihn auf kein deutsches Land;
Er durfte nicht einmal hinein
In Reuß, Greiz-Schleiz und Lobenstein.
    Kein Oesterreich, kein Preußen mehr!
    Ein einig Deutschland, groß und hehr,
    Ein freies Deutschland Gott bescheer'!
    Wie seine Berge fest zu Trutz und Wehr.

Leb' wohl! rief er der Heimath zu,
Wo man mir gönnt nicht Rast noch Ruh',
Wo ich zuletzt kein Fleckchen fand,
Zu beten für mein Vaterland:
    Kein Oesterreich, kein Preußen mehr!
    Ein einig Deutschland, groß und hehr,

Ein freies Deutschland Gott bescheer'!
Wie seine Berge fest zu Trutz und Wehr.

Und als er auf dem Rigi stand,
Jetzt neununddreißig Mal verbannt,
Sang er in Lieb' und Zorn entbrannt:
Was ist des Deutschen Vaterland?
    Ein Oesterreich, ein Preußen nur!
    Von *deutscher* Freiheit keine Spur!
    Und reget sich ein Mäuslein nur,
    Gleich packt's die Polizei und die Censur.

Das deutsche Nationalgefühl
Eine wahre Geschichte

Mel.: Frisch auf zum fröhlichen Jagen!

Wie könnt ihr mich doch nennen
Gänsdarm, das bin ich nicht!
Ich bin ja ein Gensdarme,
Wie Jeder weiß und spricht.
»Was, meint ihr, soll ich sagen,
Ein Schand-arm? Wahrlich, nein!
Da müßt' ich euch ja schimpfen!
Das fällt mir gar nicht ein!

»Gänsdarm so steht's geschrieben
Und anders heißt es nicht;
Wie wollt ihr mir beweisen,
Daß man es anders spricht?«
Ich will's euch bald beweisen,
Daß ich kein Gänsdarm bin:
Ihr müßt jetzt auf der Stelle
Mit mir zum Richter hin! –

Sie traten vor den Richter,
der hörte sie beide an
Und sprach: Gensdarme ist französisch,
Französisch, mein lieber Mann!
»Ei sapperment, französisch –
Das geht mich gar nichts an:
Ich bin einmal ein Deutscher,
Der kein Französisch kann.«

|: »Und meine deutsche Sprache,
Die lass' ich mir nehmen nicht:
Gänsdarm ist deutsch, deutsch sprech' ich
Vor Gott und vor Gericht.« :|

Leider! und Gottlob!

Es ist ein Feind bei uns vorhanden,
Ein Feind in allen deutschen Landen,
Der wider alles Neue ficht,
Sich gegen jeden Fortschritt stemmet
Und jedes Besserwerden hemmet,
Vorsichtig schweigt und unnütz spricht.

Das sind die Herren Staatsphilister
Vom Hoflakai'n bis zum Minister,
Mit Titel, Ehr'n und Ordensband:
Die denken altklug, eigensüchtig,
Zu keiner edlen That mehr tüchtig,
Allein an ihren Sold und Stand.

Die Freiheit wollen sie verjagen,
In Fesseln Recht und Wahrheit schlagen,
Voll schnöder Dienstbeflissenheit.

Es soll sich alle Welt bekehren
Und blindlings glauben, was sie lehren
Von jener alten guten Zeit.

Heil dir, du hast dich nicht besonnen,
Heil dir, du hast den Kampf begonnen
Für's liebe deutsche Vaterland;
Du wirst den Feind der Freiheit schlagen,
Du wirst den Sieg des Rechts erjagen,
O deutsche Jugend, halte Stand!

Trostlied
eines abgesetzten Professors

Mel.: Nachts um die zwölfte Stunde
Verläßt der Tambour sein Grab.

Ich bin Professor gewesen:
Nun bin ich abgesetzt.
Einst konnt' ich Collegia lesen,
Was aber kann ich jetzt?

Jetzt kann ich dichten und denken
Bei voller Lehrfreiheit,
Und Keiner soll mich beschränken
Von nun bis in Ewigkeit.

Mich kümmert kein Staatsminister
Und keine Majestät,
Kein Bursch und kein Philister,
Noch Universität.

Es ist noch nichts verloren:
Professor oder nicht –
Der findet noch Augen und Ohren,
Wer Wahrheit schreibt und spricht.

Der findet noch treue Genossen,
Wer für das Rechte ficht,
Für Freiheit unverdrossen
Stets eine Lanze bricht.

Der findet noch eine Jugend
Beseelt von Tugend und Muth,
Wer selbst beseelt von Tugend
Und Muth das Gute thut.

Ich muß das Glas erheben
Und trink' auf mein eigenes Heil:
O würde solch freies Leben
Dem Vaterlande zu Theil!

Der Professor ist begraben,
Ein freier Mann erstand –
Was will ich weiter noch haben?
Hoch lebe das Vaterland!

Lied eines Verbannten

Und wieder hatt' es mich getrieben
Dahin, wo ich gewandert aus:
Ich kehrte heim zu meinen Lieben,
Froh trat ich ein ins Vaterhaus.

Es zogen alte Kläng' und Lieder
Beseligend durch meine Brust:
Ich war in meiner Heimath wieder,
Im Reiche meiner Jugendlust.

Da wollt' ich unter Blüthenbäumen
Die alten stillen Tag' erneu'n,
Und meine Kindheit wieder träumen,
Und mich wie Kinder wieder freu'n.

Da wollt' ich voller Sehnsucht warten,
Gelehnt auf meinen Wanderstab,
Bis in dem öden Friedhofsgarten
Grün würde meiner Mutter Grab. –

Doch nein – ich soll den Frühling sehen
Nur fern vom väterlichen Haus:
Ich bin verbannt – so muß ich gehen
In eine fremde Welt hinaus.

Deutsche Salonlieder (1844)

Deutsche Farbenlehre

Mel.: Wo zur frohen Feierstunde
Lächelnd uns die Freude winkt.

Über unserm Vaterlande
Ruhet eine schwarze Nacht,
Und die eigne Schmach und Schande
Hat uns diese Nacht gebracht.
Ach, wann erglänzt aus dem Dunkel der Nacht
Unsere Hoffnung in funkelnder Pracht?

Und es kommt einmal ein Morgen,
Freudig blicken wir empor:
Hinter Wolken lang verborgen
Bricht ein rother Strahl hervor.
Ach, wann erglänzt aus dem Dunkel der Nacht
Unsere Hoffnung in funkelnder Pracht?

Und es ziehet durch die Lande
Überall ein goldnes Licht,
Das die Nacht der Schmach und Schande
Und der Knechtschaft endlich bricht.
Ach, wann erglänzt aus dem Dunkel der Nacht
Unsere Hoffnung in funkelnder Pracht?

Lange hegten wir Vertrauen
Auf ein baldig Morgenroth;
Kaum erst fing es an zu grauen,
Und der Tag ist wieder todt.
Ach, wann erglänzt aus dem Dunkel der Nacht
Unsere Hoffnung in funkelnder Pracht?

Immer unerfüllt noch stehen
Schwarz Roth Gold im Reichspanier:

Alles läßt sich schwarz nur sehen,
Roth und Gold, wo bleibet ihr?
Ach, wann erglänzt aus dem Dunkel der Nacht
Unsere Hoffnung in funkelnder Pracht?

Wie einer gern ein Poet werden wollte

Mel.: Der Papst lebt herrlich in der Welt.

»Gieb mir poetisches Genie,
Ideen, und Witz und Phantasie!«
So wandte sich vertrauensvoll
Ein Fürst zum Musengott Apoll.

»Und giebst du diese Gaben mir,
So bau' ich einen Tempel dir
So schön wie einst Walhalla war,
Die dir erbau'n hieß ein Barbar.«

Der Gott der kannte seinen Mann,
Er dachte: warte nur, Tyrann!
Es hat gereimet sich noch nie
Die Tyrannei und Poesie. –

Zerknirscht und ganz verzweiflungsvoll
Lag vor dem Bilde des Apoll
Allzeit des Fürsten Majestät,
Als ob er Reu' und Buße thät.

Ach! wie er so zerknirscht da lag
So manche Nacht, so manchen Tag!
Fürwahr, es war erbarmungsvoll!
Da gab ihm *kein Gehör* Apoll.

Stimme aus dem Kerker

Mel.: In einem kühlen Grunde,
da geht ein Mühlenrad.

Ich muß mein Antlitz bergen
Vor Freundes-Spott und Hohn.
Das Mitgefühl der Schergen
Ist jetzt mein einz'ger Lohn.

So rede, sing' und schreibe
Für deutschen Fortschritt gern!
Gott gebe, daß dir bleibe
Treu deines Glückes Stern!

Ach! ist dein Stern geschwunden,
Erscheinst du dumm und schlecht,
Und hörst aus allen Munden:
Dem Kerl geschieht es recht!

Du findest in Bedrängniß
Nicht Freundes-Schutz und Wehr,
Und kommst du ins Gefängniß,
So kennt dich keiner mehr.

Wie lang bin ich gesessen
In dieses Kerkers Nacht!
Sie haben mich vergessen –
Wer hat an mich gedacht!

Ich muß mein Antlitz bergen
Vor Freundes-Spott und Hohn.
Das Mitgefühl der Schergen
Ist jetzt mein einz'ger Lohn.

Kein Kommunismus!

Ah! pour rire
Et pour tout dire,
Il n'est besoin, ma foi,
D'un privilège du roi.
                de Béranger.

Mel.: Genießt den Reiz des Lebens,
man lebt ja nur einmal.

»Ach wären deine Lieder
Doch etwas milder nur,
|: Sie würden hin und wieder
Passiren die Censur.« – :|

Das ist in unsern Tagen
Ein schöner Dichterheld,
|: Der nur versteht zu sagen
Was der Censur gefällt. :|

Dazu, daß man's vernichte,
Verfass' ich kein Gedicht.
|: Ich sag' es euch: ich dichte
Für die Censoren nicht. :|

Das Lied vom deutschen Philister

Mel.: Wohlauf, noch getrunken den funkelnden Wein.

Der deutsche Philister das bleibet der Mann,
Auf den die Regierung vertrauen noch kann,
Der passet zu ihren Beglückungsideen,
Der läßt mit sich Alles gutwillig geschehen.
|: Ju vivallera, ju vivallera, ju vivalle ralle ralle ra! :|

Befohlener Maßen ist stets er bereit,
Zu stören, zu hemmen den Fortschritt der Zeit,
Zu hassen ein jegliches freie Gemüth
Und Alles was lebet, was grünet und blüht.
|: Ju vivallera, ju vivallera, ju vivalle ralle ralle ra! :|

Sprich, deutsche Geschichte, bericht' es der Welt,
Wer war doch dein größter, berühmtester Held?
Der deutsche Philister, der deutscheste Mann,
Der Alles verdirbt was man Gutes begann.
|: Ju vivallera, ju vivallera, ju vivalle ralle ralle ra! :|

Was schön und erhaben, was wahr ist und recht,
Das kann er nicht leiden, das findet er schlecht.
So ganz wie er selbst ist, so kläglich, gemein,
Hausbacken und ledern soll Alles auch sein.
|: Ju vivallera, ju vivallera, ju vivalle ralle ralle ra! :|

So lang der Philister regieret das Land,
Ist jeglicher Fortschritt daraus wie verbannt:
Denn dieses erbärmliche feige Geschlecht,
Das kennet nicht Ehre nicht Tugend und Recht.
|: Ju vivallera, ju vivallera, ju vivalle ralle ralle ra! :|

Du Sklav der Gewohnheit, du Knecht der Gewalt,
O käme dein Simson, o käm' er doch bald!
Du deutscher Philister, du gräßlichste Qual,
O holte der Teufel dich endlich einmal!
|: Ju vivallera, ju vivallera, ju vivalle ralle ralle ra! :|

Doch leider hat Belzebub keinen Geschmack
An unsern Philistern, dem lumpigen Pack,
Und wollten sie selber hinein in sein Haus,
So schmiss' er die Kerle zum Tempel hinaus.
|: Ju vivallera, ju vivallera, ju vivalle ralle ralle ra! :|

Ein germanischer Mythos

Mel.: Laßt die Politiker nur sprechen.

»Hoch oben überm deutschen Bunde,
So dacht' ich, geht es ruhig zu,
Und die verdammten deutschen Hunde,
Die lassen mir nicht Rast und Ruh;
Die Hunde bellen immerfort,
Ich höre kaum mein eigen Wort.«

So schreit aus seinem Himmelsgitter
Der alte Zeus ganz zornentbrannt,
Und schickt ein tüchtig Ungewitter
Herab ins deutsche Vaterland:
»Wenn künftig bellet noch ein Hund,
So ist es aus mit dir, o Bund!«

Der deutsche Bund, das ließ sich hoffen,
Hat gleich versöhnt des Gottes Groll;
Er hat es nur zu gut getroffen,

Und er erläßt ein Protocoll:
»Maulkörbe soll, so will's der Bund,
Hinführo tragen Mensch und Hund.«

Und wollt ihr jetzt noch Zweifel hegen,
Ob auch der Mensch gemeint wol sei?
Der Bund der weiß es auszulegen,
Daß Hund und Mensch ist einerlei:
»Zeus unterscheidet beides nicht,
Wenn er in deutscher Sprache spricht.«

Ein Deutscher muß den Maulkorb tragen
Und muß sich halten still und stumm,
Und will er nach dem Grunde fragen,
Sagt ihm die Zeitung gleich warum,
Und wenn er einen Grund erfährt,
Ist ihm der Maulkorb lieb und werth.

Das Hohelied vom Censor

Ihr Racker, wollt ihr denn ewig leben!
Friedrich d. G., (Preuß II, 54.)

Mel.: Seit Vater Noah in Becher goß.

Man hat besungen die ganze Welt,
Warum den Censor noch nicht?
Er streicht ja, weil es ihm nicht gefällt,
Auf ihn ein jedes Gedicht.
|: Mir wurde die Preßfreiheit: :|
|: Ich singe bei aller Censur und den Strafen der Polizei
    Ganz frank und frei
Von nun bis in Ewigkeit. :|

Und ist der Censor Geheimerath
Und steht er hoch oben an,
Er ist und bleibet in Kirch' und Staat
Der allergefährlichste Mann.
|: Ihr wißt nicht, was Censor heißt! :|
|: Das heißt ein Gedanken-Verderber und Mörder und
    Schinderknecht,
        Der wider's Recht
Todt quält den lebendigen Geist. :|

Und wäre gewesen auf Erden schon
Zu Christi Zeiten Censur,
Wir hätten alle von Gottes Sohn
Nicht eine einzige Spur.
|: Es hätte ganz sicherlich :|
|: Der Censor gestrichen Gott Vater und Sohn und den
    heil'gen Geist,
        Was christlich heißt,
Gestrichen mit Einem Strich. :|

Und wäre gewesen auf Erden schon
Zu Luthers Zeiten Censur,
Wir hätten von der Reformation
Nicht eine einzige Spur.
|: Es hätte zu guter Letzt :|
|: Ein päpstlicher Censor gestrichen nicht nur das was
    Luthrisch war,
        Die Bibel sogar,
Weil Luther sie übersetzt. :|

Jetzt wisset ihr was ein Censor ist
Und was Censoren so thun,
Und weil ihr jetzo denn beides wißt,
Fragt ihr: was machen wir nun?
|: Das wird euch jetzt deducirt! :|

|: Frisch! macht die Censur und Censoren mit jeglichem
    Hohn und Spott,
        Juchhe! capott,
Daß keines mehr existirt! :|

Und wenn ein Censor mal denkt ans Frei'n,
So macht's das Mädel ganz recht,
Wenn's spricht zu ihm: ei, was fällt dir ein?
Ein Censor ist mir zu schlecht!
|: Du treibest Gedankenmord, :|
|: Und weil mir nach Gottes Geboten der Mörder
    verhasset ist
        Zu jeder Frist,
Drum, Mörder, pack dich fort! :|

Und wenn ein Censor ins Wirthshaus tritt,
Und fordert rheinischen Wein,
So sage der Wirth ihm: den hab' ich nit!
Und schenke Krätzer ihm ein.
|: Der edlere Wein hat Geist: :|
|: Erführ' es der Censor, so würde der Geist doch in
    jedem Wein
        Nicht sicher sein
Vor dem was Censiren heißt. :|

Und wenn ein Censor auch kommt ins Haus,
So habt Erbarmen nur nicht,
So weist den Lumpen zur Thür hinaus,
Hinaus den elenden Wicht!
|: Und jeglicher sprech' es aus: :|
|: Wir dulden in keiner Gesellschaft im Lande die
    Kerle mehr,
        Bei meiner Ehr!
Es darf mir kein Censor ins Haus! :|

Das Lied das soll nun gesungen sein
So lang Censoren noch sind.
Heil jedem, welcher bei Bier und Wein
Dies Lied herzinnig beginnt!
|: Dem Censor verdorre die Hand! :|
|: Es grün' und es blüh' in dem heimischen Boden die
    Preßfreiheit
        Auf ewige Zeit!
Hoch lebe das Vaterland! :|

Das Lied von den Schriftgelehrten

*Wehe euch Schriftgelehrten, denn ihr den
Schlüssel der Erkenntniß habt. Ihr kommt nicht
hinein, und wehret denen, so hinein wollen.*

Lucas, XI, 52.

Mel.: Was glänzt dort vom Walde im Sonnenschein.

Wer sitzt so geschäftig im Stübchen daheim
Bei der Lampe spärlichen Flammen?
Wer philosophieret und meditiert,
Wer liest, schlägt nach und wer excerpiert
Und schreibet so vieles zusammen?
Ihr fragt: wer können die Männer wol sein?
|: Das sind, das sind Deutschlands Schriftgelehrten allein. :|

Wer dringet so tief in die Wissenschaft,
So tief in die tiefsten Tiefen?
Wer redet hebräisch, griechisch, latein?
Wer lieset chinesisch, und obendrein
Sogar auch die Hieroglyphen?
Ihr fragt: wer können die Männer wol sein?
|: Das sind, das sind Deutschlands Schriftgelehrten allein. :|

Wer weiß von Himmel und Hölle so viel,
So viel von dem künftigen Leben?
Von Gott und den Engeln und Jesu Christ,
Und was denn der Teufel so eigentlich ist,
Und was sich seit Adam begeben?
Ihr fragt: wer können die Männer wol sein?
|: Das sind, das sind Deutschlands Schriftgelehrten allein. :|

Wer weiß, wie die Erde war, wie sie ist,
Und was wol daraus noch entstehet?
Wer kennet, was drin ist und drauf ist und drum?
Wer sieht sich genau nach Allem um,
Was fliegt, schwimmt, stehet und gehet?
Ihr fragt: wer können die Männer wol sein?
|: Das sind, das sind Deutschlands Schriftgelehrten allein. :|

Wer schreibt für Gewerbe- und Preßfreiheit?
Wer redet vom Fortschrittsglücke?
Wer bleibet sitzen im Rococo,
Lateinische Narren in Folio
Mit Magisterzopf und Perrücke?
Ihr fragt: wer können die Männer wol sein?
|: Das sind, das sind Deutschlands Schriftgelehrten allein. :|

Wer will von dem deutschen Vaterland
So wenig als möglich nur wissen?
Wer preiset und lobet so ohne Scham
Uns jeden ausländischen Quark und Kram
Für köstliche Leckerbissen?
Ihr fragt: wer können die Männer wol sein?
|: Das sind, das sind Deutschlands Schriftgelehrten allein. :|

Wer lehrt was erhaben und schön ist und gut,
Was Freiheit und Recht ist und Tugend?
Und ist doch selbst so gesinnungslos,

Alles tüchtigen Wirkens so baar und bloß
Vor einer begeisterten Jugend?
Ihr fragt: wer können die Männer wol sein?
|: Das sind, das sind Deutschlands Schriftgelehrten allein. :|

Wer thut so beseelt für der Menschheit Wohl?
Wer zeigt sich der Freiheit gewogen?
Wer redet für Wahrheit, wer schreibet von Recht,
Und dient der Gewalt als gehorsamer Knecht
Und macht sich zum Hofdemagogen?
Ihr fragt: wer können die Männer wol sein?
|: Das sind, das sind Deutschlands Schriftgelehrten allein. :|

Wer geizet nach Titeln, nach Orden und Geld
Sein ganzes gelehrtes Leben?
Wer ist, wenn man nur ihn erträglich stellt,
Der zufriedenste Mann in der ganzen Welt
Und *jeder* Regierung ergeben?
Ihr fragt: wer können die Männer wol sein?
|: Das sind, das sind Deutschlands Schriftgelehrten allein. :|

Aller Anfang ist schwer

Mel.: Üb' immer Treu und Redlichkeit.

Was fangen wir denn jetzo an?
Wir sind verzweiflungsvoll.
O daß man nichts mehr schreiben kann!
Das ist doch arg und toll.

Was fangen wir denn jetzo an?
Wir sind in großer Noth.
O daß man nichts mehr lesen kann!
O Gott, die Press' ist todt.

»Frag nicht: was fängt man jetzo an?
Das ist einmal der Lauf:
In Deutschland fängt man niemals an,
In Deutschland hört man auf.«

Maitrank (1844)

Nur nicht lesen, immer singen!

v. Göthe

Die Zeit des Lesens ist vorbei,
Das Lied, es ist geworden frei.
Es ist entflogen dem Papiere,
Worauf es lange lag gebannt;
Nun zieht's zum heiligen Turniere
Für Freiheit, Recht und Vaterland.

Die Zeit des Lesens ist vorbei,
Das Lied, es ist geworden frei.
Es will die letzte Waffe werden
In des gebeugten Volkes Hand,
Die allerletzte Waff' aud Erden
Für Freiheit, Recht und Vaterland.

Die Zeit des Lesens ist vorbei,
Das Lied, es ist geworden frei.
Unsichtbar schwebt's auf Geisterschwingen
Und tönt und hallet Tag und Nacht –
Ihr könnt's nicht mehr zum Schweigen bringen,
Wenn ihr die Welt nicht taubstumm macht.

Dies irae, dies illa

Mel.: Herz, laß dich nicht zerspalten.

Es kommt der Tag der Rache,
Fürwahr, er kommt einmal
Für die gerechte Sache,
Für unsre Noth und Qual.

Dann giebt die Wahrheit Kunde,
Wer für und mit uns war,
Und alle Lumpenhunde
Die werden offenbar.

Dann haben wir gelitten
Umsonst für Freiheit nicht,
Und nicht umsonst gestritten
Den Kampf für Recht und Licht.

Es kommt der Tag der Rache,
Fürwahr, er kommt einmal
Für die gerechte Sache,
Für unsre Noth und Qual.

Lied eines pensionierten Poeten

Jam et pecuniam accipere docuimus.
Tacitus de Germ. 15.

Mel.: 's ist nichts mit den alten Weibern!

Einst hab' ich auch gesungen
Fürs liebe Vaterland,
Und wie war ich doch begeistert
Und für Freiheit entbrannt!

Was half mir die Begeistrung?
Ich litt dabei nur Not:
Jubelnd sang ich Freiheitslieder
Und ich hatte kein Brot.

Es paßt die Knechtschaft besser
Für den gelehrten Stand:
Kaum gedacht noch, und es hatte
Gleich das Blatt sich gewandt.

Drum bin ich jetzt geworden
Ein Dichter mit Pension.
Alle Kunst erhält Belohnung
Nur vom Königesthron.

Was brauch' ich jetzt noch Freiheit?
Was brauch' ich's Vaterland?
Hab' ich doch dreihundert Taler
Gutes preußisch Kurant.

Willkommen, Bruder Geibel!
Und Bruder Freiligrath!
Und du, lieber Bruder Kopisch!
Ich bin euer Kamrad.

Unsere praktische Seite

Mel.: Wenn hier a Topp mit Bohne steht.

Ein Deutscher muß recht gründlich sein,
Und anders tut er's nie.
Hat er am Ärmel einen Fleck,
Studiert er die Chemie.

Und er studieret Jahr und Tag,
Bis er's herausgebracht.
Wie man aus Leinwand, Seid' und Tuch
Die Klecks' und Flecke macht.

Und wenn er endlich alles weiß,
Dann ist es einerlei:
Zwar ist der Fleck noch immer da,
Doch ist der Rock entzwei.

So konstruiert er auch den Staat
Studiert, was Freiheit sei.
Doch eh' er weiß, was Freiheit ist,
Ist's selbst mit ihm vorbei.

Kriech Du und der Teufel

Ja, verzeihlich ist der Großen
Übermut und Tyrannei,
Denn zu groß und niederträchtig
Ist des Deutschen Kriecherei.

Sieht ein Deutscher seines Fürsten
Höchsterbärmlich schlechten Hund,
Tut er gleich in schönen Worten
Seine Viehbewundrung kund.

Sieht ein Deutscher seines Fürsten
Altersschwaches steifes Pferd,
Ist er freudig doch ergriffen
Von des Gaules früherm Wert.

Sieht ein Deutscher seines Fürsten
Allerältstes Hoffräulein,
Denkt er, eine Bürgerstochter
Könne doch so schön nicht sein.

Sieht ein Deutscher seines Fürsten
Jämmerlichsten Kammerherrn,
Steht er still und grüßt in Ehrfurcht,
Und er sieht ihm nach von fern.

Sieht er nun den Fürsten selber,
O wie ist er dann entzückt!
Wenn Durchlaucht ihn wieder grüßet,
Nun, dann ist er fast verrückt.

Er erzählt dann allen Menschen,
Welche Gnad ihm widerfuhr,
Daß Durchlaucht ihn hat gewürdigt
Mehr als eines Blickes nur.

Er erzählet Kindeskindern:
Ja, ich habe ihn gesehn!
Und bei Gott! nun kann ich ruhig,
Ruhig in die Grube gehn.

Hoffmann'sche Tropfen (1844)

Die heilige deutsche Dreifaltigkeit

Mel.: Wer ist der Ritter hochgeehrt,
Der hin gen Osten zieht?

Mich hat das Wörtlein Vaterland
Begeistert früh und spat.
Zu allem Guten hingewandt.
Zu jeder edlen Tat.
Doch Deutschland ist mein Vaterland –
Was soll ich wirken hier?
Mein Tun und Treiben bleibt nur Tand:
Es fehlt ein Titel mir.
Drum einen Titel dir erwirb,
Sonst, edler Deutscher, schweig und stirb?
Ein Deutscher, ein Deutscher
Gilt ohne Titel nichts.

Wohl tat ich still und öffentlich
Fürs Vaterland gar viel;
Das Vaterland, es war für mich
Mein Lebenszweck und -ziel.
Doch Deutschland ist mein Vaterland –
Verdienst umsonst sich quält:
Ich werde niemals anerkannt,
Weil mir ein Orden fehlt.
Drum einen Orden dir erwirb,
Sonst, edler Deutscher, schweig und stirb!
Ein Deutscher, ein Deutscher
Gilt ohne Orden nichts.

Wenn das Verdienst den schönsten Kranz
Mir auf die Stirne drückt,
Wenn mir der Ruhm mit hellstem Glanz
Den Lebensabend schmückt –

Ach! Deutschland ist mein Vaterland,
Da blüht für mich kein Heil,
Da fehlt mir Ansehn, Rang und Stand:
Mir ward kein Amt zuteil.
Drum einen Staatsdienst dir erwirb,
Sonst, edler Deutscher, schweig und stirb!
Ein Deutscher, ein Deutscher
Gilt ohne Staatsdienst nichts.

Mißverständniß

Mel.: Wer niemals einen Rausch gehabt.

Was fehlt euch denn? so sagt es doch,
Ihr unzufriednen Herrn.
Sagt doch, was wollt ihr weiter noch?
Wir wüßten's gar zu gern.
So spricht am Landtag immerdar
Die löbliche Ministerschaar.

»Uns fehlet nichts, wir haben nur
Zu viel von allerlei:
Regierung, Steuern und Censur,
Soldaten, Polizei.
Wir haben nur, Gott steh' uns bei!
Zu viel, zu viel von allerlei.«

Texanische Lieder (1846)

Ein Guadelupelied

In dem Thal der Guadelupe
Wohnt kein Fürst, kein Edelmann,
Kennt man keine Frohnarbeiten,
Zehnten und Gerechtigkeiten,
Kein Regal und keinen Bann.

In dem Thal der Guadelupe
Giebt es keinen Herrn und Knecht:
Niemand wird der Willkür Beute,
Alle sind wir freie Leute,
Haben Ein Gesetz, Ein Recht.

In dem Thal der Guadelupe
Fragt mich nie ein Polizist,
Was ich denke, was ich schreibe,
Ob ich dies, ob jenes treibe,
Ob ich bin ein guter Christ.

In dem Thal der Guadelupe
Stört mich kein' Erinnerung
An die Ritter, an die Knappen,
Hexen, Folter, Helm' und Wappen,
Hier ist Alles neu und jung.

In dem Thal der Guadelupe
Leb' ich froh mein Leben hin,
Fühl' bei jedem Athemzuge
Wie der Edelfalk im Fluge,
Daß ich frei und glücklich bin.

Der deutsche Hinterwäldler

Eine Büchse zum Jagen, zum Schutz und zur Wehr,
Ein paar Ochsen zum Pflügen, was brauch' ich denn mehr?

Mein Gebiet ist umzäunet, mein Feld ist bestellt,
Mein Blockhaus ist fertig, ich lach' in die Welt.

Ich sitz' auf dem Mustang, die Büchs' auf dem Knie,
So trab' ich, so jag' ich durch Wald und Prärie.

Bald schieß' ich ein Truthuhn, einen Hirsch und ein Reh,
Bald angl' ich am Flusse, bald fisch' ich im See.

Ich esse mein Maisbrot und trinke dazu,
Der Quell beut mir Wasser und Milch meine Kuh.

Kein Feldhüter pfändet mir'n Schaf oder Schwein,
Frei kann es spazieren jahraus und jahrein.

Kein Jäger verwehrt mir das Holz und die Pirsch,
Kein Flurschütz die Trauben, die Feig' und den Pfirsch.

Ich sing' mit den Vögeln gar schöne Melodein,
Ich tanz' mit den Faltern den Fandango im Frein.

Ich sehne mich nimmer und nimmer zurück:
Nur Freiheit ist Leben, nur Freiheit ist Glück.

Die Nacht in der Prärie

Die Dämmrung kommt, und Nachtluft weht:
Mein Tagwerk ist vollbracht.
Hier, wo die Lebenseiche steht,
Sei jetzt mein Bett gemacht.

Von nah und fern kein froher Ton,
Kein Truthahn kollert mehr.
Die Rotwildherden sind entflohn,
Und die Prärie ist leer.

Es ward so schaurig, ward so still,
Und alles ist verhallt.
Es rufet nur der *Whip-poor-will*
Wehmütig durch den Wald.

Und auch die Lebenseich' ist stumm,
Als müßt' sie müde sein,
Hängt ihren Silbermantel um
Und schläft in Frieden ein.

Und schlafen, schlafen will auch ich,
Schon fällt der Tau der Nacht,
Und süße Ruhe träuft auf mich,
Noch eh' ich es gedacht.

Und meine Büchse ruht bei mir
Mit Gras und Moos bedeckt –
So schlafen wir, so träumen wir,
Bis uns die Sonne weckt.

Heimatklänge in Texas

Mel.: Kommt die Nacht mit ihrem Schatten.

Vor der Türe sitzt der Pflanzer,
Mild umglänzt vom Mondenschein,
Und er singt zur Mandoline
In die stille Nacht hinein.
Seiner Kindheit denkt er wieder,
Und ihm wird so freudebang,
Hört die Abendglocken läuten,
Hört der Weidenflöte Klang.

Liebliche Gestalten nahen
Aus dem fernen Vaterland,
Und ihm ist, als ob sie grüßen
Und ihm reichen froh die Hand.
Stiller wird's in seinem Herzen,
Immer leiser tönt sein Lied,
Bis im Rauschen der Pekane
Bald der letzte Klang entflieht.

Und er hört der Hund' und Wölfe
Klägliches Geheule nicht,
Und aus seinen blauen Augen
Eine Wehmutsträne bricht.
Endlich nickt er ein und träumet
Von der Heimat freudebang,
Hört im Traum noch Abendglocken
Und der Weidenflöte Klang.

Schwefeläther (1847)

Michels Abendlied

Ich weiß deine Werke, daß du weder
kalt noch warm bist; ach! daß du kalt
oder warm wärest!
                    Offenbarung Johannis 3, 15.

Mel.: Jetzt schwenken wir den Hut.

Ich bin ein freier Mann,
Nie ficht die Furcht mich an.
Für Fortschritt nehm' ich stets Partei,
Ich denke, red' und handle frei –

Chor (ganz leise). Mit Polizeierlaubnis,
            Erlaubnis.

Ich habe Kraft und Mut,
Zu opfern Gut und Blut:
Ich gebe Geld, ich sammle Geld
Für die Verfolgten aller Welt –

Chor. Wenn's nur nicht ist verboten,
            verboten.

Ich bin beseelt zumal
Für das, was liberal.
Zu Dankadressen nah und fern
Geb' ich auch meinen Namen gern –

Chor. Wenn's nur nicht ist gefährlich,
            gefährlich.

Ich bin ganz rücksichtslos,
Ich werde furios,
Ich schimpf' und fluch' auf Tyrannei,
Zensur, geheime Polizei –

Chor. Wenn niemand ist zugegen,
            zugegen.

Diavolini (1848)

Conservativer Boden

Land des Stillstands, der Erhaltung,
O wie groß und wunderbar!
Ohne Fortschritt, ohn' Entwicklung,
Alles bleibet, wie es war.

Hätten nicht die lieben Alten
Wasserleitungen gemacht,
Cardinäl' und Päpste hätten
Auch noch jetzt nicht dran gedacht.

Hätten jene nicht gebauet
Eine Via Appia,
Ohne gute Weg' und Straßen
Wär' noch heut' Italia.

Hätten jene nicht vollendet
Manches Bild in Erz und Stein,
Würd' in anderer Gesellschaft
Jetzt der heil'ge Vater sein.

Hätten nicht die Rafaele
Diese Gallerien geschmückt,
Heute wär's den Italienern,
Heute schwerlich wol geglückt.

Hätte nicht die Weltgeschichte
Diesen Boden hier geweiht,
Schwerlich würd' es jetzt geschehen
Oder noch in künft'ger Zeit.

Ja, wie hier die Menschen, schlafen
Auch die Kräfte der Natur:
Alles Leben ist ein Leben
Der vergangnen Zeiten nur.

Römisches Helldunkel

Wenn ich die vielen Pfaffen sehe
Zu Rom in ihrer schwarzen Tracht,
Dann wird's am hellen lichten Tage
Vor meinen Augen dunkle Nacht.

Erst beim Ave-Maria-Läuten,
Wenn heim die Pfaffen ziehn zu Nest,
Dann ist es mir in Rom geworden,
Als ob der Tag sich blicken läßt.

Lavoranti

Ja, ein Deutscher findet Alles,
Alles hier recht wunderbar.
Rom ist heut' ihm noch ein Wunder,
Wie es einst ein Wunder war.

Auf die Lavoranti kann er
Stundenlang voll Staunen sehn,
Wie sie schön mit Würd' und Anstand
Nur ihr Tagewerk begehn.

Er studirt, wie mit dem Mantel
Sie sich malerisch drapir'n,
Wie sie auf dem Karren sitzen,
Wie sie stehn und sich gruppir'n.

Und er zeichnet, und er staunet,
Staunet, was man doch entbehrt
In der Heimath, wo dem Künstler
Nie solch Schauspiel wird gewährt.

Michel-Enthusiast

Es wächst der Mensch
mit seinen höhern Zwecken.
Schiller.

Es reist so mancher Philister
Ins Land Italia,
Auf daß er nachher sich rühme:
Auf Ehr', auch ich war da!

Zwar hat er des Aergers nicht wenig
Und manchen großen Verdruß,
Und theuer muß er erkaufen
Den hochgepries'nen Genuß.

Doch nur ein deutscher Philister,
Der achtet nicht Hitz' und Durst,
Nicht Mauth und Paßbeschwerniß,
Es ist ihm Alles Wurst.

Trotz glühendem Scirocco,
Trotz drückendem Sonnenschein
Spaziert er zu allen Ruinen,
Zu allen Villen hinein.

Er geht in alle Kirchen,
In alle Gallerien,
Und läßt sich vom Servidore
Wie ein Bär am Seile ziehn.

Noch spät am Abend besteigt er
Ganz müde die steilsten Höhn
Und spricht vom Schweiße triefend:
Italien ist doch schön!

Michel-Kunstkenner

Die Alpen hat er überschritten,
Nun wird er ganz begeistrungsvoll;
Er träumt von nichts, als von Madonnen,
Von Torso, Venus und Apoll.

Begeistrung weckt ihn aus dem Schlummer,
Begeistrung treibt ihn fort geschwind:
Er dringt in alle Gallerien,
Die irgend nur geöffnet sind.

Er hat den Katalog in Händen,
Er sieht und sieht, damit er's sah,
Es ist, als ob er sehn nur wollte,
Ob jedes Bild noch wirklich da.

Organisation du travail

Ein Deutscher, der Morgens und Abends
Nur Einen Gedanken hat,
Wie er sein Brod sich verdienet
Und Steuern bezahlet dem Staat –

Ein Deutscher hat kein Urtheil,
Wenn er im Welschen nur
Nichts sieht als lauter Faulheit
Und Tagediebsnatur.

Der allergemeinste Welsche,
Das ist ein wahrer Poet,
Der's *dolce far niente*
So gut wie ein Fürst versteht.

Arbeiten läßt er die Sonne,
Arbeiten Regen und Wind,
Und was ihm dann noch fehlet
Erbettelt ihm Weib und Kind.

Göthe und sein Jahrhundert

Der große Göthe hat gemacht
Von Welschland groß Specktakel,
Und was er sprach, galt lange Zeit
In Deutschland für Orakel.

Und jeder, wer aus Welschland kam,
Der machte sein Gegakel;
Begeistert schrieb dann Hinz und Kunz
Und auch Magister Bakel.

Zerschmolzen ist bereits der Speck,
Es blieb uns nur der Takel;
Und wer daran noch Freude hat,
Der nehm' es für Orakel.

Überraschung

Und so wandl' ich viele Tage
Und so wandl' ich kreuz und quer
Durch die Städte, durch die Landschaft,
Vom Gebirg bis an das Meer.

Selten 'mal ein heitres Lächeln,
Selten 'mal ein schön Gesicht,

Aber düst're Blicke seh' ich,
Draus nur Noth und Elend spricht.

Freud' und Schönheit lebt im Marmor
Und auf alter Leinwand nur,
In Italia's blauem Himmel
Und den Wundern der Natur.

Such-Verloren!

Roma, Roma, Roma!
Roma, non è più com' era prima.

Land meiner Jugendträume,
»Wo die Citronen blühn« –
Wo seid ihr hohen Bäume?
Wo bist du herrlich Grün?

Wo seid ihr heitern Hügel,
Du ewiges Azur,
Du singendes Geflügel,
Du Wild in Wald und Flur?

Wo seid ihr Silberwellen,
Du Quell' Blandusias,
Ihr schattenreichen Stellen,
Wo weiland Flaccus saß?

Ihr seid im Tagebuche
Von manchem Michel nur;
Wenn ich euch sonstwo suche,
So find' ich nicht die Spur.

Addio!

Mel.: Herz ums Herz, warum so trurig?

Nun, so will ich fröhlich scheiden:
Lebe wohl, berühmtes Land!
Wo ich wenig zu beneiden,
Wo ich nichts zu wünschen fand.

Lebet wohl, ihr Überreste
Der vergangnen größern Zeit,
Tempel, Säulen, Prachtpaläste
Neben Schmutz und Dürftigkeit.

Lebe wohl, was uns versöhnen
Muß mit heut'gem Stank und Dunst,
Du Idee des Ewigschönen
In Italia's alter Kunst.

Lebet wohl, ihr Berg' und Matten
Mit dem ew'gen Sonnenschein,
Bäume, die uns keinen Schatten,
Kein' Erquickung uns verleihn.

Lebe wohl, du Tageshelle,
Drin umsonst sich das Gemüth
Suchet eine traute Stelle,
Wo auch ihm ein Blümchen blüht.

Lebe wohl, du Volk der Wichte,
Das vom Ruhm der Vorwelt zehrt,
Und das Land der Weltgeschichte
Heute nur durch Nichtsthun ehrt.

Lebet wohl, ihr Pomeranzen,
Maccheronen, Pilz' und Kohl,
Esel, Büffel, Flöh' und Wanzen,
Heil'ger Knoblauch, lebe wohl!

Aus den ›Zwölf Zeitliedern‹ (1848 und 1849)

Michels Abendlied im Belagerungszustande

Mel.: Es blüht eine schöne Blume.

Es war einmal ein Frühling,
So schön, so wunderbar,
Wie er so schön noch niemals
Der Welt erschienen war.
Der Baum der Freiheit blühte
In Pracht und Herrlichkeit:
Es war für uns gekommen
Nie neue schönre Zeit.

Da schlug voll Freud' und Hoffnung
Gar froh das deutsche Herz;
Begeistert riefen alle:
Willkommen, schöner März! –
Ihr hoffnungsreichen Blüthen,
Wie waret ihr so taub!
Du Feuer der Begeistrung,
Wie bist du Asch' und Staub!

Es war einmal ein Frühling,
So schön, so wunderbar,
Wie er so schön noch niemals
Der Welt erschienen war.
Der Frühling kehret wieder,
Der Wald wird wieder grün,
Doch an dem Baum der Freiheit
Will keine Blüthe blühn.

(3. Jan. 1849)

Heimatklänge (1851)

Nun öffnet Tür und Gaden!

Nun öffnet Tür und Gaden,
Und euer Herz zugleich!
Der Lenz von Gottes Gnaden
Kommt heim ins Deutsche Reich.

Er will uns allen spenden
Lust, Hoffnung, Trost und Rat,
Er beut mit vollen Händen
Uns Kraft und Mut zur Tat.

An dürre Reiser hängt er
Der grünen Blätter Last,
Mit Blütenpracht umfängt er
Den leeren Zweig und Ast.

Die Eichen und die Reben
Beseelt sein frischer Hauch,
Er ruft zurück ins Leben
Den Baum der Freiheit auch.

Wohlauf, so laßt uns hüten,
Was uns der Lenz beschert.
Der Freiheit junge Blüten,
Sie sind des Hütens wert.

So mußten wir es denn erleben

So mußten wir es denn erleben,
Wie eine Welt in Trümmer fällt.
Ach, unser Wünschen, unser Streben
Und unser Hoffen liegt zerschellt.

Der Freude Lieder sind verklungen,
Es schweigt und trauert manches Herz,
Keins sucht sich in Erinnerungen
Noch Trost für seinen herben Schmerz.

Der ganzen Zukunft düstrer Schauer
Zieht schon am hellen Tag einher.
O Land des Jammers und der Trauer,
O wenn's für dich ganz Nacht doch wär'!

Streiflichter (1871 und 1872)

Sonst und jetzt

22. Januar 1871

Ich hatte neulich die Gelegenheit,
Mir anzusehn ein großes Arsenal,
Da waren aufgestellt in Reih' und Glied
Canonen, Mörser, allerlei Geschütz
Für eine Feldschlacht und Belagerung,
Vom kleinsten bis zum größten Kugelmaß,
Zündnadelflinten, Büchsen, Chaffepots,
Granaten, Bomben, Kugeln groß und klein,
Torpedos, Sprenggeschosse mancherlei,
Pistolen und Revolvers aller Art,
Armbrüste, Pfeil' und Bogen sonder Zahl
Und Spieß' und Speere, Hellebarten auch,
Streitäxte, Dolche, Säbel, Bajonnets.
Ich war erstaunt, ich war erschrocken fast,
Daß es in jeder Zeit, bei jedem Volk
So viele, viele Mordwerkzeuge gab,
Und heut'ges Tages noch, in dieser Zeit
Der hohen Bildung und Gesittung giebt.
Mir ward so angst und bange, ach! mir war's,
Als ob die Geister der Ermordeten
Hier ihre Waffen suchten und sich dann
Im Kampfe messen wollten wiederum.
Es trieb mich fort, zur Stadt hinaus ins Feld.
Und als ich in dem freien Felde war,
Da kehrte Frieden heim in meine Brust,
Denn was ich sah, war Fried' und Freude nur.
Die ganze Gegend war ein lachend Bild
Mit ihrem Thal und ihren grünen Höhn.
Der blaue Himmel mit dem Sonnenschein,
Das Säuseln dieser milden, frischen Luft,
Des dichten Ährenfeldes Wellenspiel,
Der Bienen Summen und der Lerchen Sang,

Der Blätter Winken und der Blumen Gruß,
Und wie die Tauben kreisten in der Luft,
Und auf dem Teiche ruhig zog der Schwan
Und sah vergnügt die liebe Welt sich an.
Und überall des Friedens Freud' und Glück,
Der Segen ungestörter Thätigkeit.
Als ich vertieft in solch ein Friedensglück
Da stehe, kommt ein Freund zu mir heran.
»Ei guten Tag! wo warst du heute früh?«
Ich war, erwiedert' ich, im Arsenal,
Und du? – »Ich habe unterdessen mir
Die Folterkammer leider angesehn
Und denke noch mit Graus und Schrecken dran.
Doch schied ich noch mit einem Trost davon.
Der Custos sprach: Sie sehen hier, mein Herr,
Die letzten Spuren einer Barbarei,
Nie noch vor hundert Jahren war bei uns.« –
Da unterbrach ich meinen Freund sofort:
Was glaubst du? wird nach hundert Jahren auch
Ein Custos sagen in dem Arsenal
Wie jener dir: Sie sehen hier, mein Herr,
Die letzten Spuren einer Barbarei,
Die noch vor hundert Jahren war bei uns?!

Festungen

31. Januar 1871

»Wir übergeben unsre Festung nie!
Capituliren? kein Gedanke dran!
Wir halten uns, das ist mein Eid,
Das ist Soldatenehr' und meine Pflicht,
Bis auf die allerletzte Rinde Brots,
Bis auf den allerletzten Tropfen Bluts!« –

So spricht, der brave Festungscommandant.
Die Festung wird belagert, und man schießt
Von beiden Seiten und in Einem fort.
Der Feind ist rastlos thätig Tag und Nacht,
Er bringt zum Schweigen manche Batterie,
Er schießt in Brand bald hier bald dort ein Haus,
Zu Feuersbrünsten wird die Feuersbrunst,
Und eingeäschert ist die halbe Stadt,
Manch öffentlich Gebäude liegt in Schutt.
Des Feindes Batterien schießen fort,
Und endlich fällt die Citadelle auch.
»Jetzt kann ich ehrenvoll capituliern!«
So sagt der brave Commandant und er
Capituliert. Der Feind besetzt die Stadt,
Entwaffnet die Besatzung, die sogleich
Als kriegsgefangen abmarschieren muß.
Das Elend aber zieht nicht mit hinaus:
Es bleibet der Verlust an Hab' und Gut,
An Menschenleben, Menschenglück zurück.

So war's in diesem Krieg und andern auch,
Und was man zur Entschuld'gung sagen kann,
Wird immer eins nur und dasselbe sein:
So lange Krieg, so giebt's auch Festungen.

Die öffentliche Meinung
13. März 1871

Man spricht von öffentlicher Meinung viel,
Sie sei die Herrscherin der ganzen Welt,
Ihr müsse fügen sich der Mächtigste,
Das sei als ausgemacht stets anerkannt.
Das aber ist ja eine Meinung nur,

Und wie die Weltgeschichte hat gelehrt
Und täglich überzeugend lehren wird,
Ist alle Meinung eine Meinung nur.
Vox populi vox Dei – klingt gar schön,
Doch richtet sich des Volkes Stimme stets
Nach dem Erfolg. Kein Wunder ist es da,
Wenn sie auch mal für Gottes Stimme gilt,
Doch ist sie darum Gottes Stimme nicht.
Wie hat das Volk fast zwanzig Jahre lang
Getrieben einen wahren Götzendienst
In Frankreich mit Louis Napoleon,
»Dem Retter der Gesellschaft«, wie ihn einst
Gott dankend hat die Kreuzzeitung begrüßt!
Dasselbe Volk, das ihn gelobt, geliebt,
Verehrt, dasselbe Volk, was thut es jetzt?
Die öffentliche Meinung ist gar oft
Die öffentliche Dummheit, weiter nichts.

Weltgeschichte

1. December 1871

Die Weltgeschichte, wie sie wird gelehrt
In unsern Schulen, ist am Ende nur
Nichts weiter als ein langer Kriegsbericht.
Der Menschheit ganzer Jammer wird erzählt,
Nur Mord und Todtschlag ist das Heldenthum,
Als gäb' es weiter keine Ehre mehr
Und weiter kein Verdienst als Schlachtensieg.
Die Fürsten, welche nur durch Krieg der Welt
Gezeigt, daß sie gewesen in der Welt,
Verdienen nicht, daß ihre Namen noch
Auswendig lernen muß ein edles Volk,
Das nur durch Friedenswerke sinnt und strebt,

Gott wohlgefällig, gut und brav zu sein
Und seinen wärmsten Dank nur zollen will
 Den Helden, die zu Recht und Freiheit ihm
Und hoher Bildung und Gesittung einst
Den Weg gezeigt, den selbst sie wandelten.
O Trauerspiel, daß Krieg noch immer ist
Die Weltgeschichte bis zum heut'gen Tag,
Als müßte sein und bleiben der Soldat
Der Menschheit würdigster Repräsentant.

Der Speculant
4. December 1871

Der wahre Weltmann ist der Speculant:
Das Vaterland ist ihm ein fremdes Wort,
Und seine Sprache, seine Poesie
Und seine Unterhaltung nur der Börsencurs.
Der Frühling klopft vergebens an sein Herz,
Vergebens lächelt ihm ein Morgenroth,
Ihn grüßet keines Vögleins Lustgesang
Und keine Rose nickt ihm freundlich zu.
Die Börse gilt für seine Kirche nur,
Sein Vaterunser ist das Einmaleins,
Der Cursbericht ist sein Erbauungsbuch.
Zur Sonntagsfeier läßt ihn seine Angst
Gelangen nie, er denkt den ganzen Tag,
Wie viel für ihn doch auf dem Spiele steht.

O armer Mann, wie bist du doch so reich
An Sorg' und Qual und ew'ger Furcht und Angst
Bei allem was du hast in dieser Welt,
Die dir doch könnte sein auch eine Welt
Voll edler Freud' und manchem Hochgenuß.

246

Was du den Andern thust, das thust du dir:
Denn hilfst du einem Hülfsbedürftigen,
So hilfst du, wenn er zehn Procent dir zahlt.
Großmütig zeigst du dich nur dann,
Wenn deine Eitelkeit dich edel macht,
Wenn du zu einem Denkmal, milden Zweck
Und sonst dergleichen eine Summe giebst.
Weil Geld im Leben dir nur Alles galt,
»Hoch soll er leben!« nie ein Herz dir sang,
Kehrst du in deine Heimat still zurück:
Das ist das Todtenreich, dem lebend du
Auf dieser Erde nur hast angehört.

An die deutschen Kriegspoeten von 1870 und 1871

An Goethes Geburtstage (28. August) 1872.

Ihr habt gezwitschert und gesungen,
Ihr habt geschrieen und gebrüllt;
Gefochten habt ihr mit den Jungen,
Und was ihr wolltet, ward erfüllt.

Dank euch! ihr habt mit beigetragen,
Daß uns ein Deutsches Reich erstand;
Doch eine größre Schlacht zu schlagen,
Verlanget jetzt das Vaterland.

Des Geistes Freiheit zu erringen,
Des Deutschen Reiches Fortbestehn:
Dafür zu dichten und zu singen,
Lohnt sich's, in Kampf und Tod zu gehn.

Ihr schweigt in diesen ernsten Tagen.
Gleichgültig sitzet ihr daheim;
Ihr seid wie auf das Maul geschlagen
Nnd wagt für Deutschland keinen Reim.

Gründerlieder (1872)

1. Gründers Nachtlied

O wie ist mir angst und bange!
Dunkel ist es schon so lange,
Und kein Telegraph mehr spricht,
Keine Kunde von Papieren,
Ob gewinnen? ob verlieren?
Keine Hoffnung ist in Sicht.

Komm, du heiß ersehnter Morgen,
Komm, vertreib die Angst und Sorgen,
Bring uns deinen hellen Tag!
Daß man sehn kann Hausse und Baisse
Und was sonst enthält die Presse,
Alles deutlich sehen kann.

2. Gründers Morgenlied

Verschwunden ist die dunkle Nacht,
Schon glänzt die Börs' in neuer Pracht,
Zu leichtem Leben ist erwacht
Was noch in schweren Träumen lag,
Und seinen Curs beginnt der Tag.

Ich athme auf vor Sorg' und Mühn,
Es ist um mich so frühlingsgrün.
Und wie die Blumen draußen blühn,
So blühet mir ein neuer Muth,
Und meine Actien stehen gut.

3. Gründers Mittagslied

Ich bin ein Gründer froh und frisch,
Schon heute setz' ich mich zu Tisch
Als dürft' ich weiter mich nicht quälen
Als meine Zinsen nur zu zählen.

Gottlob, ich weiß mir selber Rath,
Nichts soll mich kümmern Stadt noch Staat:
Dem Gründerleben treu ergeben
Verschaff' ich mir ein würdig Leben.

Was gehet *das* Verdienst mich an?
Nur *der* Verdienst ist noch mein Mann:
Ich will mir flechten selbst zum Lohne
Aus Actien eine Bürgerkrone.

4. Gründers Abendlied

Ich freue mich und danke Gott,
Daß ich nach manchem dummen Streich
Trotz aller Menschen Neid und Spott
Doch noch geworden bin so reich.
Ich bin nicht mehr ein armer Sünder,
Ich ward ein Gründer.

Wie sieht sich anders an die Welt,
Hat man es erst so weit gebracht,
Daß einem wächst von selbst das Geld,
So wie der Weizen über Nacht.
Glückauf, Glückauf, ihr armen Sünder!
Ich ward ein Gründer.

Drum mögt auch ihr recht gründlich sein
Und endlich werden auch gescheit;
Nur Ein Schiboleth gilt allein
In unsrer drangsalsreichen Zeit:
Wollt ihr nicht bleiben arme Sünder,
So werdet Gründer!

4. MEIN LEBEN

Erster Band
1798 bis Frühling 1823

Ich bin geboren den 2. April 1798 zu Fallersleben, dem Hauptorte des gleichnamigen Amtes im ehemaligen Churfürstenthum Hannover. Mein Vater war Heinrich Wilhelm Hoffmann, Kaufmann und Bürgermeister († 23. April 1819), meine Mutter Dorothea geb. Balthasar († 3. December 1842), sie stammte aus Wittingen. In der Taufe erhielt ich die Namen August Heinrich. Meine Pathen waren Heinrich August Hoffmann, nachheriger Pastor zu Mühlhausen im Waldeckschen und Frau Maria Wolff zu Havelberg. Mein elterliches Haus, jetzt im Besitze meines Schwagers Georg Friedrich Boes, ist noch vorhanden. Auf dem Querbalken über der Hausthür steht die Inschrift:

BESSER NEIDEN DEN BECLAGEN
WEN ES GOTT THVT BEHAGEN
WER AVF GOTT THRAWT
HAT WOL GEBAWT
ER WIRT MIR GEBEN
WAS MICH DIENT ZVM LEBEN.

In meiner frühesten Kindheit war ich körperlich sehr schwach und krankte in Einem fort. Außer den damals gewöhnlichen Kinderkrankheiten, Pocken und Masern, bekam ich auch hinterdrein noch das Friesel. Ich mußte viel ausstehen und nahm geduldig ein und that Alles was der Arzt und die Eltern für gut hielten. Ich erinnere mich, daß ich an einem bösartigen Ausschlage über den ganzen Körper litt und eine Zeit lang fast blind war, so daß ich das Tageslicht nicht vertragen konnte und mich gerne in einen dunkelen Gang zwischen zwei Thüren einsperren ließ, aber auch da noch jammerte, wenn der Widerschein der Sonne durch die kleinen Spalten der vorderen Thüre drang. Eine leichte Reizbarkeit der Nerven habe ich seit dieser Zeit immer behalten, namentlich in den Augen, obschon ich noch heute keine Brille brauche.

Unter der sorgsamen, oft ängstlichen Pflege meiner Großmutter, deren Liebling ich war, wuchs ich auf und wurde, wie es
bei schwächlichen Kindern in ähnlichen Verhältnissen immer
der Fall ist, sehr verzogen, und bald launisch und eigensinnig.
Obschon ich täglich wenn ich aufwachte und wenn ich Abends
zu Bette gegangen war und vor dem Einschlafen mit meiner
Großmutter betete, so hatte doch diese Andacht, weil sie gewöhnlich geworden, keinen Antheil weiter an dem was ich des
Tages that und trieb. Mehr wirkte ihr frommer liebevoller Sinn
und die Wahrheit in ihren Worten und Werken, wodurch sie
mehr als durch ihr Alter bei Jung und Alt sich hoher Ehrfurcht
erfreute. Sie verstand es vortrefflich, jedem die Meinung zu sagen. Nur in Bezug auf mich, ihren Liebling, war sie zu nach-
sichtsvoll, ja zu schwach.

Gegen den Willen der Eltern setzte ich Vieles durch: wenn mir
eine Speise zuwider war oder auch nur nicht schmeckte, ließ ich
sie stehen; erhielt ich nichts nach Wunsch, so hungerte ich lieber.
Da ereignete es sich denn wol, daß die Großmama noch spät
Abends zu mir in die Kammer kam und mir mit einer angenehmen Speise den Hunger zu stillen suchte. Wurden ihr dann darüber Vorwürfe gemacht, so wußte sie sich zu entschuldigen: ›Dem
armen Jungen schrumpft ja der Magen zusammen.‹ Innig dagegen
konnte sie sich freuen, wenn ich bei Tische einen guten Appetit
entwickelte. Da pflegte sie denn wol zu sagen: ›et schînt als ob't
dem Jungen smeckt‹ – was nachher sprichwörtlich bei uns wurde.

Auch in Bezug auf Kleidung war ich eigen und eigensinnig. Es
kostete immer große Kämpfe, ehe ich ein neues Kleidungsstück
anlegte, sobald mir die Farbe oder der Schnitt nicht gefiel. Einmal erhielt ich eine Jacke mit drei Reihen dicht an einander ge-
setzter blanker runder Knöpfe. Des Sonntags mußte ich die Jacke
anziehen. Man glaubte wunder welche Freude man mir damit
machen würde. Ich ärgerte mich und weigerte mich, sie anzuzie-
hen – half nichts. Ich ging den ganzen Tag darin umher und
dachte nur an meine Narrenjacke. Alles Auffallende in meinem
Aeußern verdroß mich.

Ich konnte sogar keinen Fleck leiden, keine Dunen, keine Fädchen an meinem Rocke. Wenn wir ausfuhren und ich neben dem Knechte auf dem Bocke saß und der Wind übersäete mich mit den Haaren unserer Schecken, so war mir schon dadurch die ganze Fahrt verleidet. So ärgerte ich mich auch, daß ich weißes Haar hatte, weil das den Kindern Anlaß gab, mir nachzurufen: ›Wittkopp!‹

Wenn ich mit anderen Kindern spielte, so konnte ich es nie vertragen, wenn meinem ein anderer Eigenwille entgegentrat. Dagegen konnte ich allein stundenlang mit mir zufrieden sitzen und spielen. Ich untersuchte gewöhnlich mein Spielzeug so lange von außen und innen, bis es kurz und klein war. Die Spielsachen, die mir im Sommer von der Braunschweiger Messe und die mir zu Weihnachten beschert wurden, erfreuten sich nie einer langen Lebensdauer. Es war nicht eigentlich die Lust am Zerstören, sondern kindische Neugier, wie dies und jenes gemacht war und sich in seinen einzelnen Theilen ausnähme.

Nicht immer war meine Selbstunterhaltung eine so billige. Eines schönen Morgens saß ich mitten in der Stube auf dem großen Homannschen Atlas und riß nach und nach die Bilder mit ihren glänzenden Farben aus den Ecken, um sie mir näher zu betrachten. Am Tische saß der Herr Pastor Hantelmann von Wettmarshagen bei seinem Cafe, rauchte seine lange irdene Pfeife und sah mir wohlgefällig zu, ohne ein Wort zu sagen. Da trat meine Mutter ein: ›aber, Herr Pastor, und das haben Sie dem Jungen nicht verboten?‹ – ›Nun, er hatte ja seine Freude daran.‹

(...)

Der Sinn und die Liebe für die Natur erwachte sehr früh in mir. Im Garten zwischen Blumen war mein liebster Aufenthalt. Wie freute ich mich, wenn die zarten Pflanzen, die ich selbst gesäet hatte, gediehen und unter meiner Pflege zur Blüthe kamen! Jeden Morgen wurde Heerschau gehalten und wenn eine Blume aufgebrochen war, so ward es sofort den Eltern gemeldet. Wo es anderswo schöne und seltnere Blumen gab, wurde hinspaziert, und wenn ich Samen oder einen Ableger erbetteln konnte, so zog ich beglückt heim. Besonders prachtvoll war unser langes Tulpen- und Hyacinthenbeet; auch hatten wir einige Jahre die herrlichsten Nelken, schönere an Farben und Gestalt als die jetzigen verkünstelten. Als ich unter dem Pfeffer Ricinuskörner gefunden hatte, pflanzte ich sie und erlebte die Freude, sie noch im Sommer groß aufgeschossen und in Blüthe stehen zu sehn. Auch Citronenkerne legten wir in Töpfe und erzielten wenigstens zierliche, wenn auch winzige Bäumchen. Wir waren jedenfalls glücklicher damit als bei den früheren Versuchen mit Rosinenkernen.

Aber auch an das Nützliche wurde gedacht. Wie meine Gespielen so legte auch ich eine Baumschule an. Bei dem Überfluß an Obst gab es den Winter hindurch Gelegenheit genug Kerne zu sammeln, die dann im Frühjahr gesäet wurden. Auch suchten wir überall in Gärten und Baumhöfen aufgelaufene Obstsprößlinge und vermehrten damit unsere Baumschule. Es war eine große Freude für mich, daß ich nach einigen Jahren, als ich Student war, eine hübsche Anzahl veredelter Stämmchen meinem Vetter verkaufen konnte.

Wie der Garten so wurden bald Haus und Hof, Wiesen und Felder ein unermeßliches Feld kindlicher Freude und Thätigkeit. Das Leben im Freien bei nahrhafter Kost hatte mich gekräftigt, ich fühlte mich meinen Gespielen ebenbürtig und konnte mit ihnen Stich halten. Jede Liebhaberei der anderen Kinder wurde meinerseits mitgemacht. Auch ich mußte Tauben haben, und bald hatte ich Feldflüchter, Trommel- und Pfauentauben, die ich täglich fütterte. Daneben hielt ich mir Kaninchen von verschiedenen Farben, die mir besonders wenn ich sie fütterte ergötzliche Unterhaltung gewährten. Sie hatten aber bald den Stall so unterwühlt, daß ich sie abschaffen mußte. Fast noch mehr Spaß hatte ich an einem Häschen in einer leeren Tabakstonne. Anfangs mußte man ihm die Kohlblätter an einem langen Bindfaden hinabreichen; später als es größer wurde, mußte der Bindfaden immer kürzer werden. Als das Häschen ein Hase geworden, was nun? Da meinte der Vater: ›der Hase muß auf weidmännisch getödtet werden.‹ Die Tonne mit dem Hasen wurde in den Garten gebracht, der Vater stand mit geladener Flinte, den Hahn gespannt, daneben. Da ward die Tonne umgekippt; der Hase sprang hinaus, der Vater schoß hinterdrein und Leporello suchte das Weite.

(...)

Als meine Eltern glaubten, daß es Zeit sei, etwas zu lernen, schickten sie mich zur Frau Dreyer in die Schule. Es dauerte einige Wochen ehe ich ohne Sträuben hinging. Ich weinte jedesmal, und selbst die Tute mit Rosinen, die ich mit auf den Weg bekam, konnte mich nicht umstimmen. Ich mußte immer hingeführt werden, allein wäre ich nicht gegangen. Nachdem ich aber mich an die vielen fremden Kinder gewöhnt und das Abc überwunden hatte, war mir die Schule kein Ort der Angst und des Schreckens mehr.

Nach Jahr und Tag muß ich wohl so weit gediehen sein, daß ich die Bürgerschule besuchen konnte. Ich erinnere mich wenigstens noch, daß eines Tags der ehrwürdige Superintendent Ziegler uns besuchte und tüchtig abkanzelte: ›Ihr Heiden, ihr Hottentotten —‹ begann er seine Anrede. Dann kam er zu mir, legte seine Hand sanft auf meinen Kopf und sprach: ›Du mein Kind bist artig und fleißig.‹ – Der Unterricht in dieser zweiten Abtheilung der Bürgerschule war sehr dürftig. Meine Eltern und mehrere Familien wollten deshalb ihren Kindern einen besseren geben lassen. Sie einigten sich und fanden in dem Herrn Stolberg einen passenden Lehrer. Es wurde ihm ein Gehalt festgesetzt, eine Wohnung gemiethet und etwa unser acht wurden seine Schüler. So bekamen wir denn zum Lehrer einen Gelehrten, der eben nicht zu viel gelernt hatte und vor der Candidatur des Predigtamtes stehen geblieben war. Obschon diese Schule von kurzer Dauer war, so hatte sie auf mich doch vortheilhaft gewirkt; ich wurde mit manchen Dingen bekannt, von denen ich früher keine Ahndung hatte: ich erfuhr etwas von den Naturreichen und der Länder- und Völkerkunde, und machte den Anfang mit dem Französischen. Nachdem das Verhältniß mit Stolberg gelöst war, besuchte ich wieder die Bürgerschule, nebenbei aber ging ich wöchentlich mehrere Stunden zum Schreiben und Rechnen bei Herrn Harms.

Unser Nachbar Harms, ein Kaufmann, der seinen Handel hatte aufgeben müssen, war Schreiblehrer geworden. Er schrieb eine hübsche Hand und ertheilte guten Unterricht im Schreiben und Rechnen. Er war mit mir recht zufrieden und ich schrieb seine Vorschriften ziemlich gut nach, aber, aber den krummen Finger beim Schreiben konnte er mir nicht abgewöhnen und ich habe ihn mein ganzes Leben behalten. Im Rechnen hatte ich es ziemlich weit gebracht, setzte es leider später nicht fort. Hätte ich nur behalten was ich damals konnte, – ich hatte den alten Hemeling bis über die Mitte durchgerechnet! – es wäre mir in manchen Lagen des Lebens von großem Vortheile gewesen.

Für Musik hatte ich viel Sinn, vielleicht auch Anlage, aber keine Gelegenheit, Singen und Spielen zu lernen. Ich freuete mich an Musik und Gesang, und was ich singen hörte, wußte ich schnell auswendig und sang es nach. Ich machte mir selbst musicalische Instrumente, überzog Schachteldeckel mit Drahtsaiten, suchte aus ungleichen Rohrstangen eine Papagenopfeife zusammenzufügen und aus Wallnußschalen kleine Klappern zu bereiten. Unser oberster Boden war die eigentliche Polterkammer. Unter allerlei Gerümpel befand sich dort eine alte Drehorgel. Manche Stunde spielte ich mir hier alle Stücke nach einander vor und oft mehrmals. Der Gesang in der Schule beschränkte sich meist auf Kirchenlieder. Jeder sang, wie ihm der Schnabel gewachsen war. Als ich später mit zu den Neujahrssängern gehören sollte, handelte es sich nur um zweistimmigen Gesang, oder um ›grob und fein‹, wie wir es bequemer nannten. Wer ein gutes Gehör und eine gute Stimme hatte, genügte vollkommen den mäßigen Anforderungen.

Zum Zeichnen hatte ich große Lust, aber es fehlte mir auch dazu an Anweisung. Ich begnügte mich, Häuser und Bäume aus dem Kopfe zu zeichnen oder nach Bilderbogen und sie nachher auszumalen. Um ein ziemlich treues Bild zu erlangen, hielt ich an eine Glasscheibe das Original mit darüber gelegtem feinen Papiere und zog nun darauf mit einem Bleistift die Umrisse nach und malte diese dann aus. Da sich aber so etwas nur bei Tage veranstalten ließ und die Winterabende sehr lang waren, so machten wir uns Papier mit Fett und Kienruß schwarz, legten dies mit der schwarzen Seite auf weißes Papier und oben drauf das Original, das dann durchgezeichnet wurde. So gab es denn Tag- und Nachtbilder.

So ergötzlich diese Beschäftigung und jedesmal mit jedem neuen Tuschkasten gar eifrig unternommen wurde, so hielt sie doch nicht lange an, wir kehrten immer wieder zu unseren alten lieb gewordenen Bilderbüchern zurück. Daneben mußte der alte Guckkasten uns noch manche Stunde ausfüllen. Er enthielt einige alte Ansichten von Versailles, tapetenartig gemalt. Sie machten sich aber gar hübsch, wenn sie hinten mit zwei Lichtern beleuchtet wurden. Daß aber dieser Kasten noch zu etwas anderem dienen könnte, ahndeten wir nicht. Später machten wir eine *Camera obscura* daraus, stellten ihn mitten in den Garten zu Ende des langen Ganges, gerade dem Kirchthurme gegenüber. Da sahen wir denn zu unserer großen Freude eine liebliche Landschaft auf das weiße Papier hingezaubert mit allen Blumen und Bäumen, von bunten Schmetterlingen und Vögeln durchflogen. Bei jeder anderen Stellung des Kastens gewannen wir natürlich immer ein anderes Bild. Mancher heitere Sommertag lud uns zu dieser mühelosen und genußreichen Landschaftsmalerei ein.

Während dieser meiner friedlichen Zeit des Spielens und Lernens daheim sah es draußen sehr kriegerisch aus. Zu Anfange des Jahres 1803 hatte zwar Frankreich England den Krieg noch nicht erklärt, benahm sich aber schon längst sehr feindselig. Endlich wurde denn auch dem Kurstaat die Pflicht sehr nahe gelegt, sich zu rüsten und zu wehren. Am 16. Mai kam ein Regierungserlaß, jeder Unterthan solle sich zur Vertheidigung und Befreiung des Vaterlandes der Regierung zur Verfügung stellen, eine bis dahin in Hannover nie gekannte Maßregel. Es wurden denn auch im Amte Fallersleben sofort Recruten ausgehoben. Wie es dabei herging, weiß ich nur vom Hörensagen. Die jungen Bauerkerle wurden Nachts aus ihren Betten geholt und wenn sie nicht willig folgten, mit Gewalt fortgeschleppt. Mein Vater erhielt den Befehl mit dem Amtschreiber von Blum diese gepreßten Vaterlandsvertheidiger nach Hannover zu geleiten, ein trauriges Geschäft! Nachdem sie auf dem Rathhause eingesperrt und bewirthet und dann theils gutwillig, theils mit Gewalt auf die Wagen gebracht waren, setzte sich der Zug unter dem Geheule der alten Weiber und Bräute in Bewegung und wurde eine weite Strecke dann von diesen begleitet. Als sie in der List dicht vor Hannover ankamen, hieß es denn: ›et is te late, gân se man wedder na Hûs, de Herzog flüchtet eben tom Dore henût.‹ Schnell wie der Blitz sprang Alles von den Wagen herunter und bediente sich der Abwesenheit. Mein Vater aber ging nach Hannover hinein. Es war ihm eine willkommene Gelegenheit, sich die Hauptstadt, die er noch nicht kannte, anzusehen, und er sah sie sich gehörig an.

Schon in den letzten Tagen des Mais rückte Mortier von Holland aus ins Hannoversche ein, unterzeichnete den 3. Juni die Convention von Sulingen und hielt den 4. seinen Einzug in Hannover. Der Sulinger Convention folgte die noch schmählichere von Artlenburg am 5. Juli. Hannover war in den Händen der Franzosen, die sich durch das ganze Land vertheilten.

Auch Fallersleben blieb nicht verschont: eine Schwadron reitender Artillerie rückte ein und nahm auf lange Zeit Standquartier. Wir Kinder freuten uns über die schönen Uniformen und rothen Federbüsche, und zogen überall mit, wenn es Übungen und Paraden gab. Wir konnten uns nur wundern, wenn wir zu Hause hörten: ›das sind unsere Feinde – wenn wir sie nur bald wieder los wären!‹ Als mein Bruder sich eines Tages sehr freute, daß der Trompeter so schön bliese, sagte der alte Bürgermeister Krüger: ›theure Musik, lieber Herr Vetter, theure Musik!‹

Unsere Feinde betrugen sich recht gut; sie waren leicht zufrieden zu stellen, sobald man ihnen nur freundlich entgegen kam

und guten Willen zeigte. Unter einander waren sie brüderlich
einträchtig. Knechtischen Dienstgehorsam und rohe Behandlung von Seiten der Obern nahm man niemals wahr. Wir hatten
so oft gehört, wenn ein Junge unartig war: ›wart! du sollst dem
Kalbfelle folgen!‹ Das schien uns gar keine Strafe. Freilich hatte
man uns früher das Soldatenleben als etwas Schreckliches ge-
schildert: Prügel, Spießruthen, Gefängniß bei Wasser und Com-
mißbrot. Wir spielten jetzt selbst Soldaten, und wenn einer nicht
that was er sollte, so sperrten wir ihn ein: das kam auch bei den
Franzosen vor und ging dort eben so lustig ab wie bei uns.

Das Jahr 1804 war angebrochen, eine Änderung unserer Lage
schien in weite Ferne gerückt, vorläufig blieb Alles beim Alten.
Seit dem 19. Juni war Bernadotte Oberbefehlshaber. Die Lasten
blieben dieselben. Im September (1805) schien es sich für uns
besser zu gestalten: die Franzosen zogen ab und am 28. October
rückten Preußen in Hannover ein, die hannoversche Regierung
wurde hergestellt. Als aber am 2. December die Schlacht von
Austerlitz für Oesterreich verloren ging, da gestaltete sich plötzlich Alles anders.

Einige Wochen nach dem Beginn des neuen Jahres 1806 rückten preußische Truppen unter dem Grafen Schulenburg-Keh-
nert in Hannover ein. Der König von Preußen erklärte, die französischen Völker würden von nun an das Kurfürstenthum
räumen und Preußen bis zum Frieden in Verwaltung und Obhut
nehmen.

Wir in unserem entlegenen Winkel erfuhren nur wenig von
diesem großen Ereignisse. Die Landeshoheits- und Grenzpfähle
mit dem preußischen Adler erinnerten uns jedoch bald, daß wir
nicht mehr königlich großbritannisch-hannoverisch waren. Die
Stimmung war sehr gegen den neuen Landesherrn und hie und
da hörte man viel vom preußischen Pfiff und preußischen Kuck-
kuck. Man fürchtete eine größere Steuerlast. Mit Wohlgefallen
erzählte man sich, ein Bauer habe vor einem Pfahle, woran der
Adler, gestanden, diesen immer angesehen und sich die Taschen
zugehalten. Endlich sei die Wache gekommen und habe gefragt,

warum er doch immer den Adler so ansehe? ›Ik mach mik dreien wohen ik wil, hei kickt mik immer in mine Taschen.‹

Im Sommer blieb es still, wir waren von Einquartierung verschont. Im Herbste wurde es unruhiger als je. Viele tausend Preußen kamen durch unsere Gegend, lauter Fußvolk. Der Zug eines Regiments dauerte sehr lange, es war groß Gewühl und Getümmel, hinterher viele Packwagen mit Zelten und Stangen. Wir hatten oft bis spät Abends zu sehen. Sehr ergötzlich waren für uns die großen Wagen mit Truthühnern und sonstigem Federvieh; den Thieren bekam die Reise ganz wohl, sie sprangen munter ans Gitter und pickten uns die Brotkrumen aus der Hand. Es sah gar nicht aus, als ob es in Krieg ginge, und alle Welt sagte doch: ›es geht in den Krieg.‹

Manches ereignete sich auch was selbst uns Kindern gar zu spaßhaft vorkam. Eines Morgens hörten wir plötzlich trommeln. Wir laufen vor die Thür. Da kommen mehrere Trommelschläger vom Amthofe herab und schlagen den Generalmarsch. Wir fragen sie was das solle? ›Nun, sagen sie, uns ist befohlen, jetzt zum Abmarsch zu trommeln.‹ Wir bedeuteten ihnen, es sei ja am frühen Morgen Alles schon abmarschiert. Sie hingen die Trommeln auf den Rücken und zogen ihres Weges. Da kommt endlich der alte General hinterdrein geritten; er wundert sich, seine Leute nicht mehr zu sehen. ›Wo ist mein Regiment hinmarschiert?‹ fragt er und wir ertheilen ihm die nöthige Auskunft.

Die Durchmärsche der preußischen Truppen hatten aufgehört. Bald aber wurde die Stille aufs Neue unterbrochen. Hatten wir bisher nur Soldaten gesehen, die siegesgewiß, stattlich mit Wehr und Waffen in geordneten Zügen kamen und gingen, so sollten wir nun auch Soldaten sehen, die einzeln oder truppweise ohne Gepäck und Waffen, traurigen Blicks einherzogen und nach kurzer Rast als Flüchtlinge weiter eilten.

Es war eines Sonntags (den 19. October) gegen 1 Uhr, wir hatten uns eben zu Tische gesetzt, da sprengten drei preußische Cürassiere vor unser Haus. Wir eilten vor die Thür. Wie erschraken wir, als das erste Wort aus ihrem Munde kam: ›es ist Alles verloren!‹ Wir suchten sie auszufragen, aber sie wußten auf alle unsere Fragen nur immer dasselbe zu erwiedern: ›es ist Alles verloren, Alles!‹ Sie erkundigten sich nach dem Wege, den sie einschlagen wollten, näher und machten sich bald auf und davon. Wir sahen uns erstaunt an. Mein Vater schüttelte zweifelnd den Kopf, er hielt es für unmöglich, daß ein Krieg, dessen Anfang wir ja noch kaum wußten, bereits einen so unglücklichen Ausgang für Preußen genommen habe; er konnte an die schreckliche Kunde, die erste vom Kriegsschauplatze, nicht glauben und hielt lieber die drei Reiter für Ausreißer, die ihre Feigheit nur hätten beschönigen wollen.

Leider bestätigte sich das Unglaubliche nur zu früh. Schon die nächsten Tage kam Fußvolk truppweise, alle niedergeschlagen und im erbärmlichsten Aufzuge, sie hatten nichts weiter gerettet als das Leben und den Brotbeutel. Sie gehörten verschiedenen Heeresabtheilungen an, und wußten nicht woher, wohin. Durch ihren traurigen Anblick und die Erzählungen von ihren ausgestandenen Leiden und Strapazen erregten sie allgemein großes Mitleid, sie fanden überall Unterstützung. Die Durchzüge der Flüchtlinge und Versprengten dauerten noch mehrere Tage fort.

Es wurde nun wieder still. Der Krieg berührte uns nicht weiter unmittelbar. Der Winter hatte begonnen und wir Kinder gingen zu unseren alten Spielen über. (...)

An zwei Abenden in der Woche kam der Hamburger unparteiische Correspondent. Ich mußte dann die Blätter vorlesen. Die Stammgäste saßen um den großen Tisch herum, rauchten zu ihrem Glas Bier ihr Pfeifchen und hörten aufmerksam zu. Ich las und las in aufgeregter Stimmung, denn die Tagesbegebenheiten hatten auch für mich ein großes Interesse.

Schon in den ersten Tagen des Novembers erfuhren wir Näheres über die unglückliche Schlacht von Jena und auch von ihren Folgen eine auch für uns höchst wichtige: Bertier war wieder in Hannover und erklärte am 12. November, daß er im Namen seines Kaisers das Land in Besitz nehme. Der preußische Adler wurde mit dem französischen vertauscht. Zwei Tage später erlag in Ottensen seinen Schmerzen der todtwunde Herzog Carl Wilhelm Ferdinand von Braunschweig, fern von seinem Lande, das glücklich durch ihn und mit ihm gewesen war. So folgten sich rasch hinter einander die großen traurigen Tagesereignisse.

Noch Einmal, ehe das Jahr zu Ende ging, wurden wir daran erinnert, daß wir in Kriegszeiten lebten. In der Abenddämmerung hielten zwei Bauerwagen vor unserem Hause still. Mehrere Männer stiegen ab, sie schienen durchnäßt und angegriffen von der Reise. Mein Vater hieß sie freundlich willkommen. Es waren preußische Officiere von der Besatzung Hamelns. Nachdem sie sich umgekleidet und gespeist hatten, wurden sie gesprächig. Sie sprachen sich alle unumwunden und sittlich entrüstet aus über die niederträchtige Capitulation des Commandanten von Schöler. Es war eine männliche würdige Sprache, die uns mit Achtung für die jungen Männer erfüllte und mir unvergeßlich geblieben ist. Der Haß gegen Preußen, der im Kurstaate Hannover ein ziemlich allgemeiner gewesen, war jetzt ziemlich verschwunden, das große Unglück hatte große Theilnahme erweckt. Es wurde wieder viel in unserem Hause politisiert; wir hörten das Alles mit an und ließen unser Spiel ruhen. Wenn man von dem traurigen Ende des Herzogs von Braunschweig sprach, so weinten wir, denn wir hatten nur immer Züge der Liebe und Güte von ihm vernommen. So oft man auf Blücher's Niederlage in Lübeck und die dortigen Gräuel zu sprechen kam, wurden wir über die Franzosen empört. Die preußische Ruhmredigkeit war hart gestraft, aber niemand konnte sich denken, daß ein so mächtiger Staat so schnell in die tiefste Schmach sinken würde. ›Ja, rief dann eine Stimme, es ist mit uns Deutschen vorläufig vorbei!‹ und eine andere meinte dagegen: ›laß nur! die Preußen werden die Franzosen ins Land locken und ihnen den Garaus machen.‹ Leider hatte jene erste Stimme, ich glaube die meines Vaters, Recht: es war vorläufig mit uns vorbei, es folgte ein schmachvoller Friede.

Mit dem Beginne des Jahres 1807 hatte die Aufregung der Gemüther ziemlich nachgelassen. Es wurde zwar noch viel in unserem Hause politisiert, man beschäftigte sich aber mehr mit den großen Kriegsereignissen der letzten Monate als mit denen die noch kommen könnten; niemand dachte mehr an einen Sieg der Preußen und ihrer Verbündeten, der Russen, niemand hegte die Hoffnung, daß wir so bald von der Franzosenherrschaft erlöst werden würden. Der Friede von Tilsit ließ voraussehen, daß auch wir von den Folgen desselben nicht unberührt bleiben würden. Schon im August wurde der südliche Theil des Kurstaates dem neuen Königreich Westfalen einverleibt. Wir blieben vorläufig noch unter französischer Botmäßigkeit.

(...)

Zu Ende des Jahres entstand in unserm kleinen Orte ein recht reges Leben. Mehrere junge Leute waren von der Universität zurückgekehrt, alle recht gesellig und lebenslustig; ihnen schlossen sich andere gleichgesinnte, wie mein Bruder, an. Es wurde das alte flotte Burschenleben neu wieder aufgelegt, es wurde gespielt und commersiert. Endlich kam man auf den Gedanken, Schiller's Räuber aufzuführen. Die Rollen wurden ausgeschrieben und passend vertheilt, Proben abgehalten und es erfolgte nach kurzem Zwischenraume eine zweimalige öffentliche Aufführung unter dem freudigsten Beifalle der Zuschauer. Ich war jedesmal zugegen und bin mir noch heute des gewaltigen Eindrucks bewußt, den das Stück auf mich machte. Ich las es später selbst in dem Exemplare, wonach es gegeben wurde; es war die erste Mannheimer Ausgabe von 1781. Ich wußte bald ganze Scenen auswendig. Die jungen Schauspieler, von Haus aus lauter prosaische Naturen, waren durch diese Kunstübungen zu neuen Menschen geworden, sie bewegten sich von jetzt an in freieren geselligen Formen und hatten einen gewissen poetischen Anstrich bekommen. Die Art und Weise ihres Verkehrs in der Gesellschaft blieb nicht ohne Einfluß auf uns Kinder; wir nahmen manche Redensarten und Manieren dieser erwachsenen Jugend an und waren seitdem für alle Freiheitsideen empfänglicher.

Um diese Zeit pflegte ich gern Gedichte zu lesen, auch wol mit lauter Stimme herzusagen. Zuweilen wenn ich ganz allein im Zimmer war, band ich mir ein Tuch um den Leib, setzte mir einen Hut auf, stellte mich auf den Tisch und declamierte feierlich: ›Begraben will ich Cäsar, nicht ihn loben‹ etc. (...)

Im Februar rückten zwei Schwadronen Cürassiere ein vom 11. Regimente und nahmen auf längere Zeit Standquartier. Trotzdem daß niemand von ihnen deutsch verstand, so gestaltete sich doch bald ein traulicher Verkehr zwischen Soldat und Bürger. Wenn es Streitigkeiten gab, so machte mein Vater mit Hülfe meines Bruders den glücklichen Schlichter. Meinem Bruder fiel der größte Theil der Bürgermeistereigeschäfte zu; er war sehr geschäftsgewandt und der einzige der des Französischen mächtig. Jung und lebenslustig wie die Officiere wurde er bald ihr Freund und durfte bei ihren Zusammenkünften nie fehlen. Ich erinnere mich noch, wie er mit ihnen kegelte, mit ihnen trank und sang, scherzte und lachte.

Die Gemeinen hielten unter einander gute Kameradschaft. Selbst bei ihren Trinkgelagen ging es heiter und friedlich zu. Wer singen konnte, sang, die anderen hörten mit Wohlgefallen zu, dann stimmten auch wol mal alle einen Rundgesang an:

> Battons le fer, tandis qu'il est rouge,
> Battons le fer, tandis qu'il est chaud!
> Haut le marteau! bas le marteau!

Sie hielten das Glas hoch empor, senkten es dann und tranken es schließlich aus.

Ihnen gegenüber erfreute sich *Monsieur le bourguemestre*, mein Vater, eines hohen Ansehens, weil er sich vor niemandem fürchtete, und im Bewußtsein, nur das Rechte zu wollen, sich auch vor niemandem zu fürchten brauchte. Schon seine stattliche Gestalt, seine Körperstärke und Gewandtheit, mehr aber noch seine ganze Art und Weise, wie er auftrat, waren achtunggebietend. (...)

So ernst die Weltlage, so traurig die staatlichen Verhältnisse, so drückend fortwährend die Abgaben waren, die deutsche Gemüthlichkeit feierte doch nicht länger und wußte sich endlich wieder geltend zu machen, freilich mit einem starken Anfluge französischer Leichtfertigkeit. Wie man dachte und fühlte, sprach sich in allen Vergnügungen aus: *bonne mine à mauvais jeu* wurde der leitende Grundsatz.

(…)

So war denn das Jahr 1809 herangekommen. Die gesellige Fröhlichkeit verstummte allmählich, die Tagesbegebenheiten beschäftigten wieder alle Gemüther. In unserm Hause wurde wieder viel politisiert, ich mußte die Zeitungen vorlesen und auf der Landkarte den Kriegsschauplatz aufsuchen. Der Krieg in Spanien gewann immer größere Bedeutung; der Name Saragossa erfüllte uns mit Begeisterung; aber mit Wehmuth vernahmen wir, daß auf der Halbinsel Deutsche gegen Deutsche fechten mußten. Der Marsch nach Spanien galt für den sicheren Weg ins offene Grab. Wie viele Westfalen gingen hin, wie wenige kehrten heim. Ein Bauerjunge nahm sich ein Taschentuch voll Erde mit, um noch eine Nacht auf dem Boden seiner Heimat zu schlafen. Manche Mutter starb vor Gram über den Verlust ihres Sohnes, manche Braut vertrauerte ihr Leben. Herzzerreißend war der Gesang, wenn die Soldaten beim Ausmarsch anstimmten:

> Ach du Deutschland, ich muß marschieren,
> ach du Deutschland, lebe wohl!

In Süddeutschland war der Krieg in vollem Gange. Alle Gemüther waren aufgeregt, jedes hoffte, endlich würde Napoleon erliegen. In Hessen brach ein Aufstand aus unter Dörnberg, und etwas später zog Schill mit seiner Schaar heran und beunruhigte Sachsen und Westfalen. Alles scheiterte. Anfangs Mai fanden Dörnbergsche Flüchtlinge in unserm Hause einen Zufluchtsort. Später brachte man durch unsere Nachbarschaft Schillsche Officiere, die in Braunschweig erschossen wurden. Wir Kinder waren begeistert für Schill, wir kannten ihn schon aus dem letzten unglücklichen Kriege, wir waren betrübt und zugleich empört, daß ein so tapferer Soldat und entschiedener Franzosenfeind ein so schreckliches Ende nehmen mußte. Noch lange nachher lebte er in ehrendem Andenken fort, in mancher Bauernstube war sein Bild an der Thür zu sehen.

Aller Augen waren nach Süddeutschland gerichtet immer noch hegten die Vaterlandsfreunde einige Hoffnung. Mit Begier wurde der Hamburger Correspondent gelesen. Da die Botenpost nur zweimal nach Gifhorn ging, so wurde oft Geld zusammengeschossen, um ihn durch einen eigenen Boten holen zu lassen. Wir Kinder hörten viel vom Kriegsschauplatze und wollten durchaus, daß der deutsche Kaiser den Sieg davon trage über den neuen Franzosenkaiser. Wir hatten damals neue graue Jacken bekommen; bei unserm Soldatenspiel wendeten wir sie um und schrieben mit Röthel ein großes F. II. (Franz der Zweite) darauf, obschon der deutsche Kaiser schon längst nur noch ein österreichischer war und sich F. I. schrieb. Welch ein Jubel, als die erste Siegesnachricht eintraf! Erzherzog Karl ward der Held des Tages – Aspern und Eßlingen, Jubel und Freudenthränen überall! Aber unsere Freude wurde bald getrübt: das Kriegesglück wendete sich, Napoleon ging auch aus diesem Kampfe als Sieger hervor.

Noch Einmal blinkte ein Schimmer von Hoffnung an unserem Himmel. Der geschworene Feind Napoleons, der seines Landes beraubte Herzog Friedrich Wilhelm, damals meist Braunschweig-Öls genannt, machte einen kühnen Streifzug durch halb Deutschland und so durch sein väterliches Erbe. Er traf den 31. Juli in Braunschweig ein. Wir hatten mit Angst und Beben die Kunde vernommen. Den 1. August kam es bei Ölper zum Treffen mit seinen Gegnern. Des Abends gingen wir ins Freie, hielten das Ohr an den Erdboden gelehnt und hörten deutlich jeden Kanonenschuß und das Rottenfeuer. Des anderen Tages kam die Kunde, daß sich der Herzog durch eine bedeutende Uebermacht von Feinden siegreich durchgeschlagen habe. Lange Zeit noch sprach man von dem abenteuerlichen Zuge des Herzogs und seinen schwarzen Husaren mit dem Todtenkopfe. In vieler Händen war sein Bildniß. Aus dem nahen Braunschweig erfuhren wir Alles genau was sich dort während der Anwesenheit des Herzogs begeben hatte, was und mit wem der unglückliche Fürstensohn gesprochen, nichts aber wurde öfter wiederholt, als daß dort wirklich Brüder gegen Brüder gefochten. Der Herzog hatte sich längst schon eingeschifft, lebte aber in unserem Andenken noch fort. Bei unseren Soldatenspielen trugen wir Papiermützen mit gemalten Todtenköpfen.

Der Friede war abgeschlossen, Napoleon abermals Sieger, nur in Tirol dauerte der Kampf noch fort. Wir hörten viel vom Sandwirth Hofer, sahen ihn auch auf den Bilderbogen, aber diese letzte muthige Auflehnung gegen die Franzosenherrschaft war endlich auch gebrochen. Es schien als ob ganz Deutschland französisch werden sollte, als wir in das neue Jahr 1810 eintraten. Schon im Januar ward Alt-Hannover mit Westfalen vereinigt und im Herbste auch das Schicksal Fallerslebens entschieden: es bildete von nun an einen eigenen Canton des Okerdepartements. Mein Vater wurde am 1. October Canton-Maire, mein Bruder Mairie-Secretär (11. November). Beide Stellungen waren nur bedeutend durch die Ehre und die Gelegenheit, amtlich viel Schlimmes abzuwenden und viel Gutes zu veranlassen und zu fördern.

Plötzlich war nun Alles anders geworden. Das öffentliche Politisieren hörte auf. Von Braunschweig wußten wir, wie gefährlich es war und werden konnte. Mancher büßte für eine unbefangene Äußerung in den Gefängnissen zu Cassel. Die geheime Polizei nämlich, diese saubere Napoleonische Einrichtung, war auch in Westfalen eingerichtet und zählte mehr Eingeborene als Fremde unter ihren Helfern und Helfershelfern – ewige Schmach für den deutschen Namen! Der westfälische Moniteur, die *einzige* westfälische Zeitung, halb französisch halb deutsch, ging von der Regierung aus; alle Bücher, Zeitungen, Zeitschriften, Flugblätter und Anzeigen standen unter der strengsten

Censur. Fremde Zeitungen waren zu theuer und durften sich ebenfalls nicht frei äußern. Der Hamburger Correspondent hatte für uns aufgehört. Hamburg war französisch geworden, der Correspondent mußte eine bedeutende Stempelsteuer bezahlen, das war den Fallerslebern zu theuer und niemand hielt ihn mehr.

Geheime Polizei und Censur hatte bis jetzt keiner bei uns eigentlich gekannt, jetzt lernten wir sie in ihrer ganzen Bedeutung kennen: beide waren die besten Mittel zur gänzlichen Unterdrückung der Wahrheit und jeder vaterländischen und freisinnigen Regung. Die geheime Polizei verbreitete Furcht und Schrecken in allen Kreisen der Gesellschaft und brachte jene trübe Stimmung hervor, die sich auch im Jahre 1819 bei den Demagogenuntersuchungen ebenfalls aller Gemüther bemächtigte. Doch blieb es nicht bei dem geistigen Drucke und der geistigen Bevormundung. Die Continentalsperre hemmte allen Handel und Verkehr und vertheuerte eine Menge Lebensbedürfnisse, an die man sich in unseren Gegenden seit mehr als hundert Jahren gewöhnt hatte. Alles das traf jedoch mehr die Gebildeten, Wohlhabenden und Vornehmen. Zwei Dinge aber erstreckten sich über das ganze Volk: die unbarmherzige Conscription und die fast unerschwinglichen Abgaben. Wer die althannoversche Soldatenaushebung kannte, mußte das jetzige Conscriptionssystem grausam finden, und es war es auch, nur wenige Fälle konnten davon befreien. Mein Vater half auch hier wo er nur helfen konnte; er hat mancher Familie ihre Stütze, mancher kranken Mutter ihren einzigen Trost auf Erden gerettet. Aber oft reichte auch seine Fürsprache nicht aus und nebenbei mußte er noch die ärgsten Vorwürfe des Unterpräfecten sich gefallen lassen. Ebenso drückend waren die Abgaben. Gegen ihre Vertheilung wäre weniger einzuwenden gewesen, aber sie waren zu hoch und zu mannigfaltig und wurden mit unerbittlicher Strenge eingetrieben.

Das waren die Hauptschattenseiten der westfälischen Regierung, und darum glaubte man, es müsse als Wohlthat betrachtet werden, wenn man dem Volke, als es wieder hannoverisch geworden, alles Alte, was es einst hatte, so schnell als möglich wiedergäbe. Und das geschah. So wurde denn von der neuen Junker- und Zopfregierung vieles Gute beseitigt, was alle vernünftigen Vaterlandsfreunde für heilsam und nothwendig hielten und halten.

Das junge Königreich Westfalen *hatte* Gleichheit vor dem Gesetz, mündliches und öffentliches Gerichtsverfahren, Schwurgerichte, allgemeine Conscriptions- und Steuerpflichtigkeit, freie Ausübung des Gottesdienstes der verschiedenen Religionsgesellschaften, gleiche Berechtigung zu öffentlichen Aemtern, Trennung der Justiz und Verwaltung, und *hatte* – *keine* Hörigkeit, *keine* Frohnden und Zehnten, *keine* Privilegien und *keinen* Adel. Bürger und Bauern hatten das Schlechte schnell kennen gelernt, aber das Gute noch viel schneller. Sie wußten, daß sie sich überall einer anständigen Begegnung von Seiten der Behörden zu versehen hatten, daß ihre Klagen und Beschwerden gehört werden mußten, daß ihre Prozesse schnell und billig entschieden wurden, daß sie mit einem weiland bevorrechteten Stande in gleichen Rechten und Verpflichtungen standen. So lernten sie allmählich ihre Würde als Menschen fühlen und ihre Stellung als Staatsbürger begreifen. Die hannoversche Junker- und Beamtenherrschaft war verschwunden mitsamt ihren langstieligen, groben, halblateinischen und eben deshalb unverständlichen Erlassen, ihren Bütteln und Hundelöchern, ihren Schandpfählen, Folterkammern, Galgen und Rad. In den amtlichen Schreiben gab es keine Abstufungen vom Edelgeborenen Schneider und Schuster bis zum Hochgeborenen Grafen. Alles wurde mit ›mein Herr‹ abgemacht.

Seit dem Beginne des Jahres 1811 schien die Umgestaltung der Dinge bei uns immer festeren Fuß zu fassen. Trotzdem war kein rechter Glaube daran im Volke. Als der große prachtvolle Comet im Frühjahr sich blicken ließ, da war mancher erfüllt von Angst und Schrecken und prophezeihte einen blutigen gräuelvollen Krieg, dem der Umsturz alles Bestehenden folgte. Wir

Kinder freuten uns jeden Abend an seinem herrlichen Glanzlicht und sahen in ihm mehr den Verkünder eines warmen Sommers, der uns lange heitere Tage für unsere Spiele brächte.

Im Sommer fühlte mein Vater eine unaussprechliche Sehnsucht nach seinem jüngsten Bruder, seit 1807 Pfarrer zu Mühlhausen im Waldeckschen. Die beiden Brüder hatten sich seit 15 Jahren nicht gesehen. Mein Vater beschloß eine Reise dahin, woran meine Mutter, meine älteste Schwester und ich theilnahmen. Ich freute mich gar sehr darauf und zeichnete mir eine Landkarte mit allen den Orten, die wir berühren mußten. Wir reisten mit eigenem Wagen und Pferden. In Göttingen erkrankte unser eines Pferd und starb. Wir wurden dadurch einige Tage aufgehalten und sahen den botanischen Garten, die Bibliothek, das Museum u. dergl. Die Bibliothek war eben damals durch den historischen Saal, den ganzen oberen Raum einer alten Kirche erweitert. Solche Menge Bücher hatte ich noch nie gesehen. In einem Saale hing das lebensgroße Bild des Königs von Westfalen. Noch anziehender war für mich eine Sitzung des Tribunalgerichts. Hier sah ich zuerst das öffentliche und mündliche Verfahren.

In Cassel fanden wir viel Leben und alles was eine Stadt zur Residenz macht: Lakaien, Beamte und Soldaten. Den letzteren schenkte ich besondere Aufmerksamkeit; sie waren nach meiner Ansicht die schönsten die man bis dahin gesehen hatte: geschmackvoll und zweckmäßig gekleidet, vortrefflich eingeübt, und leicht, frisch und munter in ihren Bewegungen. Ich stahl mich weg von Vater und Mutter und trieb mich stundenlang auf den öffentlichen Plätzen umher, wo es immer etwas zu sehen und zu hören gab. So lustig die Musik klang, so schrecklich tönte das Kettengeklirre der Gefangenen, welche die Straßen reinigen mußten; es waren viele politische Verbrecher darunter, die erst zwei Jahre später ihre Erlösung fanden. Nach einigen Tagen verließen wir Cassel.

Eines Morgens in aller Frühe trafen wir in Mühlhausen ein. Mein Vater hatte sich seinen Amtshut tief ins Gesicht gedrückt.

Der Oheim kam an den Wagen, sehr verlegen, er glaubte, ein französischer Commissär wolle Conscribierte holen. ›Kennst Du mich nicht, August?‹ rief die Mutter. Es war eine rührende Ueberraschung. Wir blieben mehrere Tage bei dem guten Oheim, der nun seinerseits Alles aufbot, uns für den weiten Weg zu belohnen. Eines Tages besuchten wir das Arolser Schloß. Als wir schon die innere Treppe hinaufgegangen waren, kam unten der Fürst vorbei. Mein Oheim eilte die letzten Stufen wieder hinab und stellte die Mutter vor. Vater und ich blieben oben. Ich war gar nicht weiter bewegt von dieser hohen Bewillkommnung. Ich fragte meinen Oheim: ›Wie groß ist denn das waldecksche Land?‹ ›Dreiundzwanzig Quadratmeilen‹, war die Antwort. ›Nun, meinte ich, da lohnt es sich ja gar nicht einmal ein Fürst zu sein.‹ Diese unüberlegte Äußerung wurde mir nie verziehen.

Auf dem Rückwege hatten wir in Cassel einen unangenehmen Auftritt. Meiner Mutter waren zu Haus viele Briefe an Soldaten von ihren armen Eltern und Verwandten eingehändigt worden. Jetzt wußte sie nicht, was damit machen. Der Vater saß in der Gaststube am Tische neben einem unbekannten Manne, der sich mit ihm in ein Gespräch eingelassen. Die Mutter überreichte dem Vater die Briefe. ›Ach, sagte dieser, was geht's mich an!‹ und warf das ganze Paket auf den Tisch. Sofort nahm der Fremde sie in Beschlag ›Halt! mein Herr, was soll das?‹ entgegnete mein Vater. Jener aber bemerkte, daß er ein Recht darauf habe, holte ein Papier aus der Tasche und rechtfertigte sich: der Mann gehörte zur geheimen Polizei. Beide gingen zum Minister des Innern, und ich glaube, die Folge davon war, daß auch späterhin die Mitnahme von dergleichen Briefen nicht mehr verpönt war. Die Geschichte hatte einen so bösen Eindruck auf mich gemacht, daß ich von dieser Zeit an einen unauslöschlichen Haß gegen jede geheime Polizei behalten habe. Mein Vater war auch in seiner Stellung verdammt, eine gewisse geheime Polizei auszuüben, aber daß er dadurch jemanden in Unannehmlichkeiten oder gar ins Unglück hätte bringen können, gehörte nach meiner Ansicht zu den Unmöglichkeiten.

Nach meiner Rückkehr besuchte ich wieder die Bürgerschule, welcher seit 1809 der Rector F. zum Berge, mein nachheriger Schwager und später Schwiegervater, vorstand. Es wurde wenig gelernt, weil nur wenig gelehrt werden konnte: Religion nach dem hannoverschen Katechismus, biblische und Reformationsgeschichte, etwas Erdkunde – an der Wand hingen auf Pappe geklebt die beiden Halbkugeln der Erde –, Auswendiglernen von Gesangbuchversen, Bibelstellen und Gedichten zum Declamieren, Rechnen und Schreiben. Viele Eltern meinten, das genüge auch, da ja doch jeder Soldat werden müsse und zu einem Staatsamte keine gelehrte Bildung, höchstens nur noch Französisch erforderlich sei. Mein Vater dachte nicht so, er wünschte daß ich viel lernte und ließ mir durch den Rector Privatstunden geben. Das Französische, welches ich schon früher begonnen, setzte ich fort und das Lateinische fing ich mit großem Eifer an. In letzterem konnte ich es aber nicht weit mehr bringen, ich hatte bis zu meinem Abgange nur 40 Stunden darin gehabt.

Ich war in diesem halben Jahre recht fleißig: ich lernte den ganzen hannoverschen Katechismus mit allen seinen Bibelstellen und Gesangbuchversen auswendig, las viel in der Bibel, schrieb viel Gedichte ab, um sie öffentlich herzusagen. Außer den Schulstunden besuchte ich regelmäßig den Confirmandenunterricht. Am grünen Donnerstage (26. März) wurde ich confirmiert. Es war mir zu Muthe als ob ich ein ganzes Leben abgeschlossen hätte und ein neues beginnen müßte. Am Nachmittage spazierten wir Confirmanden zusammen ins Freie und nahmen dann Abschied von einander. Die meisten sahen sich im Leben nie wieder. (...)

In dieser Zeit erwachte zuerst der Drang mich poetisch auszusprechen. (...)

Um diese Zeit zogen mehrere französische Regimenter nach Polen und Ostpreußen der russischen Grenze zu. Wir hatten viele Durchmärsche. Ende Juni erfuhren wir Napoleons Kriegserklärung gegen Rußland und die russische Gegenerklärung. Bei Tische wurde oft über die neuesten Zeitereignisse gesprochen.

Wir lasen die Kriegsberichte der Augsburger Allgemeinen Zeitung und standen in dem Wahne, daß die Franzosen siegreich fortschritten. Die Napoleonschen Berichte lauteten bisher nur günstig.

Der Winter hatte sich dies Jahr ungewöhnlich früh eingestellt, die Kälte hatte bald einen hohen Grad erreicht und hemmte allen Verkehr. Die Wege waren zum Theil durch Schneefall unfahrbar geworden. Trotzdem bat ich meine Eltern, mich holen zu lassen, ich wollte gar zu gerne die Ferien bei und mit ihnen zubringen. Da kam denn eines Tages unser Wagen. Den andern Morgen legte ich mich auf den Wagen in das Stroh, dicht eingepackt in Mäntel und Fußsack und fuhr hinüber wie ein Lebendigbegrabener, von dem nur etwas Gesicht zu sehen war. Nach einigen Stunden hatte ich die gefährliche Winterreise glücklich vollendet.

Am zweiten Weihnachtstage war großer Ball in unserm Hause. Gegen Abend war eben der westfälische Moniteur angekommen, niemand kümmerte sich um ihn. Er lag vor mir auf dem Tische noch zusammengefaltet, ich las. Über mir rauschte die Musik, die ganze Gesellschaft war im lustigsten Tanzen. Da las ich Napoleons 29. Bülletin vom 3. December. Ich eilte hinauf in den Saal und verkündete die große Botschaft. Alles ward mit Angst und Entsetzen erfüllt, das Unglück war zu schrecklich, als daß man sich bei uns hätte freuen können. Beklommen fragte man sich: ›Was mag aus unseren Leuten geworden sein! Die armen Westfalen! Die sind gewiß auch alle verloren!‹ – Doch bald erholte man sich von der Trauerbotschaft, griff das Freudige auf was für uns in diesem Ereignisse lag, jubelte dann über die Niederlage der Franzosen und tanzte lustig weiter bis an den lichten Morgen. Es war des Jammers und Elends so viel in der Welt, daß man jede Gelegenheit zur Fröhlichkeit festhielt.

Nachdem ich meine vierzehntägigen Ferien daheim sehr angenehm zugebracht hatte, kehrte ich nach Helmstedt zurück. Den 4. Januar begann die Schule. Den folgenden Tag wurde ich der Erste in Secunda. Hauptlehrer dieser Classe war Dr. Bollmann, ein Mann von gediegenem Wissen, streng und gründlich im Unterrichten, meist ernst, mitunter verdrießlich, von nicht eben einnehmendem Wesen. So dankbar wir uns fühlten für die Erfolge seines Unterrichts und so groß die Achtung für seine Tüchtigkeit war, so fühlten wir uns doch nicht recht hingezogen und sein scharfer Tadel wirkte niederschlagend und erbitternd, unsere Liebe war wie jener Jude meinte mehr eine Liebe aus Furcht als eine Liebe aus Liebe.

Mit dem neuen Jahre fing ich an ein Tagebuch zu führen. Ich zeichnete jeden Tag ein was mir merkwürdig schien. Die meisten dieser Aufzeichnungen sind ganz kurz, sie betreffen mein Verhältniß zu Lehrern und Schülern, erwähnen die Tagesereignisse, und oft auch meine augenblicklichen, oft traurigen Stimmungen.

Meinem Vater hatte ich versprochen, alle Neuigkeiten von Bedeutung zu melden. So meldete ich denn schon den 19. Januar die Nachricht der Berliner Zeitungen, daß die Russen in Königsberg eingerückt seien. Am 28. Januar lag ein westfälischer Officier bei uns im Quartiere, der eben aus Rußland zurückgekehrt war, der erzählte uns furchtbare Geschichten vom Kriegsschauplatze. Den 6. März kamen die ersten französischen Cohorten durch Helmstedt, 4 Bataillone.

Den 14. April ließen mich meine Eltern nach Haus holen. Schon unterweges begegneten mir französische Vorposten. Im Orte traf ich 400 reitende Jäger vom Davoustschen Corps, das in Gifhorn sein Hauptquartier hatte. So mitten im Kriege war ich noch nie gewesen. Tag und Nacht war Alles auf den Beinen, die Pferde standen gesattelt und aufgezäumt, Wachtfeuer loderten hell empor, Vorposten waren nach allen Seiten ausgestellt. Hinter der Aller schwärmten die Kosacken. Am Charfreitage konnte kein Gottesdienst gehalten werden. Auf dem Amthofe trieben die Soldaten, gleichsam um das Gefühl der Gefahr nicht aufkommen zu lassen, allerlei Possenspiel, vermummten sich und hielten einen Mummenschanz. Aus Versehen wurde einer erschossen. Erst am Samstag vor Ostern (17. April) wurden wir von den sehr unwillkommenen Gästen erlöst. Davoust stand noch immer in Gifhorn. Mein Bruder war dort auf Befehl des Präfecten Oberaufseher der Lieferungen und Magazine. Mein Vater wollte nichts liefern und bekam mehrmals von seinem Sohne Execution. Eines Mittags sprengten zwei Jäger mit gespannten Carabinern durch die Straßen. Als sie keinen Feind gewahrten, eilten sie zurück. Es kam nun eine Schaar von etwa zwanzig Mann. Schnell mußte Brot und Vieh geliefert werden. Die Soldaten speisten unterdessen auf offener Straße. Über aufrecht stehende Tonnen wurden Bretter gelegt, der Tisch war fertig und die Malzeit folgte schnell hinterdrein. Gesättigt und befriedigt zogen sie ab mit ihren erpreßten Lebensmitteln. Das war der letzte Besuch der Franzosen. Das Hauptcorps brach endlich auf und schlug sich nach Hamburg.

Anfang Mai wurde ein Tedeum befohlen für den Sieg der Franzosen bei Lützen, obschon sich keiner den Sieg eigentlich zuschreiben konnte. Wenn ein Tedeum in der Kirche begann, so liefen die Pfarrkinder hinaus, nur die Behörden blieben in Andacht zurück.

Am 11. Mai des Abends um 10 Uhr zeigten sich in meiner Heimat die ersten Kosacken, ein Pulk von 39 Mann. Der Hetman umarmte meinen Vater und küßte ihn, der Cantor aber, der immer nach dem *Canton-Maire* schrie, bekam Hiebe mit dem Kantschu: ›Nix *Canton-Maire! Burgemeister!*‹ Ich mußte mit dieser und ähnlichen Nachrichten sehr vorsichtig sein. Die Ausspäherei und Angeberei hatte in diesen letzten Zeiten der Franzosenherrschaft ihren Höhepunkt erreicht. Ich war schon einige Male von der Polizei zur Verantwortung gezogen worden.

Am 26. Mai sprengten drei preußische Husaren in Helmstedt hinein und holten sich die Kassen. Am 5. Juni begann der Waffenstillstand. Wir sahen dann und wann noch Franzosen: am 14. Juli zog das 2. französische Linienregiment durch. Am 24. Juli gingen vier meiner Mitschüler heimlich unter die preußischen Freiwilligen. Den 16. August nahm der Waffenstillstand ein Ende. Alles sah tröstlicher und hoffnungsreicher aus, nur nicht für die westfälischen Beamten: die meisten Canton-Maires wurden aufgehoben und fortgeschleppt; den Gensdarmen ging es noch schlimmer, sie hatten sich durch ihre Jagd auf die Conscribierten und andere Grausamkeiten zu verhaßt gemacht, und wurden jetzt oft sehr gemißhandelt. Die Fallersleber Brigade war versprengt, die einzelnen ließen sich dann und wann sehen, wurden aber bald wieder verjagt; sie hatten meinem Vater Rache geschworen und ich sehe es noch deutlich, wie dieser seine Doppelflinte lud und sich anschickte zur Vertheidigung gegen seine eigene Brigade.

Am 10. September zeigten sich in Fallersleben wieder Kosakken und Baschkiren, und am 25. erschien Marwitz mit seinen Landwehrreitern. Meine Mutter schickte sofort einen Eilboten an den Präfecten Reimann, der sich denn auch noch retten konnte. Von Fallersleben zogen sie weiter und rückten um 1 Uhr in Braunschweig ein.

Die Lage Magdeburgs wurde immer mißlicher. Wenn auch noch nicht eine Belagerung, so stand doch eine Einschließung baldigst bevor. Unter solchen Umständen hielt es meine Mutter für rathsam, ihren Sohn daheim zu haben, der vom Präfekten des Okerdepartements dorthin geschickt war, um über die von demselben gestellten Schanzarbeiter die Aufsicht zu führen. Sie verabredete sich mit einem Unteraufseher und dieser mußte mit einem Wagen nach Magdeburg fahren und dann seinen Oberaufseher abholen. Der Mann richtete die Sache ganz verständig ein. Er ließ den Wagen außerhalb der Schußlinie halten und ging dann zu Fuß zu meinem Bruder. Beide thaten nun, als ob sie ihre Schanzarbeiter besuchen wollten und spazierten dann immer weiter, bis sie den Wagen erreichten, stiegen ein und fuhren ab. Ich war gerade um die Zeit in Fallersleben. Wie groß war unsere Freude, als wir uns wiedersahen! Im Juli des nächsten Jahres war mein Bruder braunschweigischer Commissär bei den Magazinen in Egeln und Meyendorf.

Am 28. September zog Czernitscheff in Cassel ein. Am 1. October erklärte er von dort aus das Königreich Westfalen für aufgelöst. Den 4. October reiste ich mit den Meinigen nach

Braunschweig. Wir blieben einige Tage dort. Den 6. sahen wir den Einzug Czernitscheffs mit seinen Kosacken, ein ergötzlicher Anblick! Diese Gesichter, die sich alle glichen, und dann wieder diese unendliche Mannigfaltigkeit in der Kleidung! Auf mehreren Wagen wurden die erbeuteten Sachen fortgeschafft, auf einem saßen zwei Kosacken mit zwei zahmen Rehen, ein Bild des Friedens mitten im Kriege!

Seit dem 11. October war ich wieder in Helmstedt. Die Kunde von der großen Schlacht bei Leipzig (18. October) drang erst drei Tage später zu uns. Die Begeisterung war groß. Auch Steinhart mein Stubengenosse war unter die Freiwilligen gegangen. Ohne ein Wort über sein Vornehmen zu sagen hatte er gleich bei meiner Ankunft Abschied von mir genommen.

Den 26. October hatte Jérome Cassel für immer verlassen. Den 3. November hatten sich die alten hannoverschen Minister wieder eingefunden und am 6. nahm Olfermann für seinen Herzog das Herzogthum Braunschweig in Besitz. Den 21. December kam mein Bruder, um mich abzuholen. Den andern Tag in aller Frühe fuhren wir nach Braunschweig und sahen uns den Einzug des Herzogs an.

Unter diesen aufregenden und zerstreuenden Ereignissen blieb mir doch Zeit zum Lernen. Das Lateinische und Griechische trieb ich mit Lust und Eifer, nicht minder das Französische; der Haß gegen die Franzosen hatte sich nur noch auf sie selbst beschränkt, ihre Sprache hielten wir für eine der drei Weltsprachen, die für den Völkerverkehr nothwendig geworden sei. Dr. Wolff verstand es, in den öffentlichen wie in den Privatstunden durch seine Lehrweise uns in den grammatischen Bau so angenehm und zugleich so gründlich einzuführen, daß mir die damalige Grundlage von nachhaltigem Vortheile geblieben ist.

Für Poesie blieb ich nach wie vor beseelt und thätig trotz allen Aufregungen, welche sich durch das Kriegsgetümmel wiederholten. Schon zu Anfange des Jahres hatte ich mir ein Buch angelegt, worein ich alle Gedichte schrieb welche mich am meisten ansprachen. Ich las dann fleißig Kleist, Matthisson, und zu Anfange des Frühlings Hölth in der Ausgabe von Voß. Nie ohne Thränen verweilte ich bei der Vorrede, diesem schönen, würdigen Denkmale, welches Voß seinem früh geschiedenen Jugendfreunde gesetzt.

Seitdem Dr. Wolff die Declamierübungen leitete, erhielt meine Liebe zur Poesie neue Nahrung. Zur Declamation wählte ich gewöhnlich Schillersche Balladen. Jeder neue Beifall, den mein Gedächtniß oder mein Vortrag erndteten, gewann mich wie für Schiller so überhaupt für Poesie. Ich las oft im Schiller, und obschon ich die vielen mythologischen Beziehungen und die vielen sentenzenartigen Aussprüche oft entweder gar nicht oder falsch verstand, so las ich ihn doch gern und mit vieler Aufmerksamkeit. Darauf mag sich denn auch wol beziehen was ich zum 22. Mai anmerkte: ›Die Lectüre deutscher Dichter wird mir immer angenehmer.‹ Gegen Ende des Jahres dichtete ich sehr fleißig. Den 29. November vollendete ich ein Lied auf den Ausgang des Herbstes, 8 Strophen, und am 4. December eine Elegie auf den Tod meiner jüngsten Schwester Dorothea, deren Bild mir immer gegenwärtig geblieben ist.

Nachdem ich das Neujahrsfest (1814) in gewohnter Weise mit den Meinigen gefeiert hatte, kehrte ich den 3. Januar schon nach Helmstedt zurück, mit anderen Gefühlen wie sonst, denn es war beschlossen worden, daß ich zu Ostern das Catharineum zu Braunschweig besuchen sollte.

Die Durchmärsche und Rüstungen dauerten fort, sonst erfuhren wir wenig vom Kriege außer dem welchen wir selbst führten: wir hatten uns Schneeschanzen gebaut und lieferten Schneeballschlachten auf dem Schulhofe, auf den Straßen und im Freien. Nebenbei war ich sehr fleißig und verfaßte manches Gedicht. Meine Mitschüler nahmen großen Antheil an diesen meinen poetischen Bestrebungen: ich mußte ihnen von Zeit zu Zeit die Gedichte vorlesen, wozu ich mich nie verstanden hätte, wenn ich ihrer Theilnahme nicht gewiß gewesen wäre. S. bat mich sogar, einige dem Dr. Wolff vorlegen zu dürfen. Dieser und der Hofrath Wiedeburg billigten sehr, daß ich die Anlage zur Poesie

ausbildete, besonders wenn ich meine Schularbeiten nicht darüber vernachlässigte; der Hofrath fand es sogar sehr löblich, daß
ich die antiken Versmaße nachzuahmen unternahm. Aber schon
am 10. März erfuhr ich, daß wenigstens Dr. Bollmann die Sache
anders ansah: ich blieb im Griechischen der Erste, wurde aber
bedroht, wenn ich noch ferner auf Nebenbeschäftigungen meine
Zeit verwendete, 6 hinunter zu kommen. (...)
   Zu meinem Geburtstage (2. April) reiste ich in die Heimat.
Als die Abdankung Napoleons bekannt wurde, zeichnete ich
mit einem Diamant auf eine Fensterscheibe in unserer Kinderstube ein Bild: in der Mitte Napoleon in zerlumpter Uniform
mit seinem bekannten Hute, links der Gott der Zeit mit einer gewaltigen Sense und darunter folgende Verse:

> Hier zeigt die Zeit ein Schattenspiel:
> Napoleon den Großen,
> Wie er von seiner Höhe fiel
> In Nesseln mit dem Bloßen.

Die Fensterscheibe hat sich viele Jahre erhalten, ist aber endlich,
wie meine Nichte sagte, ›caput‹ gegangen. (...)
   Den 24. April reiste ich nach Braunschweig. Den folgenden
Tag ward ich vom Director des Catharineums geprüft, bestand
und kam in die erste Classe. Nun begann für mich ein freieres,
regeres und mannigfaltigeres Leben und es entwickelte sich immer mehr das was man Charakter zu nennen pflegt. Ich trieb mit
großem Eifer Griechisch und Latein, und übersetzte aus letzterem ins Deutsche, z. B. die 2. Ekloge Virgils und einige Horazi-
sche Oden. Meine Poesie war bis jetzt ganz harmlos gewesen,
wie schon die Überschriften der damaligen Gedichte andeuten:
›Mein Schäfchen. Lied eines Landmanns in der Fremde. Morgen
und Abend. Die Melkerinnen, ein Idylle. Der Pilger.‹
   Ich kam aber hier wie mitten in den Krieg hinein. Die Rüstungen wurden mit großem Eifer vom Herzoge betrieben und das
kleine Land von 200,000 Einwohnern, welches nach den Frank-

furter Beschlüssen vom 24. November 1813 nur 6000 Mann stellen sollte, hatte bald ein wohl ausgerüstetes Heer von 10,000 Mann mit einer reitenden und einer Fußbatterie.

Kein Wunder, daß auch unter solchen Rüstungen meine Poesie ihre bisherige harmlose Richtung einbüßte. Schon am 4. Mai schrieb ich in mein Tagebuch: ›Noch immer verstummt die Musa? Ja, auch noch immer war das Wetter schlecht.‹ Das schlechte Wetter waren aber eben die Zeitereignisse. Ich war für die kaum errungene deutsche Freiheit, wie man damals die Vertreibung der Franzosen nannte, mit Leib und Seele begeistert. Schon in Helmstedt hatte ich eine kleine Sammlung Körner'scher Lieder gelesen. Später erhielt ich von meinem Bruder Körner's Leier und Schwert geschenkt. Ich wußte bald die meisten Lieder auswendig. Ich blieb dadurch poetisch angeregt und fing auch bald an von Freiheit und Vaterland zu dichten.

(...)

Der 18. October ward zum ersten Male feierlich begangen. (...) Schon damals hatten viele vergessen, was denn eigentlich gefeiert ward, unmöglich doch der Sieg für die gänzliche Rückkehr in die alte gute Zeit? Ich sprach mich mit Ernst und Bitterkeit, mit Laune und Spott darüber aus, und fand eine gewisse Art von Patriotismus dumm, lächerlich und abgeschmackt. (...)

Zu den Osterferien reiste ich wieder zu meinen Eltern, diesmal über Adenbüttel und Isenbüttel. Erst am 15. März traf ich ein. Unterweges ritt ein Freund unseres Hauses, der eben von Braunschweig kam, an mir vorbei und rief mir zu: ›Napoleon ist in Frankreich gelandet.‹ Als ich in die Stube eintrete, finde ich Alles schon im lebhaftesten Gespräche. Der Amtmann schlägt die Hände hoch empor und ruft: ›Kinders! Kinders! Jetzt muß Alles mit! Alles, Alles mit! Du auch!‹ ›Ich, Herr Amtmann? Für *die* schöne Regierung werde ich meine Haut nicht zu Markte tragen.‹ – Ich meinte das in vollem Ernste, weil ich lieber gegen die inneren als äußeren Feinde kämpfen wollte.

(...)

Am 2. Mai ging ich zum Buchdrucker Johann Heinrich

Meyer und brachte ihm vier vor einiger Zeit verfaßte Lieder und fragte ihn, ob er geneigt sei, sie zu drucken. ›Sehr gern, erwiederte er, schade daß Sie nicht schon eher damit gekommen sind.‹ (…)

Am 6. Mai sind meine Lieder gedruckt, ich bekomme 10 Exemplare ohne Titel, ich eile damit zu den Pfingstferien nach Haus. Ich und meine Lieder wurden freundlichst empfangen, diese beinahe noch freundlicher als ich. Meine Eltern waren hoch erfreut. (…)

Am 21. Juni kam die Nachricht von dem Tode des Herzogs († 16. Juni). Niemand wollte es glauben. Da läuteten die Glokken und besätigten es. Ganz Braunschweig in Trauer. Unsere jungen Poeten dichteten Elegien. Auch ich entschloß mich dazu, aber erst den 30. Juni. (…)

Die Stadt- und Landestrauer wurde bald durch Freude und Jubel unterbrochen: die Siegesberichte aus Frankreich folgten schnell nach einander. Viele Spottgedichte wurden damals öffentlich feil geboten und fanden reißenden Absatz. Ich hatte mir eine Sammlung solcher fliegender Blätter angelegt, die bald zu einem dicken Bande gedieh, der mir leider später durch vieles Verleihen verloren ging. Napoleon wurde abermals wie zu Ende des Jahres 13 todtgeschimpft, todtgedichtet, todtgesungen. Aus den Schimpfwörtern auf ihn hätte man ein ganzes Wörterbuch machen können. Ich hatte Napoleon gehaßt, aber die Anbeter und Vergötterer seiner Sieger wurden mir in ihrer Sicherheit verächtlich. Die Caricaturen waren oft nicht besser als diese gemeinen Spottlieder: man stellte den Mann, vor dem sich einst die Fürsten Europas gebeugt hatten, als Heckelträger, als Metzger u. dergl. dar, oder als Leiermann, der da singt: ›Es kann ja nicht immer so bleiben.‹ Auch gab es ein Bildniß Napoleons aus lauter Schlangen zusammengesetzt mit einem Spinnengewebe statt Sterns auf der Brust. Sein leicht zu treffendes Bildniß wurde in Gefäßen angebracht, deren Namen man in anständiger Gesellschaft nicht zu nennen wagt.

(…)

Der Ernst des Lebens bleibt nicht aus. Meine Eltern drangen in mich, daß ich mich jetzt für ein Brotstudium bestimmt erklären sollte; sie wünschten die Theologie, ließen mir aber freie Wahl. Da ich selbst die Nothwendigkeit eines solchen Entschlusses erkannte, so entschloß ich mich bald und wählte die Theologie. Dennoch kümmerte ich mich wenig darum, ob ich denn dazu gehörig vorbereitet sein würde, wenn ich schon zu Ostern Braunschweig verließe. (...)

Der Blick in die Zukunft machte mich jetzt ziemlich ernst: ich fühlte, daß ich durchaus weder Lust noch Talent genug haben möchte, den ganzen theologischen Glaubens- und Wissensschatz glücklich durchzumachen, und doch schwatzte ich mir viel vor von Muth und Beharrlichkeit. So viel stand fest: die schönen Tage meines poetischen Lebens rückten immer ferner und schienen mir unwiederbringlich; an der Jacobsleiter meiner Wünsche und Hoffnungen kletterte ich nicht mehr hinauf, sondern herab. Die nächsten drei Stufen werden nun wol die Studentenjahre sein, dachte ich mir, wo du von einem theologischen Hörsaale in den anderen läufst; fünf oder mehr darauf folgende Stufen kannst du für *die* Jahre rechnen, wo du als Hauslehrer eines gnädigen Herrn in der Kinderstube schulmeistern, an seiner Tafel und an seinem Spieltische lückenbüßern mußt; noch einige Stufen bleiben dir dann, wo du als Candidat und wallfahrender Prediger um eine Pfarre und ein Weib werben mußt, und – dann ist es aus mit der Jacobsleiter, du bist glücklich auf der Erde angelangt, hast Pfarre, Weib und Kinder, und die Wünsche *der Deinigen*, wenn auch nicht *deine* sind erfüllt.

Noch ernster aber wurde ich bei der Besorgniß vor einer sehr drückenden Lage während meiner akademischen Laufbahn, die ich doch in Kurzem antreten sollte. Dort gab's andere, größere Bedürfnisse zu befriedigen als hier, und die größere Entfernung von der Heimat machte manche Unterstützung, wo nicht ganz unmöglich, doch sehr schwierig; auf baares Geld durfte ich wol vorläufig, aber doch nicht für die ganze Zeit meines Aufenthalts in Göttingen rechnen. Diese Besorgniß war leider begründet, da die Vermögensverhältnisse meiner Eltern sich nicht verbesserten.

Zu Frühlingsanfang verließ ich Braunschweig und begab mich an meinen Geburtsort. Nach einiger Zeit reiste ich dann zu Fuß mit meinem Jugendfreunde Ferdinand Hempel nach Göttingen, er wollte Forstwissenschaften, ich Theologie studieren. Sonntags 28. April trafen wir in Göttingen ein. Ich hatte nur gegen 20 Rb. Geld, aber einen Koffer unterwegs, beinahe zwei Centner schwer mit Büchern, Schriften und Wäsche. Den Tag darauf wurde ich unter Mitscherlich immatriculiert. Kaum Student geworden mußte ich schon Geld borgen. Schöne Aussichten! Das geborgte war bald wieder ausgegeben, und wenn ich auch von Zeit zu Zeit einige Louisd'or erhielt, so konnte ich doch am Ende weiter nichts als Schulden bezahlen und Schulden machen. Das war das erste Mal, wo ich die Prosa des Lebens recht tief und schmerzlich fühlte! Ich, und ohne Geld, ich, einst in der Fülle aller Güter, ohne ein Bedürfniß zu kennen, ohne eine Sorge um den morgenden Tag zu ahnden, und jetzt ein Brotstudium und kaum einen Bissen Brot, ein Student, ein freier Mann und in der größten, widerlichsten Abhängigkeit!

Mein Vater hätte das alles wie ich auch fühlen müssen, aber er hatte so etwas nie erlebt. Meine Bitten, meine Klagen, mein ängstliches Flehen – ihn konnte es nie so rühren, wie ich es beabsichtigte, damit er meiner Noth abhülfe. Ihm war und blieb die Welt noch im Alter und bis an seinen Tod und zwar unter allen Verhältnissen gerade so wie er sie in seiner Jugend sich gedacht, sie geliebt und gehaßt hatte. Seine Briefe gehen selten auf den Gegenstand ein, über den ich mir Antwort erbat; es schien ihm viel zu unbedeutend, über Geld, Freitisch und sonst etwaige Unterstützung zu schreiben; alles andere, wenn es nur unmittelbar meine geistige Ausbildung betraf, besprach er mit Wohlgefallen, und er fiel auf das Fremdartigste, wenn er nur glaubte, daß er irgend auf mich und die Art meiner Studien wohlthätig wirken könnte.

(…)

Ich hatte den Wunsch meines Vaters, nicht mehr zu dichten, nur zu wörtlich erfüllt. Wer weiß, ob ich jemals wieder darauf gekommen wäre, wenn mich nicht ein eigenes Mißgeschick wieder in poetische Studien geführt und so zum Poeten gemacht hätte.

Dies Mißgeschick war, daß meine drei theologischen Collegia, die ich von Ostern bis Michaelis 1816 hörte, mich der Theologie gänzlich entfremdeten. Ich hörte beim alten Planck Kirchengeschichte und verstand kein Wort: der hochgelehrte ehrwürdige Herr hatte ein sehr schlechtes Organ und sprach noch dazu Alles schwäbisch aus. Ich blieb bald weg. Ich hörte bei Pott hebräische Grammatik, besaß aber gar keine Vorkenntnisse, schrieb ein schönes Heft und das war alles was ich dabei gewann, nicht einmal die Buchstaben weiß ich mehr. Ich hörte bei demselben die größeren Paulinischen Briefe, war sehr fleißig, aber fühlte mich durch die unwürdige Behandlung eines so hohen Gegenstandes meines künftigen Berufes sehr verletzt. Nun kam noch dazu ein viertes Collegium, das mich ebenfalls nicht recht befriedigte. Ich hörte Logik bei Gottlob Ernst Schulze, dem weiland berühmten Gegner Kant's. Sein Vortrag war klar, aber fortwährend unterbrochen durch ein ›ä pä‹, und die trockene Logik wurde einem erst recht trocken.

Um mich für diese Collegienprosa schadlos zu halten, beschäftigte ich mich gern mit Philologie und deutscher Litteraturgeschichte und besuchte fleißig die Universitäts-Bibliothek, diese Bibliothek, die in mancher Beziehung so einzig in ihrer Art ist, die sich so auszeichnet durch ihren großen Reichthum, ihre musterhafte Ausstellung, ihre genügenden Kataloge, ihre vortreffliche Verwaltung, ihre gefälligen kenntnißreichen Beamten, die Bequemlichkeit ihrer Benutzung: wie angenehm, daß sie jeden Tag mehrere Stunden Jedem geöffnet ist, daß man sich in den großen Räumen niederlassen und ausbitten kann was man ansehen und nachschlagen will, und daß man nun noch eine genügende Anzahl Bücher zu wochenlanger Benutzung ins Haus erhält. Dieser freigebigen Göttinger Bibliothek verdanke ich wenn nicht mehr, doch eben so viel als der theueren Heftweisheit der Göttinger Professoren.

Das erste halbe Jahr war hin und ich fühlte mich gezwungen, mir einen *eigenen* Studienplan zu entwerfen, den ich auch eifrig verfolgen wollte, sobald ihn mein Oheim gutgeheißen hätte. Mein Oheim, immer noch Pfarrer H. zu Mühlhausen im Waldeckschen, hatte mich seit dem Jahre 11 nicht gesehen, auch weiter nichts von mir gehört. Wie mußte es ihn überraschen, als er auf einmal einen Brief vom kleinen Heinrich bekommt, worin derselbe sich als Mitglied der Georgia Augusta ankündigt! Am 16. September erfolgte statt Antwort ein kurzes Einladungsschreiben, am 19. reiste ich zu Fuß ab, mein Reisegefährte war der Studiosus Heiner, ein geborener Waldecker.

Zu einem reisenden Studenten gehörte damals vor allen Dingen ein ledernes Ränzelchen mit grünem Wachstuche überzogen, das auf dem Rücken getragen wurde und etwas Wäsche und ein Commersbuch enthielt. Ferner gehörte dazu ein leichter Rock, in der Seitentasche eine Brieftasche, gestickt von der Hand einer Schwester oder liebenswürdigen Freundin nebst Stammbuchblättern und getrockneten Blumen, Zeichen der Erinnerung an schöne Tage, ferner ein Pfeifenrohr von wohlriechendem Weichselholz mit einem Lemgower Meerschaum- oder Ulmer Holzkopf, eine geschenkte Geldbörse, die nirgend wohin man sie auch steckte Beschwerden verursachte, endlich ein Ziegenhainer von echtem Hörlitzholz *(cornus)* mit den eingeschnittenen Namen der Freunde. So ausgerüstet waren auch wir beide und zogen fröhlich und wohlgemuth ins Waldecker Land. Obschon wir nicht wie unsere Vorfahren, die weiland fahrenden Schüler ›heischen‹ (betteln) gingen, so versäumten wir doch nicht, hier und da die Gastfreundschaft in Anspruch zu nehmen.

Am vierten Tage erreichte ich Mühlhausen. So groß die Freude des Wiedersehens, so groß war die Freude des Beisammenseins. Wir mochten sein wo wir wollten, zu Hause, im Felde oder auf Reisen, überall gab's Veranlassung uns gegenseitig auszusprechen. So oft ich von meiner Theologie begann, stimmte mein Oheim entschieden dagegen; seine Gründe waren meist immer dieselben, die auch ich mir selbst anführte, er fand aber in seinem Leben den allertriftigsten, und dessen Richtigkeit war mir so vollkommen einleuchtend, daß ich also eigentlich gegen gar nichts etwas einzuwenden haben konnte. Also etwas Anderes! Das war bald ausgesprochen, wer aber wußte vorherzusagen, ob dies Andere auch das Bessere für mich sein müßte? Meine Wahl ließ nicht lange auf sich warten: ich erkor die Philologie. Mein Oheim stimmte bei. Er hing ziemlich stark am classischen Alterthume, und das kam wol mit daher, er hatte zu spät sich damit vertraut gemacht, anfangs zu viel Mühe, zuletzt aber, besonders unter seinen Amtsgenossen zu viel Ehre davon gehabt; er kannte die Griechen und Römer ganz gut und sprach ein hübsches Latein. Jetzt pries er mir das Studium der alten Litteratur, wie wichtig, ja nothwendig es für jeden Gelehrten sei. Nun ja, meinte ich, so will ich denn einmal Philologie studieren! Der Vorsatz war ernstlich genug gefaßt, ob ich ihn aber vollständig ausführen würde, bezweifelte ich selbst; mir ahndete schon nichts Gutes, wenn ich so viel über die falsche Anwendung der Philologie hörte, wie sie den Geist an Kleinigkeitskrämereien gewöhnte und ihn darin erstickte, und statt Mittel zu anderen Dingen zu sein, lediglich als Zweck betrachtet würde. Nahm ich nun an mir selbst wahr, daß mich eine gewisse Neigung zur deutschen Sprachforschung, deutschen Geschichts- und Sittenkunde etc., ja eine Art von Instinct zu Dingen hintrieb, die sich selten mit dem Studium des classischen Alterthums vertragen, so ward ich erst recht bedenklich bei meinem neuen Plane. Vorläufig jedoch kümmerte ich mich nicht weiter um die Zukunft und benutzte was der Augenblick mir bot: bei den vielen Ausflügen mit meinem Oheim (Corbach, Arolsen, Canstein) besuchte ich Kirchen, Kunst- und Gemäldesammlungen, Naturaliencabinette, Bibliotheken, die Gelehrten und die Kirchhöfe, zeichnete das für mich Merkwürdigste auf, schrieb Urkunden ab, machte Auszüge aus Büchern und Handschriften[1] und fertigte ein waldeckisches Idiotikon an, wozu mir die Dienstboten und Anwohner des Pfarrhofes täglich Beiträge liefern mußten.

(...)

Am 19. October kam ich nach Göttingen zurück. Ganz erfüllt von meinem neuen Studienplane ging ich sofort auf die Bibliothek und lieh mir allerlei Bücher über Geschichte, Encyclopädie und Methodologie der Philologie und über allgemeine Litteraturgeschichte. Während ich so für mein Selbststudium gesorgt hatte und dann selbiges eifrig trieb, hörte ich einige philologische Vorlesungen von Dissen und die Ästhetik bei Bouterwek.

So war also mein neuer Studienplan ins Leben getreten. Es handelte sich jetzt noch darum, ihn meinen Eltern mitzutheilen. Ich schrieb demnach an sie, allerdings etwas schüchtern, aber doch begeistert von dem was ich jetzt trieb, und bat zugleich meine Schwester Auguste, mir Winckelmann's Schriften und Lessing's Laokoon in Braunschweig zu kaufen. Von meinem Vater erhielt ich eine Antwort, wie ich's nur wünschen konnte. Sein Eingehen in meine Ansichten, seine Bewilligung meines Vorhabens war für mich sehr rührend. Stand ich vor mir auch gerechtfertigt da, so wollte ich es auch vor meinen Eltern sein, und ich hätte Alles studiert, um nur ihren Wunsch und ihren Willen zu erfüllen.

(...)

So verging denn endlich dieser erste Winter in Göttingen, und als der Frühling kam, da zog's mich unwiderstehlich hinaus dem Kranich gleich in die Heimat, um einen Plan auszuführen, den ich aus Noth und Neigung entworfen hatte. Dieser Plan besagte weiter nichts als: Du sollst philistrieren, d. h. von Ostern bis Michaelis bei Dir selbst Collegia hören in Deiner Vaterstadt. Ich erwartete viel und durfte es erwarten, weil ich doch längere Zeit mit den Meinigen leben konnte. Ebenso trauete ich meiner treuen Liebe zu geistiger Beschäftigung und dem Ekel am Philisterthume so viel zu, daß ich um ihretwillen auf Alles leicht verzichten würde was mich irgend stören und zerstreuen könnte. Ich erhielt im Februar Briefe genug, worin mir in Bezug auf meinen Plan alles Mögliche versprochen ward, lauter schöne Hoffnungen, aber keinen Pfennig Geld, und ohne meine Schulden bezahlt zu haben, konnte ich und wollte ich Göttingen nicht verlassen. Endlich aber erschien Geld und ich ward flott.

Wie ich zu Hause ankomme, freut sich Alles inniglich. Doch waren die nöthigen Einrichtungen für mich noch nicht getroffen; mein Lieblingszimmer, sonst so freundlich und einladend, war jetzt unwohnlich. Nach einigen Tagen, kurz nach dem Osterfeste, verließ ich das Haus und ging nach Magdeburg zu meinem Bruder.

Es war mir sehr angenehm, daß ich zu diesem kleinen Ausfluge einen Reisegefährten fand. Mein Jugendgenosse Heinrich Dreyer, Studiosus der Theologie, hatte die Ferien bei seiner Mutter zugebracht und stand eben im Begriffe, nach Halle zurückzukehren. Als wir bei dem ersten Festungsposten anlangten, wurden wir angehalten. Mein Freund hatte neben seiner Matrikel einen Paß, er wurde nicht weiter beanstandet. Mit meiner Matrikel ging es mir schlecht. Der Unterofficier entfaltete die große Urkunde, schüttelte den Kopf und machte die geistreiche Bemerkung: ›Och Latein versteht kein Schwein‹.

Ein Soldat mit Ober- und Untergewehr begleitete mich nun wie einen Sträfling durch die ganze Stadt bis ins Polizeigebäude. Dort wurde ich denn nach dem Zweck meiner Reise gefragt, woher? wohin? ›Ja, sagte ich, meine Herren, mein Zweck ist sehr einfach: ich will meinen Bruder besuchen, den Regierungs-Calculator Hoffmann‹. Ich konnte doch nicht sagen ›zum Vergnügen‹, denn sonst hätte es mir auch gehen können wie jenem Reisenden, der ins Fremdenbuch als Zweck der Reise ›zum Vergnügen‹ hineingeschrieben hatte und den andern Tag vor die Polizei geladen wurde: ›Hören Sie, das ist sehr verdächtig – es hat sich hier noch niemand zum Vergnügen aufgehalten.‹

Jetzt wurde mir ein Polizist mitgegeben. Da ich nur den Hausbesitzer und die Straße, aber nicht die Hausnummer angeben konnte, so wurde in verschiedenen Häusern nachgefragt, ob der Calculator Hoffmann dort wohne. Als immer ein entschiedenes Nein erfolgte, so wurde dem Polizisten eigen zu Muthe, ich las schon aus seinen Mienen, als ob er mich für einen argen Schwindler hielte. Endlich geriethen wir in das rechte Haus. Der Wirth öffnete meines Bruders Wohnung, ich warf meinen Ränzel mitten in die Stube, zog mir die Stiefel aus, stopfte mir eine Pfeife, legte mich auf's Sopha, bestellte mir zu essen und zu trinken und that als ob ich zu Hause wäre; dann stöberte ich die Bücher durch und las nach so vieler liebevoller Behandlung Thümmel's Inoculation der Liebe. Unterdessen verhandelte der Polizist noch lange sehr eifrig mit dem Wirthe, und machte es ihm zur Pflicht, ja ein wachsames Auge auf den sehr verdächtigen Menschen zu haben und ihm durchaus nicht den lateinischen Schein eher wieder zu geben, als bis sich die Sache aufgeklärt habe. So saß ich denn nun da und wartete auf meinen lieben Bruder. Es wurde 10, es wurde 11 Uhr, mein lieber Bruder kam nicht. Die Angst des Wirths, der zwar den Glauben, aber nicht den Muth mit der Judith theilte, wuchs von Minute zu Minute. Da kam mein Bruder als Rettungsengel. Wir lachten noch lange über den Diensteifer des Polizisten und die Angst des guten Staatsbürgers. Schon damals fingen die Behörden an, jeden jungen Menschen, der bequem und deshalb oft auffällig gekleidet war, oder gar eine greise Turnjacke und leichte Mütze trug, für staatsgefährlich zu halten und ihm besonders das Reisen zu verleiden.

Mein Bruder behielt mich einige Wochen bei sich und bot Alles auf, mir den Aufenthalt lehr- und genußreich zu machen. Dann kehrte ich wieder nach Fallersleben zurück. Ich studierte nun allgemeine Sprachlehre, Lateinisch, Griechisch, las den Homeros und die Nibelungen, lernte Holländisch und brachte es im Dänischen so weit, daß ich mich bald unterhalten konnte und zwar mit einem Kopenhagener Tischlergesellen, der nach Fallersleben verschlagen war, gute Schulkenntnisse besaß und sein Handwerk gut verstand.

Ich lebte sehr zurückgezogen, nur meinen Studien und meiner Familie. So poetisch ich oft gestimmt war, wenn so viele Erinnerungen an eine glückliche Kindheit in mir erweckt wurden, so dachte ich doch gar nicht ans Dichten. Ernst und nachsinnend wandelte ich oft von meinem treuen Pudel Asgard begleitet im Felde und Gebüsche umher, pflückte mir Wiesenblumen für meinen Arbeitstisch und suchte schöne Aussichten auf, oder ich blieb in unserem Garten, pflanzte Blumen, nahm Samen auf, band die Reben und Ranken empor, oder ruhte im Schatten der Lindenlaube.

Die Michaelisferien gingen zu Ende, ich packte meine Schriften und Bücher zusammen und machte mich reisefertig. Der Studiosus Zernial, der sich von Berlin mir zum Begleiter angemeldet hatte, war bereits angekommen. Er wollte wie ich seine Studien in Göttingen fortsetzen. Durch den kurzen Umgang vor unserer Abreise hatten wir uns ziemlich genähert, auf der Reise selbst noch mehr, in Göttingen unterhielten wir dann einen traulichen Verkehr, an dem noch ein dritter theilnahm.

Dieser dritte war Krawinkel. Schon die Art, wie wir mit einander bekannt wurden, zeigte, daß er nicht zu den gewöhnlichen Menschen gehörte. Eines Morgens klopft's an meiner Stubenthür, ich sitze an meinem Tische, arbeite ruhig fort und rufe: ›Herein!‹ und wer tritt hinein? Ein schlanker, wohlgebaueter Jüngling mit einem runden ausdrucksvollen Gesichte; seine Augen, die bald sanft, bald scharf mich anblicken, sind lieblich blau und seine Wangen matt geröthet; in der Linken hält er eine lange Pfeife mit einem Meerschaumkopfe – so kommt er auf mich zu und reicht mir die Hand. Ich stehe etwas verlegen auf – ich hatte ihn ja noch nie gesehen, obschon er mir gegenüber, nur einen einzigen Schritt von mir wohnte, – und sehe ihn an, begierig auf das was er sagen wird. Da erzählt er mir denn mit großer Unbefangenheit, daß man ihm gesagt habe, es sei so Sitte in Göttingen, seine Nachbaren zu besuchen und mit ihnen gute Freundschaft zu halten. ›Nun ja, versetzte ich, warum denn nicht? Das wollen wir thun.‹ Und ich muß gestehen, daß wir von diesem Augenblicke an nicht erst Freunde werden durften, sondern es wirklich waren. Ich lud nun Zernial bald zu mir ein, auch er lernte Krawinkel kennen. Wir kamen dann den ganzen Winter hindurch mehrmals die Woche zusammen.

Zur classischen Philologie zog mich jetzt der Beruf: ich hörte bei Dissen Terenz und bei Welcker Sophokles. Ich wurde mit mehreren Philologen bekannt. Wir gründeten eine lateinische Gesellschaft: nach der Reihe sollte jeder eine Abhandlung in lateinischer Sprache liefern über irgend einen Gegenstand aus der Alterthumswissenschaft, darüber sollte dann lateinisch disputiert werden und die übrige Unterhaltung sollte immer lateinisch sein. Mitglieder waren Dilthey, Eduard Jacobi, Wüstemann und Wachler (Neffe des Breslauer Oberbibliothecars), die alle außer dem letzten als Philologen rühmlich bekannt geworden sind. Die Idee war schön und der Eifer anfangs sehr groß. Bald aber fehlte allen Zeit oder Lust eine Abhandlung auszuarbeiten. Ich kam meiner Verpflichtung nach mit einer Ausarbeitung *de colore togae romanae*. Ich hatte mich viel damit gequält und war zu dem Ergebniß gelangt, daß die Farbe der römischen Toga *weiß* gewesen sei. Unsere Gesellschaft durfte nicht erst den bald folgenden Auszug mitmachen, sie hatte sich schon vorher in Wohlgefallen aufgelöst.

Lehr- und genußreicher als diese Philologica war für mich das Collegium von Fiorillo über Kunstgeschichte. Die Hauptwerke berühmter Künstler suchte er uns durch Kupferstiche zu veranschaulichen, und wenn er seinen Vortrag geschlossen hatte, so konnten wir uns mit Muße und mehr noch besehen als erwähnt worden war. Als Aufseher der Kunstsammlungen wußte er sein Collegium höchst interessant zu machen und es war seine zwei Louisd'or werth.

Um das Studentenleben hatte ich mich bisher wenig gekümmert, es gehörte ja auch mit zum guten Tone, so wenig als möglich Studenten zu kennen. Und dabei stand man sich gut: man war sicher vor diesen kalten, vornehmen, empfindlichen Musensöhnen, wie sie damals massenhaft nur in Göttingen gediehen und gedeihen konnten. Ein Vereinsleben war kein Bedürfniß, ein paar hundert Landsmannschafter beherrschten das große Heer der Wilden, das doch wol über anderthalb tausend stark sein mochte. Die Corps bestimmten den Comment, hielten Commerse und maßten sich das Recht an, in allen Studentenangelegenheiten, bei öffentlicher Vertretung, Ehren- und Duellsachen die einzige Behörde zu sein. Seitdem durch die Feier des Wartburgfestes angeregt die Gründung deutscher Burschenschaften eifriger betrieben wurde, machten wir auch in Göttingen Versuche damit. Aber unsere Versammlungen waren erfolglos, Göttingen war einmal kein Boden für Burschenschaften. Die Corpsburschen, die doch gesetzlich *verboten* waren, wurden vom Prorector zum Thee eingeladen, und – es blieb Alles beim Alten. Wie hätte auch so etwas entstehen können an einem Orte, wo noch nie in die Seele eines königlich großbritannisch-hannoverischen Hofraths der Gedanke ›Deutschland‹ gedrungen war?

Feinheit in der Tracht und im Benehmen wurde den Göttinger Studenten nachgerühmt und freilich mit Recht, aber man ging oft in beiden Dingen zu weit, daran waren jedoch auch die Professoren mit Schuld. Bei gewissen konnte man nur im Frack und mit dem Cylinder einen Besuch machen, und hatte man gar das große Glück, zum Thee eingeladen zu werden, so mußte man ballmäßig erscheinen. Es war schwer, mit den Professoren bekannt zu werden, fremd wie man ihnen blieb, so blieben sich auch die Studenten: man saß ein halbes Jahr lang in demselben Collegium und hatte mit seinen Nachbaren nie ein Wort gesprochen; man wohnte Jahr und Tag in einundemselben Hause, ja in demselben Stockwerk mit vielen zusammen und erfuhr kaum etwas von ihnen, ja man bekam sie oft nicht einmal zu Gesicht. (...)

Die Osterferien waren begonnen. Ich fühlte mich einsam und verlassen. Meine Freunde waren alle verreist, ich konnte nicht verreisen: das wenige Geld, welches mir von Hause zukam, reichte nicht aus um die allernothwendigsten Ausgaben zu bestreiten. Wie hätte ich reisen können! Es gab Zeiten, wo ich wochenlang zu Mittag hungerte, um nur Abends auf dem Ulrichsgarten für zwei gute Groschen mich anständig satt zu essen. Zur

Erdbeerenzeit habe ich vierzehn Tage lang zu Mittage nur von Erdbeeren und Weißbrot gelebt. Kein Wunder, daß ich mich aus Göttingen fortsehnte, schon um aller Nahrungssorgen überhoben zu sein. Es war aber noch ein anderer Zweck, der mich hinaustrieb: die Angst, unter lauter Büchern zu verkommen und ein Stubenhocker zu werden.

Als ich vor der Pfingstzeit Forster's Rheinansichten las, da ergriff mich ein unwiderstehlicher Reisetrieb – ich war im Geiste überall, nur nicht in Göttingen. Ich mußte reisen, einerlei wohin? und so reiste ich denn mit meinem Freunde Reck zu seiner Familie in Greene. Es waren schöne Maitage in dem freundlichen Leinethale mit den waldumkränzten Höhen, den grünen Wiesen und Feldern, den Blüthenbäumen und Blumen in den Gärten.

Der kleine Ausflug hatte sehr wohlthätig auf mich gewirkt. Ruhig und heiter gestimmt kehrte ich zum Arbeiten zurück. Ich studierte Winckelmann's Werke und las mit großer Begeisterung seine Briefe. Täglich besuchte ich die Bibliothek, zunächst um zerstreute Nachrichten und Nachweisungen über griechische und römische Kunstwerke zu sammeln. Zu diesem Zwecke sah ich das ganze *Magasin encyclopédique* von Millin, 122 Bände durch.

Aber wozu das Alles? fragten mich meine Freunde. Das wußte nur ich und ich eben am besten: ich wollte ein zweiter Winckelmann werden, wollte mich dazu in Deutschland so weit als möglich vorbereiten, dann einige Jahre dem Studium der Kunst in Italien widmen und endlich zu demselben Zwecke nach Griechenland gehen. Ich machte wirklich schon ernste Anstalten dazu: ich las Reisebeschreibungen, entwarf eine Litteratur derselben, trieb das Französische, welches ich etwas vernachlässigt hatte und stiftete mit Henneberg und Woltag eine *Académie française,* wo wir zunächst Rousseau lasen; wollte dann Italienisch und endlich Neugriechisch lernen, wozu mir Glarakes aus Chios behülflich sein sollte, wie er denn mir auch schon versprochen hatte.

Während ich von meinem großartigen Lebensplane ganz erfüllt war und dafür lebte und strebte, ereigneten sich die bekannten Studentenunruhen. Dies große Ereigniß blieb nicht ohne großen Einfluß auf die ganze Göttinger Studentenwelt: man fühlte mehr die Zusammengehörigkeit, hielt sich nicht mehr an die alten überlieferten Formen, den steifen pedantischen Ton und verkehrte traulicher mit einander.

Doch verließen damals die meisten meiner Freunde Göttingen. Ich nahm von allen Abschied auf Wiedersehen, aber nur wenige sah ich wieder. Am schmerzlichsten war mir der Abschied von Henneberg, der zu Michaelis nach Jena ging.

(...)

Meine archäologische Liebe war zur Schwärmerei geworden, ich lebte und strebte nur für sie, ›sie war mein Taggedanke, war mein Traum.‹ Es war eines Abends, als ich eben auf der Straße von Dransfeld ganz allein auf Göttingen zuwanderte. Wie ich eben aus dem Grohnder Holze ins Thal eintrete, da ist's mir, als ob sich die Zukunft vor mir enthüllen will, als ob Wald und Kornfeld, Wolken und Sonne mit mir redeten und Alles das guthießen was ich mir zur Aufgabe meines Lebens gemacht hatte: ›jenseit der Berge (so schrieb ich am 5. August meinem Vater) glaubt' ich mich versetzt in Hellas und Hesperien. Meine Phantasie brütete lieblicher an dem großen Plane meines Lebens und die untergehende Sonne verlängerte meinen Schatten über dem Saatfeld und schien zu sagen: so groß kannst du am Abende deiner Tage sein!‹

Die Ferien begannen diesmal früher als sonst. Die meisten meiner Freunde und Bekannten hatten bereits Göttingen für immer verlassen. Da ich das als Inländer nicht konnte, so wollte ich wenigstens vor Beginn des Winterhalbjahrs noch eine Reise machen. Ich schrieb nach Haus und bat um Geld. Am 27. August erhielt ich 2 Louisd'or. Da ich nicht mehr erwarten durfte, so trat ich wohlgemuth schon nach einigen Tagen meine Reise an. Ich gedachte über Cassel ins Waldeckische zu gehen, von da durch den Thüringer Wald nach Jena, dann zu meinem Bruder in

Magdeburg und endlich durch meine Heimat nach Göttingen zurückzukehren.

In Cassel war mein Hauptaugenmerk gerichtet auf das Museum und die Bibliothek. Am ersten Morgen ist mein erster Gang nach dem Museum. Auf der Straße begegnet mir ein ältlicher Herr im braunen Rocke, ich rede ihn an: ›Können Sie mir nicht sagen, wo der Hofrath Völkel wohnt?‹ – ›Das bin ich selbst.‹ – ›Herr Hofrath, das ist mir sehr angenehm: ich wollte eben so frei sein, Ihnen einen Besuch abzustatten und einen Gruß des Herrn Professor Welcker zu überbringen.‹ – Er war sehr freundlich, und so bat ich ihn denn, mir Gelegenheit zu verschaffen, das Museum zu sehen, dessen Director er war. Er beschied mich auf die Bibliothek, nach einer halben Stunde würde er sich dort einfinden. Ich erscheine um die bestimmte Zeit, denke, er sitzt schon drüben am Fenster, und gehe auf ihn zu. Das ist aber Jacob Grimm. Ich weiß mir schnell zu helfen, bestelle einen Gruß von Welcker und unsre Bekanntschaft ist gemacht. Ich bitte ihn um die Einsicht des Handschriftenverzeichnisses. Nachdem ich Einiges gefunden was ich zu sehen wünsche, holt er es mir hervor, so auch einen Stoß Briefe von Gelehrten aus neuerer Zeit. Ich sehe sie durch und finde einen Brief Winckelmanns an den in Cassel noch in schlechtem Andenken stehenden Raspe. Hoch erfreut über meinen Fund nehme ich mir sofort Abschrift[2].

Unterdessen kommt Völkel, überreicht mir seine Beschreibung der Casseler ›antiken Sculpturen‹ (aus Welcker's Zeitschrift), führt mich in den Saal, wo sie aufgestellt sind, und schließt mich ein, er muß eben noch einige fürstliche Personen umherführen. Da studiere ich nun die Falten und Säume der Gewänder u. dgl., bis mich Völkel wieder erlöst. Ich gehe abermals auf die Bibliothek und unterhalte mich viel mit Jacob Grimm. Er ladet mich zu sich ein und schon am Nachmittag besuche ich ihn.

Ich fand ihn eben beschäftigt mit seiner Grammatik. Mehrere Bogen lagen bereits gedruckt vor. Ich sah und erstaunte, eine neue Welt ging mir auf, ich wurde nachdenklich und schwankend in meinen Plänen. Da ich den vorigen Sommer zu Hause dänisch gelernt hatte und in der letzten Zeit zu Göttingen auch holländisch, mich auch um deutsche Litteraturgeschichte gekümmert, so gab es in unserer Unterhaltung Berührungspunkte genug. Hatte schon in der Bibliothek seine Persönlichkeit auf mich gewirkt, so war das in seinem Zimmer unter seinen Arbeiten, Büchern und Handschriften jetzt noch mehr der Fall. Die Ordnung, die hier überall bis ins Kleinste waltete, der Fleiß, der aus Allem sich kund gab, die lebendige Theilnahme bei allen Dingen, auf welche die Rede kam, Alles das gewann ihm meine innige Liebe und Verehrung.

Den anderen Tag sahen wir uns wieder auf der Bibliothek. Jetzt lernte ich auch seinen Bruder Wilhelm kennen. Nachdem wir uns eine Zeit lang unterhalten, überreichte ich jedem ein Stammbuchblatt. Jacob schrieb mir:

> *ein ieglich meusche enphat*
> *darnach als ime sin herze stat.*

Wilhelm:

> *lere unt meisterschafte sint guot,*
> *swer aber sinneriehen muot*
> *von angeborner tugent hat,*
> *des witze get für allen rat.*

Herzlich dankend und hocherfreut nahm ich Abschied von ihnen beiden und auch von Völkel.

Als ich mit Jacob zusammen die Treppe hinab ging, erzählte ich ihm, daß ich nach Italien und Griechenland zu reisen beabsichtigte, um dort an Ort und Stelle die Ueberbleibsel alter Kunst zu studieren. ›Liegt Ihnen Ihr Vaterland nicht näher?‹ fragte er darauf in einem herzlichen, liebevollen Tone. Ich höre die Worte noch heute, die Worte vom 5. September 1818. Noch auf der Reise entschied ich mich für die vaterländischen Studien: deutsche Sprache, Litteratur- und Culturgeschichte, und bin ihnen bis auf diesen Augenblick treu geblieben.

(...)

Der Entschluß war gefaßt, Göttingen und das Land Hannover für immer zu verlassen. Von meinen Freunden und Bekannten hatte ich bereits Abschied genommen und mit einigen Stammbuchblätter gewechselt. Der größte Theil meiner Schulden war bereits bezahlt. Einen Wechsel mochte ich nicht erst noch abwarten, um ganz schuld- und schuldenfrei, wie mein Vater meinte, die Universität zu verlassen. Bonn war das Ziel meiner Wünsche und Hoffnungen. Von der neuen Universität am schönen Rhein erwartete ich ein neues Leben für meine Studien und mein Herz. Welcker, der zum Bonner Professor und Oberbibliothecar ernannt war, erklärte sich bereit, was er vermöchte für mich zu thun; er war so gütig, mir meine Bücher kostenfrei nach Bonn zu besorgen.

(...)

Ich verweilte nun noch einige Wochen in der Heimat, verkehrte mit Verwandten und Jugendgespielen und suchte alle die Örter auf, an welche sich für mich heitere Erinnerungen aus meiner Kindheit knüpften.

Unter den Glückwünschen der Meinigen reiste ich ab. Ich machte einen großen Umweg, ich ging über Magdeburg, um meinen Bruder noch zu sehen. Er hatte jetzt wieder eine feste Anstellung, sein ziemliches Auskommen und lebte in angenehmen geselligen Beziehungen.

(...)

Nach Tische pflegte ich mit meinem Bruder Besuche oder einen Spaziergang zu machen. Des Abends waren wir gewöhnlich zu Hause. Wir erzählten uns allerlei Geschichten, Schnurren und Witze aus der Heimat, alte und neue, und ergötzten uns immer wieder, selbst an den längst bekannten. So saßen wir denn auch am 18. April ganz gemüthlich. Plötzlich klopft's. Wir öffnen: ein Bote bringt einen Brief von der Hand des Superintendenten: der Vater sei bedenklich erkrankt und mein Bruder möchte sofort nach Haus kommen. Unser Schrecken war furchtbar. Der Bote wußte nichts. Wir lasen den Brief immer wieder und fragten: lebt er noch oder ist er todt? Es war uns in dem sonst so traulichen Zimmer unheimlich geworden, wir zündeten alle Lichter an die wir hatten, und überlegten ängstlich was zu thun sei. Mein Bruder wollte und mußte reisen, obschon dringende Arbeiten vorlagen; ich fühlte, daß meine ganze Zukunft in Frage gestellt wäre, wenn ich nach Hause zurückkehrte, denn war der Vater wirklich todt, so hätte ich die Meinigen nicht wieder verlassen können. So schwer die Wahl war, so mußte ich mich doch für die Weiterreise nach Bonn entscheiden.

Nach einer schrecklichen Nacht nahm ich Abschied von meinem Bruder und war nun mit meinem Schmerz allein auf dem Postwagen nach Halberstadt. Ich eilte von dort gleich weiter nach Blankenburg, und verweilte einige Tage bei den Eltern meines Freundes Henneberg. (…) – Am 2. Mai kam ich in Cassel an. Von Trauer und vom Wandern erschöpft legte ich mich zitternd im Fieberfrost schon am hellen Abend zu Bette. Nach einem erquicklichen Schlafe wachte ich zeitig auf und konnte weiter reisen. Bald vor mir, bald hinter mir fuhr ein Herr im Einspänner. Wir verfolgten einen und denselben Weg, ich hatte jedoch nicht das Herz ihn anzusprechen. Abends fanden wir uns im Wirthshause zu Jesberg und speisten bald mit einander. Da ich den ganzen Tag nicht geredet hatte, so war es jetzt ein Bedürfniß für mich und ich sprach mich aus und zwar über die Zopfwirthschaft des alten wunderlichen Kurfürsten: Wirth und Wirthin und mein unbekannter Reisegefährte ergötzten sich sehr an meinen nicht eben unwitzigen Auslassungen. Es saß aber ein Mann noch in der Stube, der nahm mich freundlich bei Seite und sprach in einem anscheinend väterlichen Tone: ›Ich bin ein Freund der Studenten, habe auch einen Sohn auf Universitäten, ebendeshalb muß ich Sie aber warnen – ich meine es gut mit Ihnen – mäßigen Sie sich in Ihren Äußerungen!‹ – Ich dankte ihm und ließ mich in meiner guten Stimmung nicht irre machen. Als er fortging, fragte mich die Wirthin: ›Was wollte denn *der*?‹ – ›Mich vermahnen.‹ – ›Der soll nur still sein, der ist gestern erst abgesetzt. Sie haben nur das Wahre gesagt und wir haben uns alle recht gefreut.‹

So dachte auch der Fremde und war dermaßen für mich gewonnen, daß er mir einen Sitz in seinem Wagen zur Weiterreise nach Frankfurt anbot. Ich nahm das sehr dankbar an und war sehr froh, ich konnte nun bequemer und schneller Frankfurt erreichen. Der Wechsel der Gegenden, die alle im neuen Frühlingsschmucke um uns lagen, und die Gelegenheit, mich jeden Augenblick gegen jemanden aussprechen zu können, hatten wohlthätig auf meinen Zustand gewirkt. Nach zwei Tagen kamen wir in Frankfurt an. Ich traf einen Freund unsers Hauses, den Weinhändler Abeken von Braunschweig. Er bat mich, ihn den andern Morgen zu besuchen. Das that ich. Meine erste Frage war, ob er nichts von meinem Vater wüßte? Er schwieg. Als ich dann in ihn drang, fragte er: ›Wenn Sie den Tod Ihres Vaters hörten, wie würden Sie ihn ertragen?‹ – ›Mit Ruhe.‹ – ›Nun, so will ich Ihnen sagen: Ihr Vater ist todt!‹ – Da ward ich so wehmüthig und so wirre, daß ich für Alles außer mir alle Theilnahme verlor. Ich sah in dem großen Frankfurt Vieles und sah Nichts. Ich war in einer Gemäldesammlung und kam heraus und wußte so viel wie heute davon, gar nichts. Den dritten Tag, es war am 6. Mai, fuhr ich mit Abeken auf dem Marktschiffe nach Mainz. (…)

Am folgenden Tage reiste ich weiter den Rhein hinab mit dem Postschiffe. (…)

Am 8. Mai traf ich in Bonn ein. Am Rheinufer begegneten mir einige alte Bekannte, einer führte mich in seine Wohnung und beherbergte mich. Noch am Abend spazierten wir nach Poppelsdorf, dort gedachte ich zu wohnen. Die Sonne ging eben unter, das Siebengebirge lag in seinem veilchenblauen Scheine neben uns; die hohen Kastanien, unter denen wir wandelten, blüheten in voller Pracht. Ich wurde fast schwindelig von der zauberischen Aussicht. Wie schön ist die Gegend! rief ich aus, wäre doch das Leben auch so!

Am folgenden Morgen besuchte ich Welcker. Er empfing mich wie gewöhnlich, nicht kalt nicht warm, machte mir zu nichts Hoffnung bat mich übrigens, ich möchte immer zu ihm kommen und ihm sagen, worin er mir helfen solle. Montag den 10. Mai ließ ich mich bei Hüllmann immatriculieren. An demselben Tage zog ich nach Poppelsdorf in ein kleines einstöckiges Haus neben der Kirche. Ich hatte mich nach ländlicher Einsamkeit und Ruhe gesehnt und fand beide hier. Unter dem von fern her hallenden Gebelle der Hunde und dem Gequake der Frösche schlief ich ein und mit dem Morgenrufe des Hahnes wachte ich auf. Es that mir wohl, die ersten Tage so für mich hinzuleben. Ich kümmerte mich wenig um Professoren und Studenten. Noch Einmal sollte sich in seiner ganzen Fülle der Schmerz um den Tod des Vaters erneuen. Am Tage vor Himmelfahrt, als ich eben auf dem Universitätsplatze umherwandelte, überreichte mir der Pedell einen Brief meines Bruders. Aus dem Goldenen Engel, wo ich gespeist hatte, ging ich zu Schlegel in die Geschichte der abendländischen Litteraturen. Ich setzte mich auf eine Bank im Hintergrunde, entfaltete den Brief und las. Vor Thränen konnte ich kaum die erste Seite beendigen. Ich legte ihn wieder zusammen und hörte Schlegel zu. Er theilte eben die schöne Canzone mit, worin Petrarca den Tod seiner Laura beweint. Ich begann zum zweiten Male den Brief zu lesen. Es war mir nicht möglich, ihn zu beendigen. Als Schlegel seine Vorlesung beschlossen hatte, sprang ich zum Fenster hinaus und eilte ins Freie und so nach Poppelsdorf. Ich schloß mich in mein Zimmer ein und las und weinte. Verwirrt und mit heftigen Kopfschmerzen suchte ich dann das Freie.

Am anderen Tage, es war Himmelfahrt, als die Glocken läuteten und die Morgensonne durch die grünlichen Scheiben brach, und mir so festlich zu Muthe war, da las ich den Brief meines Bruders wieder.

Ich war von jetzt an ruhiger geworden und hoffte für meine Studien ein recht ersprießliches Gedeihen durch den Verkehr mit Professoren und Studenten und durch die Benutzung der

Bibliothek. Die Universität Bonn war am 18. October 1818 durch Friedrich Wilhelm III. gestiftet. Schon zu Michaelis fanden sich einige Professoren und Studenten ein, eröffnet wurde sie eigentlich erst zu Ostern 1819 und zwar mit 219 Zuhörern.

Unter den Professoren waren bedeutende Namen, besonders in der philosophischen Facultät. Bald zeigte sich, daß sie als Lehrer ebenso unbedeutend waren als früher bedeutend durch ihre Schriften. Der Collegia, die unser einer hören mochte, waren wenig, und diese wenigen entsprachen durchaus nicht den Erwartungen, mit denen man in den Hörsaal trat. So las Schlegel Geschichte der neueren deutschen Litteratur. Das war nicht viel besser, als wenn man gelegentlich einem Fremden erzählt, daß wir Deutschen auch eine schöne Litteratur haben. Dabei brachte er alle wichtigen Erscheinungen mit sich in Beziehung, und wenn er auf Goethe und Schiller zu sprechen kam, so vergaß er nie ›mein unsterblicher Freund‹ hinzuzufügen. – Was Arndt leisten würde, ließ sich nicht ermessen; seine academische Lehrthätigkeit wurde durch einen Ministerialbeschluß aufgehoben und blieb es nachher noch zwanzig Jahre.

Die Studentenwelt war ungleich besser vertreten als meine philosophische Facultät. Fast alle deutschen Universitäten hatten ihren Beitrag geliefert, namentlich Jena. Es waren meist alte Burschen, viele Mitglieder der Burschenschaft, einige sogar Vorsteher derselben. Sie waren begeistert für die Ideen dieser zeitgemäßen Verbindung und verfochten ihre Ansichten mit dem Worte wie mit dem Schläger. Des gewöhnlichen Studententreibens satt hatten sie sich der Wissenschaft ernster zugewendet und strebten mit Eifer und Muth nach einem edelen sittlichen Leben für sich und andere und nach Erwerb einer tüchtigen wissenschaftlichen Bildung, alles zu Nutz und Frommen des Vaterlandes. Sie übten durch Erfahrung, Einsicht und Beispiel eine Herrschaft aus, der sich die jüngeren Studenten gerne fügten, zumal niemand in seiner jugendlichen Heiterkeit und seinem sonstigen, selbst absonderlichen Wesen sich gestört fühlen konnte. So wurden die ersten Ankömmlinge die Gründer eines Studententhums, das sich trotz den baldigen störenden Eingriffen der Regierung herrlich entwickelte.

Die Bürger wußten nicht was aus ihnen und ihrer guten Stadt Bonn noch werden sollte. Sie hatten weder von einer deutschen Universität noch von deutschen Studenten die geringste Ahndung. Sie kannten nur die französischen Bildungsanstalten; was im Vaterlande bestand und vorging, war ihnen fremd geblieben. Sie wunderten sich nicht wenig, daß Professoren so hochangesehene Leute waren, bei ihnen hieß ja jeder Schulmeister (selbst unser Poppelsdorfer) Professor. Daß Studenten ganz was Besonderes sein sollten, konnten sie nicht begreifen; waren sie doch selbst Studenten gewesen, denn wer eine Schule besuchte, besonders eine sogenannte lateinische, war ein Student. Es dauerte eine Zeit, ehe sie an das freie muntere Wesen der Studenten und ihre Sitten und Gebräuche sich gewöhnten, und sich darein fanden, mit ihnen die besuchtesten Vergnügungsörter theilen zu müssen.

Commerse und Bälle waren unsere Vergnügen, woran sich jeder betheiligen konnte. Wollte sich einer sonst erholen oder belustigen, so gab es Gelegenheit genug. So fand sich immer Nachmittags ein kleiner Kreis von Freunden und Bekannten ein aus der *Vinea Domini,* damals noch eine Kaffee- und Weinwirthschaft. Die Aussicht auf den Rhein und nach dem Siebengebirge war reizend, und der Aufenthalt unter dem Schatten der Bäume, umspielt von der frischen Rheinluft, erquickend. Andere, die in Poppelsdorf speisten, blieben gewöhnlich noch einige Stunden dort. Zu denen gehörte auch ich den ersten Sommer. Da saßen wir denn im Garten vor der Brüsselbachschen Wirthschaft und führten manches Gespräch über Kunst, Wissenschaft und Politik. Noch andere machten weitere Ausflüge in die schöne Umgegend, nach Königswinter, dem Siebengebirge und Godesberg. Auf dem Heimwege wurde dann immer viel gesungen, besonders das Wahlmannsche Lied: ›Mein Lebenslauf ist Lieb' und Lust‹ und mit jubelnder Begeisterung die Strophe:

Die Krone nehme Bacchus hin,
Nur er soll König sein,
Und Freude sei die Königin,
Die Residenz am Rhein!

Obschon unsere Anzahl nur klein – etwas über 200 – und bisher keine Klage eingelaufen war über Ruhestörungen und irgend eine Unbill unsererseits, so schien es uns doch selbst nothwendig, etwas durch uns und so für uns zu thun. Darum waren wir denn darauf bedacht, die ganze Studentenschaft in ein geschlossenes Ganzes zu bringen mit selbst berathenen und beschlossenen Gesetzen, wodurch ein sittlicher und wissenschaftlicher Sinn befördert und dem jugendlichen Leichtsinne und jeder unedelen Leidenschaft entgegen zu wirken wäre.

Das geschah denn auch im Laufe des Sommers. Es wurde ein Ausschuß mit Entwerfung der Gesetze beauftragt. Es nahmen mit mir mehrere der alten Burschen Theil daran. Jetzt handelte es sich nur darum, ob wir überhaupt in dieser Zeit noch an eine Verbindung denken dürften. Die Beschlagnahme der Papiere der beiden Welcker und Arndt's und des letzteren einstweilige Entamtung waren keine vereinzelten Maßregeln mehr. Die Carlsbader Beschlüsse standen in Aussicht.

Da beschlossen wir denn: wir wollen keine Burschenschaft und keine Landsmannschaft sein; wir wollen keinen geschriebenen Comment haben, sondern was uns gut und zweckmäßig scheint und sich durch Erfahrung bewährt hat als Gesetz halten; wir nennen uns *Allgemeinheit*, denn jeder Student, der nichts Unehrenhaftes sich hat zu Schulden kommen lassen, ist Mitglied; wir wollen auch die deutschen Farben nicht, sondern die rheinischen, weißgrünroth:

Weiß wie die Unschuld, weiß ist unser Zeichen,
Grün wie die Hoffnung die im Herzen glüht,
Wie's Laub von unsern Reben, unsern Eichen,
Und roth das Band das unsre Brust umzieht,

und um allen Verdacht über unser Thun und Treiben von vorn herein zu beseitigen, sollen alle unsere Verhandlungen öffentlich sein. So glaubten wir jeder Gefahr zuvorgekommen zu sein und doch unsern Zweck erreicht zu haben.

Es war auch ein Bonner Commersbuch schon im Frühjahr gewünscht und später beschlossen worden. Mir wurde der Auftrag, ein solches auszuarbeiten und darin hauptsächlich auf den Rhein und seine schönste Gabe, den Wein Rücksicht zu nehmen. Ich suchte nun mir für manche Lieder die ursprünglichen Texte zu verschaffen, einige in den Commersbüchern verdorbenen nach besseren Lesarten herzustellen und alle Lieder, die nach Puder und Pomade rochen oder voll Rohheiten und Renommisterei strotzten, fern zu halten. In Betreff der Vaterlandslieder war die größte Vorsicht anzuwenden, und es kam mir zu Statten, daß der Verleger für das Patriotische keinen Bogen mehr spendieren wollte. Die Censur war bereits in voller Thätigkeit und gewisse Wörter waren bereits verpönt. In dem schönen Arndt'schen Liede: ›Bringt mir Blut der edlen Reben‹ lautete die letzte Strophe ursprünglich:

> Und dies letzt', wem soll ich's bringen
> In dem Wein?
> Süßestes von allen Dingen,
> Dir, o *Freiheit*, will ich's bringen
> In dem Wein!

Das war damals bereits verwandelt in:

> Süßestes von allen Dingen,
> Dir muß ich's im *Stillen* bringen
> In dem Wein.

Das Büchlein erschien im August unter dem Titel: ›Bonner Burschenlieder‹.[3] (Bonn, bei Eduard Weber 1819). 153 Studenten hatten darauf subscribiert, ihre Namen wurden mit Angabe ihrer Heimat und ihres Studiums vorgedruckt. Ich erhielt für dies Erstlingswerk 50 Reichsthaler kölnisch.

Das eigentliche Studentenleben, dem ich mich bisher nicht gut entziehen konnte, bekam ich nach und nach satt. Ich beschränkte mich lieber auf einen kleinen Kreis von Freunden und auch diesen war es Bedürfniß, sich über die Fragen des Tages und wissenschaftliche Dinge, die uns am Herzen lagen, gegenseitig ruhig und gemüthlich aussprechen zu können. Ich hatte in Kessenich eine kleine Bauernwirthschaft entdeckt, wo man guten Wein und Butterbrot billig haben konnte. Hinter dem Hause war ein Baumgarten (Bungert) mit einem Pfahltische und Pfahlbänken. Dahin führte ich auch meine Freunde, und wir konnten da bei unserm Schöppchen stundenlang sitzen, sahen in das frische Grün der Bäume und des Rasens und unterhielten uns.

Mit neuen Plänen und Entwürfen, mit neuer Arbeitslust kehrte ich dann heim in mein stilles Stübchen, um noch zu lesen und zu dichten. Auf dem Tische fand ich ein frisches Blumensträußchen. Das war von Gretchens Hand, und meine Freude daran war auch ihre Freude. Sie war die Tochter meines Wirthes, und obschon dieser ein bürgerliches Gewerbe trieb – er war Porcellanmaler und Steindrucker – so war doch Gretchen ganz wie ein Landmädchen in Tracht, Sprache und Sitten. Sie trug ein perlengesticktes Häubchen und wenn sie zur Stadt ging, ein großes weißes Tuch über dem Kopfe und wieder darüber, wenn sie etwas zu tragen hatte, den Korb der auf einem wollenen Kranze ruhte. Sie sprach das eigentliche Bönnisch und wußte alle die Lieder, die man zum Tanze oder im Freien und bei Zusammenkünften zu singen pflegte. Sie hatte eine Freundin, Katharina (Tring); beide waren die hübschesten Mädchen des Dorfes. Ich lernte von ihnen ihre Sprache und ihre Lieder, und wenn sie diese nicht recht vollständig wußten, so schrieben sie in Gesellschaft mit anderen Mädchen und Burschen dieselben auf. Zuweilen that ich dies denn auch selbst und Andres, Katharinas Bruder, mußte mir helfen, und wir tranken dann ein Schöppchen dazu.

Ich hatte wieder große Lust zum Dichten bekommen, meine Liebe war eine unerschöpfliche Liederquelle geworden. Wenn ich dann ein neues Lied Gretchen vorlas, so freute es mich, daß sie es verstand und sich darob freute. So klein auch der Kreis der Gefühle und Gedanken eines einfachen jungen Landmädchens nur sein konnte, so war er doch für mich groß genug, und meine Phantasie wußte manche Aeußerung, manchen Anlaß poetisch zu benutzen. So entstanden mehrere Lieder, wovon die meisten in meine ›Lieder und Romanzen‹ (Köln 1821 bei Bachem)[4] übergingen. Keiner meiner Freunde wußte eher etwas davon, und es schien mir, als ob ich mehr meiner poetischen Stimmung als meinen Poesien den Spitznamen ›der Poet‹ verdankte.

Nur Einer wußte, daß ich immer wieder zu dichten beginnen, ja, daß ich es niemals lassen würde, nur Einer hegte bisher von meinen dereinstigen poetischen Leistungen so große Hoffnungen, wie sie nur in dem Herzen eines Freundes sprießen konnten, und dieser Eine war Krawinkel. In einem schwärmerischen Briefe, den er im Sommer von Göttingen aus in seiner treuen Liebe an den fernen Freund richtete, sprach er den Wunsch und die Erwartung aus, mich dereinst in einer Geschichte der deutschen Litteratur, die er zu schreiben beabsichtigte, als einen der unsterblichen Geister, als das neue Gestirn des Tages feiern zu können. Der gute Krawinkel! Ich dachte vorläufig an keine Unsterblichkeit: mir war genug dieser Frühling meiner Dichtung und Liebe. Gretchen war mein Taggedanke, war mein Traum.
(...)
Der Wunsch nach einer Stellung an der Bibliothek war noch immer unerfüllt geblieben. Welcker wollte mich vorschlagen: ich sollte die Bücher aufsuchen und ausgeben und dafür etwas Gehalt bekommen. Das war mir schon recht, mir lag besonders daran, auf die Weise die Bibliothek freier benutzen zu können. Leider gewährte sie in ihrem damaligen Zustande sehr wenig für meine germanistischen Studien. Das Bedürfniß litterarischer Hülfsmittel trat immer fühlbarer hervor und so dachte ich denn daran, mir selbst eine Bibliothek zu gründen. Freilich waren die

Aussichten dazu sehr schlecht, vor allen Dingen gehörte dazu Geld, und das eben fehlte mir.

Trotzdem machte ich bald einen glänzenden Anfang: ich fand auf dem Bonner Markte eine Liederhandschrift aus dem 16. Jahrhundert und kaufte sie um 40 Stüber. Meine Freude war sehr groß. Zwei Studentenlieder theilte ich sofort in ihrer alten Schreibart in den ›Bonner Burschenliedern‹ mit, die übrigen Lieder verglich ich mit den bereits anderweit gedruckten und wollte dann die unbekannten oder solche, die sich hier in besseren Lesarten fanden, herausgeben. Ich suchte nun weiter bei den Trödlern und fand mehrere deutsche Handschriften, die aus dem Nonnenkloster Nonnenwerth stammten, und auch diese erwarb ich.

Seit dem 1. October wohnte ich in der Stadt am Markte. Ich arbeitete viel: ich sammelte für deutsche Sprache, Mundarten, Sitten und Gebräuche, Litteratur- und Culturgeschichte und sah zu dem Zwecke ganze Reihen von älteren und neueren Zeitschriften durch. Bernhard Mönnich, mit dem ich zusammenwohnte, wunderte sich oft, wie ich mich so ins Einzelne verlieren konnte. Ich gründete mir aber eben dadurch eine Sammlung, die mir mein ganzes Leben hindurch gute Früchte trug.

Sehr willkommen war mir, daß ich seit dem 13. November Bibliotheksassistent geworden: ich sollte in den öffentlichen Stunden auf der Bibliothek sein, Bücher holen, verzeichnen u. dgl. Ich war nun außerdem noch manche Stunde dort, theils um die Bibliothek in ihrem ganzen Bestande kennen zu lernen, theils um selbst für meine Studien etwas zu finden und Entdeckungen zu machen. Ich hatte mir damals ein hohes Ziel gesteckt, das ich in meiner jugendlichen Begeisterung und im Vollgefühl meiner Kraft zu erreichen gedachte, wenn sich meine äußeren Verhältnisse nur irgend günstig gestalteten: es war die *deutsche* Philologie. Ich begriff darunter das Gothische, Alt-, Mittel-, Neuhochdeutsche mit allen seinen Mundarten, das Altsächsische, Niederdeutsche und Niederländische, das Friesische, Angelsächsische und Englische, und das Scandinavische; ferner die

deutsche Litteratur- und Culturgeschichte, alles Volksthümliche in Sitten, Gebräuchen, Sagen und Märchen, sowie endlich
Deutschlands Geschichte, Kunst, Alterthümer und Recht. Ich
wollte die germanischen lebenden Sprachen nicht nur verstehen,
sondern auch sprechen. So wie in mehreren Mundarten so hatte
ich es auch schon im Dänischen so weit gebracht, im Holländi-
schen war ich nahe daran. Ich las manches Holländische, trieb
Grammatik eifrig und sammelte aus einer Menge neuerer Liederbücher die wenigen zerstreuten Volkslieder. Zu meiner großen Freude fand ich das alte Amsterdamer Liederbuch, von dem
niemand bisher etwas wußte. Meine Sammlung erhielt dadurch
ihren besten und größten Zuwachs.

So kam der 1. Januar 1820 heran. Ich glaubte den Tag nicht
besser feiern zu können, als daß ich mich über meine wissenschaftlichen Wünsche und Bedürfnisse gegen einen Mann aussprach, der mir Alles das was ich wollte, längst erreicht zu haben
schien – ich schrieb an Jacob Grimm in Cassel. Schon in den
nächsten Tagen erfolgte eine Antwort, die aber eigentlich keine
Antwort auf meinen Brief war, wie denn Grimm sein Schreiben
auch beginnt: ›ich beantworte Ihre freundliche Zuschrift sogleich, vielmehr ich beantworte sie noch nicht, welches ich besserer Muße vorbehalte.‹ Dennoch fand ich auch in diesen Worten eine Billigung meines Studienplanes und war sehr erfreut.
Grimm bat mich um die eben erschienenen Bruchstücke des
Mailänder Ulfilas von Castiglione und Angelo Mai. Ich sendete
sie sofort an Grimm, dem ein großer Gefallen damit geschah, er
war eben in voller Arbeit bei der neuen Auflage der Grammatik.
Der von nun an mit ihm fleißiger fortgesetzte Briefwechsel
wurde mir für meine Bestrebungen sehr lehrreich und für meine
Arbeiten sehr förderlich.

(…)

Kaum war der Sommer verschwunden, so erwachte wieder
meine Reiselust. Ich wanderte nach Coblenz und von dort die
Mosel hinauf bis Trier. Hier machte ich längeren Halt. Der Bibliothecar Professor Wyttenbach war die Liebe und Güte selbst.

Er machte es nicht wie so manche Bibliothecare, die unter dem Vorwande es selbst herauszugeben, einem alle seltenen, merkwürdigen Drucke und Handschriften vorenthalten. Er theilte mir Alles mit und freute sich, daß er etwas für die Stadtbibliothek gerettet oder sonst erworben hatte, das für meine Zwecke von großem Nutzen war. Ich verweilte längere Zeit und war sehr fleißig: unter anderem schrieb ich den Theophilus ab, der damals schon durch Feuchtigkeit sehr gelitten hatte und an mehreren Stellen schwer zu lesen war. Die Abende war ich meist in Gesellschaft mit einigen Beamten von der Regierung, die mit mir gleiche politische Gesinnung und gleiche Wünsche für Deutschlands Freiheit und Einheit theilten.

Erst in der Mitte Octobers setzte ich meine Reise fort. In Mainz bereitete mir der Premierlieutenant von Kittlitz, ein höchst liebenswürdiger, gemüthlicher Mensch, einige angenehme Tage bei sich und seinen Freunden. Durch ihn lernte ich nämlich mehrere tüchtige Männer kennen, die wie er beseelt waren für die Idee einer freien volksthümlichen Entwickelung des deutschen Volkes. Freilich durfte man *damals* von solchen Dingen nur unter zuverlässigen Freunden sprechen, so weit war es bereits gekommen: in Mainz tagte die Central-Untersuchungs-Commission und speiste in den ›Drei Reichskronen‹. Kein Wunder, daß mein Erscheinen den Herren sehr bedenklich war und der Kellner gewiß die Weisung erhielt, mich baldigst zu entfernen. Jeder im deutschen Rocke und mit einem Schnurrbarte galt damals für einen höchst gefährlichen Menschen, dem man das Schlimmste zutraute.

Ich benutzte nun zur Weiterreise das Postjachtschiff. Ich fand eine hübsche Gesellschaft. Nach einiger Zeit unterhielt ich mich mit einem Manne, der mir vielseitige Kenntnisse zu besitzen schien. Ich kam auf Volkslieder zu sprechen. Da ergab sich denn, daß er eine an ihn gerichtete Anfrage nicht beantwortet hatte – er entschuldigte sich, es war Achim von Arnim. Natürlich wurde jetzt meine Theilnahme für ihn lebendiger und so auch meine Unterhaltung. Ich wunderte mich aber doch über seine große

Ruhe, die mich an einem so entschiedenen Romantiker gar sehr befremdete.

Am 10. November kehrte ich nach Bonn zurück. Zu den alten Schätzen, die ich dem Glück und guten Freunden verdankte, brachte ich von der Reise noch neue: alte Bücher, Handschriften, Urkunden und Volkslieder und sogar ein in Holz geschnitztes schönes Crucifix. Ich entwickelte jetzt eine lebendige Thätigkeit: ich dichtete, las, sammelte, studierte, machte Abschriften, schrieb Briefe und stöberte in der Bibliothek umher. Die Studentenwelt war mir sehr fern gerückt. Ich hatte nur mit einigen näher befreundeten etwas Verkehr. Es war auch nothwendig für meine Studien und meine Person. Die Verdächtigungen erstreckten sich auf das Geringste in unseren mündlichen und schriftlichen Äußerungen. Niemand mehr war sicher. Hatte doch selbst der Universitäts-Bevollmächtigte v. Rehfues sich schon im Sommer geäußert: ›Ich kann es gar nicht begreifen – ich werde gerade auf diejenigen fortwährend aufmerksam gemacht, welche die tüchtigsten und gesittetsten auf der ganzen Universität sind.‹ Drei meiner näheren Bekannten waren bereits in eine Untersuchung gezogen, die später sehr traurige Folgen hatte[5].

Unsere Statuten waren schon im letzten Winter von Hand zu Hand gewandert, niemand glaubte sie bei sich in sicherem Verwahrsam. Endlich geriethen sie auch an mich. Ich versteckte sie in einem Kamin, wo sie vielleicht noch heute geborgen sein mögen. Den letzten Anschlag im Sommer, worin zu einer allgemeinen Burschenversammlung eingeladen war, hatte der dicke Pedell mit dem Worte abgerissen: ›Renommage!‹ Die Versammlung kam nicht zu Stande. Unsere sogenannte Allgemeinheit hatte sich selbst aufgelöst, ehe die Behörden dagegen einschritten.

Es wäre sehr interessant, wenn einmal das Bonner Matrikelbuch der beiden ersten Jahre des Bestehens der Universität gedruckt würde! Schwerlich hat irgend eine deutsche Universität zu einer und derselben Zeit so viele Zöglinge gehabt, die nachher einen so bedeutenden Antheil an allen Bestrebungen, Richtungen und Leistungen im Gebiete der Litteratur und Wissenschaften so wie in der Politik genommen haben. Damals schienen dieselben Menschen alle Ein Herz und Eine Seele zu sein; es war mir, als ob sie alle nur Ein hohes, herrliches Ziel verfolgen könnten, als ob sie einst ihre schönsten Kräfte dem Vaterlande und seiner freiheitlichen Entwickelung, seinem Wohl, seinem Ruhm und seiner Ehre widmen müßten. – Kaum waren die einen ins Staatsleben eingetreten, kaum hatten die anderen einen selbständigen Beruf erlangt, so waren sie sich entfremdet oder gar feindselig gegen einander. Viele schlugen in das Gegentheil um von dem was sie früher zu sein oder werden zu wollen schienen: sie wurden Aristokraten, Feudale, Absolutisten, Reactionäre, Ultramontane, Convertiten, Pietisten, Mönche und Gott weiß was Alles noch.

Durch meine vielen Reisen hatte sich die Zahl meiner litterarischen Freunde sehr vermehrt und in dem Maße auch mein Briefwechsel. Auch in Köln hatte ich freundschaftliche Beziehungen angeknüpft. Ich hatte den Regierungsrath Freiherrn Werner von Haxthausen besucht und war mehrere Tage bei ihm. Er wohnte im Hause seiner Schwester, dem einzigen Kölns, das noch an die Stadtmauer lehnte, ganz in der Nähe des Bayenthurms. Es war sehr geräumig, nur wenige Zimmer waren bewohnt; in den meisten lagen oder standen alte Bücher, Handschriften, Urkunden, Gemälde, Glasmalereien, Holzschnitte, Alterthümer und Kunstsachen aller Art. Hier führte Haxthausen mit seinem Freunde, dem Staatsprocurator Leist, und einem alten Bedienten, Namens Petermann, ein echtes Junggesellenleben. Außer des Mittags sahen wir uns oft gar nicht. Zu Langerweile war übrigens für mich gar keine Gelegenheit. Ich arbeitete fleißig und hatte auch meine Gänge. So war ich öfter bei Eberhard von Groote, der damals eben mit der Ausgabe des Tristan von Gottfried von Straßburg beschäftigt war. Groote besaß selbst schöne Handschriften und hatte manche sich geliehen. Er war so freundlich, mir mehrere auf einige Tage anzuvertrauen. So unterhielt ich mit ihm durch das Holen und Zurückbringen einen lebhaften Verkehr. Die Ausflüge nach Köln wiederholte ich öfter, sie thaten mir wohl und waren mir förderlich in meinen Studien.

Auf eine stürmische Silvesternacht folgte recht bald für mich ein milder sonniger Tag. Am 8. Januar entdeckte ich in der Bonner Universitäts-Bibliothek auf dem Innern der Holzdecken, welche den schlechten Papierhandschriften der *Summa Theologiae* des Thomas de Aquino als Einband dienten, schön geschriebene Pergamentblätter aus Otfrid's Evangelienbuche. Meine Freude war gränzenlos: ich lief sofort mit einem Bande zu Welcker, zeigte ihm meinen Fund und bat um Erlaubniß die Blätter abzulösen. Er meinte, Herr Professor Kastner der Chemiker müsse das am besten verstehen und der war denn dazu auch bereit. Die Ablösung wurde leider nicht so ausgeführt wie sie mir ohne alle chemische Kenntnisse gelungen wäre. Die Folge davon war, daß manche Buchstaben auf dem Deckel zurückgeblieben waren.

Ich faßte nun den Entschluß, das Ganze herauszugeben. Nachdem ich eine genaue saubere Abschrift angefertigt, die Abweichungen des Schilter'schen Textes hinzugefügt und die Vorrede vollendet hatte, sah ich mich nach einem Verleger um. (...)

Während ich so mich sprachlich und litterarhistorisch beschäftigte, sammelte und ordnete ich zugleich meine Gedichte in der Absicht sie recht bald herauszugeben. Anfang Februars unterhandelte ich mit Joh. Peter Bachem, der erst seit 1818 sich als Buchhändler in Köln niedergelassen. Wir waren bis auf das Honorar ganz einig, und endlich auch über dies: ich sollte 4 Friedrichsd'or nach Beendigung des Druckes und noch 4 haben, wenn 200 Exemplare verkauft wären. Mit den Lettern war ich aber gar nicht zufrieden, und wenn mich nicht die Aussicht auf etwas Reisegeld gereizt hätte, so wäre wol das Ganze unterblieben. Die Druckereien in Bonn und Köln waren damals sehr erbärmlich; wenn auch etwas auf dem besten Papiere gedruckt war, so sah es immer unsauber aus; auch der Schnitt der Lettern war geschmacklos. Sehr ergötzlich schien es mir deshalb, wenn Bachem sich brieflich äußerte: ›ich weiß, daß Erzeugnissen des

Genius ein gewisser Glanz nicht mangeln darf.‹ – Noch vor Ende März war meine kleine Gedichtsammlung erschienen unter dem Titel: ›Lieder und Romanzen. Herausgegeben von H. Hoffmann von Fallersleben.‹ (Köln, 1821. 108 SS)[6] Ich mußte ›herausgegeben‹ sagen, weil mehrere Übersetzungen holländischer Volkslieder darin waren und auch einige Gedichte meiner Freunde Henneberg und Krawinkel.

(...) Ich war in meinem poetischen Schaffen noch lange nicht fertig, viel zu unfrei, ich kämpfte noch zu sehr mit der Form, und im Streben nach Volksthümlichkeit vernachlässigte ich jene, und so erreichte ich denn nur selten ein in Form und Stoff vollendetes Ganze. Es war sehr voreilig von dem Halleschen Recensenten (ALZ. 1821. Nr. 277), bei mir von einer ›angebildeten Manier‹ zu sprechen; ich hatte mehr eine Manie gute Gedichte zu machen, als die Manier, Fehler und Albernheiten der Romantiker nachzuahmen. Nach einem halben Jahre hätte ich gern mein Büchlein zurückgenommen und für mich behalten.

(...)

Am 3. December kam ich des Abends in Berlin an. Als der Postwagen die Leipziger Straße entlang fuhr, sah ich immer zum Fenster hinaus. Bis zur Königsstraße fand ich nichts, was nur irgend einen Eindruck auf mich gemacht hätte. Die Beleuchtung war nicht sonderlich, nur die langen Straßen erinnerten an das Großstädtische. Ich ließ mich sogleich zu meinem Bruder bringen, Rosenstraße Nr. 4 auf dem Werder, hinter des Königs Palais. Die Freude des Wiedersehens war groß und des Erzählens kein Ende. Wir machten dann einen Spaziergang. Wir kamen gleich in die Gegend, wo das Großartigste in Berlin sich vereint findet, vom Anfange Unter den Linden bis zum Lustgarten. Es war ein überraschend prachtvoller Anblick, als eben der Mond durch die Wolken drang und wir in der Nähe der Hauptwache rechts und links die bedeutendsten Bauwerke Berlins übersehen konnten. Die nächsten Tage unternahm ich einige Wanderungen durch Berlin, um die Plätze und Straßen kennen zu lernen und mich bald in der großen Stadt leichter zurecht zu finden.

(...)

Schon in Coblenz hatte ich viel gehört von einem Herrn von Meusebach, der dort Präsident der provisorischen Verwaltung der Rheinlande gewesen war und dann als Geheimer Rath an den Rheinischen Cassations- und Revisionshof in Berlin versetzt sei. Der besitze eine große Bibliothek, reich an altdeutschen Werken, sei ein großer Kenner und immer noch ein eifriger Sammler. Ich erfuhr bald seine Wohnung; eines Morgens ging ich zwischen 9 – 10 hin und ließ mich anmelden, wurde aber abgewiesen. Ich wiederholte noch zweimal meinen Besuch um dieselbe Zeit, wurde aber immer abgewiesen, es hieß: ›Der Herr Geh. Rath schläft noch.‹ Ich ließ mich nicht abschrecken: ich ging zum vierten Male hin, aber erst um 11 Uhr. Diesmal hatte ich sagen lassen, der Herr von Arnim habe mich ja schon angemeldet. Nach einiger Zeit kehrte der Bediente zurück: ich möchte eintreten. Herr von Meusebach war in eifrigem Gespräche begriffen mit Frau von Savigny, begrüßte mich, ließ mich stehen und setzte sein Gespräch fort. Frau von Savigny war so gesprächig, daß sich gar kein Ende absehen ließ. Endlich nach einer guten Viertelstunde war der Born ihrer Beredtsamkeit versiegt und sie empfahl sich. M. wendete sich nun an mich. Ich sprach einfach aus was ich von ihm wünschte, nämlich seine Bücher zu sehen. Das gefiel ihm. Ehe er mir aber etwas zeigte, öffnete er die Thür zur Bibliothek und holte links aus der Ecke zwei gestopfte Pfeifen und bot mir die eine an. Als wir so recht damit im Zuge waren, schloß er eine Tapetenthür auf; in diesem unbemerkten Wandschrank wurden die Lieblingsbücher und kostbarsten und seltensten aufbewahrt. Zuerst zeigte er mir das Luthersche Gesangbuch von 1545: ›Was sagen Sie dazu?‹ Ich freute mich, staunte, bewunderte. Es folgte nun eine ganze Reihe derartiger Bücher, die ich alle noch nie gesehen hatte. Die Bücherschau dauerte bereits über anderthalb Stunden, da trat Friedrich der Bediente ein: ›Herr Geheime Rath, es ist angerichtet.‹ Das störte uns nicht, wir fuhren in unserm angenehmen Geschäfte fort. Friedrich kam wieder: ›Herr Geheime Rath, das Essen steht schon längst auf dem Tische.‹ – ›Gut. Nun kommen Sie mit!‹ – Ich hatte früher nie Sauerkraut essen können, heute schmeckte es mir vortrefflich, so wie der leichte Moselwein – einen anderen führte der Geh. Rath nicht. Frau von M. lachte, daß ich es heute so schön getroffen hätte. Die Unterhaltung war sehr heiter. Ich erzählte allerlei hübsche Geschichten so unbefangen als ob ich in einem Kreise alter lieber Freunde mich befände.

Nach Tische begaben wir uns wieder an unsern Wandschrank. Als der Kaffee kam, holte ich mir selbst eine frisch gestopfte Pfeife – Friedrich mußte immer an die dreißig wohlgereinigt und gestopft im Gange erhalten. M. ergötzte sich sehr, daß ich schon so gut Bescheid wußte. Wir begannen von neuem die Bücherschau. Es wurde Licht angezündet, wir setzten uns. Jetzt kamen die Liederbücher und die Fischartiana an die Reihe. Meine Freude steigerte sich. Der Thee wurde gebracht. Frau von M. kam mit ihren Kindern. Das störte uns weiter nicht. Wir unterhielten uns und besahen Bücher; Thee und Essen war Nebensache. Die Kinder gingen wieder fort, Frau von M. folgte bald nach, wir waren wieder allein. Eine frische Pfeife wurde angebrannt. Es war bereits spät. Mein Bruder wußte nicht, wohin ich gegangen war – ich wollte jetzt nach Haus. Ich mußte bleiben. Es wurde zwölf, es wurde eins. Immer noch kein Ende. Da kam M. auf mein Liederbuch zu sprechen und meinte, es wäre hübsch, wenn er es mal sehen könnte. Das Sehen verstand ich recht gut und beschloß bei mir, es ihm zu Weihnachten zu verehren. Endlich um ½2 schieden wir und waren nach funfzehntehalb Stunden erster Bekanntschaft beide recht frisch und vergnügt. Ich mußte versprechen, meinen Besuch bald zu wiederholen, und es fiel mir denn auch nicht im Geringsten schwer, recht bald Wort zu halten.

(…) Je angenehmer mir der Aufenthalt in Berlin von Tag zu Tag geworden war, um so drückender ward das Gefühl, daß sich keine Aussicht zu einem bestimmten Lebensberufe mir eröffnete. Privatdocent an der Berliner Universität zu werden, hatte ich keine Mittel, und es wäre auch wol sehr langwierig geworden, bis ich es zum Professor, und am Ende noch ohne Gehalt, gebracht hätte. Eine Stelle an einer Bibliothek schien mir noch am wünschenswerthesten. Ich hätte dann zugleich Hülfsmittel für meine Studien gewonnen und bei meinen Berufsarbeiten auch Zeit übrig behalten zu eigenen Arbeiten.

M. kannte meine Neigungen bereits und meinte, ich müßte mich um eine Stelle bei der königlichen Bibliothek bewerben und zunächst eine Eingabe an den Minister machen. Einige Tage nachher besuchte ich ihn wieder. Sein erstes Wort war: ›Wie steht's mit Ihrer Eingabe?‹ – ›Daran habe ich noch nicht weiter gedacht.‹ – ›Nun, fuhr er fort, ich habe Ihnen eine gemacht‹ und damit überreichte er mir einen höchst scherzhaft gehaltenen Entwurf einer Eingabe an den Minister Altenstein.

Ich las und mußte herzlich lachen. Daß ich die Sache so lustig nahm, freute ihn sehr und er meinte, wenn mir diese Eingabe nicht gefiele, so wolle er mir eine andere machen, die ich einreichen könnte. Er hielt Wort. Nach einigen Tagen überreichte er mir eine von ihm verfaßte und eigenhändig geschriebene. Diese fand meinen und meines Bruders vollkommenen Beifall; ich schrieb sie ab und reichte sie beim Minister ein.

Schon am 22. Januar schickte der Minister dieselbe an den Oberbibliothecar Wilken ›mit dem Auftrage, sich gutachtlich darüber zu äußern, ob und in welcher Qualität derselbe (der Privatgelehrte H.) seinen Wünschen gemäß, bei der hiesigen Bibliothek angestellt werden kann; auch über seine wissenschaftliche Bildung durch Unterredung mit ihm und Einsicht seiner schriftstellerischen Arbeiten sich Kenntniß zu verschaffen und darüber zu berichten.‹ Ich machte demgemäß Herrn Oberbibliothecar Wilken meine Aufwartung. Er empfing mich nicht eben freundlich. Ich ward etwas verlegen, antwortete aber bald unbefangen auf alle Fragen und übergab ihm einen Theil meiner Arbeiten zu gelegentlicher An- und Durchsicht. Etwas ärgerlich und ohne alle Hoffnung auf Wohlwollen verließ ich Wilken. Zu meinem nicht geringen Erstaunen erfuhr ich später, daß er sehr günstig über mich berichtet hatte.

Ich mußte lange auf Antwort warten und lebte deshalb der Hoffnung, daß eine günstige erfolgen würde. Nicht also. Zu meinem Geburtstage (2. April) wurde ich mit einer kurzen abweisenden Antwort überrascht. Es stand mir aber doch noch eine Freude für diesen Tag bevor. Ich war zu Meusebach's eingeladen und fand dort eine reiche Geburtstagsbescherung, darunter auch die ehemalige Eschenburg'sche Handschrift mit niederdeutschen Gedichten aus dem 15. Jahrhundert. Ich war nun fröhlich mit den Fröhlichen und dachte nicht weiter der fehlgeschlagenen Hoffnung auf eine baldige Anstellung.

Das Meusebach'sche Haus gewährte mir damals was ich sonst nur in verschiedenen Häusern, ja oft nicht einmal in einer und derselben Stadt finden konnte: eine belehrende und anregende wissenschaftliche Unterhaltung, eine ausgezeichnete Bibliothek, traulichen Familienverkehr und die Gelegenheit, viele bedeutende Männer und Frauen kennen zu lernen. Sie standen mit M. theils in freundschaftlichen, theils in amtlichen Beziehungen oder suchten seiner Bekanntschaft. Es fanden sich dort dann und wann ein: Graf Gneisenau, damals Gouverneur von Berlin, General-Major Carl von Clausewitz, die Majore G. v. Below und v. Tümpling, Hegel, v. Savigny, v. Sethe, Geheime Rath Eichhorn, Prof. Rösel, Achim und Bettina v. Arnim, Graf Schlabrendorf, Georg Anton v. Hardenberg (als Dichter unter dem Namen Rostorf bekannt), der schwedische Generalconsul Dehn, der Hamburger Ministerresident Lappenberg, Professor Zeune, Johannes Schulze.

M. hörte damals schon schwer und es war ihm lästig, sich lange mit Leuten zu unterhalten, denen er Rücksicht schuldig war oder mit denen er nichts zu sprechen fand von Belang. Wenn sie dann länger zu bleiben die Absicht zeigten, so wußte er keinen besseren Ableiter als das Spiel, zumal er selbst gerne spielte. So pflegte er immer mit Hegel und Dehn sich zum L'hombre zu setzen, später auch mit meinem Bruder, der bald Meusebach's liebster Spielcamerad wurde.

Unterdessen war Frau v. M. in ihres Mannes Zimmer, wo das

Clavier stand. Sie spielte mir dann die schönen Kreutzer'schen Compositionen der Uhland'schen Lieder, oder wol meine eigenen Melodien, die ich mir hatte aufzeichnen lassen.

Ich verlasse jetzt das Meusebach'sche Haus, um zu erzählen was ich zu Hause trieb und mit wem ich sonst bekannt wurde. Den ganzen Frühling und Sommer arbeitete ich recht fleißig: ich studierte Grimm's Grammatik in neuer Auflage, deren Aushängebogen mir der Verfasser gütigst zugesendet hatte, ich machte Abschriften alter Handschriften, Auszüge für Sprache und Litteraturgeschichte und benutzte viel die königliche Bibliothek. Nebenbei dichtete ich und fang mir zu manchem Liede eine Weise, die ich mir dann aufzeichnen ließ von irgend einem Musiker. Niemand war bereiter dazu als Kretzschmer.

Andreas Kretzschmer lebte als pensionierter geheimer Kriegsrath in Berlin und beschäftigte sich mit Musik und Volkspoesie. Er war kein Musiker von tiefen theoretischen Kenntnissen und practischer Ausbildung, hatte aber einen feinen Sinn für schöne volksthümliche Melodien und Glück in eigenen Compositionen. Leider liebte er das Geistige in zu weiter Ausdehnung und zerrüttete dadurch sich und sein Hauswesen. Er hatte hübsche Sachen gesammelt, Liederbücher, alte Drucke und Handschriften, die er nach und nach verkaufen mußte.

Wenn ich in seiner Familie war, da merkte ich nichts von seiner Neigung zum Trunke. Es ging sehr bürgerlich einfach zu, nur ein kleines Fläschchen Rum wurde herumgereicht und der Hausvater maß sich zwei Löffel voll ab und that sie in den Thee. Sah ich ihn aber bei mir oder sonstwo, so hatte er gewöhnlich schon des Guten zu viel gethan. So lieb es mir war, daß er mir meine Melodien aufzeichnete, und so sehr ich auch von seiner freundlichen Gesinnung gegen mich überzeugt war, so wurde mir doch der Verkehr mit ihm nach und nach verleidet. Er war gemüthlich, gefällig, talentvoll, das ist war, aber er wurde leichtsinnig und unzuverlässig wie im Leben so auch leider in seinen ›Deutschen Volksliedern‹, wovon er noch einige Hefte selbst herausgab.

Schon funfzehen Jahre vor dieser Sammlung – die Ankündigung erschien 1837 –, beabsichtigten wir mit Chamisso eine ähnliche. (...)

Da ich den Aufzeichnungen Kretzschmer's nicht so recht traute, so sah ich mich noch nach anderen Musikern um. Eines Tages besuchte ich Ludwig Berger. Ich begrüßte ihn als den trefflichen Componisten von: ›In einem kühlen Grunde‹, und ›Als der Sandwirth von Passeyer‹. Wir sprachen viel über Composition und wie wol Gedichte die sich dazu eigneten beschaffen sein müßten. Dann erzählte ich ihm, daß ich meine Lieder selbst componierte, obschon ich keine Note verstände. Ich sang ihm einige vor und bat ihn dann, sie mir aufzusetzen. Er war sehr bereitwillig. Ich mußte nun satzweise singen und wiederholen, das wurde mir schwer, und es kam mitunter etwas anderes zum Vorschein als beim ersten oder zweiten Male. Er ließ sich dadurch nicht stören. Ich mußte immer wieder singen. Zuweilen fragte er: ›Ist das wirklich so? das geht nicht gut.‹ – ›Nun, meinte ich, dann bringen Sie es in eine gesetzliche Form!‹ – Später trafen wir bei Chamisso zusammen. Wir sprachen viel über Volksmelodien. ›Ja, meinte Chamisso, ich würde viel darum geben, wenn eine recht volksthümliche Melodie zu meinem: »Der Zopf der hängt ihm hinten«, gemacht würde!‹ – ›Machen wir selbst eine!‹ sagte ich, und fing gleich an zu singen, Chamisso und Berger stimmten ein; wir sangen so lange, bis das Ding rund wurde. Berger setzte dann die Dreimänner-Melodie auf. Ich habe das Blatt noch, wozu jeder von uns schließlich einen Kerl mit einem Zopf zeichnete.

Auch Franz Stöpel verdankte ich mehrere Aufzeichnungen meiner Melodien.

(...)

Mein Verkehr mit Meusebach blieb während des Sommers ein naher und ich weilte viel in seinem Hause. Leider hatte sein Gehör die letzte Zeit sehr gelitten, die Unterhaltung mit ihm war dadurch sehr erschwert. Ich konnte weniger darüber klagen; ich sprach langsam und deutlich, auch hatte er sich an den Ton meiner Stimme gewöhnt. Besonders angreifend war für ihn jede Sitzung des Revisionshofes. Kam dann M. zu Hause, so war er sehr gereizt und konnte über die größte Kleinigkeit außer sich gerathen. Wenn er heftig geworden, ließ er sich schwer besänftigen. Gewöhnlich erfolgte bei Tische ein Tonnerwetter. Ich war deshalb an allen Sitzungstagen (Mittwoch) zum Mittagsessen eingeladen und nannte mich selbst den Blitzableiter. So wie ein Gewitter losbrach, verhielt sich Alles ruhig. Wenn dann M. genug geblitzt und gedonnert hatte und ich bemerkte nur ein Stückchen blauen Himmel, dann gelang es mir gewöhnlich mit einem Worte, das gar keine Beziehung auf den Gegenstand seines Zornes hatte, den Frieden wieder herzustellen. Er war dann wieder sanft wie ein Kind, der allerliebenswürdigste Mann von der Welt, und wußte auch bei mir, wenn auch ich mein Theil Schelte bekommen hatte, Alles wieder gut zu machen. Wir rauchten dann die Friedenspfeife.

(...)

Die Beziehungen zum Meusebachschen Hause füllten so sehr meine freie Zeit aus, daß ich zum Verkehre mit anderen Leuten kein rechtes Bedürfniß fühlte. Ich machte gegen Beginn des Winters nur noch wenig Bekanntschaften und vernachlässigte sogar die bereits gemachten. Zwei liebe Universitätsfreunde waren gerade um die Zeit in Berlin: der Chemiker Dr. Runge und der Mineralog Dr. Friedrich Hoffmann, beide Privatdocenten, die mit einander in freundschaftlichem und wissenschaftlichem Verkehre standen. Als dritter gesellte sich zu ihnen Poggendorf, der sich meist mit Physik beschäftigte. Hoffmann lud uns öfter zu sich ein. Da gab es für uns denn immer gemüthliche Abende. Obschon ich mich unter lauter Naturforschern befand, zu denen sich auch noch Chamisso, der Botaniker v. Schlechtendal und der sehr junge Astronom Jacob Wilhelm Heinrich Lehmann gesellten, so war doch die Unterhaltung durchaus nicht einseitig. Sehr ergötzten wir uns, wenn Chamisso, den ich hier erst kennen lernte, von seiner Reise um die Welt erzählte. Er wußte durch sein Hand- und Geberdenspiel und seine mitunter unbeholfene Sprache die unbedeutendste Geschichte interessant zu machen.

Später war ich auch in Chamisso's Hause und verlebte dort einige schöne Abende. Frau v. Ch. war eine hübsche anmuthige Frau und im Bewußtsein ihres Glückes blickte sie so recht liebeselig in die Welt hinein. Sie konnte sehr naiv sein – sie selbst, die Zeugin der überschwenglichen Liebe ihres Mannes, meinte, als ich einige Liebeslieder las: ›Wie kann man aber auch so verliebt sein!‹ Dagegen meinte ihr Mann, dem das Volksthümliche über Alles ging und der fast immer vergebens danach strebte: ›*Der* singt wie der Vogel singt.‹ – Eines Abends war auch Joseph von Eichendorff zugegen. Die Unterhaltung war eine sehr belebte, wir brachen erst um Mitternacht auf. Ich ging nachher noch mit Eichendorff eine Zeitlang spazieren in den langen stillen Straßen Berlins, wir unterhielten uns viel über Poesie und Philisterei.

(…)

Am 4. März [1823] wurde ich vom Minister v. Altenstein ›bei der Central-Bibliothek in Breslau als Custos vorläufig und zur Probe auf Ein Jahr gegen eine Remuneration von 300 Rb.‹ angestellt und erhielt 35 Rb. Reisegeld. Ich war herzlich froh, der liebevollen Fürsorge meines Bruders enthoben und selbständig geworden zu sein. Wenn auch das ›vorläufig und zur Probe auf Ein Jahr‹ meine Zukunft noch in Zweifel stellte, auch ich keine angenehmen Dienstverhältnisse mir versprechen durfte, indem ich der Willkür des Curators und des Bibliothecars völlig preisgegeben war, so fühlte ich mich doch stark genug, allen Intriguen gewachsen zu sein.

Schlesien kannte ich noch gar nicht. Was ich davon wußte, hatte ich aus Büchern erfahren und aus den Erzählungen meiner Freunde. Es war mir eigentlich von Deutschland zu fern und nun von Holland, mit dem ich noch immer in lebhaftem freundschaftlichen Verkehre stand, erst recht fern. Meine Mutter weinte, als ich nach Bonn ging; wie sie hörte, ich müsse nach Breslau, weinte sie nicht mehr, das lag ihr außer der Welt.

Hatte ich mich im Briefwechsel bisher sehr mäßigen müssen, so stand mir jetzt in Sicht, daß das nun noch mehr der Fall werden würde. Das Porto wurde nach Entfernungen berechnet und Breslau war eben von allen Orten fern wohin ich künftig schreiben mußte oder möchte. Also der briefliche Verkehr war mir erschwert und der persönliche vorläufig unmöglich. Durch die weitere Entfernung war das Reisen kostspieliger geworden. Die Fahrposten waren schlecht und langsam, die eben eingerichteten Schnellposten unser einem zu theuer, obschon sie viel Bequemlichkeit und schnelle Beförderung boten.

Der Gedanke an die Ferne und die Fremde machte mir den Abschied erst recht schwer, es war mir, als ob ich ein unsicheres angenehmes Leben gegen ein sicheres unangenehmes vertauscht hätte.

Zweiter Band
Breslau, Frühling 1823 bis Ende 1836

Den 21. März, also mit Frühlingsanfang reiste ich ab. Nach zwei Tagen und drei Nächten kamen wir in Breslau an. Ich war sehr ermattet, an allen Gliedern wie gelähmt.

Breslau hatte etwas Fremdes für mich, es machte auf mich gar nicht den Eindruck einer deutschen Stadt. In den zwar geraden, aber schmalen Straßen, zwischen hohen, finsteren Häusern bewegte sich langsam eine wühlige Volksmenge, darunter Kerle in schmierigen Schafpelzen, in alten Schlafröcken, Bettler in zerlumpten Kleidern, nur hin und wieder Mädchen in sauberem nettem Anzuge. Die öffentlichen Plätze sind viel zu klein, als daß sie sonderlichen Eindruck machen könnten; der schönste ist von unansehnlichen Häusern umgeben. Der Raum um den Ring war an der Ost- und Südseite mit grundfesten Bauden besetzt und so verunstaltet. Die Kirchen, zwar keine Kunstwerke, aber doch von bedeutendem Umfange, traten nicht recht zum Vorschein, sie waren meist durch schlechte Anbaue entstellt. Von den großen öffentlichen Gebäuden gewährte mir nur die Universität von der Oderbrücke gesehen einen großartigen Anblick.

Mein erster Besuch galt dem Professor der Rechte, Dr. Förster, zweitem Custos der königlichen und Universitäts-Bibliothek. Ich sollte vorläufig sein Stellvertreter und später sein Nachfolger werden. Wir sprachen erst über gleichgültige Dinge und kamen dann auf die Bibliothek zu sprechen. ›Wie man mir in Berlin sagte, soll sie ja noch sehr in Unordnung sein – ‹, so etwas äußerte ich ganz harmlos, gar nicht als meine Ansicht. Diese Worte, die freilich wahr, aber gar nicht böse gemeint waren, galten für eine Kriegserklärung. Förster sagte sie brühwarm seinem vertrautesten Freunde Unterholzner sofort wieder und dieser empört darüber kam sofort um seinen Abschied ein. Der Krieg gegen mich war begonnen und dauerte von diesem Augenblicke an bei der Bibliothek fort, nur durch längere und kürzere Waffenstillstände unterbrochen.

(...)

Unter diesen ärgerlichen Bibliothekhändeln war ich fortwährend wissenschaftlich beschäftigt (...).

Den 10. Juni [1828] sendete ich dem Minister von Altenstein meine Gedichte, die beim Stiftungsfeste des Künstlervereins vertheilt und gesungen wurden. Er schrieb darüber dem Oberpostdirector Schwürz: ›Herzlichst danke ich Ihnen mein Werthester für die freundlichen Zeilen vom 10ten d. M. mit welchen Sie die Übersendung des Schreibens von Herrn Dr. Hoffmann begleitet und mir einige seiner Arbeiten mitgetheilt haben. Ich freue mich der frischen Lebenskraft in dessen Gedichten, und seines Wirkens für Kunst. Ich hoffe ihn für Breslau zu erhalten. Er wird sich immer mehr in sein Verhältniß finden und ich werde endlich doch auch seine allerdings nicht glänzende Lage etwas verbessern können. Nur ist zu wünschen, daß er sich in einer bedeutenden Arbeit so auszeichnet, daß seine Verdienste auch ganz allgemein anerkannt werden.‹

Also *sich auszeichnen*! Das war auch das ewige Lied des

GR. Schulze: ›Er muß sich auszeichnen, muß sich auszeichnen!‹ Wie ist das möglich, wenn einem täglich die schönste Zeit und die beste Kraft vorweggenommen und obendrein noch alle Lust zum Arbeiten vergällt wird? Von so etwas hatte das Hohe Ministerium keine Ahndung, es überließ mich sogar noch der Willkür zweier Leute, die weiter keinen Zweck hatten, als täglich zu zeigen, daß sie meine Vorgesetzten wären und mit mir machen könnten was sie wollten.

Schon im vorigen Herbste hatte der Druck der Fundgruben begonnen. Er schritt langsam voran, der Satz war schwierig, die Correctur machte mir viel zu schaffen, die Vollendung der einzelnen Abschnitte er forderte die größte Sorgfalt und viel Zeit. Mit dem sich auszeichnen ging es also so schnell nicht. Tröstlich war es allerdings für mich, daß ich mich des Wohlwollens des Ministers versichert halten durfte.

Um diese Zeit begannen meine Bibliothekhändel von neuem. Die Amtsstundenfrage war noch immer nicht erledigt. Wachler hatte sich deshalb auf eine des großen Litterarhistorikers recht würdige Weise an den Minister gewendet und für Mittwoch und Samstag je 6 Stunden, für die übrigen Tage je 4 beantragt. Hohes Ministerium entschied natürlich bei allem Wohlwollen für mich doch wider mich. Den 1. August ward die von Wachler beantragte Stundenzahl mir kundgethan und ich schrieb nur darunter: ›Gelesen‹.

(...)

Bei allen Faschingsscherzen in unserer Gesellschaft war mir doch wehmüthig zu Muthe. Ich litt seit Jahren an einer Sehnsucht, die ich niemandem offenbaren konnte, sie war nach und nach zu einer wahren Qual geworden. Ich fragte mich: darfst du jetzt, darfst du überhaupt um ihre Hand anhalten? ist sie noch frei? wird sie dir je werden? – Um ein Ende dieser qualvollen Lage herbeizuführen, entschloß ich mich endlich, mich frei gegen Arlikonas Vater auszusprechen. Ich wußte es nicht anders als durch ein Stück Lebensgeschichte: ›Aus meinem Leben. Für meinen künftigen Herrn Schlichtegroll.‹[1] Dieser kurzen Geschichte meiner langen heimlichen Liebe hatte ich ein ›Buch der Chronica‹ hinzugefügt, für jedes Jahr ein Lied, worin ich mein Sehnen, mein Hoffen, mein Leid einst aussprach. Zwei Tage vor meinem Geburtstage erfuhr ich, daß Arlikona bereits einem Anderen Herz und Hand bestimmt hatte. Ein schöner Traum war ausgeträumt, die Poesie meiner Liebe, sie hatte mir nichts gelassen als meinen Schmerz und eine Handvoll Lieder.

In dieser Zeit der schmerzlichsten Gemüthsbewegung mußte es mir sehr willkommen sein, daß ich nach außen hin vielseitig beschäftigt ward. Zunächst waren es die Vorarbeiten zum zweiten Stiftungsfeste des Künstlervereins. Ich mußte einen Bericht liefern über die Leistungen des Künstlervereins und die Verwaltung des Kunstvereins. Damit eröffnete ich am 20. Mai das Fest[2]. Wie im vorigen Jahre so fiel es auch dies Jahr ganz nach Wunsch aus. Schnabel's Cantate erwarb sich wieder den freudigsten Beifall. Die vielen Tafellieder und Trinksprüche erhöhten die heitere Stimmung, womit das Fest begann und zu Ende ging.

Meine traurige Stimmung war sehr nachhaltig. (...)

Es war ein drückendes Gefühl für mich, daß ich mich gegen niemanden aussprechen konnte; ich war das allen Betheiligten schuldig. Und doch war es mir, als ob ich mich aussprechen müßte. Ich schrieb demnach vom 12–17. Juli ein kleines Drama, worin ich als Fremder und unglücklicher Liebender auftrete unter den Zwecklosen, deren jedem Witze, Sprüche, Lieder zugetheilt sind, wie sie eben seiner Eigenthümlichkeit entsprechen. Es war ein Gemisch von Ernst, Humor, Sticheleien und Anzüglichkeiten. Als ich es eines Abends vorgelesen hatte, war mir wirklich, als ob ich mein Herz erleichtert hätte, und weiter wollte ich ja nichts. So hatte ich freilich gedichtet, es war aber mehr ein unfreiwilliges Geschäft. Denksprüche, Xenien, wilde und zahme entstanden wol, aber selten ein Lied. Zu Liedern fand ich nie die rechte Stimmung in mir. Meine Unruhe, meine Unzufriedenheit mit mir und der Welt ließen mich selten zu einem heiteren Schaffen gelangen. Von den Gedichten dieser Zeit ist überdem wenig übrig geblieben, ich habe später die meisten vernichtet.

In meinen amtlichen Verhältnissen hatte sich nichts geändert. Der Minister war mir sehr wohlwollend gesinnt, er dachte ernstlich an eine Verbesserung meiner Lage, es ergab sich nur keine Gelegenheit dazu. Jetzt im Beginne des Sommers trat solche ein. Büsching war am 6. Mai gestorben und dadurch ein bedeutender Gehalt verfügbar geworden. Wenn auch ältere Zulageversprechungen davon erfüllt würden, so mußte doch noch immer etwas übrig bleiben. Der Minister wußte mir nicht anders zu helfen, als wenn er mich zum Professor machte und so auf den Universitäts-Etat brächte. Diese Absicht hatte er, wollte jedoch durch die philosophische Facultät dazu veranlaßt werden und forderte deshalb dieselbe zur Begutachtung über mich auf, in der Hoffnung, daß selbige seinen Wünschen entgegen kommen würde. Nicht also! Die Facultät erwiederte, hauptsächlich wol auf Wachler's Antrieb, am 25. Juli: ›Den hiesigen Bibliotheks-Custos Dr. Hoffmann hält die hiesige philosophische Facultät zu dieser Lehrstelle gar nicht geeignet und zwar notorisch mit vollem Recht, denn er hat weder den hierzu nöthigen tief eindringenden philosophischen Geist, noch die ernste Studien-Assiduität, noch Vorlesungs-Gabe.‹ Obschon die philosophische Facultät von allen diesen drei Eigenschaften nichts wußte und auch nichts wissen konnte, so erreichte sie doch ihren Zweck: es blieb Alles beim Alten.

(...)

Das Jahr 1830 begann. Mehr als je fühlte ich die Nothwendigkeit, etwas für mich zu thun wodurch ich eine bessere, sorgenfreie Stellung erreichte. Ich hatte jetzt niemanden gegen den ich mein Herz ausschütten konnte als Karl Milde; niemandem schenkte ich ein so unbedingtes Vertrauen als ihm; niemand aber verdiente es mehr als er, er war jederzeit bereit gewesen, mir mit Rath und That beizustehen.

(...)

Ich theilte Milden meinen Plan mit. Die Fundgruben[3] waren vollendet. Ich hatte sie dem Minister gewidmet, und dieser die Widmung angenommen. Ich wollte sie ihm selbst überreichen und bei der Gelegenheit zugleich meine Entlassung im Fall er meine Lage nicht zu verbessern vermöchte. Da ich keinen Urlaub zur Reise von Wachler erwarten durfte, wollte ich ohne Urlaub abreisen. Milde stimmte ein. Ich hielt die Sache natürlich sehr geheim. Ich war mit meinen Vorarbeiten schnell fertig: alle Bibliotheksbücher lieferte ich ab, meldete Wachler und Neumann, daß ich in Familienangelegenheiten auf einige Zeit verreisen müßte, schickte ersterem die Bibliotheksschlüssel und reiste am 19. Februar mit der Schnellpost nach Berlin.

Da ich nun gerade über meinen Aufenthalt in Berlin vom 21. Februar bis 2. März ein Tagebuch habe, so will ich Einiges daraus mittheilen.

Montag den 22. Februar. Meine Fundgruben werden von einem Freunde meines Bruders dem Minister überreicht.

Dinstag den 23. Februar. Morgens um 9 Uhr besuche ich Herrn GR. Schulze. Er empfängt mich sehr freundlich und wir besprechen meine Angelegenheit ausführlich. Er wurde ganz zutraulich und lud mich ein wiederzukommen.

Aschermittwoch den 24. Februar. Um 7 Uhr Abends zum Minister. Der Portier empfängt mich mit dem schlechten Troste: ›Excellenz *spricht.*‹ Ich muß lange warten. Endlich öffnet sich die Thür, der Minister entläßt seinen Geh. Rath und empfängt mich recht freundlich. Ich muß mich zu ihm auf's Sopha setzen.

M. Nun, wie geht es Ihnen in Breslau?

Ich. Leider muß ich Ew. Excellenz erwiedern: nicht sonderlich.

M. Wie kommt denn das?

Ich. Sieben Jahre bin ich Custos mit einem geringen Gehalte und was noch schlimmer ist, ohne alle Aussicht auf Verbesserung.

M. Können Sie nicht auskommen?

Ich. Leider nicht. – Ich möchte Breslau ganz verlassen.

M. Aber wollen Sie nicht Vorlesungen halten? Ich kann leider nicht die Bibliothekstellen unabhängig machen von den Universitäten, daran ist schon Manches gescheitert ...

Ich. Excellenz, leider erfahre ich zu spät, daß in der Bibliothekslaufbahn kein Weiterkommen ist.

M. Warum haben Sie früher nichts gethan? Hagen ging fort, Büsching starb – Sie haben sich zu wenig geriert.

Ich. Ich habe zu viel Feindschaft bei der Universität – wie hätte ich den Entschluß fassen können, ins academische Leben einzutreten?

– – –

M. Nun, wie wär's wenn Sie Vorlesungen hielten? Büsching's Stelle ist noch nicht wieder besetzt.

Ich. Ew. Excellenz erlauben mir zu bemerken, daß die Stelle allerdings noch nicht besetzt ist, daß aber kein Gehalt mehr vorhanden.

M. Gehalt findet sich schon – ich will Sie zum Professor machen.

Ich. So erfreulich mir das sein muß, so kann ich doch den Wunsch nicht unterdrücken, daß ich eben lieber überall als gerade in Breslau Professor würde ...

M. Es ist für den Augenblick. Doch will ich thun was ich kann. Machen Sie mir eine Eingabe. Ich hoffe, es wird gehen, nicht wie am Ende Alles geht, sondern – es wird gut gehen. Leben Sie wohl!

Ich ging tief gerührt von dem Wohlwollen des Ministers und dankerfüllt, aber ohne mich eigentlich zu freuen. Der Gedanke an Breslau ließ kein freudiges Gefühl in mir aufkommen, ich ahndete nur noch schlimmere Kämpfe, die ich bestehen würde, und fürchtete, darunter alle Lebenslust, allen Humor und alle Poesie vollends einzubüßen. In dieser Stimmung erreichte ich das Meusebachsche Haus. Ich muß M. erzählen was ich eben erlebt. Als ich die Worte des Ministers: ›Ich will Sie zum Professor machen‹ ausspreche, unterbricht mich M., freudig erstaunt und scherzend: ›Nein, Sie sind doch ein Glückskind! Laufen aus

Breslau fort und – zur Belohnung macht Sie der Minister zum Professor!‹

Samstag den 27. Februar. Ich reiche meine Eingabe an den Minister ein. Um 6 Uhr beim GR. Schulze; ich theile ihm mit, daß ich den Minister gebeten, mir die Büschingsche Stelle zu verleihen.

Sch. Ja, großer Gott, da ist nichts zu machen, nichts, gar nichts. Sie haben nichts gethan, daß wir Ihnen eine solche Stelle geben können. ... Wenn ich nur wüßte, wie ich helfen sollte! Aber wir können nicht, wir können wahrhaftig nicht: es ist kein Pfennig Geld da.

Im Laufe des Gespräches fährt er fort: Ja, wenn wir nur Ehre mit Ihnen einlegen. – Es ist sehr gewagt, Sie als Professor anzustellen. Es wird viel Geschrei geben.

Ich. Herr GR., haben Sie schon Schande mit mir eingelegt? Ich fordere jeden, selbst meine ärgsten Feinde, den Passow etc. auf, ob sie irgend etwas gegen meine bisherige amtliche Thätigkeit aufbringen können, was mir oder dem Ministerium zur Schande gereichte; ob ich nicht fleißig und gut gearbeitet habe, nicht jedem und allezeit gefällig und hülfreich gewesen bin.

Sch. Ja, das paßt hier nicht auf die Professur. Sie haben noch nicht gezeigt, daß Sie Professor sein können.

Ich. Ich habe schon Vorlesungen genug gehalten – ob da 5 oder 100, ob Studenten oder andere Leute sitzen, ist am Ende einerlei. Ich werde lesen, und werde so lesen, wie einem Manne geziemt, der seines Berufs sich bewußt ist und auf Ehre hält.

Sch. Was wollen Sie denn lesen?

Ich. Allgemeine Litteraturgeschichte, Culturgeschichte, deutsche Litteraturgeschichte.

Sch. Wieviel wollen Sie denn haben?

Ich. Einige hundert Thaler.

Sch. Die müßten aus der allgemeinen Casse angewiesen werden, bis dort in Breslau Fonds frei würden und Sie dann auf den Etat kämen. Aber Sie müssen Litteraturgeschichte lesen, Sie müssen sich besonders dafür bestimmen, ich werde es in Ihr Patent schreiben. Wir müssen aber Ehre mit Ihnen einlegen, Sie müssen sich auszeichnen, dann können sie in Breslau schreien wie sie wollen!

Ich. Ich werde das Meine thun.

Sch. Aber das ist das Schlimme: es sieht immer aus wie eine persönliche Begünstigung.

Ich. Herr GR., wenn Sie irgend glauben, daß ich persönlich begünstigt werde, so wünsche ich recht sehr, daß Sie durchaus nichts für mich thun. Daß ich unglücklich war, daraus darf man mir keinen Vorwurf machen.

Sch. Ich werde ja thun was ich kann, seien Sie davon überzeugt!

Ich. Ich wünsche, daß es bald entschieden wird. Wollten Sie es mich wol wissen lassen, damit ich, wenn's nichts mit meiner heutigen Eingabe wäre, dann meinen Abschied noch zeitig einreichen könnte?

Sch. Das ist nur Scherz. Ich werde thun was ich kann.

Ich verneigte mich und ging.

So hart ward ich noch nie von einem Manne behandelt, der doch längst eine bessere Meinung von mir haben mußte. Seiner Heftigkeit zu Anfange begegnete ich mit der größten Ruhe, und erst dann, als er sich auf Erörterungen einließ und allmählich ruhiger und milde ward, trat ich mit aller Kraft meines gekränkten Ehrgefühls gegen ihn auf, ich schenkte ihm gar nichts, und bin vielleicht nie stolzer gewesen als eben damals, aber auch vielleicht nie mit größerem Rechte. Die ganze Verhandlung währte eine Stunde; ich hatte gesagt was ich sagen wollte.

Sonntag den 28. Februar. Ich beschäftige mich mit den Vorlesungen, die ich nun nächstens halten werde. So angenehm mir die Aussicht auf einen neuen schönen Wirkungskreis ist, so kann ich doch ein gewisses trauriges Gefühl nicht unterdrücken.

Um 2 Uhr zu Meusebach. Nach Tische habe ich eine sehr lange Unterredung mit Lachmann. Ich erzähle ihm meine letzten Erlebnisse in Breslau und den Zweck meines Hierseins. Er zeigt sich so überaus theilnehmend und liebevoll, daß ich ihm heute um vieles näher stehe als sonst. Er redet mir zu, den Otfrid doch herauszugeben, er sei bereit die Correctur hier zu übernehmen.

Dinstag den 2. März. Um 6 Uhr besuche ich Hofrath Koch. Ich beklage mich über Schulze's Benehmen gegen mich. Koch entschuldigt den Geheimen Rath, er sei seit einiger Zeit sehr überreizt, er müsse zu viel arbeiten und würde gewiß erliegen, wenn das so fortginge. Übrigens meine er es gut, und würde gewiß für mich thun was er könne.

So weit mein Tagebuch.

(...)

Am 6. März kam ich in Breslau an; zwei Tage dar auf stattete mir der Minister seinen Dank ab für die ihm gewidmeten Fundgruben: ›Indem ich das Verdienst, welches Sie sich durch die mit Sachkenntniß und lobenswerther Sorgfalt veranstaltete Herausgabe der interessanten und wichtigen, in diesem Bande enthaltenen Beiträge zur Geschichte der deutschen Sprache und Litteratur erworben haben, nach seinem ganzen Werthe anerkenne, gebe ich Ihnen zugleich die Versicherung, daß ich bemüht seyn werde, Ihre äußere Lage nunmehr zu verbessern, und Ihnen dadurch meine vorzügliche, Ihnen gewidmete Hochachtung zu bestätigen.‹

In diesem Schreiben des Ministers fand ich Beruhigung und Trost, mehr aber noch in den Gesichtern meiner künftigen Herren Collegen: es lag darin, daß mir gegen ihren Wunsch und Willen etwas Gutes begegnen würde. Schon am 30. März erfuhr ich durch meinen Bruder, daß ich zum außerordentlichen Professor ernannt sei. Erst am 13. April erhielt ich meine Bestallung als außerordentlicher Professor für das Fach der deutschen Sprache und Litteratur mit einem jährlichen Gehalte von 200 Thalern, sie war am 18. März ausgefertigt. Ich war sehr bewegt – ich schlug die Bibel auf und las mit großer Andacht die Worte des Psalmisten (109 und 103):

Stehe mir bei, Herr mein Gott! hilf mir nach Deiner Gnade! Daß sie inne werden, daß dies sei Deine Hand, daß Du, Herr, solches thust.

Fluchen sie, so segne Du! Setzen sie sich wider mich, so müssen sie zu Schanden werden, aber Dein Knecht müsse sich freuen.

Meine Widersacher müssen mit Schmach angezogen werden, und mit ihrer Schande bekleidet werden, wie mit einem Rock.

Lobe den Herrn, meine Seele, und was in mir ist, seinen heiligen Namen!

Lobe den Herrn, meine Seele, und vergiß nicht was er Dir Gutes gethan hat!

Nach langer Zeit konnte ich mich wieder einmal so recht von Herzen freuen. Ich hatte mich bisher nie glänzender an meinen Feinden und Neidern gerächt. Ich war nun dasselbe was sie, und konnte sorgenfreier und hoffnungsreicher der Zukunft entgegen gehen. Ich besuchte in den nächsten Tagen meine Herren Collegen. Sie waren alle sehr freundlich und versicherten mich ihrer collegialischen Freundschaft. Ich ließ mich durch alles das nicht irre machen und blieb in meiner bisherigen Zurückgezogenheit. Ich hatte lange genug *neben* ihnen leben müssen, als daß ich noch Lust gehabt hätte, *mit* ihnen zu leben. Wie ärgerlich die Herren über meine Ernennung waren, erfuhr ich denn doch sehr bald. Der einzige Professor, mit dem ich bisher fast freundschaftlich verkehrte, Stenzel, sprach sich, nachdem ich ihm meine Ernennung mitgetheilt hatte, auf eine Weise aus, die mich nach dem was die anderen darüber dachten, gar nicht weiter verlangen ließ.

Ich dachte jetzt sehr ernstlich an meine Vorlesungen. Die Zeit war kurz, ich mußte mich für dies halbe Jahr auf ein Publicum und ein Privatissimum beschränken, zumal mich noch die neue Ausgabe des Otfrid, mit der ich mich schon seit dem März beschäftigte, und meine Habilitation sehr in Anspruch nahm. Für letztere schrieb ich eine Abhandlung über die mittelniederländischen Dichtwerke.

Zu meiner ersten Vorlesung hatte ich einen Gegenstand gewählt, der bis dahin noch nie besonders behandelt war: Geschichte des deutschen Kirchenliedes vor Luther. Ich hatte schon lange dafür gesammelt, die Ausarbeitung machte mir viel Freude, noch mehr daß ich nun in einem öffentlichen Vortrage die Ergebnisse meines Forschens auch anderen mittheilen konnte. Ich begann den 7. Juni vor 9 Zuhörern, die dann auch treu aushielten bis zuletzt. Zu meinem Privatissimum zu Hause: deutsche Handschriftenkunde, hatten sich mehr gemeldet als ich unterbringen konnte, ich hatte nur für 6 Platz. Mit dem Erfolge meiner neuen academischen Thätigkeit konnte ich zufrieden sein.

Am 20. Juni feierte ich mit den Geburtstag der Frau v. W.[4] Ich überreichte ihr ›Kalitten[5] zu den Blumenkränzen des 20. Juni 1830‹ und Uhland's Gedichte mit folgender Zuschrift:

> Am Reichthum dieser fremden Blüthenwelt
> Kannst Du vergessen meine Dürftigkeit,
> Denn in den Frühling meines Lebens fällt
> Nur eine lange herbe Winterzeit.

In den Kalitten sind 5 spanische Romanzen mitgetheilt. Diese galten meiner unerwiederten Liebe zu *Botheina*, wie ich sie damals nannte und später nennen werde.[6] Die Zueignung rechtfertigt, warum diese Romanzen bei dieser Gelegenheit gedruckt wurden:

> Ist das Glück auch mir entschwunden,
> Blieb der Schmerz auch mir allein,
> Darf ich drum der frohen Stunden
> Letzten Nachhall Dir nicht weih'n?
> Hast Du es doch mit empfunden,
> Eben darum ist es Dein.

Wäre es doch bei den Kalitten geblieben! ich hätte mir und anderen viel Leid und Kummer erspart, und so manche schöne Erinnerung ungetrübt für mein ganzes Leben behalten können.

Es war jetzt mein sehnlichster Wunsch, mit der Facultät so bald als möglich ins Reine zu kommen. Daß man meinen Leidener Ehrendoctorgrad nicht gelten lassen möchte, hatte ich bereits unter der Hand erfahren. Ich schickte das Diplom ein. Die Facultät betrachtete das Pergament mit dem großen Siegel in der Messingkapsel. Wachler sprach dann das große Wort gelassen aus: ›Es ist echt!‹ Zu einer Promotion hätte ich mich nie verstanden, das wäre eine Beleidigung für die Leidener gewesen; eine Ehrenbezeigung dieser Art von solch einer Universität schien mir immer noch mehr zu wiegen als ein *rite promotus* jeder deutschen Universität. Ich glaubte als Professor der *deutschen* Sprache und Litteratur genug zu thun, wenn ich eine *lateinische* Abhandlung drucken ließe und eine *lateinische* Rede hielte, wie man ja auch v. d. Hagen und Büsching gestattet hatte. Dies wurde mir auch von der Facultät zugestanden.

Botheina war seit Anfang Julis wieder in Breslau bei ihren Anverwandten. Sie war krank gewesen und noch immer sehr schwach und leidend. Ich sah sie dann und wann. Wir sprachen fast nie mit einander, und das wenige, was ich von ihr hörte, war der Art, daß ich nicht die mindeste Hoffnung hegen konnte, daß sie meine Liebe je erwiedern würde. Ich fühlte mich sehr unglücklich und litt viel. Ich begreife heute noch nicht, wie ich trotzdem so beharrlich lieben konnte. Ihren Verwandten war mein Zustand bekannt, sie suchten zu trösten, ohne jedoch die geringste Hoffnung mir zu machen. Ich wußte mein peinigendes Gefühl nur durch Dichten und Aufzeichnen meiner Seelenzustände zu beschwichtigen. Ich war geistig und körperlich sehr aufgeregt und ungewöhnlich reizbar.

Es kamen nun noch die Julitage hinzu. Ich nahm den lebhaftesten Antheil an der Entwickelung der Dinge in Paris. Ich war oft bei Milde. Jede Neuigkeit aus Paris wurde verschlungen. Als die französische Bewegung die Nachbarländer ergriff, verfolgte

ich mit gespanntester Aufmerksamkeit jede Regung zur Herbei-
führung besserer Zustände, namentlich in Deutschland. In dieser äußern und inneren Unruhe vollendete ich den Druck meiner Habilitationsschrift, die später als *Pars I.* der *Horae belgicae*
im Buchhandel erschien.

(...)

So ging das Jahr zu Ende. Ich hätte zufrieden, sehr zufrieden
sein können: ich hatte vieles erreicht was mir vor Jahr und Tag
unerreichbar schien. Und doch fühlte ich mich unglücklich.
Meine Liebe zu Botheina war durch alle Hoffnungslosigkeit nur
noch stärker geworden. Mein einziger Trost war, daß ich mich in
Liedern aussprechen konnte. Zu Weihnachten ließ ich sieben
Lieder drucken: *Die letzten Blumen,* eins für jeden Wochentag,
voran eine Einleitung.[7]

(...) Zunächst nahm mich meine Habilitation in Anspruch.
Die Einladungsschrift war fertig und wurde vertheilt. Am
28. Februar (1831) Mittags 11 Uhr hielt ich in der kleinen Aula
eine *lateinische* Rede über Luther's Verdienste um die *deutsche*
Sprache; ich war nun wirklicher *Professor extraordinarius.*

Am 2. April wurde in befreundetem Kreise mein Geburtstag
gefeiert und mit einer Überraschung beendet, mit – meiner Verlobung. Nach vielen mündlichen und schriftlichen Verhandlungen, nach vielen Überlegungen und Erwägungen war von Seiten
der Familie die Einwilligung erfolgt, Botheinas Herz hatte sich
in Liebe mir zugewendet, sie war meine Braut und ich fühlte
mich unaussprechlich glücklich. Wie mir damals zu Muthe war,
habe ich am besten ausgesprochen in den sechs letzten meiner
spanischen Romanzen (Nr. 11–16),[8] die eben damals entstanden. Ich lebte herrlich und in Freuden nur meiner Braut, nur ihr
und ihrer Familie.

Im Herbste nahm ich mit Botheina an einem Ausfluge theil,
den die Familie ins Gebirge machte. Als wir zurückkehrten, war
kurz vorher (29. September) in Breslau die Cholera ausgebrochen. Es kam nun eine traurige Zeit. Die Cholera, diese nie gekannte Krankheit, mit ihren plötzlichen heimtückischen Anfäl-

len, zwar kurzen, aber schrecklichen Schmerzen, denen meist immer der Tod folgt, verbreitete Angst und Schrecken. Die ersten gräßlichen Vorsichtsmaßregeln, das Fortschaffen der Cholerakranken im Korbe, die nächtliche Bestattung, alles das vermehrte das Unheil. Ich lebte wie gewöhnlich, hatte keine Furcht, und suchte mich und andere zu erheitern. Und das war gewiß das beste Gegenmittel.

Meine heitere Stimmung wurde leider bald getrübt: Botheina erkrankte und genas nicht recht wieder, den ganzen Winter kränkelte sie. Ich litt mit und fühlte mich endlich sehr leidend und ward traurig.

(...)

Das Schicksal Polens betrübte mich sehr und in dem Losreißen Belgiens von Holland konnte ich wenigstens für die Belgier niederländischer Abkunft kein Heil sehen. Und den großen Ereignissen des Tages nahm ich lebhaften Antheil. (...)

Das neue Jahr 1832 begann. Ich hoffte, daß ich nun bald Hochzeit halten und mir ein eigenes Hauswesen gründen könnte. Eine bange Ahndung sagte mir, daß sich diese Hoffnung nicht erfüllen würde. Ich sah mit Besorgniß in die Zukunft.

Den 26. März schloß ich meine Vorlesungen und gedachte nun wieder einmal recht frei und froh zu sein. Wenige Tage nachher erfolgte ein Ereigniß, das, so freudig es für die Familie meiner Braut war, doch für mich nicht sein sollte. Die Familie wollte schon in nächster Zeit Breslau für immer verlassen.

Wie mir damals zu Muthe war, erhellt aus einem Briefe an meinen Bruder. Den 30. März schrieb ich ihm:

›Ich habe diesen Winter viel arbeiten müssen, besonders hat mir meine Litteraturgeschichte viel zu schaffen gemacht. Jetzt hoffte ich recht froh und munter des Frühlings zu genießen; ich wollte studieren was mir Freude machte; ich wollte wieder dichten, wozu mir seit einem halben Jahre gar keine Zeit blieb; ich wollte Briefe schreiben etc.

Nun ist mir Alles getrübt. Ich habe Kraft und Muth genug, allein überall in der Welt zu stehen; aber der ewige Wechsel in meinen Lebensverhältnissen läßt mich zu keiner Ruhe und keinem Frieden gelangen und muß endlich doch allen Muth, alle Kraft brechen.‹

Was ich der Familie gegenüber thun konnte, um meinerseits jedes Hinderniß meiner Heirat zu beseitigen, that ich: ich reiste nach Berlin, machte eine Eingabe an den Minister, bat um das Ordinariat und um Zulage, überreichte ihm meine Geschichte des Kirchenliedes und theilte ihm mündlich meine Gründe ausführlich mit. Nach dreiwöchentlicher Abwesenheit kehrte ich den 12. Mai nach Breslau zurück. Im Juni verließ meine Braut mit ihrer Familie Breslau und ging zunächst in ein Bad. Ich begleitete sie dorthin. Nach zehen Tagen kehrte ich in derselben Ungewißheit über meine Hochzeit zurück wie ich abgereist war. Jetzt getrennt auch von denen, mit welchen ich seit Jahr und Tag gleichsam zusammen gelebt hatte, entfremdet allen früheren Freunden und Bekannten, erfolglos in meinen Bemühungen, endlich mir ein eigenes Familienleben und Hauswesen zu gründen, fühlte ich mich alleiner wie jemals. Schon den 20. Juni schrieb ich meinem Bruder: ›Dieser Zustand hat für mich etwas Zerstörendes, er vernichtet mich völlig.‹

All mein Flehen und Bitten umsonst. Noch am 28. August schrieb ich meiner Braut: ›Um die schönste Zeit meines Lebens betrogen soll ich nun auch den letzten Rest noch – nicht einer belebenden, begeisternden Idee – dem Eigensinne Anderer opfern. Was soll ich davon denken? Weiß ich einmal, daß man meine Hochzeit absichtlich von einem Jahr ins andere hinausschiebt, dann weiß ich auch, daß ich wenig oder gar nichts dabei gelte, daß ich gar nichts bin.‹

Auch *darauf* erfolgte so gut wie keine Antwort. Nach langem qualvollen Überlegen und Erwägen schrieb ich meinem Bruder 30. September: ›... Ich sehe zu klar, wie meine ganze Heiratsangelegenheit sich in Nichts auflöst. Das unschlüssige Wesen der Familie und ihre Rechtfertigung der Verzögerung meiner Hochzeit haben mich hinlänglich überzeugt, daß ihre Ansprüche an mich so hoch sind, daß ich sie *nie* erfüllen kann ... Die Familie mag nun sehen, daß ich mehr bin als ihre thörichten Rücksichten und ihre quälenden Bedenklichkeiten, und daß ich mich zu einem Verhältnisse, wozu man nur Opfer von mir verlangt, da es doch nur durch wechselseitige Opfer gegründet wird, nicht verstehen kann.‹

Er übernahm dann die weiteren mündlichen und schriftlichen Verhandlungen mit der Familie meiner Braut und gegen Ende Novembers war mein Verhältniß gelöst. Was ich in meinem letzten Briefe an ein Mitglied der Familie schrieb (2. December 32) kann ich zum Glück noch heute sagen: ›– ich habe ehrlich und grade gehandelt, und kann meinem Gewissen keinen, auch nur den leisesten Vorwurf machen.‹

Aus einem langen qualvollen Zustande war ich erlöst und der Dichtung und Wissenschaft und dem geselligen Leben wiedergewonnen. Meine Vorlesungen gingen Hand in Hand mit meiner Schriftstellerei.

(...)

Sehr befriedigt mit meinem langen Aufenthalte verließ ich Wien am 21. August [1834] Morgens 6 Uhr. Die Nacht des folgenden Tages fuhr ich durch das liebliche Mürz- und Murthal und traf Morgens um 6 Uhr in Gratz (damals noch Grätz genannt) ein. Da ich meine Arbeiten in der öffentlichen Bibliothek bald vollendet hatte, so wollte ich mich nun auch der schönen Natur erfreuen. Ich machte verschiedene Spaziergänge und Ausflüge und war entzückt von den Herrlichkeiten ringsumher. Die Aussicht vom Schloßberge ist unstreitig eine der schönsten in Deutschland und wird wol kaum von irgend einer anderen an malerischem Reichthum übertroffen. Ich war fortwährend in freudiger Aufregung und selbst noch des Abends spät konnte ich mich nicht satt sehen an dem Himmel, so tief blau hatte ich ihn nirgend gesehen, auch die Sterne schienen mir alle größer und glänzender als sonstwo.

Am 25. August begleitete mich ein Bekannter über Voitsberg nach Köflach. Ich war nun am Fuße des Hochgebirges und setzte allein mit meinem Einspänner die Reise fort. Es dauerte lange, bis ich auf die Höhe gelangte. Ich fuhr immer weiter auf der Hochebene und erreichte erst in der Dämmerung die Pack, ein Alpendorf, zwischen 5–6000 Fuß über der Meeresfläche. Ich war sehr hungerig und sehnte mich nach einer guten Malzeit, erwartete aber nichts Sonderliches. Wie war ich überrascht, als vortreffliche Backhändel mir aufgetischt wurden und guter steirischer Wein dazu kam. Den folgenden Tag früh 4 Uhr setzte ich meine Reise fort. Stundenlang fuhr ich, dicht in Nebel gehüllt, auf dem Rücken des Gebirgszuges, der die Steiermark von Kärnthen scheidet. Zuweilen öffnete sich das Gewölk, und eine weite grüne Landschaft lag vor mir im hellen Sonnenscheine. Zwischen 9 und 10 Uhr ward es heiterer. Wir fuhren nun andert halb Stunden bergab ehe wir im Thale anlangten. Der Weg ist beinahe immer sehr abschüssig. Viele Menschen zu Roß und zu Wagen fanden hier schon ihren Tod, Alles zerschmetterte und stürzte in die Tiefe hinab.

Endlich gegen Mittag erreichten wir den Engpaß, der Graben genannt. Ein sehr schmaler, oft nur von Steinen locker aufgeführter Weg zieht sich rechts an hohen Felswänden hin und links an einem brausenden Gießbache. Die drohenden Felsstücke, das wüste Flußbette, die dunkelen Baumgruppen, hinundwieder im Thale rauchende Schmelzhütten und pochende Eisenhämmer, auf den Höhen verfallene Burgen – alle diese mannigfaltigen Erscheinungen ließen mich das wirklich Gefahrvolle des Weges vergessen.

In der Nähe vor Wolfsberg öffnet sich das Lavantthal mit seinen freundlichen Dörfern und Städtchen, mit seinen Maisfeldern, Obstbäumen und üppigen Matten, zu beiden Seiten von hohen Bergen umschlossen. Am Ende des Thales, in der Nähe der majestätischen Choralpe, auf einem Felsen liegt St. Paul, halb umkränzt von einem Buchenberge, auf dessen drei Gipfeln zwei Kirchen stehen und ein altes Schloß. Ich traf zur Mittagszeit ein. Ich war schon durch den Abt von Wien aus angemeldet, wäre aber auch ohnedem freundlichst empfangen worden. Ich ward sogleich zur Tafel geladen, und nachher in mein Zimmer und dann in die Bibliothek geführt. Noch am selbigen Tage. nahm ich mehrere Handschriften in mein Zimmer und fing sofort an zu arbeiten.

(…) Am letzten Sonntag war große Mittagstafel, wozu einige benachbarte Beamte und Gutsbesitzer eingeladen waren. Nach aufgehobener Tafel blieben die Officialen mit den Gästen noch beisammen. Es wurde der beste steierische Wein aus großen Cristallflaschen kredenzt. Er mundete mir wie den übrigen, ich trank fleißig mit, und ahndete gar nicht, daß unter der Milde und Lieblichkeit dieses Weines so viel Kraft und Feuer verborgen sein könnte. Ohne eine besondere Wirkung zu spüren, nahm ich Abschied. Kaum aber saß ich im Wagen, so glühte ich über und über und mußte in Wolfsberg einige Stunden in der Abendluft wandern, bis ich kühl wurde.

Den 1. September verließ ich das Lavantthal. Ich fuhr den ganzen Tag, dann und wann wurde angehalten, in St. Leonhard, Reichenfels, Obdach, Judenburg. In Zeiring übernachtete ich. Den folgenden Tag fuhr ich über St. Johann und die Rottenmanner Tauern. Die Fahrt ist sehr beschwerlich und dabei sehr gefahrvoll: anderthalb Stunden lang geht der Weg immer bergab, oft ganz abschüssig. Doch giebt es wol wenig Bergpässe, die soviel Schönes und Erhabenes den Blicke darbieten. Besonders großartig erscheint die Natur zwischen dem ersten und zweiten Tauern; hier zieht sich die Straße an thurmhohen Felswänden und einem rauschenden Gießbach hin. Die höchste Stelle der Straße ist 5000' Seehöhe.

Am Nachmittage erreichte ich das Ensthal und das nächste Ziel meiner Reise, die stattliche Benedictiner-Abtei Admont *(ad montes)*. Sie liegt von hohen Bergen halb umschlossen an der Ens. Die hohen Gebäude, obschon nicht ganz vollendet, mit ihren drei Höfen und 300 Zimmern machen einen großartigen Eindruck. Man hieß mich freundlichst willkommen und führte mich sofort in das Lesezimmer, worin mehrere Zeitungen und Zeitschriften aller Art auslagen. Zur Benutzung der Bibliothek schien es für heute zu spät.

Den folgenden Tag war mein erster Gang in die Bibliothek. Obschon das Kloster erst 1074 gegründet ward, so fand sich doch unter den Handschriften Manches für meinen Zweck: althochdeutsche Wörterbücher[9], mittelhochdeutsche und lateinische Gedichte, wovon ich Abschrift nahm. Aus einer lateinischen Metrik für die Poesie des Mittelalters schrieb ich nur einen Theil ab, den Abschnitt von den Versarten, es kommen darin schon die leoninischen Verse vor.[10]

Bis zum 5. September verweilte ich hier. Des Arbeitens war kein Ende: wenn ich des Abends fertig zu sein glaubte, so fand ich des Morgens wieder etwas Neues, Interessantes. Nur wenn die Sonne unterging und blutroth die weißen Zinken der Alpen färbte, verließ ich mein Zimmer und ging auf die Ensbrücke. So habe ich mitten in der wunderherrlichsten Natur nur von ferne mich ihrer freuen können.

Den 6. September war ich wieder unterwegs. Ich fuhr über Liezen ins Salzkammergut und blieb die Nacht in Aussee. Den folgenden Tag setzte ich meine Reise fort durch Ischl, am Wolfgangsee vorüber nach St. Gilgen. Den Abend traf ich in Salzburg ein. Den 8. September besuchte ich das Benedictinerstift St. Peter. Es war Mariä Geburt, jeder Geistliche in der Kirche, der Bibliothecar über Land. Erst am Nachmittage konnte ich die Bibliothek sehen. Man gestattete mir, alle Handschriften Band für Band zu untersuchen. Ich fand für meine Zwecke nur wenig. (...)

So angenehm mir bisher das Kutschieren mit dem Einspänner gewesen war, so bequemte ich mich doch jetzt des schnelleren Fortkommens wegen zum Eilwagen. In München war mein erster Gang zu Schmeller. Ich freute mich sehr auf seine persönliche Bekanntschaft, durch Briefwechsel waren wir uns schon näher getreten. Ich erzählte ihm von meiner Reise und sagte dann, daß ich nur um seinet- und der Bibliothek willen nach München gekommen. Er bedauerte, daß ich eine so ungünstige Zeit gewählt hätte, jetzt seien eben Bibliotheksferien und die wolle er sich zu Nutze machen; er habe schon lange mit seinem Freunde und Hauswirthe Professor von Martius eine Reise nach Stuttgart verabredet, in wenigen Tagen wollten sie dieselbe antreten. ›Nun, meinte ich, dann will ich auch nach Stuttgart – wir sind dann noch etwas länger beisammen.‹

Schmeller führte mich in die Hofbibliothek und zeigte mir die wichtigsten altdeutschen Handschriften. Ich wiederholte einige Tage meinen Besuch und beschränkte mich auf das Allernothwendigste: ich verglich einige althochdeutsche Gebete und Beichtformeln und schrieb Einiges der Art ab. Die hiesigen Handschriftenschätze sind bekanntlich sehr bedeutend und wer sich nur auf das Althochdeutsche beschränken wollte, hätte schon Wochenlang vollauf zu thun.

Diese Stunden, die ich mit Schmeller unter Büchern und Handschriften verlebte, waren schon schöne Stunden, und es folgten ihnen bald nach schönere. Ich ward immer mehr von Liebe und Verehrung erfüllt für diesen echtdeutschen edelen Charakter, dies kindlich reine, innige Gemüth, diesen feinen, gründlichen Kenner deutscher Sprache und deutschen Lebens, der mit so reichem mannigfaltigen Wissen so viel Bescheidenheit verband, bei so großen eigenen Verdiensten so viel dankbare Anerkennung der Leistungen Anderer bereitwilligst kundgab. Auffällig war mir, daß er meiner Lebhaftigkeit gegenüber mitunter sehr ruhig und bedächtig ward, als ob ein heimlicher Kummer ihn drückte. Er konnte zuweilen scherzen und lächeln, ein nachdenklicher Ernst verbreitete sich aber bald wieder über sein Gesicht.

(...)

Den 14. September reisten wir ab. Die Fahrt ging langsam, den ersten Tag Augsburg, den zweiten Ulm, den dritten Stuttgart. Daselbst war ich eines Abends zu Gustav Schwab eingeladen. Ich fand dort eine große Gesellschaft, auch Justinus Kerner, dessen Äußeres eher einen Pachter als sinnigen Dichter vermuthen ließ. Schwab reichte mir ein Glas Neckar, wir stießen an, da meinte er, dieser Ur-Schwab: ›Nur wo der Wein wächst, kann man ihn auch besingen – das ist hier schon etwas anderes als in

Eurem Norden etc.‹ Ich hätte viel darauf erwiedern können, schwieg aber, und schluckte das saure Gewächs und das eben so saure Compliment hinunter.

Gerne wäre ich noch etwas länger in Stuttgart geblieben, Schmeller aber wurde unruhig und erklärte, er müsse weiter reisen. Den 20. September verließen wir Stuttgart und fuhren zusammen nach Tübingen. Das Wetter war heiter und wir waren es ebenfalls. Wir freuten uns über die Fülle des Obstes, das überall an den Bäumen zu beiden Seiten des Weges hing und erreichten unter heiteren und anregenden Gesprächen Tübingen. Im Gasthofe fragten wir gleich nach Uhland, der war, wie wir auch in das Fremdenbuch einschrieben, unser Reisezweck. Wir ließen anfragen, ob und wann er zu sprechen wäre. Sofort erfolgte die Antwort seiner Frau: Uhland schliefe zwar noch, aber wir möchten nur kommen, sie würde ihn wecken.

Wir spazierten hin. Ich hatte Uhland noch nie gesehen und es ging mir wie so manchem andern: mein Bild stimmte nicht mit dem Originale. Er empfing uns recht freundlich, war aber nicht sehr gesprächig und lebendig, um so mehr wurde ich es, und es dauerte nicht lange, so fing Uhland an aufzuthauen. Seine Frau nahm Theil an unserer Unterhaltung. Der gute Wein kam dazu und bald hatten wir uns alle traulich und heiter genähert. Wir machten dann einen Spaziergang und mußten nachher bei Uhland zum Abendessen bleiben. Ich erzählte so viele Schnurren, daß des Lachens kein Ende war. Frau Dr. Uhland mochte sich ein eignes Bild gemacht haben von einem Norddeutschen, sie fragte mich: ›Sie sind wol kein Preuß?‹ – Den andern Tag verließ uns Schmeller. Ich blieb noch in Tübingen. Um Mittag holte mich Uhland ab. Wir speisten zusammen und machten dann mit seiner Frau einen Ausflug zu Wagen nach dem ehemaligen Cistercienser-Kloster Bebenhausen.

Mein Reisezweck war erfüllt: ich hatte ihn kennen gelernt, den Mann den ich als Dichter und Gelehrten schon lange liebte und verehrte und war hocherfreut, daß derselbe Mann, was er gewesen geblieben war, ein standhafter Vorkämpfer für die freie

Entwickelung des deutschen Staatslebens. Herzlich dankend für alles Liebe und Gute nahm ich Abschied und reiste noch denselben Abend nach Freiburg. Ich eilte nun nach Basel, wo mich Wilhelm Wackernagel schon seit längerer Zeit erwartete. Den 23. September traf ich ein und blieb acht Tage bei ihm. Wir arbeiteten täglich zusammen. Er gab gerade sein altdeutsches Lesebuch heraus. Ich lieferte ihm noch einige hübsche Beiträge dazu, unter anderen jene Comödie, die ich in Wien abschrieb. Die Handschriften der Baseler Bibliothek hatte Wackernagel zum Theil durchgesehen und manches Deutsche gefunden. Jetzt wollten wir die noch nicht berührten Schränke untersuchen. Wir wurden reichlich belohnt. Ich fand gleich anfangs in einer Handschrift aus dem Ende des 7. oder Anfang des 8. Jahrhunderts mit angelsächsischer Schrift zwei deutsche Recepte, eins gegen den Krebs, das andere gegen eine nicht näher bezeichnete Krankheit. Zum Andenken an unser Suchen ließ ich diesen kleinen Fund drucken als ›*Vindemia Basileensis*‹.

Mein Urlaub war nun abgelaufen und ich mußte die Schweiz, Straßburg, Brüssel und manches andere aufgeben. Ich begann meinen Rückzug. Den 1. October fuhr ich mit dem Eilwagen über Kehl nach Carlsruhe. Mone war freudig überrascht. Er zeigte mir seine Sammlungen mittelniederländischer und altdeutscher Gedichte. Durch seine Vermittelung erhielt ich aus der großherzoglichen Bibliothek eine Handschrift mit althochdeutschen Glossen, die ich ganz abschrieb. Graff hatte bereits andere Glossen, die ebenfalls darin stehen, daraus abdrucken lassen. Eine Vergleichung des Abdrucks mit dem Originale bewies mir abermals, wie flüchtig Graff auch hier gearbeitet, z. B. die Gestalt des carolingischen *o*, welches wie ein geschlossenes *d* aussieht, hat er nicht gekannt und immer als ein *o* mit *v* darüber gelesen und im Druck wiedergegeben.

Ich eilte dann über Darmstadt, Frankfurt, Gießen, Marburg und Cassel nach Göttingen. Ich kehrte bei den Brüdern Grimm ein. Es war ein fröhliches Wiedersehen nach langer Zeit. Seit 1818 hatten wir nur durch Briefwechsel unsern Verkehr fortsetzen können. Die wenigen Tage (vom 11.–15. October), die ich mit und bei Jacob, Wilhelm und Ferdinand Grimm verlebte, schienen mir frohere Erinnerungen als die drittehalb Jahre meiner hiesigen Studentenzeit. Es ward mir unendlich schwer, mich von so vieler Liebe und Theilnahme, von so vielen Schätzen des Herzens und Geistes zu trennen.

Einige Tage verweilte ich dann bei den Meinigen und in Braunschweig. Die letzte Woche Octobers war ich in Berlin. Ich glaubte jetzt mehr als je Anspruch zu haben, in meiner amtlichen Stellung weiter zu kommen. Ich besuchte den Geh. Rath Johannes Schulze, der wegen seines Einflusses ›der kleine Minister‹, auch wol ›*Ioannes parvulus*‹ hieß. Er war recht freundlich. Ich erzählte ihm von meiner Reiseausbeute und überreichte ihm die von mir unterwegs herausgegebenen Schriften. Dann äußerte ich den Wunsch, *Professor ordinarius* zu werden.

Sch. Das geht so nicht – da muß Sie die Facultät vorschlagen und empfehlen, wir können die Facultät nicht übergehen.

Ich. Auf *die* Weise bleibt es beim Alten, denn wenn es auf die Facultät ankommt, so werde ich *nie* Ordinarius.

Sch. Wir können nicht anders, können nicht anders, es geht wahrhaftig nicht. Der Minister darf die Wünsche und Vorschläge der Facultät nicht unberücksichtigt lassen.

Mit dieser schönen Aussicht reise ich am 1. November von Berlin ab und kam am 3. in Breslau an. Den folgenden Tag saß ich schon wieder auf der Bibliothek. Stenzler, der mich bisher vertreten hatte, freute sich, daß er erlöset war, und mich freute es nebenbei, daß es doch nun einen Menschen mehr gab, der das Lästige und Störende einer solchen amtlichen Beschäftigung gekostet hatte.

(...)

Bei aller amtlichen und wissenschaftlichen Thätigkeit fand ich immer noch Zeit zum Dichten und sehr willkommene Anregung. Ernst Richter, Musiklehrer am Breslauer Schullehrer-Seminar, beabsichtigte eine Sammlung von Liedern herauszugeben, die sich an J. G. Hientzsch, ›Methodische Anleitung zum

Singunterricht‹ anschließen sollte. Er suchte dazu noch schöne einfache Volksweisen und Texte. Ich brachte ihm Stoff genug aus unserer und meiner Bibliothek. Er fand passende Melodien, aber keine passende Texte. Er bat mich, dazu Texte zu dichten. Ich ließ mir nun die Melodien so lange vorspielen, bis ich sie auswendig wußte, ich trug sie dann so lange mit mir herum, bis ich Worte dazu fand. So entstanden mehrere Lieder. Ich dichtete dann auch ohne Melodien einige, und wenn Richter dazu keine Volksweise fand, so machte er eine eigene. Schon im August war von seiner Sammlung die erste Abtheilung erschienen als ›Unterrichtlich geordnete Sammlung‹, lauter ein- und zweistimmige Sätze und Lieder, unter den letzteren waren 23 von mir.

Meine Ordinariats-Angelegenheit ging ihrer Entwickelung entgegen.

(...)

Am 2. November überraschte mich mein Bruder mit einer frohen Nachricht. Sein Brief begann: ›Gratuliere, Herr Ordinarius!‹ Die Nachricht war verfrüht, bestätigte sich aber bald. Am 15. November hatte Se. Majestät auf Antrag des Ministers vom 20. October mich zum *Ordinarius* ernannt.

(...)

Mehr Aufsehen als diese neue Würde machte jedoch noch mein ›Buch der Liebe‹, welches um diese Zeit erschien.[11] Des Fragens und Forschens, wem diese vielen Liebesergüsse galten, war kein Ende. Es war und blieb ein Geheimniß. Nur Einer wußte darum, und dieser Eine sagte nichts und wird auch jetzt nichts sagen. Meine Liebesstimmung war zwar eine nachhaltige geworden, aber wie sie in Poesie gekommen, so löste sie sich in Poesie wieder auf, und mir blieb nichts als die Erinnerung an manchen beseligenden Augenblick.

(...)

Über meine neueste Dichtung ließen sich viele anerkennende Stimmen vernehmen. Ich war sehr erfreut darüber und fühlte mich getröstet für manches Unangenehme, welches mir meine beiden Ämter in jüngster Zeit gebracht hatten. Aber der freudige Beifall Anderer konnte mich nicht befreien von der Furcht, daß sich neue Widerwärtigkeiten bald einstellen würden.

(...) Ernstlicher als je dachte ich jetzt daran, aus meinem Bibliotheksamte erlöst zu werden, damit ich ganz meinem Fache leben könnte. Ich wendete mich deshalb an den Minister von Altenstein. Aber es blieb beim Alten.

Schon lange war ich mit der Idee umgegangen, die deutsche Sprachwissenschaft und Litteraturgeschichte als ein Ganzes in einem Grundrisse[12] darzustellen. Nach vielen mühsamen Vorarbeiten war es mir endlich gelungen, das Buch war fertig bis auf die Vorrede. Diese wollte ich nach Rücksprache mit Moriz Haupt bei ihm in Zittau vollenden. (...)

Am 5. Mai starb der erste Custos unserer Bibliothek, Dr. Johann Christoph Friedrich. Obschon er nebst seinen Kindern in dem Bücherdiebstahlsprozesse gegen seine Frau durch richterliche Entscheidung für schuldlos erklärt war, so war er doch suspendiert geblieben, zwar mit vollem Gehalte. Obschon mir jetzt das erste Custodiat von Rechtswegen zufallen mußte, so hielt ich es doch für nothwendig, die 600 Rb. Gehalt, welche der Dr. Friedrich bezogen hatte, zu beanspruchen und wendete mich deshalb an den Minister. Da keine Antwort erfolgte, so wiederholte ich am 15. Juni dem Minister den Wunsch: ›endlich des Custodiats entbunden und als Professor so gestellt zu sein, daß ich diesem Amte ungetheilt Zeit und Kräfte widmen darf und als Lehrer und Schriftsteller ersprießlicher zu wirken vermag.‹ Der Minister bedauerte jedoch, meinem Wunsche nicht entsprechen zu können, ›da gar keine Fonds vorhanden sind, Sie für die mit dieser Stelle verbundenen Einkünfte anderweitig zu entschädigen.‹

Ich war unterdessen eingekommen um Urlaub zu einer wissenschaftlichen Reise auf drei Monate (August September October). Die Städte, worin ich länger zu verweilen gedachte, hatte ich angegeben: Kopenhagen, Amsterdam, Leiden, Haag, Antwerpen, Brüssel und Paris. Ich reiste den 26. Juli ab.

(...)

Am 5. October verließ ich Leiden. Den 7. Abends kam ich nach

Bonn. Als ich den anderen Morgen in den Straßen umherwanderte, tauchten unendlich viele Erinnerungen auf. Ich erkundigte mich nach meinen früheren Wirthen und Bekannten – die meisten waren verkommen oder verschollen oder gestorben. Ich wurde wehmüthig gestimmt. Ich machte einige Besuche. Welcker lud mich zum Mittagessen ein. Nach Tische ging ich allein nach Poppelsdorf. Es war mir wie damals als ich zum ersten Male denselben Weg ging, aber die schöne Aussicht nach dem Siebengebirge war nicht mehr, sie war zugebaut worden. Ich suchte meine alte Wohnung und konnte sie lange nicht wieder finden: das Haus war umgebaut, der frühere Besitzer gestorben, seine Familie ausgewandert. Am Abend kam ich mit mehreren Professoren zusammen, ich kannte keinen einzigen. Es war mir Alles so fremd, daß ich schon den dritten Tag weiter reiste. Meine wehmüthige Stimmung begleitete mich und stellte sich noch später wieder ein. So entstanden die ›Poppelsdorfer Erinnerungen‹:[13]

> Ihr blauen Berge seid es wieder,
> Du bist es wieder, grünes Thal!
> Hier sang ich meine ersten Lieder,
> Ich liebte hier zum ersten Mal.

Von Linz ab reiste ich mit Karl Simrock. Wir kehrten in Coblenz in den Riesen ein und wollten unsern alten Universitätsgenossen Peter Adams begrüßen. Da hieß es, er wäre im Theater, heute würde der Glöckner von Notre Dame ausgepfiffen. Dies war bereits versucht worden, als wir ins Parterre eintraten, die Ultramontanen waren in die Flucht geschlagen und der Glöckner wurde ungestört bis zu Ende gespielt. Man sah uns groß an, als wir uns nach einem Mitpfeifer erkundigten. Den anderen Morgen kam Adams zu uns und lud uns zu Mittag ein. Obschon bei Tische unser Bonner Leben der Hauptgegenstand der Unterhaltung war, so konnte es doch nicht fehlen, daß das Gespräch immer wieder in die Gegenwart hinüber spielte, und dann war es für unser einen nicht angenehm, ich fühlte mich so unfrei, es ward mir so unheimlich, so beklommen. Alle meine alten Coblenzer Freunde standen mit an der Spitze des sogenannten Glaubensheeres, und bildeten den Kern der deutschen Ultramontanen. Mit solchen Leuten kann ein ehrlicher Deutscher nicht gemüthlich verkehren. Ich fühlte mich erst wieder frei und froh bei meinem lieben biedern, freisinnigen, klaren und gemüthlichen Carl Bädeker.

Ich reiste mit Schnell- oder Extrapost weiter. Erst in Göttingen hielt ich Rast. Den 13. October gegen Abend kam ich an und kehrte bei den Brüdern Grimm ein. Der Empfang war ein überaus herzlicher. Wilhelm war sehr leidend und reizbar, ich verkehrte meist nur mit Jacob. Dieser fragte mich, ob ich noch geneigt wäre in Gesellschaft zu gehen, Otfried Müller habe zur Einweihung seines neuen Hauses seine Freunde eingeladen. Ich war bereit. Zu rechter Zeit fanden wir uns ein. Müller, der mich schon von Berlin her kannte, empfing mich sehr freundlich. In den großen hell erleuchteten Räumen bewegte sich die feine Welt Göttingens. Man begrüßte sich, wurde einander vorgestellt, sprach etwas, trank Thee, später Wein und suchte sich sehr anständig zu vergnügen. Anfangs bewahrte auch ich den echten Salonton. Als mich Jacob Grimm dem Professor Gervinus vorstellte und unser beider Namen nannte, verbeugten wir uns sehr artig und sahen uns an und sprachen kein Wort. Nach dieser geistreichen Unterhaltung wendeten wir uns wieder der übrigen Gesellschaft zu. Da rief ich für mich: ›Ich bin des trocknen Tons nun satt‹ und setzte mich mit Siebold und einigen lustigen Gästen in einem Nebenzimmer zusammen. Hier fingen wir an uns allerlei hübsche Geschichten zu erzählen und entwickelten eine ungemeine Heiterkeit. Ich war unerschöpflich, fand ein sehr dankbares Publicum und dachte: Hofrath hin! Hofrath her! Hoffart muß Zwang leiden. Den andern Tag war ganz Göttingen noch voll von meinen Geschichten und mancher lachte noch nachträglich. Selbst Wilhelm Grimm, der doch viel Geschichten wußte und gern und gut erzählte, hätte *den* Abend nicht gegen mich ankommen können.

Die folgenden Tage machte ich Besuche bei von Siebold, Gieseler, Otfried Müller, Dahlmann, Benecke, Höck. Jacob zeigte
mir alle neueren Erscheinungen auf dem Gebiete der deutschen
Sprachwissenschaft, und auf der Bibliothek sah ich mir das Fach
der deutschen Litteratur näher an. Benecke lud uns zum Abendessen ein. Ich ging zeitig hin, Jacob folgte erst später nach, er war
kein Freund des Tabaksgeruchs und wußte, daß Benecke gerne
vorher rauchte. Benecke kannte ich schon früher von der Bibliothek her; ich sah ihn dort in den weiten Sälen feierlich einherschreiten, den Hut etwas seitwärts zur Linken gerückt, ohne
eine Miene zu verziehen. Ich ahndete nicht, daß derselbe Mann
gemüthlich und heiter sein konnte. Kaum hatte er mich begrüßt
und willkommen geheißen, so bot er mir eine Pfeife an: ›Es ist
der edelste Genuß den die Welt hat; die neuere Cultur möchte
uns gern auch darum bringen.‹ Als das Abendessen bereit war,
erschien Jacob Grimm. Bei Tische entspann sich eine vielseitige
und heitere Unterhaltung. Benecke erzählte: ›Der Iwein ist ver-
griffen, Reimer will abrechnen.‹ ›Nun, sagte Jacob schalkhaft lächelnd, da hätten Sie uns wol mehr aufwichsen können!‹ Es war
ein angenehmer Abend, der uns noch am anderen Morgen ergötzte. Jacob war so heiter gestimmt, daß er im 4. Theile seiner
Grammatik, woran er eben arbeitete, eine Anmerkung *gegen*
Benecke strich.

Sonntag-Abend den 16. October nahm ich Abschied und
reiste den folgenden Morgen in aller Frühe mit der Post nach
Hannover und von da mit Extrapost nach Bothfeld zu meinen
Verwandten. Zwei Tage war ich in Bothfeld, oder eigentlich in
Hannover, denn jeden Tag machten wir dahin einen Spaziergang.

Bei Pertz war ich mit meinem Schwager etwa eine Stunde. Wir
sprachen viel über Handschriften und Bibliotheken. Den andern
Tag ging er mit mir auf die königliche Bibliothek, ich sah mir die
Handschriften alle an, durch seine Vermittelung erhielt ich später mehrere geliehen. Die Bibliothek glich mehr einer Rumpel-
kammer, wohin man Dinge schafft die man anderswo nicht unterbringen kann.

Den 20. October reiste ich mit meiner Schwester und ihrer Tochter Alwine in meine Heimat. So ein Stück Lüneburger Heide wie über Burgdorf und Uetze läßt sich nur mit Geduld und Humor angenehm durchreisen. Der Kutscher mit seinen Ackerpferden übereilte sich nicht, die Wege waren schlecht, oft gar nicht vorhanden; wir fuhren meist nur der Richtung nach. Endlich in der Dunkelheit waren wir da. Ich sprang vom Wagen herab, setzte mir einen Frauenhut auf, hüllte mich in meinen Mantel, machte mich ganz klein und spazierte so am Arme meiner Schwester in das elterliche Haus. Niemand kannte uns. Neugierig kamen die Unsrigen herbei, becomplimentierten uns und führten uns in ein Nebenzimmer. Da erhob ich mich und – die freudigste Ueberraschung war gelungen. Das Wetter war schön, meine Stimmung noch schöner: ich war sehr lustig und die Meinigen waren es auch, besonders meine Mutter.

Den 25. October traf ich in Berlin ein, den folgenden Tag hatte ich Audienz beim Minister und den 30. war ich wieder in Breslau. Wol hegte ich die Hoffnung, künftighin, unangefochten in meinen amtlichen Beziehungen, heiter und zufrieden meiner Wissenschaft leben zu können. Diese Hoffnung sollte nie in Erfüllung gehen: die Breslauer Bibliothek war und blieb einmal mein Plagegeist. Den 14. November meldete mir GR. Heinke meine Ernennung zum ersten Custos mit 440 Rb. Gehalt (also 160 Rb. und 7 Klafter hartes Holz weniger als mein Vorgänger!). Er bemerkte jedoch: ›Dabei hat jedoch das hohe Ministerium ausdrücklich nicht für nothwendig befunden, Ihre diesfälligen Geschäfte durch eine Ihnen speciell zu ertheilende Dienst-Instruction festzustellen.‹ Ich war also von neuem der Willkür des Oberbibliothecars preisgegeben. Der alte Zankapfel war geblieben.

Ich war bis jetzt immer noch *Professor ordinarius designatus* und hatte als solcher nur Ein Jahr das Recht, Mitglied der Facultät mit Sitz und Stimme zu sein. Ich dachte schon lange wie die Frau meines Collegen R., diese bat jedes halbe Jahr, wenn der Katalog erschien, ihren Mann: ›Schaff Dir doch das ekliche *Des* vom

Leibe!‹ Dazu gehörte, daß man erstlich eine lateinische Abhandlung verfaßte und drucken ließ und zweitens dieselbe in lateinischer Sprache vor den dazu eingeladenen Mitgliedern der Universität öffentlich vertheidigte. Meine Abhandlung war bereits
gedruckt: *Caerl ende Elegast critice editus.* Da niemand an der
Universität vom Niederländischen etwas verstand als der Dr.
August Geyder, damals ein hoffnungsvoller, beliebter Privatdocent in der juristischen Facultät, so wählte ich ihn zum Opponenten. Es fehlte mir noch ein Opponent und ein Respondent.
Zu jenem verstand sich Karl Gabriel Nowack, später bekannt geworden durch Herausgabe eines schlesischen Schriftsteller-Lexi-
kons. Mein Respondent wurde der ausgezeichnete lateinische
Lexikograph Dr. Wilhelm Freund. Um die lateinische Comödie
recht schön in Scene zu setzen, war eine Vorbereitung nöthig: wir
kamen alle vier zusammen und beschlossen, die und die Punkte
sollten so und so angegriffen und vertheidigt werden.

Der 22. December, der Tag meiner Habilitation erschien. Es
waren zugegen Rector und Senat, der Decan und viele Mitglieder der philosophischen Facultät. Das Publikum war sehr zahl-
reich: viele Studenten, die sonst selten zu dergleichen Feier-
lichkeiten erscheinen, hatten sich eingefunden, alle neugierigst
harrend der Dinge, die da kommen sollten, denn es hieß in der
Stadt: ›Der Hoffmann spricht heute lateinisch‹. Ich hatte mit
meinem Respondenten in einer Bank Platz genommen, vor mir
in einer anderen saßen die beiden Opponenten. Ich erhob mich
und bewillkommnete mit den gewöhnlichen hochtrabenden
Floskeln die Anwesenden. Se. Spectabilität antwortete darauf
eben so hochtrabend. Die Disputation begann. Mein Respondent sprach sehr fließend und widerlegte glänzend alle Einwürfe
der Opponenten, so daß diese nach einiger Zeit nichts mehr vor-
zubringen wußten. Da sagte ihnen denn der Respondent viel
Schmeichelhaftes, diese wieder ihm und alle endlich mir. Ich erhob mich und dankte und wollte eben, als Se. Spectabilität schon
das Ganze für geschlossen zu betrachten schien, abtreten, da
wendete sich noch einer meiner Collegen, Professor Kutzen, an

mich. Auf einen solchen Überfall *ex corona* – wie es auf gut ci-
ceronianisch heißt – war ich nicht vorbereitet und hatte auch
keine Lust, mit meinem mittelalterlichen Latein glänzen zu wollen. Kutzen fragte mich, warum ich *critice editus* gesagt hätte,
passender wäre wol gewesen etc. Ich that als ob ich mich zur
Vertheidigung anschickte, nahm mein Büchlein in die Hand, sah
hinein und sprach dann mit lauter fester Stimme: ›Concedo.‹ Ein
lautes Gelächter erscholl und lächelnd empfahl ich mich und
sang für mich den Schluß des bekannten Bierliedes:

> Und Hermann der Sieger
> Zog jubelnd davon.

Dritter Band
Breslau, 1837 bis 1842

(...)

Den 2. April beging ich meinen 40. Geburtstag. Ich war ernst,
aber doch nicht muthlos; vertrauensvoll sah ich der Zukunft
entgegen und sprach das in einem Gedichte[1] aus. Freilich war ich
dann auch wieder sehr wehmüthig gestimmt, und ich litt manchen Tag, manche Nacht wie am Heimweh. Nur dann und wann
gelang es mir, mich durch das Dichten zu trösten. So entstand jenes, auch von Anderen vielgesungene Lied:

> Abend wird es wieder:
> Über Wald und Feld
> Säuselt Frieden nieder
> Und es ruht die Welt.[2]

In meinem einsamen und unbehaglichen Leben ward mir doch
manche Theilnahme, manche Freude. Ich unterhielt einen lebhaften Briefwechsel mit befreundeten Gelehrten und Künstlern,

der sehr anregend und lehrreich war. Meine Gedichte fanden freundliche Aufnahme und wurden viel und mitunter glücklich componiert. Meine wissenschaftlichen Werke hatten sogar außerhalb Deutschlands Freunde gefunden. Angenehm überrascht wurde ich durch einen Brillantring, welchen mir der König der Belgier verehrte, und zu besonderer Freude gereichte mir, daß Jacob Grimm auch mir unter ›Den mitforschenden Freunden‹ den 4. Theil seiner Grammatik gewidmet hatte.

Da ich ohne Bescheid auf mein Schreiben vom 21. März an das Ministerium geblieben war und mir mein Custodengehalt fortwährend zurückgehalten wurde, so machte ich abermals und zwar am 26. Mai einen gründlichen Versuch, das Ministerium zu einer mir günstigen Entscheidung zu bewegen.[3]

Es erfolgte keine Antwort.

Am 14. August kam ich beim Ministerium um Urlaub ein zu einer Reise nach Belgien, und legte zugleich bei den 2. Theil meiner Fundgruben und den 5. der *Horae belgicae*[4] nebst einer amtlichen Bescheinigung meiner gehaltenen Vorlesungen. Den 3. September erhielt ich Reiseurlaub, durfte aber nicht abreisen, bevor ich das Geschichtsfach revidiert hatte. Das geschah und am 5. zeigte mir der GR. Heinke an, ich könne reisen, und ich reiste am folgenden Tage ab.

Wie einem Gefangenen zu Muthe sein muß der nach jahrelanger Haft endlich aus seinem engen, düstern, dumpfen Kerker befreit wieder den Himmel sieht und die freie Luft athmet, so fühlte ich mich wieder frisch und froh, wie neugeboren als ich den Postwagen bestieg. Obschon ich die erste Station ohne alle Gesellschaft war, so verging mir doch die Zeit rasch genug, ich machte die schönsten Pläne für die Zukunft.

Ich verweilte einige Tage in Berlin, machte mehrere Besuche, wurde mit meinem Bruder viel eingeladen und verlebte mit seinen und meinen Freunden manche heitere Stunde. Schon den 9. September hatte ich Audienz beim Minister von Altenstein. Er empfing mich sehr freundlich und erkundigte sich theilnehmend nach meinen Studien und den Breslauer Verhältnissen. Ich äußerte mich sehr frei und bat ihn abermals um eine baldige Versetzung an eine andere Universität.

Am 12. September ging ich zum GR. Joh. Schulze. Wie ein Wüthender trat er mir entgegen:

›Was wollen Sie?‹

›Nichts, Herr GR., als Ihnen meine Aufwartung machen.‹

›Alle Welt ist unzufrieden mit Ihnen, Alles ist gegen Sie. Über keinen Menschen ist so viel geschrieben als über Sie. Es ist eine widerwärtige, fatale Sache. Ich werde den Minister bitten, mich davon zu dispensiren. Sie haben es aufs Äußerste gebracht. Es wird an den König gehen. Heinke nimmt seinen Abschied.‹

Ich entgegnete ganz ruhig, er wurde heftig und immer heftiger, daß ich denn endlich auch nicht ruhig und sanft blieb. Dreimal empfahl ich mich und *jedesmal*: ›Herr GR., ich hoffe, daß ich Ihnen *nie* wieder Veranlassung geben werde, so aufgebracht gegen mich zu werden –‹.

Denselben Tag verließ ich Berlin. Am 20. September in der Morgendämmerung kam ich in Löwen an. Nachdem ich gefrühstückt hatte, eilte ich zum Bahnhofe. Ich war sehr gespannt; ich hatte bis jetzt noch keine Eisenbahnfahrt gemacht. Kaum war das Zeichen angelangt, daß der Zug nahe, so waren alle Uebergänge der Bahn abgesperrt. So eben sah ich erst den Dampf in der Ferne, und da ward auch schon der Zug wie im Nu sichtbar und hielt an. Ich war außer mir vor Erstaunen, unwillkürlich trat ich zurück, als der Zug daher brauste. Ein ganzes Bataillon Soldaten stieg aus, ordnete sich und zog unter Trommelschlag zur Stadt hinein. Nach einer Weile war der Zug wieder zur Rückkehr bereit. Das Zeichen zum Einsteigen wurde gegeben und gleich darauf zur Abfahrt. Ich kam aus meinem Erstaunen gar nicht heraus und war nicht wenig verwundert, daß auch nicht ein einziger meiner vielen Reisegenossen auch nur die Miene verzog, die neue wunderbare Art der raschesten Reisebeförderung schien jedem schon etwas ganz Gewöhnliches geworden zu sein.

In Mecheln mußte ich mehrere Stunden warten bis der Zug

nach Dendermonde ging. Von hier ab bis Wetteren war die Bahn noch nicht eröffnet, die Weiterbeförderung geschah durch Postwagen. Erst des Abends gelangte ich in Gent an und kehrte in den Wiener Hof ein. Ich eilte sofort zu Willems. Er war nicht zu Hause, ich durfte aber nicht lange auf ihn warten. Er hieß mich herzlich willkommen und lud mich ein bei ihm zu wohnen, damit wir gegenseitig besser mit einander verkehren könnten. Ich nahm die freundliche Einladung an und den folgenden Tag (21. September) zog ich bei ihm ein.

Willems ist eine stattliche Gestalt, die gerade Haltung seines Körpers, der Ernst in seinem Gesichte und die ruhige bedächtige Sprache geben ihm eine gewisse Würde, die darauf hindeutet, daß er in der Gesellschaft eine hervorragende Stellung einnehmen müsse. Und diese hatte er auch in Folge seiner früh gehegten aufopfernden Liebe für alles Vlämische in Sprache, Dichtung und Sitte. Seit seinem ersten Auftreten als Schriftsteller mit seiner *Verhandeling over de nederduytsche Tael- en Letterkunde* (1819–1824) hat er durch eine Reihe von Werken die Liebe für das Vlämische bei seinen Landsleuten zu erwecken gewußt. Er galt für den tüchtigsten Kenner der alten vlämischen Sprache und in ihm war der Mittelpunkt aller der Bemühungen, das Vlämische, die Volkssprache Brabants und Flanderns als Schrift-, Schul- und Staatssprache wieder zur Geltung zu bringen.

So hatte ich denn mit Willems viele gemeinschaftliche Bestrebungen, und der Verkehr mit ihm war ein traulicher, angenehmer, anregender und lehrreicher. Er stellte mir bereitwilligst seine reiche Bibliothek und seine mancherlei Sammlungen zu beliebigem Gebrauche und vermittelte mir die Benutzung vieler wichtigen Handschriften. Durch seine Fürsprache erhielt ich die reiche van Hulthemsche Handschrift *(Cod. Hulth. No. 192)* geliehen, und nahm mir Abschrift von den merkwürdigen alten Schauspielen, die ich später als *Horae belgicae Pars* VI. herausgab. Durch ihn lernte ich mehrere Gelehrte in Gent kennen, so wie auch das dortige gesellige, wissenschaftliche und künstlerische Leben und Treiben. Er führte mich ein in die *Ressource,* die

Concordia und die *Maetschappy van vlaemsche Letteroefening,* die mich am 22. September zu ihrem Mitgliede aufnahm.

Willems bot Alles auf, mir den Aufenthalt in Gent recht angenehm zu machen. Wenn wir uns Stunden lang unterhalten hatten über alte Dichtungen und Handschriften, dann pflegten wir Volkslieder zu singen. Willems, selbst sehr musicalisch, setzte sich dann ans Fortepiano und trug einige seiner Lieblingslieder vor, und so eigenthümlich und allerliebst, daß ich mich noch lange nachher in der Erinnerung daran erfreute.

Eines Nachmittags war ich von Serrure zum Kaffee eingeladen. Ich traf dort einige Professoren, auch W. G. Raßmann, der mir als Vergleicher und Ergänzer der Manessischen Sammlung für von der Hagen bekannt war. Raßmann hatte sich später anderen Studien zugewendet und war Professor an der Universität zu Gent geworden. ›Nun, fragte er mich, wohin werden Sie denn von hier reisen?‹ – Scherzhaft erwiederte ich, aber scheinbar mit einer gewissen Zuversicht: ›Jetzt gehe ich nach Valenciennes und entdecke dort das Ludwigslied.‹ Man lachte und ich lachte mit.

Den folgenden Tag (26. September) um 3 Uhr verließ ich Gent, übernachtete in Mecheln und ging über Brüssel nach Valenciennes.

Nach einer langweiligen schlaflosen Nacht kam ich hier den 28. September gegen Mittag an, halb krank und sehr verdrießlich. Ich frage sofort nach dem Bibliothecar. Nachdem ich ihn gefunden, führt er mich in die Bibliothek. In dem ersten Zimmer links vom Eingange sehe ich unter den Büchern viele alte Bände. Ich frage, ob ich wol die Bücher der Reihe nach durchsehen könne. Er hat nichts dawider. Jetzt beginne ich hoffnungsvoll mein Suchen. Viele Handschriften stehen zwischen den Büchern. Als ich mit den ersten drei Reihen, den Folianten, fertig bin, machen wir Mittagspause. Gegen 2 Uhr finde ich mich wieder ein und fahre mit dem Durchsehen fort. Da ich die Bücher nicht mehr von unten abreichen kann, so besteige ich eine Leiter. Schon bin ich wieder mit einer Reihe fertig, da bitte ich den Bibliothecar eine zweite Leiter für sich zu holen und mir die Bücher zu reichen. Schon beim zehnten Buche etwa schreie ich jubelnd auf und schlage meinen Nachbar vor Freuden auf die Schulter, daß er fast das Gleichgewicht verliert: ›*Voilà, Monsieur!*‹ Der alte Büffeleinband mit den Schriften des Gregorius von Nazianz hatte mich nicht betrogen. Auf der Rückseite des 141. Blattes steht das Ludwigslied, und wie bin ich erstaunt, zugleich das älteste romanische Gedicht, ein Lobgesang auf die heilige Eulalia, bisher völlig unbekannt.

Ich nahm mir sofort Abschrift und stellte wiederholte Vergleichungen an. Meine Freude war groß: wie ein Feldherr nach einer gewonnenen Schlacht zog ich triumphierend in meinen Gasthof ein. Ich vergaß alle Plagen meines heftigen Schnupfens und die Kälte meines Zimmers mit dem rothen Backsteinestrich. Ich gab die Weiterreise nach Frankreich hinein völlig auf, denn einen bedeutenderen Fund glaubte ich doch nicht machen zu können. Den anderen Morgen besuchte ich wieder die Bibliothek, ich fand noch allerlei, aber nichts von großer Bedeutung. Ich dankte dem gefälligen Bibliothecar und verließ Valenciennes, nachdem ich noch zuvor Willems meinen Fund gemeldet hatte.

Einige Tage blieb ich in Brüssel. Den 4. October des Nachmittags begab ich mich auf den Bahnhof und wollte nach Gent. Da hieß es aber: ›Der Zug geht nur nach Antwerpen.‹ Ich mochte nicht wieder umkehren, also gut, nach Antwerpen. Ich sah mir die Stadt an und las die Zeitungen. Da fand ich denn im *Indépendant* schon meiner gedacht: ›*Mr. le professeur H. van F. vient de faire une découverte des plus importantes dans les manuscrits de la bibliothèque publique de Valenciennes*‹ etc.

Am folgenden Vormittag war ich erst bei Willems. Er freute sich sehr meines Doppelfundes und hatte bereits Alles eingeleitet, daß sofort der Druck begonnen werden konnte. Es war ihm sehr willkommen, daß ich ihm für sein *Belgisch Museum* einen so wichtigen Beitrag beisteuerte. (...) – Es waren wenige, aber heitere Tage, und noch heiterer die Abende, die ich in Gesellschaft mit Willems, Philippus Blommaert, Prudentius van Duyse und Professor Lenz verlebte.

Den 8. October war ich bereits wieder unterwegs. Ich blieb bis zum 13. in Löwen und trat dann die Heimreise an. In Dresden besah ich, was man hier so zu besehen pflegt: Gemäldesammlung, grünes Gewölbe, Bibliothek und Brühlsche Terrasse. Ich besuchte mehrere Schriftsteller und Künstler. Bei Julius Mosen verlebte ich einen angenehmen Abend, er las uns Einiges aus seinem Ahasver vor. Vorher waren wir zusammen bei Tieck. Ich war zu lebendig, so daß Tieck wenig zu Worte, geschweige denn zum Lesen kam. Das mochte den alten Herrn verdrossen haben, denn später erzählte mir Mosen, bei Tieck sei von mir einmal die Rede gewesen und Tieck habe bemerkt: ›Ja, es ist noch immer der alte Student.‹ Ich hatte damals wie früher und auch jetzt noch wenig Ruhe, Stunden lang still auf einem Fleck zu sitzen und mir etwas vorlesen zu lassen. So sehr ich Tieck's Vorlesetalent schätzte, so mochte ich doch dies Vergnügen nicht mit einem ganzen Abend unbeweglichen Stillsitzens, aufmerksamen Zuhörens und Schweigens erkaufen. Zu dieser Art des Dresdener guten Tons konnte ich mich nicht emporschwingen.

Den 30. October kehrte ich nach Breslau zurück.

In meiner Bibliotheks-Angelegenheit war von Seiten des Ministeriums nichts erfolgt. Das widerwärtige Gefühl der Ungewißheit dauerte für mich fort. Die Theilnahme meiner Freunde und Bekannten war mir zwar ganz lieb, vermochte aber mich nicht in dauernd heitere Stimmung zu bringen. Der Anlässe, mich heiter und frei im geselligen Verkehre zu fühlen, waren wenige, aber sie waren doch. Eines Abends war ich zum Weinprobieren von einem Gastwirth miteingeladen. Als das prüfende Geschäft im vollen Gange war, wurde die Unterhaltung sehr lebendig. Wir kamen auf das nahe bevorstehende Schillerfest zu sprechen. ›Ja, sagte einer der Anwesenden, meine Herren, ich habe etwas mit Schiller erlebt, dessen sich wenige rühmen können.‹ Er erzählte nun, wie er als Student mit anderen Studiengenossen 1804 in Lauchstädt gewesen sei und wie sie Schiller zu

verherrlichen versucht hätten und was sich dabei zugetragen.
›O, sagte ich, das ist ja eine wunderschöne Geschichte, die darf
nicht verloren gehen.‹ Schon den anderen Tag hatte ich sie in
Verse gebracht.

Das Schillerfest, der 10. November kam heran. Professor
Schön führte den Vorsitz. Man hatte sich diesmal an ihn gewendet, weil man geglaubt, ich würde zum 10. November von meiner Reise noch nicht zurückgekehrt sein. Mir war dieser Präsi-
dentschaftswechsel sehr willkommen: ich konnte mich nun als
gewöhnlicher Gast freier und rücksichtsloser bewegen, mich
auch zu meinen Freunden setzen und durfte mich nicht abängst-
igen mit der Leitung des Ganzen und der genauen Beobach-
tung der Rangordnung gewisser bei solcher Gelegenheit nie feh-
lender vornehmer Gäste.

Die Gesellschaft war in heiterster, harmlosester Stimmung.
Da warf ich eine Granate hinein: ich trug vor: ›*Schiller in Lauchstädt* 1804.‹[5] Ich sprach mit wahrer Seelenruhe, laut und deutlich, daß dem Hörer kein Wort verloren gehen konnte. Jeder
kannte mein Verhältniß zu Heinke, jeder wußte, wie parteiisch
und feindselig der Mann gegen mich intriguierte, jeder fand es
wie ich unpassend, daß der außerordentliche Regierungs-Be-
vollmächtigte und Curator der Universität zugleich *Polizei*präsident der Haupt- und Residenzstadt Breslau war. Ich war noch
nicht zu Ende, so erfolgte bei den Worten: ›*Und sitzt und singt,
da – kommt – die Polizei*‹ ein wahrhaft Homerisches Gelächter
mit lautem Beifallklatschen und Seitenblicken auf Heinke. Ich
hielt inne und ließ sie jubeln und klatschen, Einige suchten unter
dem Tische mit den Händen ihrer Herzensmeinung Ausdruck
zu geben. Nach einer Pause fuhr ich fort: ›*Was will der Sklav bei
freien Männern hier?*‹ Ein neuer Jubel brach los. Nach einer
Pause fuhr ich ruhig fort, als ob nichts vorgefallen wäre. Unter
allgemeinem Jubel setzte ich mich gleichgültig thuend nieder.

Von allen Wünschen in der Welt
Nur Einer mir anjetzt gefällt,
Nur: Knüppel aus dem Sack!
Und gäbe Gott mir Wunschesmacht,
Ich dächte nur bei Tag und Nacht,
Nur: Knüppel aus dem Sack!

Mit diesem Liede,[6] womit ich später die verhängnißvollen ›Unpolitischen Lieder‹ beginnen ließ, beschloß ich das alte und begann ich das neue Jahr, also eben nicht in beneidenswerther Stimmung. Alle Gesuche, alle Audienzen beim Minister, alle Büchereinsendungen – hatten keine endliche Lösung meiner Bibliotheks-Angelegenheit herbeizuführen vermocht. Da immer nichts erfolgte, schrieb ich am 1. Februar an einen Freund meines Bruders in unserm Ministerium, ich wäre sehr bereit mein Custodiat aufzugeben und wollte gerne um meines äußern und innern Friedens willen ein großes Opfer bringen, man möchte mir nur die Hälfte des Gehalts (also 200 Rb.) lassen. Ich bäte ihn, das gelegentlich Sr. Excellenz kundzuthun.

Den 3. März kam ich um meine Entlassung von der Bibliothek ein. Als ich keine Antwort erhielt, wiederholte ich mein Gesuch am 4. April und bat zugleich um Urlaub zu einer Reise nach Wien, um den schon in meinen Fundgruben Th. 2. S. 296 angekündigten Katalog der altdeutschen Handschriften der dortigen Hofbibliothek zu vollenden. An demselben Tage, 4. April, starb der Oberbibliothecar Wachler. Den 8. April bat ich zum dritten Male um Entlassung von der Bibliothek und erinnerte den Minister an sein Versprechen vom 11. März 1836: ›bei einer Freiwerdung anderweitiger Fonds mich von meinen Bibliotheksgeschäften zu entbinden und durch jene zu entschädigen.‹ Den 8. Mai kam ich abermals um Reiseurlaub beim Minister ein. *Auf alle Eingaben erfolgte keine Antwort.*

Unterdessen entspann sich zwischen mir und Unterholzner ein sehr ärgerlicher Briefwechsel. Unterholzner nahm als Nachfolger Wachler's sofort die Fehde gegen mich mit großem Geschäftseifer auf, ich sollte nun durchaus die Buchführung wieder übernehmen und wenn ich das nicht wolle, so würde er einen auf meine Kosten zu remunerierenden Stellvertreter annehmen. Ich suchte mich bestens dagegen zu vertheidigen und schloß nicht eben auf freundlich collegialische Weise: ›Wollen Ew. Wohlgeboren übrigens die gegen mich beabsichtigte Maßregel in Ausführung bringen, und die *Verantwortlichkeit derselben* übernehmen, so betrachte ich mich von dem Augenblicke an, daß solches geschieht, als ausgeschieden aus dem Bibliotheksdienste – was ich ja ohnedies *stündlich* erwarte. Ich flehe inbrünstig zu Gott, daß Er mich künftighin bewahren möge vor jeder amtlichen Beziehung zu Ew. Wohlgeboren.‹ – Die von Unterholzner angeordnete Maßregel wurde natürlich vom GR. Heinke gebilligt. Diesem aber antwortete ich noch auf sein Schreiben vom 30. April an mich, daß ich mich jetzt als ausgeschieden betrachten müßte.

Ich fühlte mich nun wieder frei, aber sehr unbehaglich. Die ewige Bibliotheksfehde hatte mich endlich doch sehr angegriffen, ich war geistig und körperlich leidend. Die Poesie, die mich sonst noch getröstet und erfreut hatte, war wie für immer geschwunden, die Lust an wissenschaftlichen Arbeiten mir verleidet. Ich hatte den 6. Theil der *Horae belgicae* nicht mit jener Freudigkeit, wie ich begann, vollenden können, darum heißt es denn auch unter der Vorrede ›Breslau vor, in und nach der Marterwoche 1838.‹ Er erschien jetzt endlich auch noch unter dem besondern Titel: ›*Altniederländische Schaubühne. Abele Spelen ende Sotternien.*‹

Der viele Aerger und Verdruß, dem ich täglich ausgesetzt war, wirkte nachhaltig durch die Erinnerung daran.

In dieser Lage traf mich ein Schreiben des Ministers vom 18. Mai. Ich war von dem Inhalte nicht weiter überrascht, ich wußte, daß der Minister, der sonst sich immer so wohlwollend meiner angenommen hatte, durch die ewigen gehässigen Berichte von Breslau wider mich eingenommen war. Er wolle von einer gegen mich einzuleitenden Untersuchung abstehen, da jetzt der Oberbibliothecar gestorben sei, mache aber zur Bedin-

gung, daß ich von jetzt an die vorgeschriebenen Stunden von
9 – 12 Uhr der Bibliothek widme; könnte ich das mit meinen litterarischen Bestrebungen und übrigen Neigungen (von meinen
Vorlesungen ist keine Rede, ich hatte letzten Winter deren 4 gehalten) nicht vereinigen, so könnte ich den 1. Juli d. J. abtreten
mit einem Verluste von 200 Rb. zur Remuneration für einen
statt meiner anzunehmenden Custos.

Endlich schien die Stunde der Erlösung von der Bibliothek
geschlagen zu haben: mein Vorsatz war gefaßt, auch der plötzlich eingetretene Tod des Professor Unterholzner am 25. Mai
konnte mich nicht davon abbringen. Fest entschlossen, mein
Custodiat aufzugeben, sah ich jetzt ruhig der Entwickelung der
Dinge zu. Da kamen meine Freunde, mißbilligten meine Hart-
näckigkeit und meinten, es sei Pflicht für mich, unter den jetzigen Verhältnissen etwas für mich zu thun. Ich war schwach genug, nachzugeben. Ich machte einen letzten Versuch und reiste
nach Berlin. Den letzten Mai kam ich an und schon den Sonntag
darauf, den ersten Pfingsttag, hatte ich Audienz beim Minister
in Schöneberg. Der Minister war sehr freundlich und ging auf
meine Bitte ein: ›mir versuchsweise die Verwaltung der Königlichen und Universitäts-Bibliothek übertragen zu wollen.‹ Den
andern Tag besprach ich mich mit Schulze, und zu meiner nicht
geringen Ueberraschung war er mit meinem Wunsche einverstanden und meinte, es hätten sich zwar *viele* gemeldet, ich sei
jedoch vor allen zu berücksichtigen.

Ich trat nun wieder ein bei der Bibliothek in der guten Meinung, daß mir die *alleinige Verwaltung* übertragen werde. Es
hatte sich übrigens schon längst wieder eine andere Ansicht im
Ministerium geltend gemacht. Schon am 21. Juni erhielt ich ein
Schreiben vom GR. Heinke, worin er meldete, daß es das Ministerium für räthlich erachtet habe, bis zum Eintritt des zu er-
nennenden Bibliothecars die Bibliothek durch eine Commission
interimistisch verwalten zu lassen. Sehr schnell hatte ich die
Ueberzeugung gewonnen, daß meine letzten Schritte in der Bi-
bliotheksangelegenheit ganz vergeblich gewesen waren.

Ueber die Besetzung der Oberbibliothecarstelle waren viele Gerüchte im Umlauf. Endlich erfuhr ich als gewiß, das Ministerium würde diese vorläufig nicht wieder besetzen, und Elvenich als Bibliothecar anstellen. Und wirklich wurde Peter Joseph Elvenich, der frühere Director des Leopoldinums, Bibliothecar.

In der festen Ueberzeugung, daß Alles ohne irgend Berücksichtigung der mir gemachten Versprechungen und meiner sich von selbst ergebenden gerechten Ansprüche bereits entschieden sei, kam ich um meine Entlassung ein. In einem Schreiben vom 22. November gewährte mir der Minister von Altenstein meine Bitte. Ich schrieb auf dies Schreiben des hohen Ministeriums die Verse des Thomas a Kempis:

> *Quum a multis molestaris,*
> *nihil perdis, sed lucraris.*
> *patiendo promereris,*
> *multa bona consequeris.*

Ich war nun beruhigter geworden. Ich las mit Lust und Liebe meine vier Collegia. Ganz besondere Freude machte mir das über die Litteraturgeschichte des Mittelalters. Ich lernte selbst viel dabei, es war zugleich sehr anregend für mich. Die Theilnahme der Zuhörer war eine lebendige und erhielt sich bis zum Schlusse.

Mein geselliger Verkehr beschränkte sich auf die Familien Milde, Aderholz und Professor Müller und einige Freunde. Zu diesen gehörte seit kurzer Zeit der Maler Ernst Resch. Er war im Februar von Dresden, seiner Vaterstadt, nach Breslau übersiedelt, und erfreute sich als trefflicher Portraitmaler allgemeiner Anerkennung. Sein offenes und lebendiges Wesen, verbunden mit dem liebenswürdigsten Humor, machte mir den Verkehr mit ihm lieb und werth. (...)

Am 31. December nahm ich Abschied von der Bibliothek, worin mir 15 Jahre lang Stoff genug geboten war, ein prächtiges Seitenstück zu schreiben zu Hufeland's Kunst, das menschliche

Leben zu verlängern, nämlich: ›*Die Kunst, das menschliche Leben zu – verkürzen.*‹

Mit dem neuen Jahre 1839 hatte meine amtliche Schriftstellerei vorläufig ihre Endschaft erreicht, ich bekam nur noch ein Schreiben vom Ministerium, worauf keine Antwort nöthig war: ich erhielt für das Sommersemester Urlaub zu einer litterarischen Reise nach Österreich, Baiern, Würtemberg, der Schweiz, Baden, Frankreich und Belgien. Einer angenehmeren Schriftstellerei konnte ich mich jetzt widmen.

(…)

Den 31. Mai verließ ich München. Mit einem Hauderer machte ich die Fahrt nach Innsbruck. Auf dem letzten Theile des Weges öffneten sich uns hin und wieder herrliche Aussichten auf das Innthal und das südliche Hochgebirge mit seinen Schneefeldern und Gletschern. Zuletzt fuhren wir im grünen Innthale: felsiges Hochgebirge auf beiden Seiten, oben kahl und noch mit Schnee bedeckt, von der Mitte bis zum Fuße herab Föhren, Tannen und Buchen, ein schöner Weg bis Innsbruck. Ich ging sofort in die Kirche zum heiligen Jacob und besah das Grabmal Maximilians I. und das Denkmal Andreas Hofer's, und besuchte dann die Plätze, wo die Tyroler gegen die Baiern gefochten hatten. Am anderen Tag sang ich mir, aber in anderer Stimmung, als jener hatte, der das Lied zum ersten Male sang:

> Innsbruck! ich muß dich lassen,
> Ich fahr dahin mein Straßen.

Ich wollte nun von hier an den Bodensee und brauchte dazu vier ganze Tage.

In Meersburg angelangt, ging ich sofort zum alten Schlosse hinauf, um den Freiherrn von Laßberg kennen zu lernen. Er hatte das alte Gebäude ziemlich wohnlich einrichten lassen und seine Bibliothek, die einen Schatz altdeutscher Handschriften enthält, darin aufgestellt.

Ich wurde wie ein fahrender Ritter begrüßt: ›Hat der Burgwart schon Ihre Sachen in Empfang genommen?‹ – ›Die sind noch im goldenen Löwen, wo ich abgestiegen bin.‹ – ›Nun, es versteht sich von selbst, Sie bleiben bei mir – die Sachen sollen sofort geholt werden.‹ Mir war die freundliche Einladung sehr will kommen, ich hatte ebenso großes Verlangen, den Herausgeber des Liedersaals wie seine Bibliothek näher kennen zu lernen. Laßberg, schon damals sehr alt, war immer noch eine stattliche Gestalt: groß, in gerader Haltung stehend oder einherschreitend, mit schneeweißen Haaren und dem Vertrauen erweckenden Blicke machte er den Eindruck eines ehrwürdigen, biederen und gemüthlichen alten Mannes. Es führte mich in das nächste Zimmer, wir setzten uns und ich mußte mit ihm den Willkomm in 34r Meersburger trinken. Es erschienen nun auch seine Gemalin, Maria Anna, geb. Freiin Droste-Hülshoff, erst seit dem 19. October 1834 Frau von Laßberg, und ihre Schwester Annette Elisabeth, die Dichterin. Beide begrüßten mich als alten Bekannten; ich hatte sie als junge Mädchen in der Familie Haxthausen in Bökendorf, ihren Verwandten, kennen lernen. Laßberg zeigte mir nun seinen Handschriftenschatz, zunächst ein mit Edelsteinen reich geschmücktes Evangeliarium aus dem 9. Jahrhundert, dann die prachtvoll geschriebene Hohenemser Handschrift der Nibelungen und viele andere so wie viele saubere Abschriften von seiner Hand.

Ich führte ein einfaches, angenehmes Leben. Den Morgen blieb ich auf meinem Zimmer, vor Mittag war der alte Herr nicht sichtbar. Nach Tische gingen wir dann in die Bibliothek und ich verzeichnete so nach und nach sämmtliche Handschriften.

Am 10. Juni nahm ich Abschied. Um 8 Uhr Morgens segelte ich hinüber nach Staad, ging dann zu Fuß nach Constanz, und fuhr gegen Abend mit dem Eilwagen nach St. Gallen, wo ich erst um Mitternacht eintraf.

Die berühmte St. Galler Stiftsbibliothek war immer das Ziel meiner Wünsche gewesen. Ich beabsichtigte alle noch darin vorhandenen althochdeutschen Werke nach und nach herauszugeben nach eigener sorgfältiger Abschrift oder Vergleichung der bisher erschienenen Abdrücke mit der Urschrift. Ich war drei Tage hinter einander, jeden Tag mehrere Stunden in der Bibliothek. Ich sah mir viele Handschriften an und las den ganzen Arxschen Katalog durch. Da überzeugte ich mich denn, daß ein langer Aufenthalt nothwendig sei, wenn ich meinen Zweck erreichen wollte. Den dritten Tag lernte ich den Professor Heinrich Hattemer kennen. Er hatte sich bisher viel mit neuer deutscher Grammatik beschäftigt, auch eben erst eine ›Teutsche Sprachlehre‹ in seiner Vaterstadt Mainz herausgegeben. Es ließ sich erwarten, daß bei dem jetzigen Standpunkte der deutschen Sprachwissenschaft auch Hattemer sich mit der Geschichte der deutschen Sprache befaßt habe und auch darin etwas zu leisten bereit sei. Wir sprachen nun über die althochdeutschen Denkmäler. Hattemer äußerte, daß er schon daran gedacht habe, sämmtliche herauszugeben. Ich redete ihm sehr zu, mir lag ja nur daran, daß überhaupt die Arbeit einmal geschähe. Hattemer versprach mir, sich eifrig dem Unternehmen zu widmen.[7]

Am 17. Juni verließ ich St. Gallen. Ein lebenslustiger junger Prager war mein Reisegefährte. Morgens um ½ 3 kamen wir in Rapperschwyl an, bestiegen die alte Burg und warteten auf den Sonnenaufgang. Bald sahen wir die Berge am Zürichsee in wundervoller Beleuchtung. Mit dem Dampfschiffe nach Zürich und früh am Morgen dort.

Am Nachmittage machte ich einige Besuche. So unzulänglich meine bisherige Kenntniß der schweizerischen Zustände gewesen war, so wurde ich doch bald im Verkehre mit den Parteien über ihre beiderseitigen Ziele aufgeklärt, und da Jeder, der überhaupt mit und unter den Schweizern leben wollte, Partei nehmen mußte, so nahm auch ich Partei, und meine Wahl war nicht schwer. Die nächsten Tage verkehrte ich nur mit den Liberalen die ich unterdessen kennen gelernt hatte: Oken, Follen, Orelli, Ettmüller etc. Einige Tage wohnte ich bei Follen.

Ueber Basel, wo ich Wilhelm Wackernagel besuchte, fuhr ich dann nach Paris. Eine langweilige Fahrt. Die Gegend in Franche-Comté und Champagne beinahe überall ohne Reiz: Hügel bald kahl, bald mit Getreide, bald mit Reben, keine dunkelen Wälder, keine Wiesen; die Dörfer alle wie Städte, kahl und durchsichtig, Alles ohne Poesie.

In Paris (9. Juli) suchte ich zunächst einen Haupteindruck zu gewinnen: ich ging zu den bedeutendsten öffentlichen Gebäuden, Plätzen, Straßen, Brücken, ich sah *Louvre, Palais royal, Tuileries, Quai Voltaire, Pont neuf, Place Vendôme, rue Vivienne, de Rivoli etc.* Ich war wenig befriedigt, mir war als ob ich Alles das schon großartiger und schöner gesehen hätte. Erst den dritten Tag besuchte ich die Bibliothek und wiederholte dann öfter meine Besuche. Ich lernte hier mehrere Landsleute kennen, die auch zu wissenschaftlichen Zwecken nach Paris gekommen waren. Dies war am Ende der Hauptgewinn, den mir die Bibliothek brachte. Schon am zweiten Tage merkte ich, daß ich dort für meine Zwecke wenig ausrichten könnte. Ich ließ mir die Manessische Sammlung geben und begann eine Vergleichung mit der Bodmerschen Ausgabe. Bald überzeugte ich mich, daß eine Abschrift weit weniger Zeit erfordern würde. Ueberdem war mein Exemplar so schlecht planiert, daß sich mit der besten Carmindinte nicht hineinschreiben ließ. Ich beschränkte mich auf die Abschrift des Gottfried von Nifen, an dem im Abdruck 171 Strophen fehlen. Irgend einen Fund in den unzähligen Handschriften zu machen, daran war gar nicht zu denken. Es wurde niemand zu den Handschriften gelassen, um unter Aufsicht eine nach der anderen herauszunehmen und durchzusehen. Die vorhandenen Verzeichnisse, namentlich die in *G. F. Haenel Catalogi librorum mss.* (Lps. 1829) gedruckten, waren theils ungenau, theils mangelhaft.

Wenn man im Lesezimmer sich nach einander alle Handschriften, je eine nach der Reihe der Nummern, hätte geben lassen wollen, so würde man viele Jahre dazu gebraucht haben. Uebrigens waren auch damals wol noch viele Handschriften gar nicht einmal verzeichnet und zugänglich. Von der Verwaltung dieser ungeheueren litterarischen Schätze war ich schlecht erbaut. Viele wichtige neuere Bücher (z. B. Graff's Sprachschatz) waren nicht da; als ich mir Diez, romanische Grammatik erbat, erhielt ich sie broschiert und nicht einmal – aufgeschnitten, und sie war doch schon 1836 erschienen. Da die Bibliothek also wenig meine Zeit in Anspruch nahm, so blieb gerade genug für andere Dinge.

So besuchte ich das *Musée du Louvre.* Zu viel des Sehenswerthen. Ich sah die drei Säle mit französischen Gemälden, dann die drei mit deutschen und niederländischen und endlich wieder drei mit italiänischen. Dann ägyptische Alterthümer, Waffen aller Art und aller Zeiten, Schiffsmodelle, Antiken. Unten waren noch drei Säle mit Bildern berühmter spanischer Meister. Als ich die vielen abgehärmten, bleichen, mitunter gräßlichen Gesichter sah, da wurde mir angst und bange, und ich eilte bald von hinnen, überdem war nach dem stundenlangen Sehen mein Kunstinteresse völlig erschöpft. Viel Vergnügen gewährte mir der *Jardin des plantes,* damals noch wol einzig in seiner Art. Der Blumenmarkt – es giebt deren mehrere, ich besuchte nur einen – hatte für mich großen Reiz, nicht allein wegen der vielen schönen Blumen, sondern mehr noch um kennen zu lernen, welche Blumen am liebsten zu Sträußen und Kränzen verwendet werden. Die Blumenmädchen hatten vielen Geschmack in Zusammenstellung der Farben und Blüthenformen. Von St. Cloud gefiel mir am besten die Aussicht nach Paris hin. Die beschnittenen Bäume und die geraden Wandelbahnen waren eben so wie im Guckkasten meiner Kindheit. Die Julifestlichkeiten 29. Juli, die ich noch erlebte, ließen viel zu wünschen übrig. Sie hatten gewiß Geld genug gekostet. Das Feuerwerk war so matt wie die Begeisterung des Volks.

Die angenehmste Erinnerung an Paris ist immer noch für mich, wenn wir Deutsche unter uns waren, mit einander speisten oder Kaffee tranken im Palais royal. Es war immer eine lebendige, gemüthliche Unterhaltung, voll Scherz und Witz, daß wir oft mehr Lärm machten als hundert Franzosen. So hatten einmal unser 8 sich bei Pestel ein besonderes Zimmer geben lassen. Da ging es lustig her. Wir verzehrten aber auch in wenigen Stunden mehr als ebenso viel Franzosen oft kaum in einer Woche, 87 Francs 8 Sous. Da ich damals so nahe der Champagne war und so gerne Champagner trinke, so wollte ich die Gegend kennen lernen, wo das vortreffliche Getränk bereitet wird. Ich machte also von Paris aus einen Ausflug nach Rheims und Epernay über Soissons.

Ich war dann nur noch wenige Tage in Paris und leider krank. Als ich mich wieder erholt hatte, war der 31. Juli herangekommen. Mein Zweck war gewesen, Paris kennen zu lernen, die Bibliothek zu benutzen und mich im Französischsprechen zu üben. Von diesen drei Dingen hatte ich das erste so ziemlich erreicht, das zweite wenig und das dritte gar nicht: meine Landsleute waren mir lieber als mich in einer fremden Sprache mit Fremden zu unterhalten über Dinge, die mir am Ende recht gut fremd bleiben konnten.

(...)

Ueber Solothurn nach Aarau. Ich kam erst spät Abends an und traf in einer Weinwirthschaft Hagnauer und seine Freunde und Bekannte. Angenehme Überraschung und ein langes heiteres Zusammensein. Es gefiel uns dort im Freien so gut, daß wir uns fast jeden Abend einfanden. Der gesellige Ton war ein anderer als in ähnlichen Gesellschaften in Deutschland: es wurde mitunter so heftig gestritten, und man ward wechselseitig so ausfällig gegen einander, daß mir angst und bange wurde. Schließlich löste sich denn doch Alles wieder in Wohlgefallen auf. Den anderen Tag gingen Arm in Arm friedlich und gemüthlich, die Abends erbittert mit einander stritten. Das republicanische Wesen mit seiner ewigen politischen Aufregung macht die Leute leidenschaftlicher und rücksichtsloser in allen ihren Beziehungen zur Gesellschaft.

Noch den letzten Abend waren wir alle zusammen. Dann gaben sie mir das Geleit zur Post. Ich fuhr allein in einer kalten Mondscheinnacht nach Basel. Den 27. August mit dem Dampfschiffe nach Kehl; von dort aus zu Fuß hinüber nach Straßburg.

Am Nachmittag begleiteten mich Bekannte auf den Münster. Als ich von dem herrlichen deutschen Baudenkmale in das weite reiche und schöne Elsaß hinabschaute, ward ich wehmüthig, und welcher Deutsche würde es hier nicht? Ich las meinen Begleitern mein Heimwehlied zwischen Saône und Rhône. Wir waren dann noch in Kehl beisammen und nahmen auf deutschem Boden Abschied. Von Kehl setzte ich meine Reise zu Dampfschiffe fort, übernachtete in Mannheim, dann in Mainz und zuletzt in Köln. Von da ging ich mit der Schnellpost über Aachen nach Lüttich und von hier auf der Eisenbahn bis Antwerpen. Den 3. September Abends war ich in Gent.

Ich wohnte wieder bei Willems, bequem und angenehm. Ich erfreute mich seiner Unterhaltung und seiner Bibliothek. Er zeigte mir alle seit meinem letzten Aufenthalte in Belgien erschienenen Bücher und Aufsätze über vlämische Sprache und Litteratur. Die vlämische Bewegung war noch in vollem Gange. Daß auch ich mich daran betheiligte, beweisen meine Genter Gedichte, die in diesen Tagen entstanden und später meinen Unpolitischen Liedern[8] einverleibt wurden. Meine Hoffnungen waren schon damals nicht sonderlich. Der Einfluß des Französischen war nach allen Seiten hin im Zunehmen begriffen.

Den 13. September war ich bereits auf der Rückreise. Sehr willkommen war mir, daß ich noch die Brüsseler Kunstausstellung sehen konnte. Sie enthielt viel Schönes. Stunden lang verweilte ich darin. Mich fesselten besonders die Bilder der vlämischen Maler. Die alte Eigenthümlichkeit und Meisterschaft im Genre, in Landschaften und Seestücken lebt wieder auf. Ich war sehr erfreut und angenehm angeregt.

Dann reiste ich über Düsseldorf, Bonn, Gießen heimwärts. In Marburg wollte ich Vilmar aufsuchen. Ich kannte ihn zwar noch nicht, doch wußte ich von ihm, daß er sich mit deutscher Sprache und Litteratur befaßte. Ich fragte also nach ihm. Da hieß es denn, ich solle nur die Straße entlang gehen, oben in dem alten Hause wohne der Herr Director. Ich fand auf dem Vorsaal eine junge Frau mit blühenden Wangen und blitzenden Augen, die mit Biegeln beschäftigt war. Sie lud mich freundlichst ein näher zu treten. Ich mußte auf dem Sopha Platz nehmen, sie setzte sich zu mir. Ich wußte noch immer nicht, wer sie war. Da sagte sie: ›Mein Mann wird bald erscheinen, er ist nur noch mit einer Prüfung beschäftigt.‹

Nach einer kurzen Weile trat Vilmar ein, freudig überrascht begrüßte er mich, nahm mich bei der Hand und führte mich oben hinauf in sein Arbeitszimmer. Wir rauchten nun eine Pfeife zusammen und unterhielten uns. Da bemerkte er beiläufig: ›Es versteht sich von selbst, daß Sie einige Tage bei uns bleiben. Ich werde gleich Ihre Sachen holen lassen.‹ Ich hatte dagegen meine Bedenken, half nichts ich mußte das freundliche Anerbieten annehmen.

Den zweiten Tag besuchten wir das Marburger Schloß. Unterweges theilten wir uns unsere Ansichten mit über Poesie, Metrik, Volkslied u. dgl. und ich freute mich, daß wir darüber so einig waren.

Den dritten Tag kamen wir bei einem Spaziergang auf die deutschen Zustände zu sprechen, und ich meinte, daß es gerade jetzt zeitgemäß wäre, auch auf poetischem Wege ein Besserwerden anzubahnen. ›Aber, fügte ich hinzu, es wird schwer halten, etwas wie ich es meine durch die Censur zu bringen und dann auch, vor der Polizei die Verbreitung wenigstens eine Zeit lang zu sichern. Halt, ich werde die Lieder *Unpolitische Lieder* nennen.‹ Ich las nun einige vor, die Vilmar gefielen und denen er auch bei seiner *jetzigen* (1862) Gesinnung den Beifall gewiß nicht versagen würde.

Ich blieb auch den vierten Tag noch da. Es fehlte uns nie an Stoff zur Unterhaltung, und die Art und Weise, wie Vilmar sich über Alles aussprach, war so anziehend und oft so anregend, so lehrreich, daß ich mich noch heute gerne dieser Tage erinnere. Um so betrübender war es für mich, wie ich von Jahr zu Jahr erleben mußte, daß Vilmar sich immer mehr zu einem unausstehlichen politischen Rückwühler und religiösen Verfinsterer vollendete. Schade, daß so viel Geist und Phantasie, so viel Forschungs- und Darstellungsgabe, so viel Kenntniß und Fleiß nicht einem besseren Ziele gewidmet wurden!

Den 27. September elf Stunden unterwegs, erst spät Abends in Cassel. Ich gehe noch zu den Grimms, und treffe dort u. a. Bettina. Sie führte das große Wort, scherzte und lachte, und wir lachten mit. So harmlos anfangs ihre Scherze waren, so wurden sie doch gegen mich bald sehr beleidigend. Ich hielt es für anständig zu schweigen.

Den andern Tag war ich wieder viel dort. Mit Jacob sprach ich über das deutsche Wörterbuch, mit Wilhelm über ein Handbuch der altdeutschen Poesie. Dann sah ich mir die Heerschau der Garnison an und spazierte mit Jacob. Beiläufig erzählte ich, wie unartig gestern Abend Frau Bettina gegen mich gewesen sei. Den dritten Tag war ich wieder bei den Grimms. Bettina war von ihrem Ausfluge nach Fritzlar zurückgekehrt. Als ich mich eben mit Wilhelm in seiner Stube unterhalte, tritt Jacob ein: ›Gleich wird Bettina kommen und Alles wieder gut machen.‹ Sie kam wie im feierlichen Aufzuge von allen Kindern begleitet und bat wie eine reuige Büßerin um Verzeihung. Ich lachte über den schnurrigen Einfall, reichte ihr die Hand, und Alles war gut.

Mit Ludwig Grimm in der Kunstausstellung. Sie gewährt nur wenig Bedeutendes, aber Anlaß genug, uns über Kunst und Kunstbestrebungen auszusprechen. Dann mit Bettina bei den Grimms zum Mittagessen. Sie ist sehr liebenswürdig und gesprächig wie immer. Nach Tische mit ihr und Jacob allein. Das Gespräch kommt auf die Berufung der Grimms nach Berlin. Sie erzählt, daß Lachmann sehr falsch gegen jene gehandelt habe – höchst merkwürdige Geschichten, die gewiß, wenn man die Bettinaschen Zuthaten abrechnet, doch wol nicht alle aus der Luft gegriffen waren. Wilhelm kommt dazu und muß den Schluß gegen seinen Willen mit anhören. Zu mir gewendet sagt sie: ›Jetzt habe ich den Hoffmann erst doppelt lieb, seitdem ich weiß, daß er auch den Lachmann nicht leiden kann.‹

In der Nacht mit der Schnellpost nach Braunschweig und dann mit der Extrapost nach Fallersleben. Die Meinigen wohl und munter. Viel Besuch von Verwandten, den einen Mittag 24 Personen zu Tische. Es waren die letzten schönen Tage, die ich mit meiner Mutter und den Meinigen und in der Heimat verlebte; noch drohte kein Polizist und kein Gendarme mit Ausweisung oder Verhaftung.

Den 11. October war ich wieder in Breslau.

Kaum erst heimgekehrt, war ich schon wieder in voller Thätigkeit. Zunächst dachte ich an die mit Ernst Richter beabsichtigte Sammlung der schlesischen Volkslieder. Da ich nicht selbst sammeln konnte, so wendete ich mich brieflich an allerlei Leute, von denen ich glaubte, daß sie Lust und Gelegenheit hätten, unser Unternehmen durch Beiträge zu fördern. Ich schrieb bis zu Ende dieses Jahres 44 solcher Bittbriefe. Ferner erließen wir mehrmals einen Aufruf in den Breslauer Zeitungen, und baten uns Volkslieder einzusenden. Um den Sammlern einen Anhalt zu geben, theilten wir die 76 Anfänge der Lieder mit, von denen wir theils Texte schon hatten, aber noch bessere wünschten, theils Texte aus anderen nicht schlesischen Gegenden nur kannten.

Meine poetische Stimmung wandte sich unterdessen ganz dem Vaterlande zu. Das erste Lied nach meinem Wiederhiersein war das vom 21. October:

> Treue Liebe bis zum Grabe
> Schwör' ich dir mit Herz und Hand.[9]

Unterdessen las ich fleißig allerlei geschichtliche, politische, sogar statistische Schriften, um klar zu werden über unsere Zustände wie sie waren, sind, sein sollten und könnten. So erhielt ich Stoff und Anregung. Ich dichtete weiter. Das nächste Lied war das mit der Ueberschrift: ›Er kann den Schlüssel nicht finden.‹[10] Ich dachte dabei an einen Fürsten, der gerne eine Verfassung geben möchte, nur nicht weiß, wie er es anfangen soll. Als ich so auf der Fährte war, wußte ich auch das was ich suchte zu finden. Der Hohn und Spott über alle Dummheiten und Albernheiten, der lang gehegte Ingrimm über alle Erbärmlichkeit, Feigheit, Niederträchtigkeit, wie ich sie aus der Geschichte und dem Leben kannte, wurde zur humoristischen Stimmung, die mich unablässig zum Dichten und Singen trieb.

Meine Vorlesungen hatte ich angekündigt, und auch wirklich die Absicht, sie zu halten. Als aber bereits andere Collegen lasen und vierzehen Tage nachher erst bei mir sich wenige Zuhörer gemeldet hatten, da erklärte ich, daß ich *nicht* lesen würde. In unserer Facultät war das nichts Ungewöhnliches und niemand wurde deshalb zur Rechenschaft gezogen wie ich später.

(...)

Die ersten vier Wochen im neuen Jahre (1840) war ich krank und mußte zu Hause bleiben. Trotzdem war ich geistig rege und fleißig, ich wurde nicht zerstreut und gestört und konnte jeden politischen Gedanken mit Lust und Muße poetisch behandeln. Ich dichtete fast täglich und gab jedes neue Gedicht den Freunden und Bekannten zum Besten, wenn sie mich dann und wann besuchten. Zollten sie mir dann ihren Beifall und ich bemerkte: ›Das werde ich drucken lassen!‹ so wurden sie ängstlich und meinten, das sei doch mißlich. Ich aber ließ mich nicht irre machen und vielleicht war es gerade ihre Bedenklichkeit, die mich zu einem neuen Liede trieb.

(...)

Je größer meine Theilnahme wurde an der Kenntniß der deutschen Zustände der Vergangenheit und Gegenwart, um so größer ward mein Drang mich poetisch darüber auszusprechen. Als ich einmal in die richtige Stimmung dafür hinein gerathen war und den Ton gefunden hatte, der mir wirkungsvoll schien, da kamen die Lieder wie gerufen. Sie hatten sich bald so gemehrt, daß sie als Buch erscheinen konnten. Ich fing an zu ordnen und zu sichten. Am 16. März sendete ich mein Manuscript an Julius Campe (Firma Hoffmann und Campe) in Hamburg. Es entspann sich nun folgender Briefwechsel.[11]

Hoffmann an Campe.

Breslau, 16. März 1840.

... Die Gründe, warum ich mich gerade nach Hamburg und an *Sie* wende, werden Sie selbst leicht finden, wenn Sie bedenken, daß ich ein Norddeutscher, ein Protestant, ein geborener Hannoveraner und ein königlich preußischer Staatsbeamter bin.

In Betreff des Druckes wünsche ich: wo möglich etwas breites 8°-Format (wie bei den Cottaschen Ausgaben von Uhland etc.), damit nirgend eine Zeile gebrochen werden darf, neue scharfe deutsche Lettern, festes nicht zu dünnes Papier, damit nirgend die Buchstaben der anderen Seite durchschimmern; auf jeder Seite wo möglich ein Gedicht, von längeren Gedichten nur 4 oder höchstens 5 Strophen; *sorgfältigste* Correctur – Druckfehler sind mir überall verhaßt und könnten hier gerade großes Unheil anrichten.

Ferner wünsche ich, daß die Auflage nicht zu stark wird (etwa 1000 Exemplare), auch nicht zu theuer, damit ich in einer bald folgenden zweiten Auflage auf *die gewiß nicht ausbleibenden* vielfachen Angriffe antworten kann. – Da Sie mit den dortigen Censoren gewiß persönlich bekannt sind, so werden Sie wohl den für mich bestimmten darauf aufmerksam machen, 1. daß ich mich genannt habe und 2. daß jede hamburgische Rücksicht auf Preußen hier unnöthig ist, indem ich als königlich preußischer Professor ordinarius leicht zur Verantwortung gezogen werden kann. Sollte jedoch eins oder das andere gestrichen werden, so würde ich dafür andere einschalten, damit jede Sitzung ihre 20 behält. Ich denke, die Censur wird gnädig sein. Da sie keine Zeitung wie den Correspondenten herausgeben, so haben Sie von Hannover nicht viel zu fürchten …

Was nun das Honorar anbetrifft, so wünsche ich eine runde erkleckliche Summe, die sich vor dem Ministerium, welches mich doch am Ende zur Rechtfertigung zieht, mit als Grund meiner höchst *unpolitischen* litterarischen Beschäftigung anführen läßt … Im Fall Sie sich sofort zur Erfüllung der obigen Wünsche entschließen können, so lassen Sie denn nur den Druck auch *sofort* beginnen, ich bin überzeugt, daß wir uns dann unterdessen schon vollständig einigen. Suchen Sie nur mit der Censur ins Reine zu kommen. – Sieveking und Lappenberg, die doch beide öffentliche Ämter bekleiden, können wohl nichts in dieser Beziehung thun? Beide kenne ich sonst gut …

Campe an Hoffmann.

Hamburg, 29. März 1840.

… Den uns zunächst angehenden Punkt, das Honorar, ließen Sie offen, was uns nicht lieb ist, weil natürlich davon alles Uebrige, uns Angehende, abhängig ist. – Mit Gedichten, außer Heines Buch der Lieder und den Spaziergängen eines Wiener Poeten – haben wir noch nicht viele Freude, wohl aber manche Ohrfeigen einzucassieren gehabt, – daher sind wir auf diesem Gebiete etwas vorsichtig geworden. – Sie wünschen diese Gedichte gedruckt zu sehen; gerne bieten wir Ihnen unsere Hülfe. Wir übergeben sie der Presse, selbst auf die Gefahr hin, wir verständigten uns darüber nicht … So kann zur nächsten Messe Ihr Werk mit in Reih und Glied stehen. Jedenfalls soll es gedruckt werden – das Uebrige stellen wir dem großen Meister anheim und Ihrer Billigkeit. – Das thun wir, weil Sie sich auf Sieveking beziehen, der zwar nicht der gemeine Censor, sondern als *Syndicus* die *höchste* Instanz der Censur hier handhabt und der frei in allen Dingen denkt, nur in *Glaubens*sachen difficil ist! – Mithin, befreundet mit ihm, würden Sie schwerlich einen günstigern dieses Standes finden. Oft haben wir siegend gegen unsern Censor, Dr. Hoffmann, Appellation bei ihm eingelegt.

Unsere Zeit ist knapp; nur die ersten beiden *Cahiers* haben wir bis jetzt gelesen, denn Gedichte kann man nicht wie ein Buch durcharbeiten – wir sind zu prosaisch dazu, und darin finden wir nichts, das hier Anstand finden könnte …

Hoffmann an Campe.

Breslau, 11. April 1840.

… Es freut mich, daß Ihnen mein Anerbieten genehm war. Ich bedauere nur, daß Sie nicht Alles gelesen haben, Sie hätten sich sonst überzeugen *müssen*, daß der Druck *unverzüglich* zu beginnen und möglichst geheim zu halten ist. Ich bitte Sie also, zu dieser Ueberzeugung gelangen und dann sofort das Ganze der Presse übergeben zu wollen. Zu Anfang Juni muß nach meiner

Meinung Alles schon versendet werden, damit zum Buchdruk-
kerfeste (24. Juni) Exemplare in Leipzig vorräthig sind. – Sie
sind ein Kaufmann und ich bin ein Gelehrter, aber wir sind beide
Deutsche und wollen beide das Wohl unseres Vaterlandes, doch
ich kann mit meinen geringen Kräften vorläufig *ohne Sie* nichts
dafür thun; ich wünsche demnach, daß Sie mich darin unterstützen. Da wir aber beide nicht von der Luft leben können, so ist es
billig, daß wir *beide* gewinnen, wenn zu gewinnen, obschon ich
gern bereit bin zu verlieren, wenn es nicht anders ginge, und das
wäre für mich schon, wenn ich auf Honorar verzichten müßte …
Scheint es Ihnen wegen der Ohrfeigen, deren Sie gedenken, mit
Poesien mißlich, so bitte ich, entschließen Sie sich in Betreff des
Honorars der meinigen erst *dann*, wenn Sie sich vom guten Erfolge überzeugt haben …

Campe an Hoffmann.

Hamburg, 24. April 1840.
… Dichter fordern zuweilen für ihre Erzeugnisse Preise, die ins
Blaue gehen; – wir wußten nicht, welche Ansichten Sie in dieser
Sache hegen, daher unser Vorschlag. Wenn Sie uns Ihre Forde-
rung jetzt nennen und dabei zugleich für die Zweite und folgende Auflage Ihre Conditionen bemerken wollen, ist es uns
lieb, wenn dann welches Schicksal das Werk auch bestehen
möge, der mercantilische Theil geregelt ist und wir ungeniert damit verfahren können, was nicht der Fall wäre, gingen wir als
Commissionaire damit zu Werke …

Fortsetzung! –
Der beiligende Brief war bereits im *Voraus* geschrieben fertig
liegend, als der Drucker kam und klagte: ›Der Censor fühle sich
nicht ermächtigt, das *Impr.* zu ertheilen.‹ – Da lag die Geschichte! – Sieveking war nicht hier; wir mußten uns an die Cen-
sur-Commission wenden, und da wissen wir im Voraus, was uns
blühet. Wir setzten uns, schrieben an selbige, aber nicht in der
Form einer Petition, sondern bedienten uns des Briefstyles, con-
sumierten darin allerlei Späße, wiesen auf Ihre amtliche Stellung

und darauf hin, daß Sie nicht mit zu den mißvergnügten *Nobili* gehörten, sondern Ihre Stellung und Interessen zu *wahren* wüßten. Wir versicherten, wenn die löbliche Commission sich in eine gute Laune versetzen möge, sie herzlich lachen werde und gewiß fiele dann kein Gedicht als Opfer der Censur. – Im schlimmsten Fall, könnten wir diese Gedichte der Reihe nach *schon gedruckt* außerdem vorlegen, denn es sey dieses nur eine *Sammlung* des einzelnen, wie es entstanden und bereits gedruckten. Es half! – Und so ist bis zum Vierten Bogen keine Verkürzung vorgekommen. Den Censor trafen wir und drückten ihm unser Befremden darüber aus, daß er dabei einen Anstand überall hätte finden können! – Er entschuldigte sich und wird uns Quartier geben.

Ich erfuhr dann einige Wochen gar nichts wieder. Ich reiste ins Gebirge zu meinem Freunde Eduard Kießling, blieb die Osterfeiertage dort, war sehr heiter in der liebenswürdigen Familie und der schönen Natur,[12] dichtete viel, und kehrte nach 14 Tagen wohl und munter nach Breslau zurück. Dann schrieb ich an Herrn Campe:

Breslau, 20. Mai 1840.
Sie setzen mich durch Ihren Wunsch: meinerseits das Honorar für die erste Auflage und die künftigen zu bestimmen, in große Verlegenheit … Es wäre mir darum lieb, daß *Sie* mir Ihre Vorschläge machten … Vorläufig lassen Sie Sich in Ihren Operationen durchaus nicht stören! Ich gehöre nicht zu den Dichtern, ›die für ihre Erzeugnisse Preise fordern, die ins Blaue gehen.‹ Meine Poesie ist leider nur zu oft ins Graue gegangen …

Meine Freunde sind meinetwegen einiger Maßen besorgt. Ich aber bin frohes Muthes, habe auch neulich im Angesichte der Schneekoppe bei einem Freunde 20 neue Lieder gedichtet, worunter einige sehr pikante sind …

Zu den Pfingstfeiertagen machte ich einen Ausflug mit Dr. Gustav Freytag und Dr. August Geyder nach Gimmel, einem Gute des Grafen Alexander von Dyhrn im Oelser Kreise. Das Wetter war schön, sehr schön, nicht so die Gegend, aber der Frühling hatte sie auch mit seinen Gaben bedacht und wir waren zufrieden mit ihr und freuten uns in ihr. Abgeschieden von aller Welt erfuhren wir nichts von den Begebenheiten des Tags. Am ersten Pfingsttage starb der König, uns ward die Kunde erst viele Tage nachher. Am 6. Juni waren wir gekommen und am 13. zogen wir erst heim mit aufrichtigem Danke, den ich für uns alle aussprach.[13]

Ich hatte Geyder meine neuesten Lieder vorgelesen. Wir hatten viel darüber gesprochen, und wenn er auch gegen jedes einzelne Lied nichts einwenden konnte, so war ihm doch meine Richtung, die ich in meinem Dichten eingeschlagen hatte, gar nicht recht. Ich ärgerte mich über ihn wie über so viele, die eine bessere Einsicht hatten und doch so durchaus gesinnungslos und gleichgültig in den wichtigsten Angelegenheiten des Vaterlandes sein konnten.

(...)

Es war große Landestrauer: die hohen Würdenträger, der Adel, die Geistlichen, die Officiere, die Staatsbeamten – Alles ging vorschriftsmäßig mit den Zeichen der Trauer einher. Auch ich hätte trauern sollen, überließ das aber meinen Herren Collegen, die für dergleichen eher etwas auszugeben hatten als ich, und auch gerne mit schwarzem Krepp (*crêpe*) Hut und Arm schmückten; viele, die sich sonst nicht auszuzeichnen vermochten, zeichneten sich jetzt doch wenigstens durch Trauer aus. Einige legten einen solchen patriotischen Eifer an den Tag, daß sie ihre ganze Familie, sogar die Kinder von drei bis vier Jahren in eitel Schwarz kleiden ließen. Die Volksstimmung war eine zweifelhafte. Niemand wußte recht, was nun kommen würde, ob man sich mit den alten Zuständen begnügen müsse oder mit hoher obrigkeitlicher Erlaubniß etwas Besseres hoffen dürfe.

Von meinen Unpolitischen Liedern erfuhr ich nichts. Es war mir am Ende lieb, daß sie eben jetzt nicht erschienen. Endlich in den ersten Tagen des Juli erhielt ich einen Brief von Campe.

›...Von Leipzig hätte ich Ihnen schreiben können, ich bekam dahin die Nachricht, daß unser Censor das Höchst und Allerhöchst und das Landwirthschaftliche[14] gestrichen ... Der Drukker war zaghaft geworden und machte Halt. Ich kehrte am 6. Juny zurück und fand die gemeldete Bescherung. Guter Rath war theuer. – Indeß fand ich ein Hausmittel; ich ließ sie auswärts drucken, so ist denn das vollständige *Imprimatur* in meinen Händen! der letzte Bogen in der Presse und die ersten in den Händen des Buchbinders – und wills Gott, sind in 8 Tagen die Exemplare auf dem Marsch ins Land: O Knüppel aus dem Sack auf's Lumpenpack! – – Nasenrümpfen wird es geben; vielleicht Nasen selbst, – trotz dem daß seitdem sich 2 Augen geschlossen haben. Wir wollen sehen, was der neue Hausvater thut; es ist das ein Probierstein ganz eigener Art, *die Leute* zu nivelliren. Ihre Freunde haben nicht Unrecht, wenn sie einige Bedenken hegen; ich gestehe Ihnen ganz ehrlich, daß ich sie ebenfalls gehabt habe, aber *jetzt* denke, daß der König ein gescheuter Mann ist, der selbst Witz und Humor in sich trägt und oft hat glänzen lassen – daher tolerant gegen andere seyn könnte ...‹

Den 22. Juli kamen die ersten Exemplare der Unpolitischen Lieder in Breslau mit der Post an.

Nachdem ich meine Vorlesungen geschlossen und Urlaub erhalten hatte, reiste ich am 12. August ab nach Helgoland.

Langweilige Fahrt über Leipzig nach Magdeburg. Sonntag den 16. August machte ein neues Elbdampfschiff, der englische Courier, seine erste Fahrt. Das eben mochte viele Reisende bestimmt haben, diese Gelegenheit nach Hamburg zu benutzen. Um 5 Uhr früh fuhr unser Courier ab. Es war ein schöner Morgen. Man ging auf dem Verdecke auf und ab. Niemand kannte mich, aber auch ich kannte Niemanden. Bei Tische machte ich die Bekanntschaft mit einer interessanten Frau, der Hofräthin von Dessauer aus München. Wir sprachen viel über Münchener Gelehrte und Künstler. Unsere Unterhaltung waren wir uns selbst: zu sehen war wenig oder gar nichts. Da gab es denn mal eine kleine Abwechselung: bei Tangermünde blieben wir stekken, und kaum flott, bald abermals. Als wir die seichten Stellen bei Schnakenburg glücklich beseitigt hatten, brach die Nacht ein und wir legten vor Anker. Jeder suchte so gut es gehen wollte eine Schlafstätte. Bei Anbruch des Tages ging die Fahrt weiter. Erst zwischen 9 und 10 kamen wir in Hamburg an. Wir nahmen Abschied und jeder ging seines Weges.

Nachdem ich Professor Cornelius Müller begrüßt hatte, begab ich mich in die Deichstraße zu Herrn Julius Campe, den ich noch nicht persönlich kannte. Er empfing mich in seinem Comptoir, das klein und unansehnlich war. Zum Setzen konnte er mich nicht einladen, es war kein Stuhl vorhanden, eine weise Einrichtung, um von Besuchern nicht zu lange aufgehalten oder belästigt zu werden, eine andere Art von freundschaftlichem Wink, nur minder grob als bei Ernst Keil in Leipzig, in dessen Comptoir an der Wand mit großen goldenen Buchstaben zu lesen ist: ZEIT IST GELD.

So wie man ihn erst erblickt, glaubt man einen frommen Wupperthaler, Herrenhuter oder Altlutheraner vor sich zu sehen. Bei näherer Betrachtung aber ist er nichts weniger als das. In seinen Augen liegt eine lauernde Schlauheit, die sich erst recht verräth, wenn er sich die Mühe giebt, durch Blick und Worte sich als treuherzigen, grundehrlichen, uneigennützigen Geschäftsmann darzustellen. Er ist dann so weich in seiner Sprache, in seinen Reden so milde, so theilnehmend, daß man irre werden könnte, wenn er uns selbst nicht davor bewahrte, denn es dauert nicht lange, so ist er wieder in seinem eigentlichen Fahrwasser: scherzhaft und witzig, rücksichtslos, bissig. Jedenfalls ist er ein gewandter, umsichtiger Buchhändler, der sein Publicum, seine Zeit und seinen Vortheil sehr genau kennt und der vor vielen seines Gleichen den großen Vorzug hat, daß er ein sehr ergötzlicher Unterhalter ist.

Campe zeigt mir den Rest der Auflage der Unpolitischen Lieder, etwa 12 Exemplare, – in Leipzig liegen keine mehr auf Lager – läßt mich die Versendungslisten einsehen und ist sehr erfreut über den höchst günstigen Erfolg: in Hameln allein sind 10 Exemplare auf feste Rechnung nachverlangt. Er spricht von einer zweiten Auflage. Von der ersten hat er nicht nach meinem Wunsche 1000, sondern 1250 drucken lassen. Der Punkt des Honorars ist noch nicht erledigt.

Zweiter Hamburger Tag. Morgens bei Campe. Ich treffe dort Dr. Wille und Uffo Horn. Als wir allein sind, zahlt mir Campe 100 Rb. Honorar und will mich bei der zweiten Auflage entschädigen.

Mittwoch den 19. August ging das Dampfschiff nach Helgoland. Ich war sehr heiter und suchte auch Andere in heitere Stimmung zu bringen und darin zu erhalten. Bis Cuxhaven eine fröhliche Fahrt: wenig Seekranke an Bord. Wie wir uns der Nordsee näherten, die Küsten nach und nach verschwanden, da wurde es still und stiller in der Gesellschaft, im Meere aber lebendiger, es stürmte immer stärker, und als wir ›die alte Liebe‹ erreichten, da brach Manchem das Herz. Die Musik hatte noch immer lustig gespielt: *Marseillaise, God save* und alles Mögliche, jetzt schwieg auch sie. Ich hielt mich tapfer und blieb bei meiner heiteren Stimmung von der traurigen Seekrankheit verschont. Der Anblick der See war mir nichts Neues, aber neu, daß ich nun selbst mitten darin war, nichts sah als Wasser und Himmel. Endlich zeigte sich unseren Blicken das ersehnte Eiland. Der Ruf: Land! belebte die Schwachen und Kranken. Bald hatten wir es erreicht. Unter den Klängen der Musik wurden wir ausgeschifft. Es war mir doch ein angenehmes Gefühl, wieder festen Boden unter den Füßen zu haben.

Ich bezog eine kleine Wohnung in einem kleinen Hause, dem letzten und höchsten Helgolands, oben auf der Klippe bei Oelrichs, es war eigentlich nur eine Schlafstelle. Mein Leben war einfach: Morgens Spazierengehen, dann Ueberfahrt zur Düne, Baden, Rückfahrt, Spazieren, Mittagsessen, Kaffeetrinken im Trichter, Ausruhen auf der Klippe, einen Augenblick im Conversationshause um Zeitungen zu lesen, dann letzter Spaziergang auf der Klippe und zu Bette. Ich suchte keine Gesellschaft, ich war mir selbst genug und freute mich, daß ich es war: ich konnte Stunden lang im Sonnenschein oben auf der Klippe liegen und in die See sehen, während Andere Stunden lang bei Peter Franz, Block, Rickmers, Mohr tafelten und dann müde vom Baden, Essen und Trinken bis in den Abend hineinschliefen.

In diesen einsamen Stunden auf der Klippe, drüben auf der Düne, oder wenn ich allein im Boote hinüberfuhr, entstanden meine ›Helgolander Lieder‹,[15] womit ich Manchen damals erfreute, und die später viel componiert und gesungen wurden.

Die meisten unter den tausend Badegästen waren Hamburger und Berliner. Zu meinen näheren Bekannten gehörte Frau Hofräthin von Dessauer. Das Leben war sehr einförmig. Es war schon ein großes Ereigniß, wenn zweimal wöchentlich das Dampfschiff kam, und ein noch größeres, wenn es durch Sturm verhindert, nicht kam.

Die außerordentlichen Vergnügungen der Badegäste waren eine Umschiffung der Insel bei Beleuchtung der Grotten, oder eine Fahrt mit Feuerwerk; ferner eine Fahrt auf den Hummeroder auf den Haifischfang.

Wer Einmal so etwas mitgemacht hat, verlangt nicht nach einer neuen Auflage, wenigstens mir ging es so, mit Ausnahme des Haifischfanges, der war wenigstens ganz ergötzlich. Wir fuhren eine Meile weit in See. Dann wurden die Angeln ausgeworfen und nach einiger Zeit aufgezogen. Wir fingen 14 Haifische, darunter ein getigerter, einen Rochen, ein häßliches Geschöpf, eine Seerose mir 13 Zinken und einen Seestern. Für ein ausgezeichnetes Frühstück war gesorgt. Obschon die See hoch ging, so ließen wir uns nicht irre machen. Im Entstöpseln des Champagners entwickelte ich eine bewundernswerthe Fertigkeit.

Das Baden bekam mir gut, auch war ich immer glücklich gewesen. Eines Tages aber ging es mir schlecht. Der Wellenschlag war sehr stark. Eine Welle schleuderte mich an den Strand. Ich verletzte mir an einem Feuersteine, deren es dort viele giebt, die Kniescheibe. Ich stillte das Blut mit Papier und band ein Tuch drum. Mit Mühe und Noth erreichte ich das Boot und unter ziemlichen Schmerzen stieg ich die 173 Stufen der Treppe hinan, die ins Oberland führt. Durch Kaltwasserumschläge beseitigte

ich vorläufig die Schmerzen, die aber bald darauf sich wiederholten, ja ein halbes Jahr nachher hatte ich noch zu Zeiten hef-
tige Stiche.

Den 20. August sendete ich an Campe das Manuscript der
neuen Auflage der U.L., für die ausgeschiedenen Lieder waren
neue eingefügt.

Den 21. September verließ ich Helgoland. Sehr zeitig begab
ich mich an Bord der Henriette. Sie lag ¾ Stunden vor Anker
und schwankte dermaßen, daß mir ganz flau ward. Während der
Fahrt erholte ich mich wieder, und als wir die ›rothe Tonne‹ erreicht hatten, machte ein gutes Frühstück Alles wieder gut. Um
6 Uhr Nachmittags kamen wir in Hamburg an.

Den anderen Mittag zu Campe. Wir sprechen viel über die
zweite Auflage und einigen uns erst als wir beim Frühstück
sitzen und mit einer Flasche Champagner nachhelfen. Er zahlt
mir für die zweite Auflage und *alle* übrigen 300 Rb. Gold. Der
Druck wird binnen acht Tagen vollendet. Auch über den zweiten Theil wurde der Vertrag abgeschlossen:

›Für 300 Rb. überlasse ich Herren Hoffmann und Campe die
zweite und jede folgende Auflage des *ersten* Theils meiner unpolitischen Lieder. Ferner überlasse ich den *zweiten* Theil dieser
unpolitischen Lieder für 300 Rb. in der ersten Auflage, deren
Größe die Herren Verleger zu bestimmen haben; über jede etwa
folgende Auflage dieses Theils haben sich jedoch die Herren
Verleger mit mir zu einigen.

Zugleich mache ich mich anheischig, Alles was ich in dieser
Art dichte und für den Druck bestimme, im Verlage der Herren
Hoffmann und Campe erscheinen zu lassen.

Hamburg den 26. September 1840.   Dr. H.‹

Campe war recht liebenswürdig gegen mich. Den einen Tag
blieb ich von 1 Uhr Mittags bis Abends 10 bei ihm. Er erzählte
mit köstlichem Humor alle seine Händel mit dem jungen
Deutschland, mit Gutzkow, Wienbarg und Wehl, wobei er dann
immer im schönsten, und die anderen im schlechtesten Lichte

erschienen. Noch den Tag vor meiner Abreise gab er einen großen Austernschmaus; in bester Laune erzählte er wieder die lustigsten und tollsten Geschichten von seinen Schriftstellern. Wenn *alle* Lumpe waren, so war und blieb er immer der edle, großmüthige Freund und Förderer der deutschen Litteratur.

(...)

Die verfassungstreuen Hannoveraner hielten in den Tagen eine Zusammenkunft. Ich mochte mich nicht betheiligen, ging aber doch mit Campe auf einen Augenblick in die Erholung. Da lernte ich nun Hauptmann Böse und Dr. Freudentheil von Stade und noch einige andere kennen. Es ging stürmisch her und wir suchten der belebten Stimmung mit einer Flasche Champagner nachzukommen.

Den anderen Tag fuhr ich mit Campe, Dr. Wille und obgenannten Hannoveranern zu Uffo Horn nach Ottensen. Wir wurden in einen großen dunkelen kalten Saal geführt, endlich brachte man 6 Lichter und eine große Schale mit Punsch. Als es etwas gemüthlicher wurde, erzählte Böse Geschichten aus dem Lande Hadeln, die mich zu Thränen rührten. Obschon ich mit U. Horn öfter zusammen war, so blieben wir uns doch fremd. Ich erkläre mir das aus meinem gründlichen Widerwillen gegen die litterarische Klüngelei, die damals in voller Blüthe stand und wobei sich Horn auch stark betheiligte. Wir trafen später nie wider zusammen, obschon auch er ein viel bewegtes Leben führte.

Den 1. October corrigierte ich die letzten Bogen: mein Buch war fertig und ich auch. (...)

Der erste Theil der U.L. war jetzt Campe's Eigenthum und er konnte damit ganz nach Belieben schalten und walten; der Vertrag über den zweiten Theil war seinen Wünschen entsprechend abgeschlossen. Wir waren wieder gute Freunde. Schon in den ersten Tagen des neuen Jahrs erhielt ich einen Brief von ihm (Hamburg 6. Januar 1841), worin er auf den zweiten Theil der U.L. zu sprechen kommt: ›Für den zweiten Theil der U.L. sammeln Sie nur lustig zu. Die Zeit ist nicht poetisch, – sie gähnt, wie ein vollgefressener Gourmand – der nur noch nach Pikantem greift – Hausmannskost reizt ihn nicht mehr; von allem ist genug da. Wenn der Lümmel gestachelt wird, dann erst regt er sich und wird mobil.‹

Etwa vierzehn Tage später erhielt ich wieder einen Brief von ihm; er theilte mir mit, daß Gutzkow im Telegraph stets auf mich stachele, vermuthlich, weil ich ihn nicht besucht hätte, und warnte mich, scheinbar in wohlmeinendem Tone, vor derartigen Angriffen auf der Hut zu sein.

Den 17. März schloß ich meine Vorlesungen und schon den 25. trat ich meine Ferienreise an: ich begab mich zunächst nach Berlin.

(...)

Vom 11. August bis 5. September in Helgoland.

Am Bord waren mehrere Hannoveraner, lauter Oppositionsmänner, und einige Exemplare der U.L., die fleißig gelesen wurden.

Am ersten Abend fanden sich die Hannoveraner im Conversations-Hause ein. Es ging recht munter her. Damit wir aber nicht dächten, daß es in dem freien Helgoland keine Polizei gäbe, so mußten wir auf die Marseillaise verzichten, denn die Musicanten durften sie nicht spielen. Den 21. August erwarteten wir hannoversche Landsleute. Wir fuhren in einem Boote mit hannoverscher Flagge der Henriette entgegen. Kanonenschüsse meldeten uns die Ankunft unserer Freunde. Das Conversations-Haus war der Versammlungsort. Nach wechselseitigen Begrüßungen nahmen wir Platz an einer langen Tafel und speisten zu Nacht. Es folgte eine Reihe von Trinksprüchen, die alle mit lautem Jubel aufgenommen wurden. Dr. Freudentheil: die gute Sache! Ein anderer: Stüve! Ich: die deutschen Frauen! dann: die Unfähigen! Darauf las ich mein Gedicht auf den Hamburger Correspondenten, der als ›Unparteiischer Correspondent‹ nicht nur Partei für Ernst August nahm, sondern auch schamlos die hannoverschen Verfassungsfreunde besudelte.[16]

Am 23. August kehrten die meisten Hannoveraner heim. Das Wetter war schön, schöner noch die Erinnerung an diese liebe

Leute aus dem Lande Hadeln in ihrem schlichten, treuherzigen Wesen, die mir so herzliche Theilnahme bewiesen hatten. Den ersten Augenblick schien mir Helgoland wie ausgestorben, ich fühlte mich sehr verwaist. Und doch that mir bald die Einsamkeit recht wohl: ich freute mich, daß ich nach den unruhigen Tagen wieder einmal auch mir gehören durfte. Wenn ich dann so wandelte einsam auf der Klippe, nichts als Meer und Himmel um mich sah, da ward mir so eigen zu Muthe, ich mußte dichten und wenn ich es auch nicht gewollt hätte. So entstand am 26. August das Lied: ›Deutschland, Deutschland über Alles!‹, den 28.: ›Wir haben's geschworen‹, und bald nachher: (Der guten Sache) ›Frisch auf! frisch auf mit Sang und Klang!‹ und (Lied der Unfähigen) ›Es saust der Wind, es braust das Meer.‹[17]

Am 28. August kommt Campe. Er bringt mir das erste fertige Exemplar des *zweiten* Theils der U. L. Während ich darin blättere, bemerkt er: ›Nun erscheinen auch noch nächstens bei mir die Lieder eines kosmopolitischen Nachtwächters. – Der Dichter hat sich nicht genannt – den könnten sie sonst wol noch beim Kragen fassen. Dem kommen Sie nicht nach sowol an Poesie als an Schärfe; einige Lieder sind ganz im Volkstone. Ja, da sind wunderbare Sachen darin. Es sind Seiten berührt, die Ihnen ganz fremd geblieben.‹ – ›Nun, bemerkte ich, ich fürchte mich nicht – ich weiß was ich gemacht habe und Andere wissen es noch besser. Wer ist denn der Ungenannte?‹ – ›Dingelstedt.‹

Erst nach Jahren ist mir klar geworden, was die Campesche Mittheilung beabsichtigte. Campe schlau wie immer wollte, daß ich mich selber für unbedeutend halten sollte, um keine bedeutenden Honoraransprüche zu machen, und Gutzkow mußte ihn dabei durch seine Schandartikel im Telegraphen unterstützen. Und doch war sich Campe des Erfolges bei seinem Nachtwächter nicht recht sicher: er setzte denselben auf seinen Facturen und Ankündigungen dicht unter die U.L., so daß wirklich lange Zeit alle Welt glaubte (und Manche glauben es noch!), ich wäre auch der Verfasser des Nachtwächters.

Am 29. August spaziere ich mit Campe am Strande. ›Ich habe

ein Lied gemacht, das kostet aber 4 Louisd'or.‹ Wir gehen in das Erholungszimmer. Ich lese ihm: ›Deutschland, Deutschland über Alles‹ und noch ehe ich damit zu Ende bin, legt er mir die 4 Louisd'or auf meine Brieftasche. Wir berathschlagen, in welcher Art das Lied am besten zu veröffentlichen. Campe schmunzelt: ›Wenn es einschlägt, so kann es ein Rheinlied werden. Erhalten Sie drei Becher, muß mir Einer zukommen.‹ Ich schreibe es unter dem Lärm der jämmerlichsten Tanzmusik ab, Campe steckt es ein, und wir scheiden. Am 4. September bringt mir Campe das Lied der Deutschen mit der Haydn'schen Melodie in Noten, zugleich mein Bildniß, gezeichnet von C. A. Lill. An letzterem nichts gut als der gute Wille. Hoffentlich werden meine Freunde ein besseres Bild von mir in der Erinnerung behalten haben.

Viertehalb Wochen waren vergangen. Ich mußte das Baden einstellen, weil es mir nicht mehr bekam, und kehrte nach Hamburg zurück.

6.–14. September in Hamburg.

Am 8. bei Campe. Nach seiner eigenen Aussage hat er vom 2. Theile der U.L. 4000 Exemplare drucken lassen und 2911 versendet. Der erste Theil in zweiter Auflage hat in Wien *transeat* bekommen, während die erste Auflage nur *erga schedam* hatte. Von dem Liede der Deutschen, das bei Fabricius stereotypiert ist, sind 400 Exemplare an Cranz in Breslau geschickt. Am 13. September, während Campe in Helgoland ist, erfahre ich in seinem Laden, daß vom 2. Theile der U.L. kein Vorrath vorhanden ist.

(...)

2. October. Campe besucht mich und meldet, daß ein Königsberger, ein Frankfurter und ein Breslauer je 12 Exemplare vom 2. Theil der U.L. nachverlangen, aber hier schreibt mir ein Breslauer, daß ihm 3 Exemplare am 24. confisciert sind und schickt das Zettelchen: ›Der bei Hoffmann und Campe erschienene 2. Theil von Hoffmanns von Fallersleben unpolitischen Liedern ist wegen seiner verderblichen Richtung verboten. Breslau,

24. September 1841.‹ Campe schmunzelt, als er mir das Zettelchen reicht und meint, es sei nur ein Provinzialverbot, denn in Berlin würde die Sendung erst den 4. October eintreffen.

Nachher bin ich mit Wille im Rauchpavillon. Er erzählt mir eine rührende Geschichte von Campe aus den Tagen, als ich noch in Helgoland war: ›Ich könnte dem Hoffmann seine ganze Badesaison verderben, wenn ich ihm die Lieder eines kosmopolitischen Nachtwächters nach Helgoland brächte, aber – ich will es nicht thun.‹ – Ich lache laut auf und singe aus Robert dem Teufel: ›Ach, welche Großmuth! die muß ich loben.‹

5. October. Abends 10½ Uhr wird Welcker'n, der zwei Tage vorher angekommen ist, ein Ständchen gebracht. Die Schäffersche Liedertafel und die Turner erscheinen und singen bei Fakkelschein und mit Begleitung von Hornmusik: ›Deutschland, Deutschland über Alles!‹ Dann redet Dr. Wille auf Welcker. Ein donnernd Hoch ertönt aus tausend Kehlen. Seit der Anwesenheit Blücher's in Hamburg vor vielen Jahren soll man solche Begeisterung, solche Einmüthigkeit nicht gesehen haben. – Welcker dankt tief bewegt. Es wird nun ein zweites Lied von mir gesungen: ›Deutsche Worte hör' ich wieder‹, componiert von dem Vorsteher der Liedertafel, schön vorgetragen und von ergreifender Wirkung. Zum Schlusse singen die Turner unter Hornbegleitung: ›Brause, du Freiheitssang!‹ Wir begrüßen dann Welcker, Wille überreicht ihm mein Lied der Deutschen.[18]

(...)

Den 10. October verlasse ich Hamburg. 12.–18. October in der Heimat. Freudiges Wiedersehen. (...) Den 25. October Morgens 6 Uhr war ich wieder in Breslau. Ich kündigte meine Vorlesungen an und konnte sie bald beginnen. Zu meinem Publicum: deutsche Litteraturgeschichte des 16. und 17. Jahrhunderts hatten sich 25 Zuhörer gemeldet, zum Privatissimum: Handschriftenkunde, 7.

[Bereits am 31. October erfuhr Hoffmann von dem GR. Heinke, daß der Minister Eichhorn eine Untersuchung gegen ihn wegen des zweiten Theils der Unpolitischen Lieder angeordnet habe. Am folgenden Tage erhielt er von Heinke und dem Universitätsrichter eine Vorladung, um ›über seine Autorschaft zu dem unter seinem Namen jüngst erschienenen zweiten Bande der »Unpolitischen Lieder«, so wie über den Inhalt einiger der letzteren zum Protokoll vernommen zu werden.‹ Am 3. November fand die Verhandlung statt. Bei derselben gab Hoffmann entsprechend dem ministeriellen Rescript folgende Erklärung zu Protokoll:]

1. Ich habe die bei *Hoffmann* und *Campe* zu *Hamburg* erschienenen im zweiten Bande Seite 1 bis 170 enthaltenen ›unpolitischen Lieder‹ selbst verfaßt und zum Druck befördert, ich erkenne dieß bis auf die darin enthaltenen Druckfehler an. Letztere kann ich im Augenblicke nicht auffinden, werde sie aber speziell angeben, wenn ihr Inhalt der Gegenstand einer besonderen Anschuldigung seyn sollte.

2. Ich kann und werde mich auf eine Interpretation meiner Gedichte nicht einlassen, und glaube auch, daß ein Dichter dazu niemals angehalten werden und nicht für seine Stimmung verantwortlich sein kann. Die Dichter reproduzieren die Stimmung der Zeit, in der sie leben. Dieß ist in allen Zeitaltern der Fall gewesen. Ich verwahre mich gegen alle Interpretation von Außen und werde mich gegen solche zu vertheidigen wissen.

Es steht ja auch gar nicht fest, daß der Dichter alle Mal nur seine eigne Meinung ausspricht, vielmehr spricht er, wie schon oben gedacht und aus mehreren Liedern selbst hervorgeht, die Stimmung der Zeit aus.

3. Ich kann mich auch hier auf eine Interpretation meiner einzelnen Gedichte nicht einlassen, bemerke jedoch in Ansehung dessen, daß meine Stellung als Universitätslehrer dabei erwähnt ist, daß ich diese Gedichte nicht als Professor, sondern bloß als Dichter herausgegeben habe, so daß hier ein Zusammenhang mit meiner amtlichen Stellung nicht vorliegt, um so weniger, als ich nicht in dem Fache als Dichter angestellt bin.

(...)

Das gegen mich eingeleitete Verfahren machte großes Aufsehen in ganz Deutschland. Da die inländische Presse nur etwas zu meinen Ungunsten mittheilen durfte, so wendeten sich meine Freunde an die Sächsischen Vaterlandsblätter, eins der wenigen Blätter, das unter den damaligen traurigen Preßverhältnissen sich frei und ehrlich aussprach. In Nummer 170 und 171 erschien ein Bericht aus Breslau über meine dortigen Begegnisse seit dem Verbote des 2. Theiles der U. L. Der Bericht wurde nachher als Flugblatt besonders gedruckt und vertheilt.

Ein Brief meines Bruders vom 1. November traf, wenn er hätte wirken sollen, zu spät ein: ich war bereits zu Protokoll vernommen worden. Mein Bruder schrieb: ›Der 2te Theil Deiner unpolitischen Lieder ist höchsten Orts sehr mißfällig vermerkt und wie ich so eben in der Leipziger Zeitung gelesen, durch Ministerial-Erlaß bereits verboten worden. – Ich habe sie nicht gelesen, vermag auch nicht darüber zu urtheilen, nur so viel sagen auch Deine wärmsten Freunde, daß es unrecht von einem Manne, der öffentlicher Lehrer ist und vom Staate besoldet wird, dergleichen in die Welt hineinzuschreiben. Ich soll Dich, wie mir von einer einflußreichen Person untern Fuß gegeben, warnen, dies thue ich hiermit. – Du wirst zu Protocoll vernommen werden und wenn Du unbefangen erklärst, daß Du die Lieder harmlos niedergeschrieben und dabei nicht die Absicht gehabt hast, Personen oder den Staat anzugreifen oder zu kränken, dann wird, wie ich recht herzlich wünsche, die Sache ohne großen Eclat abgehen.‹

Wenn aber auch der Brief rechtzeitig eingetroffen wäre, so hätte ich doch nicht im Mindesten der brüderlichen Mahnung Folge geleistet, ich würde ruhig und fest wie einst der Abt von Göttweih in einer ähnlichen Lage erklärte, ebenfalls nur erklärt haben: *Nihil revoco, nihil explico!* (Ich widerrufe nichts, ich erkläre nichts).

Man sieht übrigens aus dem guten Rathe, den mir eine ›einflußreiche Person‹ durch meinen Bruder zukommen ließ, daß man in

Berlin gerne weiterer Maßregeln gegen mich überhoben gewesen wäre, zumal die Ansichten, wenigstens in den höheren Kreisen, nicht immer geradezu verdammend waren. Wol hätte in Berlin eine mildere Ansicht über meine U.L. die Oberhand gewinnen können, wenn nicht die ewigen Hetzereien und Anschwärzungen von Seiten meiner Breslauer Collegen beim Curator der Universität, der zugleich Polizeipräsident war (also unter zwei Ministern stand) ein allezeit empfängliches Ohr und bereitwilligste Weiterbeförderung gefunden hätten. Die Herren Collegen waren froh, daß sie doch diese Eine Hoffnung hatten mich beseitigt zu sehen, weil alle früheren ihnen verdorben worden waren.

Wie Jacob Grimm über meine Angelegenheit dachte, gab er mir brieflich kund. Er schrieb

(Berlin 8. nov. 1841.)
›Seit einigen wochen gehn hier ungünstige gerüchte um über Sie, und ich wünsche wol, daß Sie in einem ruhigen augenblick mir ungefähr sagen, was daran oder nicht ist. Um Ihretwillen, aber auch für die regierung selbst wäre mir lieber, daß an freie und dennoch vaterlandliebende äußerungen kein peinlicher maßstab angelegt würde; dergleichen soll nicht auf die spitze gebracht werden weder im anfechten noch im verantworten. Vielleicht aber hat das gerücht, wie gewöhnlich, vergrößert. Sollten Sie indessen den preußischen dienst verlassen, so tröste ich mich im voraus mit dem gedanken, daß Sie sich schon lange in Breslau nicht mehr heimisch fühlten und Ihnen anderswo ein besseres glück beschieden sein kann. In Belgien oder Holland wären Ihre schönen kenntnisse in dieser sprache und literatur schon am rechten platz, und an mancherlei bekanntschaft kann es Ihnen dort nicht gebrechen.‹

Am 22. November wurde der 2. Theil der U.L. im Königreich Hannover verboten und am 8. December im preußischen Staate der ganze Campesche Verlag. Campe glaubte jetzt leichter das unbeschränkte Verlagsrecht der U.L. an sich zu bringen und schrieb mir deshalb den 11. December. Ich erwiederte, daß ich den 2. Theil so nicht aus Händen geben könne und verwies Campe an meinen Vetter, den ich ihm beim Abschiede als meinen Bevollmächtigten vorgestellt hatte.

Den 2. Januar des neuen Jahres erhielt ich eine Vorladung vom königlichen außerordentlichen Regierungs-Bevollmächtigten, geheimen Ober-Regierungs-Rath Heinke und dem königlichen Universitäts-Richter, Stadt-Gerichts-Director Behrends unterzeichnet.

(...)

Das Verbot des ganzen Campeschen Verlags in den preußischen Staaten, schon am 8. December vom Ministerium des Innern erlassen, machte großes Aufsehen im Volke, und verbreitete Angst und Schrecken unter den Buchhändlern. Campe hielt die Sache anfangs nicht für so schlimm, und hoffte sogar noch in einer ›offenen Erklärung‹ am 4. Januar ›von der anerkannten Gerechtigkeitsliebe eines hohen Preußischen Ministeriums‹ eine Zurücknahme der Maßregel. Die aus Berlin kommenden Correspondenzen vertheidigten aber dieselbe, so daß an Zurücknahme wol schwerlich zu denken war. Gegen diese ministeriellen Zeitungsartikel schrieb nun wieder Campe mit Unterzeichnung seiner Firma am 10. Januar eine lange ›rechtfertigende Erwiderung‹. Der Schluß lautet: ›Die beiden letzlich genannten Gedichtsammlungen: »Die unpolitischen Lieder von Hoffmann von Fallersleben, 2. Theil«, und die »Lieder eines kosmopolitischen Nachtwächters« sind mit Censur gedruckt. Wir haben das legitime Imprimatur in Händen. Was soll aus dem deutschen Buchhandel werden, wenn man, selbst bei strengster Befolgung aller gesetzlichen Vorschriften, dennoch einer so unerhörten Strafe, wie der über uns verhängten, anheimfallen kann!‹ – Half nichts – Herr von Rochow hielt sein Verbot aufrecht, und Campe mußte erst mit halb Hamburg abbrennen, ehe es aufgehoben wurde.

Mein geselliger Verkehr während der trüben Winterzeit war gering, ich beschränkte mich nur auf einige Freunde. Ich war viel zu Haus und arbeitete fleißig, besonders sehr gerne des Morgens, wenn es draußen noch dunkel und still war. Zunächst beschäftigte mich die Sammlung der schlesischen Volkslieder, sie sollte dies Jahr vollendet werden und erscheinen. Der Stoff war reichlich vorhanden, es bedurfte nur, ihn zu sichten, zu ordnen, zu vergleichen und zum Drucke sauber abzuschreiben. Zugleich lag mir sehr am Herzen, der Welt zu zeigen, daß deutsche Dichter sich von jeher freimüthig über Staat und Kirche geäußert hätten. Ich sah die Werke vieler Dichter durch, machte für meine Zwecke passende Auszüge und suchte die äußeren Lebensverhältnisse der Verfasser zu ermitteln. Daß nicht jeder ungestraft die Wahrheit verkündet hatte, fand ich leider bestätigt: der Reformator Erasmus Alberus war *siebenmal* seiner geistlichen Aemter entsetzt worden und noch dazu durch seine Glaubensgenossen.

Um diese Zeit machten sich die öffentlichen Blätter viel mit mir zu schaffen. Neben vielem Wahren wurde eben so viel Unwahres zu Tage gebracht. Die Sächsischen Vaterlandsblätter hatten in einem längeren Artikel im Januar ›aus Schlesien‹ gemeldet: ›Die Breslauer Bürger haben sich durch Unterschrift verpflichtet, *Hoffmann von Fallersleben jährlich 600 Thaler zur Unterstützung zu geben*, falls er wegen jener Gedichte (der U.L.) abgesetzt und zur Festung geführt werden sollte.‹ Diese Nachricht machte großes Aufsehen, namentlich in Berlin. Das Ministerium des Innern wendete sich deshalb an den Breslauer Polizeipräsidenten und dieser an den Breslauer Magistrat. Bald darauf wurde in einem halbamtlichen Artikel aus Berlin diese Nachricht in den Zeitungen widerrufen.

Was war nun aber *Wahres* an der Sache? Weiter nichts als ein kläglicher Anfang. Einige Gesinnungsgenossen hatten allerdings eine Liste zum Unterzeichnen jährlicher Geldbeiträge in Umlauf gesetzt; einer und der andere hatte sich betheiligt, aber sich entweder mit den Anfangsbuchstaben seines Namens oder gar nur mit N.N. eingeschrieben. Und endlich verlor sich *diese* Liste wie der Rhein im Sande und niemand wußte oder wollte wissen was daraus geworden war. Die Angst war schließlich doch noch größer als der gute Wille Gutes zu thun. Breslaus Bürgern aber blieb in den Augen Deutschlands die nie weiter angefochtene Ehre, mich jährlich mit 600 Thalern (also 100 über meinen Gehalt) unterstützt zu haben!

Unterdessen war es Frühling geworden, und wie er milderes Wetter brachte, so glaubten Viele, er bringe auch in die Staatsregierung mildere Ansichten. Letztere erwartete Mancher von einem so geistreichen und für Poesie beseelten Könige wie Friedrich Wilhelm IV., aber sie irrten sich wie auch Dräxler-Manfred:[19]

> Nur Eine deutsche Sängerkehle
> Dort an der Oder lautem Strand,
> Sie trauert mit getrübter Seele,
> Durch strengen Urtheilsspruch gebannt.
> Gerichtet ward der Dichter, dessen
> Gerichtshof Herzen sollten sein,
> Von Männern, die noch nie ermessen,
> Daß Frühling, Frühling bricht herein! –
>
> O Herr! es drängt die Dichterblicke,
> Daß sie in Allem groß Dich sehn,
> Es drängt das Herz, beim Mißgeschicke
> Des Dichterbruders Dich zu flehn.
> Die Rose der Verzeihung pflücke
> Und wirf sie ins Gericht hinein,
> Daß den Verbannten sie beglücke –
> Und Frühling, Frühling bricht herein!

Meine Vorlesungen hatte ich geschlossen, ich konnte nun den 26. März meine Reise durch Sachsen und Thüringen antreten, wozu mir der Minister Eichhorn bereits am 19. Januar Urlaub ertheilt hatte.

Ich will jetzt Einiges aus der Erinnerung und meinem Tagebuche mittheilen.

29. März. In Görlitz. Außerordentliche Versammlung der Oberlausitzischen Gesellschaft der Wissenschaften. Ich halte

einen Vortrag über die litterarischen Bemühungen für das deutsche Volkslied seit Nicolai (1777) und theile mehrere meiner gesammelten schlesischen Volkslieder mit. Etwa drittehalb Stunden dauert mein Vortrag. Von allen Seiten höre ich, daß er sehr angesprochen habe.

Abends bei Baron Stillfried. Außer Leopold Haupt nur zugegen Präsident von Seckendorf. Ich spreche mich ganz unverholen aus über Staat und Kirche sowie über die Gebrechen unserer Zeit und alle Tagesfragen. Jedes Gespräch weiß ich mit irgend einem meiner Lieder zu begleiten, nach Art unserer Katechismen, wo nach jeder Antwort noch Bibelstellen und Liederverse folgen. Der Herr Präsident meint, von *Oben* müsse Alles ausgehen, der Staat gebe die Idee und alles Uebrige müsse sich dieser Idee unterordnen. Ich behaupte dagegen, alles Heil könne nur von Unten kommen; der Staat nehme Alles unter seine Vormundschaft, und eben dadurch schwäche er sich selbst, weil er das Volk schwäche, ganz willenlos mache. In der Wirklichkeit zeige sich nirgend die Idee einer vernünftigen, zeitgemäßen Regierung. Es werde, wie schon Ancillon bemerkt habe, überall zu viel regiert; man müsse auch darin Maß halten. Nun gehen wir auf den Adel und seine neuesten Bestrebungen über. Beide Edelleute sprechen sich ganz entschieden dagegen aus und meinen sogar, daß man mit der ›Adelsreunion‹ nur dem Adel selbst schade. Ich bringe meine Adelsgedichte an. Merkwürdig, daß beide Edelleute auch dagegen nichts einzuwenden wissen. Jetzt komme ich auf das Schul- und Universitätswesen. Ich lese dazu mein Lied: ›Brotstudien‹.[20] Der Präsident ganz mit mir einverstanden. Um nun endlich noch meine vaterländische Gesinnung und das was ich überhaupt will, klarer an den Tag zu legen, lese ich die darauf bezüglichen Lieder. Der Baron Stillfried meint, man gewinne durch nähere Bekanntschaft mit mir eine ganz andere Ansicht von meinen Liedern; er halte sich selbst überzeugt, wenn ich so einmal dem Könige selbst meine Lieder vorläse, so müßte er mich lieb gewinnen.

(...)

4. April. Brief von Vetter Wiede in Hamburg. Seine Bemühungen, Campen zur Gewährung meiner billigen Ansprüche zu bewegen, sind umsonst gewesen. Campe hat sich sehr kalt benommen, sich wegwerfend über den 2. Th. der U.L. geäußert und erklärt, daß er nie eine Fortsetzung des U.L. übernehmen wolle etc. Eins ist mir lieb: ich brauche nun auf ihn weiter keine Rücksicht zu nehmen, wenn ich wieder etwas der Art drucken lassen will. Über meine von ihm empfangenen Honorare wundern sich die Buchhändler nicht wenig. Als ich einem sagte, daß Campe über Krebse klagte, so meinte er, es könnten wol allerdings einige kommen, aber was wolle das sagen? Er habe nach Magdeburg allein an einen einzigen Buchhändler über 100 Exemplare geschickt.

Morgen mir zu Ehren ein Frühstück im Tunnel des *Hôtel de Pologne*. Dr. Kaiser hat mich dazu eingeladen. Ich bin sehr erfreut, und doch wünsche ich, daß es schon vorbei wäre. Es ist immer ein unbehagliches Gefühl bei mir vor dem Beginne solcher Festlichkeiten, immer die Angst, ich könnte in der Aufregung etwas Unpassendes, Mißfälliges oder gar Verletzendes sagen und so zur Mißstimmung, oder gar zu Streit und Hader Anlaß geben.

5. April. Maler Storck zeichnet mich. Dr. Kaiser holt mich ab ins *Hôtel de Pologne*. Meist alle Herausgeber Leipziger Journale, mehrere Litteraten und Buchhändler (Otto und Georg Wigand, Wilh. Engelmann, S. Hirzel) haben sich bereits eingefunden. Über das Fest selbst ertheilten die Sächsischen Vaterlandsblätter vom 9. April 1842 ausführlichen Bericht, dem ich nur einige Namen hinzufüge. Er lautet also:

Leipzig. (Hoffmann v. Fallersleben.) Bei dem regen Sinne und der innigen Theilnahme, die Leipzig bei so manchen Gelegenheiten den freisinnigen Bestrebungen der Zeit und ihren Vertretern bewiesen hat, war es nicht anders zu erwarten, als daß die Anwesenheit des genannten Dichters Veranlassung zum Ausspruche der Verehrung und Liebe bieten werde, die derselbe sich in dem Herzen des deutschen Volkes in reichem Maße durch seine kräftigen freiheitathmenden Gesänge erworben hat. Und so geschah es denn am 5. April, daß sich ein großer Kreis der Verehrer des Dichters – vorzüglich aus Schriftstellern und Buchhändlern bestehend – im *Hôtel de Pologne* zu einem einfachen Frühstücke versammelte, das dem gefeierten Gaste zu Ehren veranstaltet war. Hoffmann's Erscheinung schon hat etwas Herzgewinnendes und Anziehendes. Eine hohe kräftige, männlich-stolze Gestalt, der man es ansieht, daß sie nicht geschaffen ist, um Nacken und Rücken zu beugen, freundliche Züge, ein klares, treues deutsches Auge, blondes Haar und Bart, Einfachheit und Treuherzigkeit im ganzen Wesen, einen Anklang des niederdeutschen Dialektes in der Sprache und Offenheit und Biederherzigkeit in jedem Ausspruche – so tritt er uns entgegen, läßt den Gelehrten und Professor im ersten Augenblick vergessen und dafür den gemüthlichen, durchaus volksthümlichen Dichter in ungeschminkter Treue sehen. Der erste Becherklang galt natürlich dem lieben Ehrengaste[21], ›dem graden, ehrlichen, deutschen Manne, dem rüstigen Vorkämpfer für Deutschlands Freiheit und Rechte, dem Dichter, der das Gefühl für das Gute und Wahre weckt und nährt mit mächtigem Klange in dem Herzen seines Volkes!‹ und in einem dreimaligen Lebehoch brachte ihm die Versammlung den freudigsten Gruß. Der Gast antwortete mit einem Trinkspruche ›auf die *Einheit* des großen, starken, *freien* Vaterlandes!‹ und schloß an das ernste Hoch, das derselben erklang, den Vortrag eines satyrisch-launigen Gedichtes, welches mit scharfer Geißel die Vereinswuth unserer Zeit traf und ungefähr mit den Worten schloß: ›Für Alles in der Welt dürfen wir uns vereinen, nur nicht für die Einheit unseres Vaterlandes.‹[22]

Mit dem Motto:

> Uns blieb nur *Eine* Waffe noch!
> Frischauf! sie ist uns gut genug;
> Mit ihr zertrümmert jedes Joch
> Und jeden Lug und jeden Trug!

wurde dem ›freien Wort!‹ als der einzigen, aber unwiderstehlichen und unüberwindlichen Waffe für die Freiheitsbestrebungen der Zeit ein donnerndes Vivat gebracht[23]. In gewandter geistreicher Rede verglich ein Theilnehmer[24] den Ehrengast mit Beranger, dem er in der Volksthümlichkeit wie im Geiste seiner Lieder verwandt sei; wie treffend und in mannigfacher Beziehung richtig dieser Vergleich auch sein mochte, wurde er doch von einem andern Theilnehmer[25] mit Recht zurückgewiesen, welcher behauptete, ›der Name Hoffmann von Fallersleben habe einen so guten Klang im Vaterlande, daß es keines aus der Fremde hergeholten Anlehnungspunctes bedürfe, um die Bedeutung desselben zu bezeichnen; eben so wenig es dem Franzosen einfallen werde, irgend einen Dichter den französischen Hoffmann zu nennen, eben so sehr solle man den ausländischen Maßstab meiden, um ein Talent zu messen, das so durchaus eigenthümlich und so rein deutsch sei.‹ Die heitere, von Freiheitsmuth und Hoffnung beseelte Stimmung der Gesellschaft wurde einen Augenblick getrübt durch die Rede eines Theilnehmers, der die vaterländischen Zustände von der schwärzesten Seite betrachtete und nirgend Trost und Hoffnung finden wollte; die ehrenvolle Gesinnung, aus der diese Ansicht hervorgegangen, anerkennend, antwortete ein anderer Redner in kräftiger edler Sprache, auf die wirklich reiche Errungenschaft der letzten Jahre hinweisend den Geist und die Gesinnung segnend, welche die rechte Bahn zum wahren Fortschritte glücklich gefunden und Resultate auf derselben erzielt habe, um die selbst freiere Völker, um die Franzosen und Engländer uns zu beneiden Ursache hätten. Und diese Rede fand um so lautern Anklang, als sie die natürliche Stimmung der Gesellschaft wieder herstellte, die der Feier des Tages ganz angemessen war. Laute Billigung fand der ausgesprochene Wunsch, jeder Mann möge seine Gesinnung und sein Streben offen vor aller Welt zur Schau tragen, ungescheut zur ›Fahne der Partei‹ schwören, die er aus Ueberzeugung gewählt, die Heuchelei aber und alles Schlechte mit offener Acht befehden. Bei der Erwähnung der drei sogenannten Nationalunternehmungen: des Kölner Dombaues, des Hermannsdenkmals und der Errichtung einer deutschen Flotte, wurde das erstere nur mit lautem Hohne aufgenommen; aber allgemeine Zustimmung erfolgte, als der Redner aufforderte, den ›Kölner Dom, der auf verwitterter moralischer und physischer Grundlage erbaut werden solle, der ewig eine todte hohle Steinmasse bleiben werde, ob auch Pfaffen darin hausten, und an den das deutsche Volk kein einziges Band knüpfen könne, links, sehr weit links liegen zu lassen; dem Hermannsdenkmal, an das sich eine schöne Erinnerung knüpfe, eine lebhafte Theilnahme zu schenken, dagegen alle Kräfte auf die Herstellung einer Flotte zu lenken, von der die Farben des freien Vaterlandes jubelnd flattern durch die freie Luft und dahinwehen auf dem freien Meere bis zu dem fernsten Puncte der Erde, wo deutsche Brüder hausen.‹ Noch mancher herzlich gebrachte und freudig aufgenommene Trinkspruch erhöhte die Begeisterung; darunter sind besonders zu nennen: die hannoversche Opposition, die Stadt Osnabrück, der Unionsclub in derselben, die Majorität der badischen Kammer und ihr Sieg, die unabhängigen Blätter, die redlich für die gute Sache wirken u.s.w. Dazwischen erfreute der Ehrengast die Gesellschaft mit dem Vortrage zahlreicher neuer Lieder, die für eine neue Sammlung bestimmt sind und die größte Heiterkeit hervorriefen, diese aber wechselten mit Gesang und manches Lied aus dem 1. und 2. Theile der ›unpolitischen Lieder‹ erklang aus voller Brust. Gegen Abend trennte sich die Versammlung in der glücklichsten, freudigsten Stimmung. Es war ein Fest, reich an Inhalt und Bedeutung, würdig schön und erhebend in seiner ganzen Haltung, freudig anregend und im Guten stählend in seiner Nachwirkung; ein Fest, das den Gebern eben so sehr zur Ehre gereicht, als dem Gaste, für den es veranstaltet wurde. –

(...) Daß *dieser* Tag, der für mich ein Ehrentag war und Freudentag bleiben sollte, für die Erinnerung auch noch zu einem Trauertage wurde, wie hätte ich das ahnden können? An diesem Tage starb in Berlin mein Bruder, fern von den Seinigen. Wochen

405

vergingen, ehe ich den Brief eines Freundes erhielt, der mich von dem traurigen Ereigniß in Kenntniß setzte.

(…)

13.–20. April in Jena. Ich besuche Göttling. Er erkennt mich, aber nur, weil er in diesen Tagen mein Bildniß sah, das an einem hiesigen Laden aushangt. Wir frühstücken und gehen dann zur Bibliothek. Ich sehe die alten Liederhandschriften durch und untersuche mehrere Bruchstücke mittelniederländischer Handschriften. Georg Forster's Lieder leihe ich mir. Nach Tische spaziert. Wunderschönes Wetter, die Berge in herrlichster Beleuchtung. Dahlmann begegnet uns, dann Prutz mit Frau und Schwägerin, der alte Fries, O. L. B. Wolff.

Abends bei Prutz mit Wolff. Sehr lebhafte Unterhaltung: wir streiten über antike Bildung, über das Nachlateinen u. dgl. Wolff meiner Ansicht, Prutz uns entgegen. Wir bewirthen uns wechselseitig mit Gedichten. Wolff improvisiert ganz allerliebst. Erst um 1 Uhr scheiden wir in heiterster Stimmung.

14. April. Abends um 7 Uhr bei Wolff. Wir hören Gesang, schauen zum Fenster hinaus, gewahren aber niemand. ›Das gilt Ihnen, sagt Wolff, kommen Sie nur mit auf den Hof.‹ Da stehen etwa 30 Studenten, die in den Ferien zurückgeblieben sind, und singen: ›Freiheit, die ich meine.‹ Dann tritt einer hervor und bringt mir ein Hoch aus. Ich reiche jedem die Hand und danke herzlich für die Liebe und Anerkennung. Ich will noch mehr sprechen, aber ich bin zu bewegt. Sie singen dann noch eins meiner Lieder und gehen befriedigt heim.

(…)

23. April. Wir kehren in Neuses bei Rückert vor. Wir hatten ein hübsches Landgut mit einem parkartigen Garten in einer lieblichen Gegend erwartet, und finden eine ganz gewöhnliche Gegend, ein unansehnliches Haus und einen eben angelegten Garten mit jungen Bäumchen und Sträuchen. Es gehört wirklich eine große Phantasie dazu und noch größere Genügsamkeit, um das Alles auf die Dauer schön zu finden.

Rückert sitzt im Garten. Als er uns nahen sieht, erhebt er sich.

Ein langer, ziemlich hagerer Mann; sein Gesicht mit starken Zügen hat etwas Finsteres und fast Abgelebtes; sein langer Rock ist so verschossen, daß es schwer hält nach irgend einer Farbenscala seine jetzige Farbe zu bezeichnen. Er bewillkommnet uns sehr ernst, beinahe kalt. Wir gehen in eine Laube ohne Laub und setzen uns.

Ich. Wie gefällt es Ihnen in Berlin?

R. Jetzt besser als früher.

Ich. Was haben Sie diesen Winter gearbeitet? wol an einer Uebersetzung der Hamasa?

R. Ja, ich bin damit fertig geworden. (Er läßt sich aus über Übersetzungstreue.)

Ich. Was giebt's denn Neues in Berlin? Das Frankfurter Journal meldet aus Preußen, daß Jacoby verurtheilt ist und daß ich entlassen sei.

R. Sie haben auch wol nichts Anderes erwartet?

Ich. Ich freilich nicht, aber Andere haben Anderes erwartet, viele glauben noch gar nicht daran.

R. Sie haben es provociert.

Ich. Der Staat hat das Recht, sich der Staatsdiener, die ihm nicht genehm sind, zu entledigen, aber nicht das Recht, ohne Urteil und Recht jemanden abzusetzen. Der König hat die Cabinetsordre wie es heißt unterzeichnet.

R. Sie werden Pension bekommen – ich kann es mir gar nicht anders denken – und da wird man Ihnen erlauben, überall zu leben.

Ich (lächelnd). Sie beneiden mich am Ende noch!

Rückert wurde zutraulicher.

R. Es ist weiter kein Unglück, wenn Sie mit 500 Rb. pensioniert werden etc., in Hildburghausen können Sie mit 500 Rb. das erste Haus machen. Ich ließe mich gleich pensionieren.

Ich. Sie dürfen nur wieder etwas Politisches dichten.

R. O ja, wenn man nur die Gränze wüßte!

Ich. Das Schlimmste für mich wäre, wenn ich aus Deutschland verbannt würde.

R. Da bleibt Ihnen Europa offen, und wenn das auch Ihnen versagt ist, gehen Sie nach America. Dort lebt jetzt deutsche Kunst und Wissenschaft auf. Wir müssen einen deutschen Staat gründen. Meine Söhne sollen auch hin.

Ich. Ich bin mit Deutschland zu sehr verwachsen: Verbannung wäre mir das größte Unglück.

So scheiden wir. Spät Abends zu Hildburghausen im englischen Hof. Ich gebe mich für einen Papierhändler aus, werde aber von einem der Anwesenden erkannt. Das Fremdenbuch wird umhergereicht. Sievers schreibt in die Rubrik: Zweck der Reise ›Chausseegeld zu bezahlen.‹ Wir hatten sehr oft viel bezahlt. Ich schreibe: ›Die Dorfzeitung an der Quelle zu lesen.‹[26]

(...)

27. April. Um 4 Nachmittags wieder in Jena. Endlich komme ich ins Klare über mein nächstes Schicksal. Während die Zeitungen bereits meine Absetzung verkündeten, ist bis jetzt nur erst die Suspension erfolgt, wie mir Heinke in einem Schreiben vom 14. April mittheilt.

28. April. Am Abend wird mir angezeigt, daß die Studenten vom Fürstenkeller mir ein Ständchen bringen wollen. Gegen 60 kommen schweigend in den Hof der ›Sonne‹, bilden einen Halbkreis und singen. Als ich das Fenster geöffnet habe und hinabsehe, tritt einer vor und bringt mit lauter Stimme folgendes Hoch aus: ›Dem Manne der Wissenschaft und der Gegenwart, dem Kämpfer für Licht und Wahrheit, dem Sänger des Liedes welches That ist, H.v.F., bringen Jünglinge, deren Streben ist, zu erfassen die Gegenwart und mitzubilden die Zukunft, ein dreifach donnernd Hoch.‹ Es wird noch ein Lied gesungen, dann Alles still. Ich danke tiefbewegt mit wenigen herzlichen Worten, und schweigend geht der Zug von hinnen. Es war nicht gestattet worden, mir ein feierliches Ständchen zu bringen. Wie ich später erfuhr war der Sprecher Wilhelm Genast, Sohn des Hofschauspielers Genast in Weimar.

29. April. Abreise aus Jena. Mich fährt derselbe Hauderer, der gestern den von Berlin heimkehrenden Professor Dahlmann

nach Jena zurückgebracht hat. Wunderliches Zusammentreffen! In demselben Wagen *gestern* der abgesetzte, landesverwiesene Göttinger Professor, der eine ehrenvolle Anstellung in Preußen findet, und *heute* wieder ein Professor, der aber in Preußen abgesetzt werden soll!

Durch die sogenannte weimarische Schweiz, Dornburg und Umgegend nach Schulpforta. Ich wollte Professor Steinhart nur auf ein Stündchen besuchen. (…).

5. April (…) – Im Einspänner nach Leipzig.

6. Mai. Als ich mir Abends im *Hôtel de Pologne* Essen bestellt habe, meldet mir Dr. Wuttke, daß die Studenten mir ein Ständchen bringen wollen. Wir sitzen im großen Saale und speisen, da öffnen sich die Flügelthüren. Gegen 300 Studenten stehen in und vor dem Hause. Sie singen: ›Ach, wir armen Narren hoffen stets und harren‹.[27] Dann hält ein Student eine Rede und bringt mir ein Hoch aus, in das alle einstimmen. Ich trete vor und danke; was ich sagte, weiß ich nicht mehr – ich war sehr ergriffen. Dann singen sie: ›Freiheit, die ich meine.‹ Ich lasse das freie Wort leben.

7. Mai. Gestern kaufte ich 6 Exemplare des 2. Theils der U.L. für einen Freund. Ich mache gleich die Entdeckung, daß der Druck mit dem früheren nicht stimmt. Heute vollende ich die Vergleichung beider Drucke: in dem neuen finde ich über 155 Abweichungen. Campe hat mich also ohne mein Wissen und meinen Willen nachgedruckt. Wuttke räth mir, ihn zu verklagen. Niemand sei erfahrener in solchen Dingen als der Advocat Schellwitz. Wir gehen zu ihm. Ich übergebe ihm den Thatbestand. Schellwitz meint, in Hamburg lasse sich bei den Gerichten gar nichts ausrichten; man müsse warten, bis Campe wieder zur Messe komme. Übrigens wolle er an ihn schreiben und ihn auffordern, sich gütlich mit mir abzufinden.

Ich hatte schon mehrere Berliner gefragt, die meinen Bruder kannten, ob sie nichts von ihm wüßten. Niemand wollte mir die Wahrheit sagen, es hieß immer, er wäre krank. Ein marterndes Gefühl sagt mir immer: er ist todt, und dies Gefühl verläßt mich nicht mehr. Am späten Abend höre ich dann die schreckliche Kunde von seinem Tode. Ich entschließe mich so schnell als möglich nach Berlin zu gehen.

8. Mai. Ich höre heute erst von dem furchtbaren Brandunglücke Hamburgs. Die ganze Deichstraße ist abgebrannt. Als Campe Leipzig verließ – denn er war hier – lag sein Haus bereits in Asche. Ich nehme meine Klage gegen ihn sofort zurück. – Breitkopf und Härtel übernehmen den Verlag der schlesischen Volkslieder. Bei Engelmann werden ›Politische Gedichte aus der deutschen Vorzeit‹, von mir gesammelt, erscheinen.

10. Mai treffe ich in Berlin ein und noch denselben Tag untersuche ich den Nachlaß meines Bruders. Ich besuche die Freunde meines Bruders und die Grimm's; bei letzteren treffe ich Bettina, die sehr ergötzliche Geschichten erzählt.

12. Mai werde ich zu einem Frühstücke abgeholt, welches 20 Studenten mir zu Ehren veranstaltet haben. Ich war Tags vorher dazu eingeladen, und hatte es nur angenommen unter der Bedingung, daß es an keinem öffentlichen Orte stattfände. Mein Wunsch war erfüllt: wir befanden uns ganz unter uns auf einer geräumigen Studentenkneipe. Ohne alles Aufsehn verlief sich die Sache, obschon es nicht eben geräuschlos herging. Es wird gut gefrühstückt und noch besser getrunken, und viel gesungen. Ich höre meine Lieder oft nach neuen, von den Studenten gemachten Melodien singen. Mitunter kommen auch hübsche Varianten vor:

Dankbar essen wir drum Juchten,
Gehn spazier'n in Caviar.[28]

Am 14. Mai wieder in Breslau. Durch meine einstweilige Entamtung war ich ein ganz freier Mann geworden und konnte nun meine Zeit nach Belieben verwenden. So erwünscht mir das früher gewesen wäre, so war es mir doch unter den jetzigen Umständen sehr unwillkommen. Ich fühlte mich vereinsamt, und fast überall, wo ich mich blicken ließ, unangenehm berührt. Die vielen guten Bekannten, zumal aus dem Beamtenstande, suchten jetzt absichtlich jedes Zusammentreffen mit mir zu vermeiden, und um ihre verwandelte Gesinnung gegen mich zu verhüllen, grüßten sie mich um so freundlicher, beeilten sich aber an mir vorüberzukommen. Die Herren Collegen zeichneten sich in dieser Beziehung noch ganz besonders aus, sie flohen mich wie ein räudiges Schaf. Auch die Breslauer Poeten, die mich bisher als ihren Zunftgenossen, wenn auch ungerne, betrachtet hatten, hielten es nicht unter ihrer Würde, mir dem Fast-Abgesetzten bei jeder Gelegenheit eins zu versetzen.

Das Leben in Breslau war mir mehr als je verleidet, ich sehnte mich hinaus nach frischer freier Luft und begab mich ins schlesische Gebirge zu meinem Freunde Eduard Kießling. (…)

Es war um diese Zeit viel gestritten in öffentlichen Blättern über das amtliche Verfahren gegen mich, nach welchen Gesetzen ich verurtheilt und durch wen ich abgesetzt werden könnte, ob durch das Staatsministerium, oder den Staatsrath, oder nur durch den König. Wie es bisher üblich gewesen war in ähnlichen Fällen, wurde auch gegen mich verfahren; die letzte Entscheidung lag bei dem König.

Man war noch immer der Meinung, daß ein so geistreicher kunstliebender König wie Friedrich Wilhelm IV., der eben erst einem Dichter, Friedrich Rückert, ein Amt verliehen hatte, einen andern nicht seines Amtes entsetzen würde. Diese Meinung theilte auch Gustav Schwetschke und richtete an den König ein langes Gedicht: ›Der neue Archias.‹[29] Es beginnt:

> Für Archias den Dichter
> Sprach einst des Rhetors Kunst;
> Vergönne, milder Richter!
> Dem Deutschen gleiche Gunst.
> Für Hoffmann-Fallersleben,
> Den freien Sangeshort,
> Laß muthig sich erheben
> Ein frei beflügelt Wort.

Alles recht schön und gut, aber Alles umsonst.

Unterdessen war mir der Aufenthalt in Breslau immer unheimlicher geworden. Da man mir von Seiten des Ministeriums kein Hinderniß mehr in den Weg legte, so ertheilte man mir so oft ich darum bat Urlaub und kaum war wieder einer in meinen Händen, so reiste ich ab (den 27. Juli).

In Leipzig mache ich wenig Besuche. Am 1. August bei H. Brockhaus. Die Verlagsbuchhandlung hatte mir für meine 1834 erschienenen Gedichte kein Honorar gegeben und beanspruchte nun sogar noch das alleinige Eigenthumsrecht derselben. Ich wünschte endlich mit ihr ins Reine zu kommen und erhielt nach einigen Verhandlungen die schriftliche Erklärung, daß mir die freie Benutzung meiner Gedichte zuständе. Dies Zettelchen und die Ehre, unter der Firma Brockhaus Gedichte herausgegeben zu haben, war also mein ganzes Honorar!

3. August in Althaldensleben. Ich spaziere im Nathusiusschen Park. Das Ganze überraschend, Natur und Kunst, Nutzen und Vergnügen im besten Verbande. Ich erkundige mich beim Gärtner nach dem Dichter Nathusius. Er wohnt dem Parke gegenüber. Ich finde schnell mich zurecht. Auf der Treppe begrüße ich ihn. Er ist verlegen und ich werde es auch. Erst als ich sage, wer ich bin, wird mir ein freundlicher Empfang. Kaum sitze ich mit ihm auf dem Sopha, so kommt seine Frau und flüstert ihm etwas zu. Ich werde zu Abend eingeladen. Wir spazieren vorher noch im Park. Auf dem Balkon wird gespeist. Frau Marie Nathusius trägt ihre Compositionen vor. Wir singen viel.

4. August. Philipp Nathusius ladet mich zu Mittag ein. Unsere Gespräche werden sehr politisch. Marie ist sehr bewegt: ›Nun, was meinen Sie denn, was soll denn der Einzelne thun?‹ – ›Ich denke mir immer, es muß jeder von seinen Verhältnissen aus zu wirken trachten, jeder für sich erst tüchtig werden – ‹ Merkwürdig, daß immer die Frauen am lebendigsten durchdrungen sind von der Nothwendigkeit des Fortschritts und eifriger als ihre und andere Männer der Partei der Bewegung angehören, entschiedener sind oder werden.

Am folgenden Tage fahre ich in meine Heimat. 6.–13. August in Fallersleben. Meine Mutter für ihr hohes Alter noch sehr munter und rüstig; wir machen sogar einen Spaziergang von einer Stunde nach dem nächsten Dorfe. Ich spaziere viel im Garten, lese Zeitungen und dichte. Stille, heitere Tage.

14. August mit meiner Mutter und Schwester Minna nach Wittingen in der Lüneburger Heide, dem Geburtsorte meiner Mutter. Schöner Morgen. Jenseit der Aller eine andere Welt: Sand, Heide, Nadelholz, Heirauch, nirgend ein Haus, nirgend ein Acker, Wege nach allen Richtungen, furchtbare Einöde. – 15. August. Ich nehme Abschied heiterer wie sonst und ahnde nicht, daß ich meine gute Mutter nicht wiedersehen sollte. Am 16. August treffe ich in Hamburg ein. Um 10 Uhr Abends führt mich mein Weg durch die unermeßliche Brandstätte. Während ringsumher noch geschäftiges Leben, ist hier Alles todtenstill, der Vollmond beleuchtet den grausigen weiten Trümmerhaufen.

17. August. Meinen Nachdruckproceß gegen Campe kann ich nicht wieder beginnen, ich muß mich mit ihm einigen, um für meinen einen Schwager, der eben in großer Verlegenheit ist, etwas Geld zu bekommen. Dr. Wille übernimmt das unangenehme Geschäft, mit Campe zu verhandeln.

18. August. Im Schöne'schen Quartettvereine höre ich mehrere Compositionen meiner U.L., Schöne hat gegen 50 componiert. Ich bin sehr überrascht: der Componist hat geleistet was ich wünsche, er hat einen neuen Weg eingeschlagen, eine neue Musik geschaffen, wie sie die neue Dichtung fordert.

Ich blieb nun noch einige Tage, um mit Campe ins Reine zu kommen, und es gelang: am 22. August zahlte er noch 400 Rb. für den zweiten Theil und ich unterzeichnete einen Vertrag, wodurch alle meine Ansprüche meiner Seits so gut wie für immer beseitigt wurden. Campe verpflichtet sich nämlich, noch 200 Rb. zu zahlen, *wenn* binnen 3 Jahren eine 2. Auflage mit Genehmigung der preußischen, hamburger oder königlich sächsischen Censur erscheinen darf. Wird aber in diesem Zeitraume die Druckerlaubniß nicht erzielt, so fällt die Zahlung obiger zweihundert Thaler gänzlich weg, ›und zwar dergestalt, daß die Verleger für die heute gezahlten *vierhundert Thaler* das Verlagsrecht dieses zweiten Theils, ein für alle Mal, gekauft und erworben haben‹.

Von *dieser* Seite durfte ich also nichts mehr für mich erwarten, und wenn es mir noch so schlecht ginge. Meine Entdeckung seiner Nachdruckerei, die in der ganzen Buchhändlerwelt übel vermerkt worden war, hatte ihn zu sehr verdrossen. *Wie viele* zweite Auflagen des 2. Theils erschienen sind, ist mir nie bekannt geworden, ich weiß nur, daß auf jedem Abdrucke 1842 steht. Daß er es mit dem zweiten Theile ebenso gemacht haben wird, wie mit dem ersten ist ziemlich gewiß.

(...)

18. September nach Bremerhaven und dann mit dem Dampfschiffe nach Bremen, und von da mit der Post die Nacht durch nach Osnabrück. Nach den anstrengenden Fahrten der letzten Tage, besonders nach der letzten Nacht, war ich sehr angegriffen, ich sehnte mich nach Ruhe und hoffte sie reichlich zu finden, da ich ja niemanden in Osnabrück kannte. Als ich mich aber nach einigen Stunden im Gasthofe sehr einsam fühlte, so trieb's mich hinaus: ich besuchte den Procurator Hollenberg, an den mir Böse einige Zeilen mitgegeben hatte. Wir verabredeten einen Spaziergang auf den Nachmittag. Nach Tisch wurde ich abgeholt. Wir wanderten nach Schumla, von da nach der Musenburg. Ohne zu ahnden, was mir bevorstand, trat ich ein: gegen 50 Bürger warteten mein und wünschten mich zu sehen, zu hören und zu ehren.

(...)

Den Männern der politischen Bewegung lag es damals daran, die Theilnahme an den vaterländischen Angelegenheiten zu erhalten, zu steigern und weiter zu verbreiten. Es genügte ihnen deshalb nicht, daß man bei dieser oder jener Gelegenheit sich freisinnig ausgesprochen hatte, alle Welt sollte wissen, daß man seiner Überzeugung öffentlich kundzugeben sich nicht scheute. Und so galt denn der Bericht über diesen Abend eben sowol der Partei als mir.

Die Osnabrücker Geschichte blieb aber nicht ohne Folgen. Viele Theilnehmer wurden in Untersuchung gezogen, um von ihnen zu erfahren, wie es dabei hergegangen sei und welche Trinksprüche man ausgebracht habe. Die hannoversche Regierung schenkte mir von dieser Zeit ab eine größere Aufmerksamkeit.

Am folgenden Tage begleiteten mich eine große Anzahl Bürger zur Post und ließen bei meiner Abfahrt ein jubelndes Hoch erschallen. Daß mein Singen den Menschen nicht immer und überall angenehm war, wußte ich längst; daß es aber auch den Thieren mißfallen könnte, war mir neu. Unterweges bei dem schauerlichen Herbstwetter, das einen leicht verstimmen konnte, fing ich an zu singen. Da hielt der Postillon still, kam an den Kutschenschlag und bat mich um Gotteswillen nicht zu singen, sein Handpferd könne es durchaus nicht vertragen, es würde flüchtig.

22.–24. September in Köln. Den 23. September enthält die Rheinische Zeitung mein Gedicht: ›An meinen König‹.[30] Dasselbe wurde mir von einigen Seiten sehr übel genommen, man nannte es sogar einen *Bettelbrief*. Ich hatte für mich nichts gebeten, denn ich sprach frei und ließ mich durch Niemanden irre machen; und was ich drucken lassen *wollte*, ließ ich nach wie vor drucken.

26. September in Heidelberg. Ich besuche Gervinus, treffe aber nur seine Frau. Sie ist sehr lebendig und theilnehmend und wahrscheinlich viel freisinniger als ihr Herr Gemal.

27. September – 4. October in Straßburg. Abends um 9 am Bord des Dampfschiffes in Mannheim. Mit allerlei Flaggen und unter dem Donner der Böller kommen wir vor Straßburg an. Morgen beginnt der *Congrès scientifique de France* seine zehnte Versammlung. Nicht die Aussicht auf große wissenschaftliche Ausbeute hat mich hieher geführt, sondern nur die Hoffnung, diesen und jenen wiederzusehen oder kennen zu lernen. Mir ist der Verkehr mit meinen Landsleuten mehr werth als der ganze Congreß. Man hat mir zwar die Ehre erwiesen, mich in der 7. Section: *Littérature française et étrangère* zum Vice-Präsiden-

ten zu ernennen, ich nehme aber weder an den Sitzungen noch an den Festlichkeiten Theil. Die letzteren sind mir denn doch etwas zu französisch, z. B. Sonntag-Morgen den 2. October wurde *uns zu Ehren* eine große Parade auf dem Kleberplatze abgehalten, wozu die ganze Besatzung aufgeboten war – sehr schön, aber sehr langweilig!

Durch Georg Fein lernte ich die letzten Reste des deutschen Volkslebens kennen: wir besuchten die Bierhäuser und Tanzorte. Das Ergötzlichste für mich war ein Commers der Deutschen, wozu ich selbst die Anregung gegeben hatte, ein Commers, wie er wol noch nie vorgekommen war: Männer von den mannigfaltigsten, zum Theil widerwärtigsten Schicksalen saßen hier in jugendlicher Heiterkeit und sangen ihre alten Burschenlieder. Ich hatte darauf gerechnet, daß eine größere Betheiligung stattfinden würde, viele mochten sich scheuen, mit so Politisch-Anrüchigen zusammen zu kommen, auch nahm *kein* Elsasser Theil. So saßen wir im Apfel zu Straßburg von 8 Uhr Abends bis 1 Uhr einmüthig und fröhlich beisammen und schufen uns selbst die angenehmste Erinnerung an Straßburg.[31]

Der Hauptzweck meiner Rheinreise war noch nicht erreicht. Ich wollte nämlich eine Fortsetzung meiner U.L., die in Deutschland nun einmal nicht erscheinen konnten, in der Schweiz drucken lassen. Ich hatte mich an das Literarische Comptoir in Zürich gewendet und wollte von Basel aus diese Angelegenheit weiter betreiben. Den 5. October verließ ich daher mit Georg Fein Straßburg.

Georg Fein, ein merkwürdiger Mensch! Jetzt erst lerne ich ihn näher kennen. Trotz aller Mühsale und Widerwärtigkeiten, woran sein Leben so reich ist, hat er seine Liebe für Freiheit und Vaterland treu gehegt, nie seine Ueberzeugung geleugnet, nie den Muth verloren für seine Ideen zu leben und zu wirken. Bewundernswerth ist seine jetzige Thätigkeit, die deutschen Handwerker in Frankreich und der Schweiz durch Fortbildungsvereine zusammen zu bringen und zusammen zu halten, damit sie recht vaterländisch gesinnt, sittlich und gebildet werden, um einst heimgekehrt als würdige Söhne des Vaterlandes die bessere Zukunft Deutschlands mit herbeiführen zu helfen. Überall, wo wir länger verweilten, hatte er Besprechungen mit deutschen Handwerkern und vertheilte kleine Schriften, worin Winke und Wünsche ausgesprochen waren, ein besseres Leben und Streben für das Vaterland anzubahnen.

In Basel fühle ich mich sehr unwohl und begebe mich zu Bette. Um 10 Uhr Abends meldet mir Fein, man beabsichtige mir einen Fackelzug zu bringen. Nach einigen Minuten rückt schon der Zug mit Fackeln heran, an der Spitze die Musik des eben im Dienst befindlichen Jägerbataillons. Vom Bette aus höre ich die Hörner und sehe den Fackelschein. Der ganze Platz an der Barfüßer Kirche soll gedrängt voll Menschen sein. Professor Hagnauer, der mich zuvor begrüßt hat und eben wieder bei mir ist, hält eine Antwort für nothwendig auf das Hoch, das auf mich eben ausgebracht ist. ›Nun, sage ich, wenn Du meinst, so antworte!‹ Er dankt für mich im Schweizerdeutsch: ›*Der Hoffmann isch chrank – er losst üch danke, dass ihr ihm e gueten Obed bringt. – ich aber säg üch e guete Morge – Schwyzer, mir säge e guete Morge!*‹ Das ist eine wunderliche Rede – wir können das Lachen nicht lassen.

8. October. Am Morgen kommt Julius Fröbel, Mitgründer und Hauptleiter des ›Literarischen Comptoirs‹ in Zürich. Ein stattlicher Mann, dessen äußere Erscheinung schon keinen gewöhnlichen Eindruck macht: schwarzes Haar, hohe Stirn, tiefliegende dunkele Augen, ernst, nachdenkend, scheinbar ruhig. Wir verhandeln über die ›Deutschen Lieder aus der Schweiz‹,[32] die als Fortsetzung der U.L. betrachtet werden können, und sind sofort einig. ›Die Verlagshandlung darf von diesen Gedichten eine erste Auflage von *fünftausend* Exemplaren veranstalten‹, ferner: ›Der Herr Verfasser theilt mit der Verlagshandlung den *reinen Gewinn* dieser Auflage‹ und ›Bei einer neuen Auflage wird neu contrahiert.‹

9. October. Ich besuche abermals Professor W. Wackernagel. Er macht mir abermals Vorwürfe, daß ich mit *solchen* Leuten,

wie die Anstifter des Ständchens, verkehre. Ich soll also Partei nehmen gegen Leute, die mir eine Ehre erweisen, bloß weil ein alter Freund nicht zu ihrer Partei gehört! Wunderliche Zumuthung! Unsere Zusammenkunft war diesmal eine unerfreuliche. Aus unseren Gesprächen ergab sich, daß wir in religiösen wie in politischen Dingen wenig übereinstimmten: der Breslauer Wilhelm war ein Baseler Herr geworden.

Ich trete die Rückreise an; am 10. October von Kehl mit dem Dampfschiffe nach Heidelberg. In der Kajüte lese ich die Zeitungen und finde einen Berliner Artikel, der mir darauf berechnet zu sein scheint, mich zu schleuniger Rückkehr von meiner Reise zu veranlassen. ›Dem Professor H.v.F. soll es höheren Orts wieder gestattet sein, nach wie vor, auf der Breslauer Universität zu docieren, da die Gründe zu seiner beabsichtigten Suspension nicht triftig genug‹ befunden worden sind‹. Ich lasse mich nicht irre machen und folge noch denselben Tag einer Einladung in die Rheinpfalz.

20. October in Leipzig. Ich werde sehr angenehm überrascht: Engelmann überreicht mir die fertigen Exemplare meiner ›Politischen Gedichte aus der deutschen Vorzeit‹. Ebenso freut es mich, daß bereits drei Hefte der schlesischen Volkslieder gedruckt sind.

Ich eile über Dresden und Görlitz nach Breslau und treffe den 24. October Morgens ein. Zu meiner Bewillkommnung enthielten *beide* Breslauer Zeitungen an einem und demselben Tage folgenden Artikel aus Leipzig: ›Die Art und Weise, wie Herr Hoffmann durch Deutschland zieht, sich fetieren läßt und Lieder dagegen als Entschädigung vorträgt, mißfällt hier auch denen, die seiner Sache zugethan sind‹.

Ich lebte sehr zurückgezogen, eigentlich nur meinen litterarischen Arbeiten und meinen Freunden. Zunächst schrieb ich die Vorrede zu den schlesischen Volksliedern, deren Druck mit dem vierten Hefte vollendet war. (...)

Obschon sich unsere Sammlung vor allen ähnlichen durch Reichhaltigkeit und treues Wiedergeben der Texte und Melodien, und durch litterarische Nachweisungen und Vergleichungen vor allen bisherigen Sammlungen auszeichnete, fand in Schlesien unser Buch doch nicht die Theilnahme, die wir erwarteten, und der Titel: ›Schlesische Volkslieder‹, der uns in Schlesien nichts nützte, schadete uns nach außen hin. Wir hätten besser gethan, wenn wir: ›Deutsche Volkslieder. Gesammelt aus dem Munde des schlesischen Volkes‹ gesagt hätten. Wir fühlten uns übrigens reichlich belohnt durch unsere Arbeit, sie hatte uns viele genußreiche Stunden gewährt.

Ich fühlte mich die beiden letzten Monate nach meiner Rückkehr recht wohl und war sehr heiter gestimmt. Ich lebte am liebsten in der Kinderwelt und dichtete nur aus ihr und für sie. Ich ließ mir die schönsten Volksweisen öfter vorspielen, bis ich sie auswendig wußte, und dann fand ich bald einen passenden Text dazu. Man hat auch diesen harmlosesten Liedern eine politische Bedeutung untergelegt und sie zu verdächtigen gesucht, aber umsonst – sie fanden damals ihren Weg zu den Herzen der Kinder und finden ihn heute noch. Ich war überrascht und ganz glücklich über den glänzenden Erfolg einer pädagogischen Thätigkeit, die Niemand, am wenigsten ich selbst, mir zugetraut hatte.

Diese stille Freude wurde durch ein sehr trauriges Familienereigniß plötzlich gestört: am 3. December starb meine gute Mutter. Die Trauerbotschaft kam mir am 8. Wenige Stunden nachher schrieb ich meiner Schwester Minna: ›Das Unvermeidliche ist also gekommen: unsere gute Mutter ist nicht mehr. Ich habe so heftig geweint, daß mir das Blut zur Nase herausdrang. – – – Bei aller Wehmuth habe ich den schönen Trost, daß ich unserer Mutter doch manche Freude in ihren letzten Tagen bereitet habe, und daß sie gewiß mit einem Segen auch für mich diese Welt verlassen hat. Während ihrer Krankheit habe ich viele lustige Lieder gedichtet, lauter Kinderlieder. Merkwürdig, gerade an ihrem Sterbetage ein trauriges Lied[33] auf eine schöne Melodie: wie ein Kind sich im Frühling nach Genesung sehnt. Merkwürdig *ferner*, daß ich heute Morgen erst vom Buchbinder einen ganzen Band Familienbriefe bekam, von 1814–1842. Ich blätterte und las darin. Da dachte ich: Großer Gott, wenn nur nicht ein schrecklicher Schlußbrief kommt! Und er kam.‹

Und merkwürdig, – hätte ich einige Wochen später hinzufügen können – daß den folgenden Tag das Staatsministerium meine Absetzung beschlossen hatte!

Vierter Band
1843 bis 1847

(…) Ruhiger und heiterer, als ich gekommen, kehrte ich heim. Den 14. Januar war ich wieder in Breslau.

Meine Ankunft wurde schnell bekannt. Schon am Nachmittag brachte mir der Pedell meinen Gehalt für die Monate Januar, Februar, März und zugleich eine Vorladung in das Senatszimmer. Was meine Freunde fürchteten, meine Feinde wünschten und ich längst vorhergesehen hatte, erfolgte. Im Beisein des Curators der Universität las mir der Universitäts-Richter Behrends den Beschluß des Staatsministeriums vor, wonach ich ohne Pension meiner Professur entsetzt war. Der Beschluß war vom 4. December 1842, die königliche Bestätigung vom 20. December. Ich unterzeichnete das Protocoll, erbat mir Abschrift, die mir aber verweigert wurde, und empfahl mich. Ich faßte sofort den Beschluß, Breslau baldigst zu verlassen. Schon die nächsten Tage ordnete ich meine Bibliothek und verzeichnete was ich behalten und was ich versteigern lassen wollte.

Am 19. Januar stand das Urteil über meine Absetzung vollständig gedruckt in der Breslauer Zeitung. Weil ich darin eine Verschärfung der ›gegen mich ausgesprochenen Strafe sah, welche kein Gesetz und keine allerhöchste Ordre anordnet‹, und zugleich wissen wollte, ob der Abdruck ein amtlicher wäre, so verklagte ich die Breslauer Zeitung, wurde aber vom Ober-Landes-Gerichte mit meiner Klage abgewiesen, weil die Breslauer

Zeitung von einer Behörde zur Mittheilung ›autorisiert‹ worden sei. (...)

Ich war nicht weiter überrascht: schon am 21. November vorigen Jahres hatte ich vorhergesehen was kommen würde, und mir ein ›Trostlied eines abgesetzten Professors‹[1] gedichtet.

19. Januar überreichte mir ein Student eine meine Thätigkeit und mein Wolleu sehr warm anerkennende Adresse, von beinahe 50 seiner Commilitonen unterzeichnet, darunter evangelische und katholische Theologen. Über diese Kundgebung war ich sehr überrascht. Es konnte kein Geheimniß sein, daß ich mich über das Breslauer academische Leben und Treiben nie sonderlich günstig ausgesprochen hatte.

Die Universität verhielt sich sonst ruhig. Die Herren Collegen gaben durch Schweigen ihre Theilnahme zu erkennen. Nur ein Privatdocent wagte sich schriftlich gegen mich auszusprechen: Dr. Freytag. Er war verhindert selbst zu kommen, weil ihn eben damals seine Vorlesungen zu sehr in Anspruch nahmen. Er las auf der Börse vor einem sogenannten gebildeten Publicum über neuere Litteratur. Als ich an die Reihe kam, wollte er sich keine polizeiliche Unannehmlichkeiten zuziehen und fragte vorher den Polizeipräsidenten Heinke, ob er denn auch wol über die U.L. reden dürfe? ›O ja, meinte der Herr Präsident, wenn Sie sie weiter nicht *loben* wollen!‹ – Freytag schrieb mir: ›... Gott tröste Sie und Ihre Kraft. Sie haben Ihrer Gesinnung Ihr äußeres Sein geopfert, Sie werden darin am Ende, wenn die ersten heftigen Eindrücke der Kränkung und des Unmuthes vorüber sind, einen Trost finden. Freilich würde der schneller und vollständiger sich einfinden, wenn Sie kein Dichter wären, denn die weiche, nervöse und reizbare Empfänglichkeit für Eindrücke, welche Ihnen eigen ist, so wenig das die Welt glauben mag, wird Ihnen fürchte ich den Kampf erschweren. Doch Muth und Fassung, mein guter, lieber Freund. Wenn Ihnen die herzlichste Theilnahme eines Mannes, der Ihnen bei allem Entgegengesetzten in seiner Natur warm und herzlich ergeben ist, auch nur auf einen Augenblick tröstend ist, werde ich glücklich sein.‹

In den ersten Tagen des Februars hatte ich meine Bibliothek geordnet und verzeichnet und ließ sie zu meinem Freunde Milde hinüber schaffen, der mir dafür ein Zimmer in einem seiner Nebengebäude eingeräumt hatte. Von meinem Hausrath behielt ich nur wenig, das meiste verschenkte ich. Das Verzeichniß der zu verkaufenden Bücher war gedruckt. Der Titel lautete: ›970 Bücher aus der Bibliothek des Professors Dr. Hoffmann von Fallersleben sollen am 22. Mai 1843 zu Breslau öffentlich versteigert werden‹, wurde aber von der Censur beanstandet; der ›Professor‹ war darin gestrichen. Ich eilte sofort zum Polizeipräsidenten Heinke und setzte ihm aus einander, daß ich den Professor nicht allein dem Könige verdankte, sondern auch den zweimaligen Habilitationsleistungen etc. Der Herr Censor, der als Curator der Universität die academischen Einrichtungen nachgerade etwas kennen gelernt hatte, ertheilte dem ›Professor‹ das Imprimatur.

Um diese Zeit erhielt ich verschiedene Beweise der Theilnahme. So schickten mir zwanzig meiner Verehrer aus Stuttgart funfzig Flaschen edelen Schwabenweins mit einem herzlichen anerkennenden Schreiben.[2] Philipp Nathusius richtete an mich zwei Gedichte und lud mich ein, ihn den Sommer wieder zu besuchen.

Die letzten Tage meines Breslauer Aufenthalts verwendete ich zu Abschiedsbesuchen. Den 25. Februar Abends 7 Uhr begleiteten mich einige Freunde zur Post. Am andern Morgen stand in den Zeitungen:

Feinden und Freunden ein herzliches Lebewohl.

Breslau, den 25. Febr. 1843.   Hoffmann von Fallersleben.

So endete mein zwanzigjähriges Breslauer Leben.

Nachdem ich einige Tage bei meinen Freunden in Görlitz verweilt hatte, traf ich den 28. Februar in Dresden ein.

In der winterlichen Zeit war an Spazierengehen im Freien nicht zu denken und so mußte ich mich denn beschränken auf den geselligen Verkehr mit Gelehrten, Dichtern, Künstlern und Männern gleicher Gesinnung und gleichen Strebens in politischer Beziehung. Einige kannte ich bereits von früher her, andere lernte ich jetzt erst kennen. Wir trafen uns an verschiedenen Orten und ich verlebte manche angenehme Stunde mit ihnen: Echtermeyer, Ruge, Mosen, E. von Brunnow u. A.

Ich eilte nun nach Leipzig. Hauptzweck meiner Reise war, mir einen Verleger zu verschaffen für eine Sammlung meiner Kinderlieder mit Clavierbegleitung. Es waren 50 Stück, ein Drittel davon war erst im December v. J. in Breslau, meist zu schönen Volksweisen, gedichtet. Ernst Richter hatte dazu eine einfache, wohlgefällige Begleitung gesetzt. Das kleine Werk hatte mir große Freude gemacht, und so hoffte ich denn, daß es auch Anderen Freude bereiten würde. Es war Georg Wigand (Firma: Mayer und Wigand) als Verleger mir empfohlen. Schon den ersten Nachmittag nach meiner Ankunft (4. März) besuchte ich ihn, ich überreichte mein Manuscript und theilte ihm meine Ansichten und Wünsche mit. Er zeigte sich sehr bereit, wollte sich erst eine Probe setzen lassen, dann seine Berechnungen machen und mir seine Bedingungen sagen. Nach einigen Tagen legte er mir den Vertrag vor, ich unterzeichnete ihn für mich und Richter, und unser Geschäft war gemacht. Nach einigen Wochen erschien meine Sammlung unter dem Titel: ›Funfzig Kinderlieder von Hoffmann von Fallersleben. Nach Original- und bekannten Weisen mit Clavierbegleitung von Ernst Richter.‹ (Lpz. 1843. Mayer und Wigand) hübsch gedruckt in gr. Querquart, zu dem billigen Preise von 15 Sgr.

(...)

So hatte ich denn meine litterarischen Zwecke erreicht und konnte über meine Zeit frei und nach Belieben verfügen. Ich kam viel zusammen mit Litteraten, Publicisten, Gelehrten und Buchhändlern, und das war, wenn auch nicht immer angenehm, doch immer interessant. Das Leipziger Litteratenthum stand damals in hoher Blüte, es suchte sich durch den Litteratenverein zu einer geschlossenen Körperschaft zu gestalten und so den Buchhändlern, dem Staate und dem Publicum gegenüber seine Interessen geltend zu machen. Es beherrschte einen großen Theil der Unterhaltungslitteratur durch Redaction von Zeitschriften, durch eigene Erzeugnisse und kritische Besprechungen. Mir ergab sich häufig Gelegenheit, den einen und den andern zu sehen und zu sprechen: Laube, Diezmaun, Herm. Marggraff, von Corvin u. A. Auch die Publicistik hatte in Leipzig damals manchen Vertreter. Ich verkehrte viel mit Robert Blum, seinem Schwager Günther und Dr. Julius. Mit der eigentlichen gelehrten Welt kam ich wenig in Berührung. Moriz Haupt sah ich nur Einmal, Buddeus und Wachsmuth lernte ich bei Laube kennen, Wuttke hin gegen bewies mir auch jetzt wieder seiner treue Anhänglichkeit. Sehr lehrreich für mich war auch diesmal wieder der Verkehr mit den Buchhändlern, namentlich Wilhelm Engelmann: ich bekam in das Wesen des Buchhandels eine bessere Einsicht und lernte die Unternehmungen der Verleger und die Ansprüche der Schriftsteller besser zu würdigen.

Kurz vor meiner Abreise brachte mir Günther (Herausgeber der Sächsischen Vaterlandsblätter) die frohe Botschaft: ›Die Gütersloher haben Ihnen auf 5 Jahre, jedes Jahr 80 Rb. gesichert.‹

16.–22. März in Berlin. Den ersten Abend war ich bei Jacob Grimm. In traulichen Gesprächen vergingen nur zu rasch die wenigen Stunden. Später lud er mich schriftlich zum Mittagsessen ein. Wir waren sehr vergnügt. Ich gab mehrere lustige Geschichten und einige Kinderlieder zum Besten. Jacob mißbilligte sehr Maßmann's Ausfall gegen mich in seinem schlechten Eraclius. Zwei Abende war ich bei Wallmüller mit einigen Studenten und den sogenannten Freien: Bruno und Edgar Bauer, Arthur Müller, Köppen, Ludwig Buhl u. a. Es ging wüst und roh her, mir ward angst und bange, als ich sehen und hören mußte, wie hier die Freiheit in Scene gesetzt wurde.

Den 22. März reiste ich ab. Ich blieb nun zwei Tage bei Philipp Nathusius und fuhr dann nach Fallersleben. Ich kam mit der Hoffnung, einige Zeit bei und mit den Meinigen ungestört zu verweilen. Es schien sich auch Alles nach Wunsch zu gestalten. Ich beschäftigte mich viel im Garten, spielte mit den Kindern, spazierte im Freien, las Zeitungen, arbeitete und dichtete. Zu meinem Geburtstage begrüßten mich die Kinder mit Glückwünschen und Blumen kränzen. Ich war einige Tage recht unwohl gewesen, jetzt wieder recht munter. Den Abend vorher erzählte mir mein Vetter Jacob Behne, es sei ihn mitgetheilt worden, daß ich beobachtet würde, und er meinte, ich möchte doch vorsichtig sein. Den 5. April hatte der Drost ein Schreiben von Lüneburg bekommen, hohe Landdrostei wundere sich, daß meine Ankunft noch nicht angezeigt sei. Den 8. April erhielt ich vom Drosten eine Vorladung. Er empfing mich sehr freundlich, zeigte mir aber an, daß mir auf Befehl des Königs vom 12. December 1842 der Aufenthalt in den hannoverschen Landen verboten sei, wenn ich nicht ein Domicil nachweisen könne. ›Und das können Sie ja‹ – fügte er hinzu. ›Ich werde der Landdrostei schreiben, daß Sie hier noch Antheil am Hause Ihrer Frau Schwester hätten.‹

Erst nach anderthalb Stunden kam ich nach Haus. Man hatte meiner in großer Angst geharrt. Die Kinder kamen mir weinend entgegen. Ich beruhigte sie, obschon ich selbst unruhig war, denn ich war fest überzeugt, daß ich am längsten hier gewesen. Ich ging auf mein Zimmer und dichtete.[3]

Wenige Tage nachher veranlaßte ich meinen Schwager, sich wegen meiner Angelegenheit beim Drosten zu erkundigen. Letzterer rieth mir abzureisen, Domicilrechte könnte ich nicht beanspruchen, es gehe Alles vom Könige selbst aus.

Am 12. April des Nachmittags traf der Lieutenant der Landdragoner ein. Die Sache war mir sehr verdächtig, obschon er erklärt hatte, er sei nicht um meinetwillen gekommen. In der Dämmerung schleichen die Landdragoner ums Haus herum und spät Abend bewachen sie es aus der Nachbarschaft. Da scheint es mir denn doch gerathen abzureisen. Ich bitte meinen Vetter, auf der Ziegelei einen Wagen für mich bereit zu halten, ich würde mich baldigst einfinden. Um kein Aufsehen zu erregen, gehe ich mit meinem Schwager in den Kuhstall, wir erweitern

eine Öffnung in der Wand und kriechen durch. Aus des Nachbars Garten dringen wir weiter durch Hecken und Stackete, und
endlich sind wir im Freien. Der Mond scheint hell auf den frisch
gefallenen Schnee, ringsum Todtenstille, während eben noch im
Hause meine Nichten, um die Landdragoner zu täuschen, die
lustigsten Stücke gespielt und gesungen hatten. Der Wagen wartet schon, ich steige ein und in einer Viertelstunde bin ich jenseit
der hannoverschen Gränze und um 3 Uhr Morgens zu Braunschweig im deutschen Hause. Während ich noch im Bette lag,
ließ der Herr Drost anfragen, ob er mich besuchen könne. Er
wohnte mit mir in demselben Gasthofe. Ich war sehr überrascht,
erfuhr aber bald aus seinem Munde den Anlaß zu *seiner* Reise.
Um einem unangenehmen Auftrage sich zu entziehen, hatte er
sich entfernt, es war nämlich gestern der strenge Befehl gekommen, wenn ich ausginge, sollte mich stets ein Landdragoner begleiten.

Diese Geschichte bildet den Anfang einer Reihe von Verfolgungen und Belästigungen, denen ich bis zum Jahre 1861, also
fast zwanzig Jahre in meinem Geburtslande Hannover ausgesetzt war.

(…)

Einige Tage in Frankfurt. Den Abend vor meiner Abreise,
14. August, hatte mich der Buchhändler Suchsland zum Abendessen eingeladen. Er wohnte am Main neben der Bibliothek. Aus
seinen Fenstern eine herrliche Aussicht auf den Fluß und Sach-
senhausen. Es war große Gesellschaft. Noch ehe wir uns zu Tische setzen, kommt eine Gondel mit bunten Laternen den Main
herauf und legt uns gegenüber mitten im Flusse vor Anker. Die
Sänger singen: ›Deutsche Worte hör' ich wieder‹ und bringen
darauf mir ein Hoch aus. Unten am Strande viele Menschen. Bei
Tische geht es recht munter zu. Nachdem ein Herr Dr. Müller
mir einige freundliche Worte gewidmet, werde ich dringend gebeten, einige Lieder zu singen. Ich singe: ›Zwischen Frankreich
und dem Böhmerwald‹ und das Hohelied vom Censor.[4]
Obschon diese Ehrenbezeigung keine öffentliche war, so

wurde sie doch als solche besprochen, und eine Zeitung machte den gehässigen Zusatz: ›Man *sieht* ihn rüstig und munter an der *Wirthstafel* seine eigenen Lieder vorsingen.‹

15. August in Coblenz. Der Zweck meiner Reise hieher war eine Freundin[5] nach langen Jahren wiederzusehen und ihr meinen Dank abzustatten für die innige Theilnahme, welche sie von neuem mir bewiesen hatte. Um 4 Uhr Nachmittags ging ich zur Laubbach hinaus. Nach 25 Jahren sahen wir uns wieder und erfreuten uns der alten lieben Erinnerungen.

Nachdem ich den ganzen folgenden Morgen im Riesen von meinem Zimmer aus mir den Rhein und das Getümmel am Strande angesehen und vergebens zwei Freunde erwartet habe, gehe ich zu Karl Bädeker. Da erfahre ich denn: ›Er ist mit dem Dichter Freiligrath spazieren gegangen.‹ – Nach einiger Zeit kommt Bädeker, sichtlich verlegen: ›Willst Du Freiligrath kennen lernen?‹ – ›Warum nicht? Bring ihn nur!‹ – Bädeker kehrt nochmals um und sagt zutraulich: ›Du, sei gut!‹ – Ich muß laut auflachen. Freiligrath kommt, wir begrüßen uns und unterhalten uns ganz nett. Unterdessen ist es Mittagszeit. Wie Bädeker sieht, daß wir beide ganz harmlos mit einander verkehren, so ladet er uns zu Mittag ein.

Wir sind sehr heiter. Ich erzähle viele Schnurren so daß wir gar nicht aus dem Lachen herauskommen. Nach Tische frage ich Freiligrath, ob er mich etwas begleiten wolle, ich müßte noch auf die Laubbach gehen. Er ist bereit. Als wir auf dem Wege sind, meine ich, wir könnten ja erst noch eine Tasse Kaffee trinken. Wir gehen in ein Kaffeehaus und sitzen ganz allein. Wir kommen nun auf die Tagesereignisse zu sprechen. Ich mache keinen Hehl daraus, daß es allgemein sehr übel aufgenommen sei, daß Freiligrath gerade zur Zeit, als Herwegh ausgewiesen worden, ein Gedicht gegen ihn veröffentlicht habe, allerdings ein zufälliges Zusammentreffen. Freiligrath spricht sich nun über seine Gesinnung aus, theilt mir einige seiner neuesten Gedichte mit und bemerkt, daß eins die Censur nicht passiert habe. Nun, fügt er hinzu, ich würde bald von seiner politischen Gesinnung eine bessere Meinung gewinnen. Er ist zutraulich geworden und so glaube ich denn, es auch sein zu können und lese ihm mein Lied vom Schweigethaler[6] vor. Wir scheiden in der Hoffnung, uns den Abend wiederzusehen, Bädeker hatte uns nämlich zu einem ländlichen Familienfeste eingeladen.

Ich setze nun meine Wanderung nach der Laubbach fort und kehre erst nach Sonnenuntergang zurück.

Bädeker hat uns vergebens in seinem Hause erwartet. Einer seiner jungen Leute ist beauftragt uns nach einem Garten auf dem linken Moselufer hinzubringen. Ich gehe beim Riesen vor und hole Freiligrath ab. Wir befinden uns in einer ziemlich zahlreichen Gesellschaft von lauter Bädekerschen Verwandten. Nachdem wir alle uns wechselseitig vorgestellt sind, nehmen wir Platz an einer langen Tafel. Es geht mir gar zu still her und da mir das unerträglich wird, so suche ich etwas Leben hinein zu bringen: ich erzähle einige lustige Geschichten und Witze, stimme ein Lied an und bringe einige Gesundheiten aus. Nach einiger Zeit ist mein Zweck erreicht, die Stimmung ist eine belebte, heitere geworden. Um sie noch zu steigern, gerathe ich ins Politische. Freiligrath sitzt neben mir und ich singe das Lied vom Schweigethaler.

Bädeker nimmt es sehr übel, Freiligrath nicht. Auf dem Heimwege macht mir jener bittere Vorwürfe. ›Aber, lieber Bädeker, Du weißt ja nicht, daß Feiligrath das Lied ja schon kannte, ich habe es ihm am Nachmittage schon vorgelesen.‹ – Bädeker will sich nicht beruhigen. Als wir aber vor seinem Hause Abschied nehmen und seine beiden alten Oheime mir danken für den frohen Abend, den ich ihnen bereitet hätte – da wende ich mich an Bädeker: ›Hast Du's gehört? Nun gieb Dich zufrieden und leb wohl!‹

Ich war mit Freiligrath in der Nähe des Riesen angelangt. Da meinte ich, es wäre hübsch, wenn wir noch so etwas Kühlendes genössen. Freiligrath verstand darunter Champagner. Im Mai des künftigen Jahres richtete Freiligrath ein Gedicht an mich, er beginnt mit jener Nacht im Riesen:

An Hoffmann von Fallersleben.[7]

Jetzo, wo die Nachtigall
Schlägt mit mächt'gen Schlägen;
Wo der Rhein mit vollerm Schall
Braus't auf seinen Wegen;
Wo die Dämpfer wieder ziehn;
Wo die grünen Reben,
Wo die Blumen wieder blühn: –
– Jetzt auf einmal eben

Denk' ich wieder, wie im Traum,
Jener Nacht im Riesen,
Wo wir den Champagnerschaum
Von den Gläsern bliesen;
Wo wir leerten Glas auf Glas,
Bis ich Alles wußte,
Bis ich Deinen ganzen Haß
Schweigend ehren mußte.

Den andern Morgen wollten wir zusammen reisen. Ich wachte spät auf und erfuhr, daß sich Freiligrath bereits fort begeben hatte.

Ich fuhr bald darauf mit dem nächsten Dampfschiffe nach St. Goar. Ich kehrte in die Lilie ein und besuchte Freiligrath, der daneben wohnte. Frau F. schien etwas verlegen. Als ich nach einigen Stunden wiederkehrte, war sie ganz freundlich und gesprächig. Geibel, den ich auch traf, blieb lange sehr ernst und zurückhaltend. Freiligrath schlug einen Spaziergang nach Oberwesel vor, Geibel betheiligte sich. Das Wetter war schön und die Abendkühle am Rhein erquickend.

In Oberwesel aßen wir zu Nacht, tranken einen guten Wein und waren recht heiter. Ich sang viel, erzählte viele lustige Geschichten und suchte Alles zu vermeiden was unangenehm hätte berühren können. Als ich anstimmte: ›Deutschland, Deutschland über Alles!‹ sagte Geibel: ›Auf diesem Gebiete sind wir Eins!‹ – Um Mitternacht gingen wir heim, heiter und friedlich wie der schöne Sternenhimmel, über dem Lurleifelsen ging der Mond auf.

(...) Spät Abends 23. Februar traf ich in Berlin ein. Was ich nun über meinen dortigen Aufenthalt erzähle, gründet sich auf mein Tagebuch, meine Erinnerung und die mündlichen Mittheilungen Anderer.

24. Februar. Den ganzen Morgen Schneegestöber. Ich gehe erst um 12 Uhr aus. Ich höre, daß heute Wilhelm Grimms Geburtstag ist, und die Studenten ihm und seinem Bruder einen Fackelzug bringen wollen. Ich entschließe mich daher, nicht jetzt zu ihnen hinauszugehen, sondern erst den Abend. Um 8 hinaus in den Thiergarten zu den Grimm's. Ich werde sehr herzlich von der Familie empfangen. Bald kommt der Fackelzug. Gendarmen und Polizisten voran. Die Studenten stellen sich im Halbkreise auf. Nach einer kurzen Anrede folgt ein Lebehoch den Brüdern Grimm. Wilhelm steht mit seiner Gesellschaft auf dem Balcon und hält eine Dankrede. Nebenan in Jacob's Zimmer, das nicht erleuchtet ist, siehe ich am offenen Fenster. Um die Rede zu hören, neige ich mich etwas zum Fenster hinaus. Da nun mein Gesicht vom Fackelscheine beleuchtet ist, mag man mich erkannt haben. So wie die Rede zu Ende ist, ruft eine Stimme: ›Hoffmann von Fallersleben hoch!‹ und die ganze Menge stimmt laut jubelnd ein. Ich bin ganz bestürzt und noch mehr sind es die anwesenden Gelehrten. Niemand spricht ein Wort, nur Jacob sagt: ›Es ist hübsch, daß man auch Sie noch hat leben lassen.‹ Ich weiß nicht, was ich machen soll, und möchte doch auch nicht unartig erscheinen. Wilhelm Grimm ist hinunter gegangen; als er wieder herauf kommt, gehe ich in den Haufen der Studenten, reiche einigen die Hand und danke ihnen. Ihrer zwanzig kommen dann zu uns, trinken ein Glas Punsch und singen mehrere meiner Lieder. Nachdem ich mich zu morgen Mittag bei Frau Grimm zu Tische eingeladen habe, nehme ich Abschied und gehe mit den Studenten heim.

25. Februar. Um Mittag zu den Grimm's. Als wir eben über den Verkauf meiner Bibliothek sprechen, tritt Lachmann ein, damals *Rector magnificus*. Er ist überrascht mich dort zu finden und geht erst mit Wilhelm, dann mit Jacob ins Nebenzimmer. Ich ahnde nicht, daß es den gestrigen Abend betrifft. Wir setzen uns zu Tische; Bettina, die etwas später kommt, nimmt ebenfalls Platz. Obschon sie und ich allerlei Scherze zum Besten geben, so entwickelt sich doch keine rechte Heiterkeit, man scheint verstimmt zu sein. Bald nach Tische brechen wir auf. Ich begleite Frau Bettina bis an ihre Wohnung unter den Linden. Wir sprechen unterwegs noch viel über den gestrigen Abend. ›Ja, sagt sie, das Hoch, das Ihnen gebracht wurde, kam den Leuten so recht von Herzen.‹

26. Februar. Frühmorgens meldet mir der Kellner, es sei ein Herr da, der mich durchaus sprechen müsse. Ich will ihn erst nicht annehmen, aber der Kellner wird abermals zu mir hineingeschickt. ›Nun, sage ich ärgerlich, er mag kommen!‹ Er tritt ein: ›Herr Professor, ich bin der Polizeirath Hofrichter, ich muß mich eines unangenehmen Auftrages entledigen: ich muß Ihnen anzeigen, daß *Sie auf Befehl der Polizei noch heute Berlin zu verlassen haben.*‹ – Ich lade ihn ein, sich zu mir ans Bette zu setzen. Ich bitte ihn, mir die Gründe zu sagen. Er meint, es bedürfe dessen weiter nicht, er habe mir nur den Befehl mitzutheilen. Wir unterhalten uns ganz traulich und ich erfahre denn so die Gründe. Das Lebehoch von Seiten der Studenten und mein ihnen dafür ausgesprochener Dank haben diese Maßregel veranlaßt. ›Wir wissen, bemerkt er, daß die Studenten Ihnen eine besondere Ehre zu erweisen beabsichtigen, und darum muß dem vorgebeugt werden, man will so etwas nicht etc.‹ – Ich frage nun, ob es denn eine bestimmte Ausweisung sei? – ›Nein, es ist bloß eine Maßregel, die unter den jetzigen Umständen den Behörden nothwendig geschienen hat.‹ – Ich meinte, wenn ich nur noch bis morgen Abend hier bleiben könnte – ich sei heute Abend eingeladen; es würde zu sehr auffallen, wenn ich Berlin plötzlich verließe. – ›Nun, erwiedert er, die Nacht können Sie noch hier bleiben, aber

mehr kann Ihnen nicht gestattet werden. Ich werde sehen, was der Herr Präsident jedoch meint. Kommen Sie um 12 zu mir.‹

Ich gehe nun zur Bibliothek und bespreche mit Pertz den Verkauf meiner altdeutschen Handschriften und niederländischen Bücher. Ich überreiche ihm mein Verzeichniß mit Preisen. Ich soll die Handschriften einschicken. Dann eile ich zu Hofrichter. Der Mann ist ganz freundlich und theilt mir mit was der Herr Präsident gesagt hat. Ich fahre sofort zum Herrn von Puttkammer. Ich erzähle ihm ganz einfach meinen Antheil an dem Grimm'schen Ständchen. Er bittet mich, ihm diese Erzählung von Oranienburg aus schriftlich mitzutheilen, es sei das sehr gut für meine Zukunft im preußischen Staate. Er erlaubt mir, bis morgen Abend 6 Uhr hier zu bleiben und bittet mich, meine Rückreise nicht über Berlin nehmen zu wollen. ›Die Studenten sind zu aufgeregt. Es ist nothwendig, daß der Zündstoff fern gehalten wird, man muß das Feuer dämpfen und nicht aufschüren.‹ Schließlich erinnert er sich meines Bruders, er habe unter ihm im Finanzministerium gearbeitet und viel von ihm gelernt.

Den Abend wollte ich mit einigen Freunden und Bekannten in einer Weinstube auf der Poststraße zubringen. Als wir eintreten, finden wir die beiden Bauer, Bruno und Edgar, in einem unzurechnungsfähigen Zustande. Bei ihren rohen, gemeinen Äußerungen wird uns so unbehaglich, daß wir bald auswandern. Wir gehen in eine Weinstube unter den Linden, und sind mehrere Stunden fröhlich beisammen.

27. Februar. Bei Dr. Nauwerck sehr ergötzliches Mittagsessen vier Gemaßregelter: Dr. Lorentzen kommt eben aus einem stundenlangen Verhör, Dr. Rutenberg muß um 4 auf die Polizei, Dr. Nauwerck zum Decan und ich zur Post. Um 6 Uhr verlasse ich Berlin. Herr Hofrichter sagt mir noch, als ich eben in den Wagen einsteige, ein herzliches Lebewohl.

27. Februar–10. März in Oranienburg. Runge war sehr erfreut, und bot Alles auf, mir meinen fast unfreiwilligen Aufenthalt angenehm zu machen. Wir waren täglich in Gesellschaft mit seinen Freunden und Freundinnen. Runge spielte immer den

Liebenswürdigen, war stets wohl und munter und von unverwüstlichem Humor.

Dr. Rutenberg besuchte uns auf einige Tage und wußte noch allerlei Neuigkeiten zu erzählen. Die Polizei wäre noch eifrig bemüht, die Anstifter des Hochs auf mich zu ermitteln; auch spräche man davon, daß man entdeckt habe, ich wäre schon heimlich seit 8 Tagen in Berlin gewesen um eine Störung des Grimm'schen Festes einzuleiten, und dergleichen Abgeschmacktheiten mehr. Es war gut, daß ich schon in den ersten Tagen an den Polizei-Präsidenten von Puttkammer einen Brief schrieb, in dem ich eine getreue Darstellung des ganzen Vorfalles gab.

Die Erklärung der Brüder Grimm erfolgte den 6. März in der Allg. preußischen Zeitung. Sie lautet:

›Die auswärtigen Blätter überbieten sich in falschen Nachrichten über den letzten Fackelzug. Sie mögen in ihren Widersprüchen untergehen, nur die baare Unwahrheit muß widerlegt werden und kann vor hundert und hundert Zeugen nicht bestehen, daß Dr. Hoffmann von Fallersleben in den Kreis der Studirenden von Wilhelm Grimm sei hinabgeleitet worden. Erst als dieser seine Rede vollendet hatte, nur von einem Deputirten begleitet, hinuntergegangen und wiedergekehrt, der Gesang aber geschlossen war, erscholl plötzlich und außerhalb des Zuges aus einzelnen Stimmen das alle Anwesende überraschende Lebehoch für Hoffmann. Kein Mensch hat diesen ein Wort reden hören. Er war, ohne daß wir irgend von seiner Ankunft wußten, in die Gesellschaft getreten; es schien in keiner anderen Absicht, als um zu dem ihm bekannten Geburtstag Glück zu wünschen. Unsere Sache ist es nicht, ihn zu meiden, weil er von Anderen gemieden wird. Wir kennen ihn seit 1818 persönlich: das sind lange Jahre her, in welchen er uns willfährig litterarische Dienste leistete und sich immer theilnehmend gegen uns bewies. Sein unverdrossener Fleiß hat dem Betrieb der altdeutschen Litteratur manche Frucht getragen und wesentlichen Vorschub gethan. Das Schicksal, von dem er betroffen worden ist, thut uns leid: diese Empfindung verbindet uns aber nicht, seine Meinungen und Handlungen zu vertreten oder gut zu heißen. Daß er uns diesmal ein ungelegener Gast kam und alle Freude störte, wird er selbst fühlen. Albern aber muß es erscheinen, wenn man jetzt, auf solchen Anlaß hin, in öffentlichen Blättern uns gleichsam unsere politische Gesinnung abfordert, die wir zur rechten Zeit nicht verholen, sondern bewährt haben. Nichts hassen wir bitterer, als sie jeden Augenblick, ohne Noth, zur Schau zu tragen und frevelhaft preiszugeben. Schon längst haben wir sehnlich gewünscht, daß man uns nicht immer in ungemessenen Ausdrücken, die nicht uns, nur unsern Feinden lieb sind, hervorziehe. In dem Qualm des Parteiwesens, von welcher Seite er aufsteigt, können wir nicht athmen. Wollen wir in Ruhe und Frieden arbeiten, so werden wir doch Niemand unbefugt an uns rütteln lassen. Daß eine harmlose, von reiner Gesinnung der Studirenden ausgegangene Ehrenbezeugung muthwillig so verdorben wird, ist nicht blos von uns, sondern von Allen, denen die Fortdauer deutscher Universitäten am Herzen liegt, lebhaft zu beklagen.

Jacob Grimm. Wilhelm Grimm.‹

Ich war sehr überrascht und schmerzlich berührt, daß mir so etwas widerfahren konnte von zwei Männern, die ich so sehr liebte und verehrte, wie ich es bei allen Gelegenheiten mündlich und schriftlich gegen sie und Andere kund gethan hatte. Eben deshalb nahm ich mir vor, nichts in dieser Angelegenheit gegen sie zu veröffentlichen, sondern mich nur gegen meine Freunde und Bekannten auf die einfache mündliche Erzählung alles dessen zu beschränken wodurch diese traurige Erklärung hervorgerufen war, und der Presse meine Vertheidigung zu überlassen. Ich hätte denn auch wirklich nicht nöthig gehabt, mich zu verantworten; die Presse übernahm dies Amt mit einer bis dahin nie vorgekommenen Einstimmigkeit: das berühmte Bruderpaar hatte das Gericht der öffentlichen Meinung hervorgerufen, und – die öffentliche Meinung entschied.[8]
Die Wirkung der Grimm'schen Erklärung war in Bezug auf

mich keine sonderlich nachtheilige: allerdings nahmen einige Geheime Räthe und Akademiker gegen mich Partei, die bisher gleichgültig zugeschaut hatten, dagegen aber gewann ich auch wieder viele für mich, und es erwuchs auch für mich noch ein materieller Vortheil. Die Beisteuern für mich kamen auf's Neue zur Sprache und wieder in Gang, und das Motto, womit an einem Orte eine Sendung für mich begleitet war: ›Bei uns kein Grimm gegen Hoffmann‹, war auch an anderen Orten maßgebend. Am meisten leid that mir, daß Andere um meinetwillen in Untersuchung und Strafe geriethen. Der Studiosus Albert Tiede, der, wie er selbst erklärte, ›das Hoch lediglich aus eigenem Antriebe ausgebracht‹ hatte, wurde consiliirt, und der Dr. Eduard Meyen[9] mußte eine zweimonatliche Gefängnißstrafe absitzen.

(...) Den 3. Juli reiste ich nach Mannheim. Ich blieb einige Stunden in Mainz. Bei Victor von Zabern traf ich Freiligrath. Ich war nicht eben angenehm überrascht. Die Rhein- und Mosel-Zeitung hatte auf eine mich sehr beleidigende Weise sich über unser Zusammentreffen in Coblenz ausgesprochen. Da von Freiligrath keine Widerlegung erschien, so nahmen meine Freunde an, daß er diesen Artikel verfaßt habe oder doch zu ihm in Beziehung stehe. Er erklärte mir nun, daß beides nicht der Fall sei, und ich würde mich bald von seiner Gesinnung überzeugen, er lasse jetzt Gedichte drucken, wol 20 Bogen, die solle ich abwarten. Daß ich unter obigen Umständen bis zu diesem Augenblicke mißtrauisch gegen Freiligrath war, ist erklärlich und verzeihlich. Den 3. Mai noch verfaßte ich in Holdorf ein ›Lied eines pensionierten Poeten‹.[10]

In Mannheim wollte ich mir für das zweite Heft meiner Kinderlieder mit Clavierbegleitung einen Verleger verschaffen. Die Bassermann'sche Buchhandlung, mit der ich schon im Verkehr stand, schien mir die geeignetste dafür zu sein. Als ich die Herren Bassermann und Mathy nicht fand – sie waren beide Abgeordnete –, so fuhr ich mit des letztern Bruder nach Carlsruhe. Hier traf ich mit Bassermann und Mathy zusammen. Nach kurzer Verhandelung war der Vertrag abgeschlossen. Welcker lud mich ein nach Heidelberg in seine neue Wohnung. Um 7 Uhr Abends fuhren wir heim.

5. Juli – 2. August in Soden.

(...)

Gutzkow war zum Besuche seiner Frau herübergekommen. Ich traf ihn auf einem Spaziergange und war eben nicht angenehm überrascht: er hatte für mich etwas Kaltes, Unheimliches in seinem Gesichte. Wir gingen lange neben einander, bis er sich zu einem Gespräche mit mir herabließ. Als einmal die Unterhaltung angebahnt war, da konnte ich es denn doch nicht unterlassen, ihn wegen seiner Schandartikel gegen mich zur Rede zu stellen. ›Sagen Sie, wie kamen *Sie* eigentlich dazu *gegen* mich zu schreiben?‹ – Zögernd kam er dann mit der Entschuldigung heraus: ›Campe wünschte es, ich möchte gegen Sie schreiben.‹ – Also darum! jede andere Erklärung wäre mir lieber gewesen als dies Geständniß eigener Erbärmlichkeit. – Nachher saßen wir noch zusammen; Gutzkow war gesprächiger, als er merkte, daß ich nicht wieder auf seine Telegraphendienste für Campe zurückkommen mochte. Seine Frau war zugegen und wie immer so jetzt vor ihrer bevorstehenden Abreise recht freundlich. ›Sie sind so oft in Frankfurt gewesen und uns immer vorbeigegangen, jetzt dürfen wir doch wol hoffen, daß Sie uns besuchen!‹

Mendelssohn war zum Besuche seiner Frau eingetroffen. Ich besuchte ihn und war sehr erfreut: diese seine, vielseitige Bildung, dies milde, liebenswürdige, dies bescheidene Wesen des hochgefeierten Künstlers – eine seltene Erscheinung in der Tonkünstlerwelt! Wir sprachen über Breslau und das dortige Gelehrten- und Künstlertreiben, über deutsche Litteratur, Volkslieder, Choräle u. dgl. Er dankte mir herzlich für die großen Freuden, die ich ihm durch meine Lieder bereitet hätte. Er erzählte, daß ›der Blümlein Tanz‹[11] mit englischer Übersetzung in London von ihm herausgegeben sei mit noch 5 anderen Liedern von mir.

Eines Tages spazierten wir gegen Abend die Anhöhe hinauf ›zu den drei Linden.‹ Als mir dort angelangt waren, setzte sich

Mendelssohn in eine Vertiefung, holte seine Mappe hervor und zeichnete eine jener zwei Linden, die dritte ist nämlich nicht mehr vorhanden. Unterdessen pflückte ich Blumen und wand ein Sträußchen, das ich auf die Bank legte. Ich ging dann wieder nach Blumen zu einem zweiten Sträußchen. Wie ich damit fertig und mein erstes wiederholen wollte, konnte ich es nicht finden. Ein Frankfurter Madamchen auf der Bank reichte es mir: ›Iß des das Ihnen Ihrige?‹ Mein Sträußchen war zu schön für diese Frankfurter Schönheit, ich nahm es als mein Eigenthum zurück. Es ist meine alte Liebhaberei, Blumensträuße zu winden und besonders ganz kleine. Ich wetteiferte darin mit Frau Mendelssohn, die aber dabei auf eine andere Art verfuhr sowol in der Form der Sträußchen als in der Wahl und Zusammenstellung der Farben.

In der ersten Hälfte Julis war auch Ferdinand Hiller einige Male in Soden. Ich war zweimal sein Tischgast. Hiller war meist ernst und still, mehr mit sich als anderen beschäftigt. Während Mendelssohn ein Centrum war, das seine Strahlen ausströmte, schien mir Hiller eins, das alle in sich auffing; was sich ihm näherte, schien nur um seinetwillen da zu sein. Er kam mir vor wie sein großes Album mit den vielen gefeierten Namen, das er mehr zu seiner, als ihrer Verherrlichung zu zeigen schien.

Freiligrath wohnte mit seiner Frau in Kronthal, einer kleinen stillen Badeanstalt in einem waldigen Thale, die erst vor 10 Jahren ins Leben trat. Wir besuchten uns wechselseitig, doch war ich öfter in Kronthal als er in Soden. Die letzten Tage vor meiner Abreise war unser Verkehr besonders lebhaft. Wir sahen uns täglich. Den 29. Juli las ich ihm die ›Hoffmannschen Tropfen‹ vor, die erst im September gedruckt wurden. Obschon es seinerseits keiner Erklärung mehr bedurfte, daß er ganz zu unserer Partei gehörte, so hielt ich es doch nicht für überflüssig, ihn als einen Gleichgesinnten zu begrüßen, zumal ich voreiliger Weise mein Mißtrauen früher in einem Liede ausgesprochen hatte. Den 2. August kam er mit seiner Frau nach Soden herüber und ich sang ihm zum Abschiede das Lied: ›Willkommen im Freien!‹[12]

Wir nahmen von einander Abschied ohne die tröstende Hoffnung, uns bald wiederzusehen. Der Druck seiner neuesten Gedichte ward noch in diesem Monate vollendet, aber erst im folgenden (September) dem Buchhandel übergeben. Sie erschienen unter dem Titel: ›Ein Glaubensbekenntniß, Zeitgedichte von Ferdinand Freiligrath‹. (...)

Nach seiner rückhaltlosen Erklärung im Vorworte des ›Glaubensbekenntnisses‹ durfte sich die Presse gar nicht erst den Kopf zerbrechen, warum und wie Freiligrath in den Freisinn hineingerathen war. Das Ereigniß war aber zu bedeutend und mußte besprochen werden, und da dies nur in regierungsfreundlichem Sinne geschehen konnte, so waren die Stimmen natürlich mehr wider ihn als für ihn. Ja, man trauete Freiligrath so wenig Selbstständigkeit zu, daß man ihn als einen zu seiner neuen politischen Richtung von mir Verführten hinstellte, und diese Albernheiten gingen dann später in die Geschichten der neuesten deutschen Litteratur über.

Das Unangenehmste dabei für Freiligrath und mich war unstreitig, daß seine Verwandten und viele seiner Freunde ihn als den Verführten und mich als den Verführer ansahen. In ihrer philisterhaften Lebensanschauung hielten sie es für ein Unglück, daß Freiligrath eine Pension von 300 Rb. aufgab, wodurch er zu nichts verpflichtet gewesen war; so etwas konnte nach ihrer Ansicht nicht aus eigenem Antriebe kommen, das mußte durch fremden Einfluß bewirkt sein. Freiligrath ahndete das, und sendete einem Freunde schon den 18. August von Mainz aus sein ›Glaubensbekenntniß‹ mit einigen Zeilen.[13] Es ist mir lieb, daß ich dieselben in der Urschrift besitze – der Mann, an den sie gerichtet sind, hat sie mir verehrt.

(...)

1. September großes Zweckessen im weißen Roß zu Bingen. Es finden sich ein Rheingauer, Rheinhessen, Rheinbaiern und Rheinpreußen. Ich treffe viele Bekannte: Itzstein, von Soiron, den alten Hofmann von Langenwinkel u. a. Vor mir sitzt der Grafschaftsbesitzer Tenge von Barkhausen, Karl Dresel's Schwie-

gervater. Mein Itzstein-Lied[14] wird vertheilt und mit Begeisterung gesungen. In allgemeiner Heiterkeit endet das Fest, jeder kehrt befriedigt heim.

Dem Grafschaftsbesitzer hatte mein frisches, munteres Wesen gefallen, er glaubte in mir einen angenehmen Begleiter und Gesellschafter zu finden für seine Vergnügungsreise, die er dieser Tage antreten wollte. Selbst wagte er jedoch nicht, mir einen Antrag zu machen; er beauftragte demnach seinen Schwiegersohn, mich zu fragen, ob ich wol geneigt wäre ihn zu begleiten. Karl kam lächelnd an mich heran: ›Du, mein Schwiegervater möchte gern mit Dir eine Reise nach Italien machen.‹ – ›So? fragte ich ganz bedenklich – das ist weit hin, und ich bin auch nicht im Mindesten dazu vorbereitet.‹ – ›O, meinte er, das wird sich schon machen – komm nur, sprich selbst mit ihm!‹ Herr Tenge wiederholte, was Karl mir gesagt hatte. Ich machte allerlei Einwendungen. Ich wußte recht gut, wie mißlich es ist, mit jemandem den man nicht weiter kennt eine so weite Reise zu machen, daß eines reichen Mannes Neigungen und Bedürfnisse von den meinen gar zu verschieden sein könnten, daß vielleicht seine etwaigen Launen mir jeden Genuß verleiden möchten u. dgl. Doch dachte ich dann wieder: du bist ein freier Mann, darfst niemanden um Urlaub bitten, versäumst nichts und lernst mit guter Gelegenheit ein fremdes Land kennen, eine gemeinschaftliche Reise ist immer ein Wagniß, also wag' es nur! Und ich wagte es: ich ging auf das freundliche Anerbieten ein.

Da die Reise in den nächsten Tagen vor sich gehen sollte, so nahm ich den folgenden Tag, den 2. September Abschied von Geisenheim und ging nach Frankfurt. Dort kaufe ich mir einen Reiseanzug und schicke meinen Paß an den österreichischen und den preußischen Gesandten zum Visieren ins Ausland. Der letztere weigert sich, er nimmt Ausland für deutsche Bundesstaaten, ich muß selbst hingehen und erklären, daß ich nicht in das *inländische*, sondern *ausländische* Ausland reisen will. Dann nach Wiesbaden. Tenge ist auch noch den nächsten Tag von Familiengeschäften in Anspruch genommen. Als ich am Cursaale allein an einem Tische sitze, setzt sich Herr von Bauer, Tenge's Schwager zu mir. ›Sie wollen also mit Tenge eine Reise machen?‹ – ›Ja wol.‹ – ›Da bedauere ich Sie –‹ – ›Wie so?‹ – ›O das ist ein unruhiger Mensch, Pitschaft der unaufhaltsame! Sie werden es erleben!‹

Am 5. September treten wir die Reise an. Mit Adolf Follen, den ich unterwegs treffe, mache ich einen Abstecher nach Lahr, wo die Bürger mir zu Ehren ein Festessen geben. Dann mit Tenge nach Freiburg.

8. September. Nachdem wir den Freiburger Münster mit seinem stattlichen Thurme, dem reichverzierten Hauptportale und den schönen Glasmalereien bewundert haben, setzen wir unsere Reise im Einspänner fort. Durch's Höllenthal zu Fuß. Großartige Natur, besonders der oft abgebildete Hirschsprung. Im Gasthause zum Rößli speisen wir zu Mittag. Wir kommen am Titisee vorbei, dann durch Lenzkirch und erreichen des Abends Bonndorf.

9. September. Im Einspänner weiter nach Schaffhausen. Um 12 im Hôtel Weber. Prachtvolle Aussicht auf den Rheinfall. Gegen 3 Uhr fahren wir nach Schaffhausen, treffen aber für die Post zu spät ein, sie ist ganz besetzt und wir müssen mit einem Verdeckplatz vorlieb nehmen. Der Sitz bequem und die Aussicht recht frei. Leider kommen uns drei Gewitter entgegen und wir werden sehr naß. Auf der letzten Station hört es auf zu regnen, und da will ein Engländer mit mir den Platz tauschen. Welche Großmuth! Wir freuen uns nun an der herrlichen Aussicht auf die Glarner Alpen, die von der Abendsonne beleuchtet vor uns liegen. Naß, aber mit Humor erreichen wir Zürich.

10. September bis Chur. Während ich die hohen Berge bewundere und mich über das ganze Thal freue, erstaunt und ärgert sich Tenge über die vielen versumpften Wiesen.

11. September. Des Morgens mit der Post weiter an Felsberg vorbei nach Reichenau am Zusammenfluß des Vorder- und Hinterrheins, und dann nach dem Marktflecken Thusis. Wenige Minuten jenseits beginnt die merkwürdige Felsschluchtstraße, die

unter dem Namen *Via mala* weltbekannt ist. Der Weg bietet dann noch viel Sehenswerthes dar bis Splügen, das bereits 4034' ü. d. M. liegt. Wir speisen hier zu Mittag. Zum ersten Male Wein als Gemeingut bei Tische. Die Straße nimmt von hier aus eine immer höhere Steigung und erreicht auf dem Gipfel des Splügenpasses eine Höhe von 6500' ü. d. M. Uns begegnet kein lebendes Wesen, nur einige Postpferde ohne Führer. An der österreichischen Gränze werden wir von den Mauthbeamten untersucht und nach Einsicht unserer Pässe nicht weiter behelligt. Die neue Straße, die erst 1818–23 von der Bündtner und der österreichischen Regierung gebaut wurde, ist wirklich eine Kunststraße, lauter Schlangenwege über einander so wie mehrere überwölbte Gänge, die sogenannten Gallerien. Die Schutzgeländer am Wege sind jedoch nur von Holz, zwei Stangen durch einen Pfahl verbunden, und sehr niedrig. Da kann einem schon angst und bange werden, wenn man daran vorbeitrabt und neben sich in einen Abgrund von oft 2000' hinabsieht. Die Postillone fahren immer im starken Trabe hinab, selbst da wo sie wenden müssen. Die Pferde gehen freilich mit merkwürdiger Sicherheit. – Wir sehen dann noch den herrlichen Wasserfall des Madesimo, der nicht weit von der Straße 700' herabstürzt. Um 9 Uhr Abends treffen wir in Chiavenna ein. Es regnet und nebelt immerfort.

12. September. Mit der Post an den Comer-See. Wir sitzen im Cabriolet und hätten die schönste Aussicht vor uns haben müssen, der Regen aber dauert fort. Stark strömende Bergwasser ergießen sich hie und da über die Straße. Wir fahren am Lago Mezzola vorüber, dann durch zwei Felsengallerien. Hier die ersten echten Italiener, braune Gesichter, barfuß und barbeinig, mit Sandalen, spitzen Hüten, Regenmänteln und Schirmen. Nach unserer Ankunft in Colico eilen wir sofort in vollem Regen auf's Dampfschiff. Wir fahren quer über den See nach Gravedona. Nach Tische klärt sich das Wetter auf und wir machen einen Spaziergang auf eine Anhöhe. Hinter einer Mauer sind mehrere Männer versammelt, die eifrig einem Stegreifdichter zuhören, der mit einem einsaitigen Instrumente seine Verse begleitet. Wir

treten unter sie; einer der französisch kann und sich als einen Napoleonischen Krieger in Rußland darstellt, sucht uns auszukundschaften, und als er glaubt, genug über uns erfahren zu haben, theilt er es seinen neugierigen Kameraden mit. Es dauert auch nicht lange und der Improvisatore besingt uns; so viel ich verstehen kann, sagt er: das sind vornehme *Signori,* die kommen aus dem hohen Norden und wollen unser schönes Italien kennen lernen etc. – Wir steigen höher hinauf und werden durch eine wunderschöne Aussicht belohnt. Um uns Maulbeerbäume, Weinreben, laubenartig gezogen, darunter und daneben Mais, höher hinauf Kastanien. Wir spazieren hinab nach der Seeseite und besehen den Palazzo, den zu Ende des 16. Jahrhunderts ein Cardinal Galli bauen ließ. Armuth und Edelsinn: große Zimmer und nichts Ordentliches darin.

13. September. Wir fahren den See entlang bis Como. Die Ufer der Südseite sind sehr reizend: zwischen den Kastanien, Maulbeer- und Obstbäumen und Weinstöcken überall Villen, hie und da Cypressen, Feigen- und Olivenbäume. Als wir anlanden, eröffnet sich uns ein Bild des echten *dolce far niete:* eine Gesellschaft junger Männer sitzt, zum Theil das Haupt gestützt, auf der Mauer unbeweglich und blickt in großer Selbstbehaglichkeit in die Welt hinein. Tenge außer sich, daß die Kerle so faul da sitzen, er kann sich nicht genug wundern. ›Nun, sage ich, glauben Sie nicht, daß die Kerle sich noch mehr über Sie wundern würden, wenn sie erführen, daß Sie ein Grafschaftsbesitzer sind, der sich so viele Sorgen macht und sich mitunter so sehr plagt?‹

In Como speisen wir zu Mittag und fahren mit dem Corriere nach Mailand. Wir kommen bald in die lombardische Ebene. An den Straßen junge Maulbeerbäume, rechts und links Mais- und Reisfelder. Es ist einem oft, als ob man durch eine fruchtbare Gegend Norddeutschlands reist. Wir erreichen erst spät Mailand.

14. September. Unser erster Gang in den Dom und auf den Dom. Das Massenartige des gewaltigen Baues von lauter blendend weißem Marmor macht großen Eindruck. Die viele Kunstarbeit aus verschiedenen Jahrhunderten ist bewundernswerth.

Der Bau ward 1386 begonnen, im 16. Jahrhundert weiter fortgeführt, ruhte dann lange, bis er endlich unter Napoleon und
Franz I. vollendet wurde. Schon nach dieser kurzen Geschichte
läßt sich keine Einheit des Stils erwarten, und sie ist denn auch
wirklich nicht vorhanden. Überhaupt scheint mir von Anfang
an ein Mißverstehen der deutschen Baukunst obzuwalten; später hat man diese noch durch französische Einfügsel verhunzt:
die Vorderseite mit ihren neufranzösischen Fenstern und Thüren hat für ein deutsches Auge etwas Störendes, ja Beleidi-
gendes. Von hier zum *Arco della Pace*. Darauf besehen wir die
Gemäldesammlung im *Palazzo del Duca Litta* und die Kunstausstellung in der *Brera*. Um 4 Uhr erst zu Hause, von allem
Wandeln und Sehen völlig erschöpft.

15. September. Am Morgen zur Polizei. Viel Gedränge. Nach
dreimaligem Versuche, unsere Pässe zurückzuerhalten, gehen
wir fort. Wir besuchen wieder die *Brera*, spazieren durch die
Stadt und speisen um 3 Uhr zu Mittag.

16. September. Um 1 Uhr mit der Courierpost nach Genua.

17. September. Morgens um 8 Uhr in Genua. Wir spazieren in
der Stadt umher. Die Straßen meist eng und dunkel, steil und
schmutzig. Im *Palazzo d'Andrea Doria* schöne Aussicht.

18. September. Wir setzen unsere Spaziergänge fort. Während
ich nach Tische in einem Kaffeehause mit Landsleuten ruhig
plaudere, findet Tenge nirgend Ruhe; er will einen Berg beste-
gen, geräth in die Festungswerke, wird von dem Wachtposten
zurückgewiesen und tritt schweißtriefend und unbefriedigt den
Rückweg an. Unsere Abreise ist beschlossen. Für das Visieren
unserer Pässe müssen wir 32 Francs bezahlen. Ich singe: ›Und es
lohnt sich ein Deutscher zu sein!‹[15]

Wir fahren gegen Abend mit dem Lombardo, einem neapoli-
tanischen Dampfschiffe nach Livorno. Genua, das sich am Abhange des Gebirges ausdehnt, gewährt von der Seeseite einen
herrlichen Anblick. Wir machen Bekanntschaft mit Anton Fahne
und seiner Frau. Er ist ein Alterthumsforscher und Kunstfreund
und Kenner. Sein Reisezweck stimmt zu dem unsrigen: wir fin-

den es bald wechselseitig passend und angenehm, die Reise gemeinschaftlich fortzusetzen. Bei Tenge's Unruhe und Hast, so schnell als möglich Alles zu sehen und so schnell als möglich weiter zu kommen, ist es mir ganz lieb, daß er sich künftig in seiner Selbstherrschaft beschränken wird und die Wünsche Anderer zu den seinigen macht.

19. September. Um 8 Uhr Morgens wohl und munter in Livorno. Wir lassen uns durch den Freihafen fahren, und gehen dann nach Pisa. Wir besuchen den Dom, das Battisterio, Campo santo, einige Kirchen und öffentliche Plätze. Im Battisterio wurden wir auf eine wunderliche Weise erschreckt. Der Custode macht uns eben aufmerksam auf den schönen Wiederhall und begleitet in theatralischer Stellung mit einer zierlichen Handbewegung seine Stimme. Wir blicken nach oben und lauschen. In demselben Augenblicke klappert es sehr stark mit einer Blechbüchse hinter uns. Wir sehen uns um, Tenge schreit: ›Das ist der Teufel!‹ Ein Büßer in schwarzem Gewande mit einer Capuze über dem Kopfe, worin nur zwei Öffnungen für die Augen, bettelt uns an. Schrecken, Staunen und Gelächter bewillkommnen den ungebetenen Gast.

Um 5 Nachmittags auf dem Dampfschiffe Ercolano nach Civita-Vecchia. Das Meer stark bewegt. Beim Nachtessen fehlen schon viele Reisende. Ich gehe zu Bette, kann aber nicht schlafen. Es stürmt gewaltig, besonders als wir zwischen Elba und dem Festlande sind. Das Schiff schwankt sehr, die Kanonen rollen hin und her, die Wellen schlagen oft auf das Verdeck. Es ist Mitternacht. Ich werde seekrank und muß viel leiden. Das dauert bis der Tag anbricht. Tenge ist verschont geblieben.

20. September. Am Morgen in Civita-Vecchia. Als ich ans Land steige, fühle ich erst recht, wie elend ich bin. Nachdem wir die Plackerei mit der Paßpolizei und der Dogana überwunden haben, nehmen wir mit Fahne einen Vetturino bis Rom. Bei Sonnenuntergang erreichen wir die traurige Romagna. In Palo halten wir an und kehren ein. Es ist eine schauderhafte Kneipe. Unter den unheimlichen Gästen wird es uns ganz unheimlich. Nach

dem langen Fasten verspüre ich etwas Eßlust. Ich bestelle mir Salat. Der Wirth bringt mir Lattichstengel und begießt sie mit dem Öle der brennenden Lampe. Da fehlt nicht viel und ich werde wieder seekrank.

21. September. Um 10 Uhr Morgens in Rom. Obschon unsere Koffer plombiert sind, so müssen wir doch noch zur Dogana, damit wir ja nicht auf den Gedanken gerathen, man könnte zum Vergnügen in Italien reisen. Wir besprechen was wir Alles sehen müssen, und wenn uns Zeit und Lust übrig bleibt, sehen wollen. Fahne ist mit mir der Meinung, daß wir nicht sehen wollen um zu sehen, sondern um sehend zu genießen, und uns dieses Genusses noch in der Erinnerung zu erfreuen.

Wir gehen in den *Caffe greco.* Wir finden dort Andreas Achenbach und spazieren mit ihm. Dann treffe ich Maler Siegert von Breslau und Professor Karl Witte. Jener ist erst aus Sicilien zurückgekehrt und bleibt den Winter hier, dieser geht schon heute nach Deutschland. Witte wie immer der überschwängliche Italiener. Er erzählt, er habe von Capris Myrthen eine Ruthe für seine Kinder gewunden.[16]

22. September. Wir besuchen die Peterskirche. Ein Colossal- und Prachtbau. Wer an einem Bauwerke großartige Verhältnisse und unermeßliche Räume bewundert, kommt hier aus der Bewunderung gar nicht heraus. Wir gehen auf und ab, ich spüre gar nicht, daß jemand von uns den gewaltigen Eindruck spürt, von welchem unsere Schriftgelehrten so voll sind. Wir setzen zu Wagen unsere Denkmalschau fort: wir besuchen das Colosseum, die Triumphbogen, das Pantheon (Rotunda). Um 5 Uhr zum Quirinal. Die Schweizer in ihrer alten blaurothgelben Landsknechtstracht und mit ihren Hellebarden umstellen den Hof. Eine Procession kommt langsam hereingeschritten und macht in der Mitte Halt. Der Papst erscheint auf dem Balcon, umgeben von einigen Cardinälen, und ertheilt ihr seinen Segen. Einem glücklichen Zufalle verdankten wir dies seltene Ereigniß. Der Hunger treibt uns nun in den *Lepre,* eine echt römische Osteria, mehr malerisch als reinlich. Man reicht uns den Speisezettel: es

ist ein ganzer auf einer Seite bedruckter Foliobogen, und dennoch hatten wir unsere liebe Noth, etwas zu finden das uns schmeckte.

23. September. Am Morgen zur Kirche *San Giovanni in Laterano,* nach der Inschrift *Ecclesia Lateranensis vrbis et orbis caput,* die Cathedrale des Papstes. Viel Sehenswerthes, besonders die alten Mosaiken. Daneben Überreste eines Klosterhofs mit einem Bogengange von theils gewundenen, theils schlichten Säulen mit verzierten Knäufen. Die italienischen Alterthumsforscher sprechen von diesem Werke altdeutschen Stils gar nicht, die Deutschen nur beiläufig. Von hier zu den Thermen des Caracalla. Am Nachmittag ins Capitol. Links die antiken Bildwerke und Mosaiken, rechts zwei Säle mit Gemälden. Die italienische Walhalla mit Büsten berühmter Künstler und Gelehrten, meist auf Canova's Kosten.

24. September. Fahne kommt zu uns. Wir entwerfen eine Tagesordnung, die denn auch bald in Vollzug gesetzt wird. Um 10 zum *Palazzo Borghese:* Gemäldesammlung. Um 12 zum *Forum romanum.* Wir umgehen und besehen es von allen Seiten. In glühender Hitze besteigen wir dann die Paläste der Kaiser. Gewaltige Trümmer. Oben Weinstöcke und Granaten mit reifen Früchten, Öel- und Feigenbäume. Tenge hat noch gar nicht genug gesehen, er will noch zur *Cloaca maxima.* Wir haben nicht die mindeste Lust dahin, der Weg ist weit und die Hitze unerträglich, doch müssen wir ihm schon den Gefallen thun, er hat ja noch einen practischen Zweck dabei, er will danach auf seinen Gütern etwas Ähnliches anlegen. Wir bequemen uns also, und nachdem wir die rechte Richtung eingeschlagen, erreichen wir endlich durch Fragen unser Ziel. Und was finden wir? Ein hohes nach der Stadtmauer hin offenes Gewölbe, unten spärliches Wasser und ein Weib, das eben daran mit Waschen beschäftigt ist. Tenge steht sehr überrascht da und muß selbst lachen, als ich ihm zurufe: ›Du hast's erreicht, Ottavio!‹ – Nach Tische zur *Villa Borghese:* spärliches Grün, dünne Bäume, Akazien, Platanen, Cypressen, umsonst suchen wir Schatten.

25. September. Wir haben uns einen Wagen auf mehrere Tage gemiethet, um uns das Sehen zu erleichtern. Wir fahren zum Vatican. Hoher Genuß in der Gemäldesammlung: wir verweilen am längsten vor Rafael's Werken. Nachher lassen wir uns die Zimmer des Papstes zeigen. Darauf zum *Monte testacceo.* Oben auf dem Scherbenberge eine weite Aussicht. Nach Tische zu den Bädern des Titus. Durch die alten Fresken ward einst Rafael angeregt, Aehnliches zu malen. Wir halten uns nicht lange auf, die Ausdünstung der Erde ist nach Sonnenuntergang sehr unangenehm.

26. September. Am Morgen wieder zum Vatican: wir widmen einige Stunden der Sammlung der herrlichen Bildwerke. – Um 12 in der Umgegend einige Grabmäler besucht. Nach Tische in der *Villa Albani,* die mich lebhaft an Winckelmann erinnert. Wir freuen uns der Kunstwerke, aber nicht der Gartenanlagen: die regelmäßig beschnittenen Baumwände haben für mich etwas Unerquickliches; es ist ein Verkennen aller lebendigen Natur, wenn Bäume, Sträuchen und Blumen verwendet werden, um mit den Gebäuden ein architektonisches Ganzes zu bilden. Erklären läßt sich am Ende Alles, aber darum noch nicht rechtfertigen.

27. September. Abermals zum Vatican. Wir besehen die etruskischen Sammlungen. Von da zur vaticanischen Bibliothek. Der Custode zeigt die alten Heidelberger Kataloge. Er thut sehr ängstlich. Ein Bibliotheks-Diener legt uns einige alte Handschriften mit Miniaturen vor. Wir spazieren durch mehrere Säle: alte Fresken, altitalienische Malereien etc. Nach Tische fahren wir auf den *Monte ianiculo,* dann in die *Villa Pamfili:* geschmacklose Anlagen.

28. September. Tengen wird es nachgerade langweilig: er will immer sehen, Tag und Nacht sehen, seine Neugier ist unersättlich, bei unseren Wanderungen in der Stadt rennt er in jede Kirche, die sich in der Nähe zeigt. Um ihn zu beschäftigen, ziehen wir den Förster zu Rathe, und wenn uns noch etwas Sehenswerthes begegnet, so empfehlen wir es unserm sehlustigen

Freunde, und er eilt von hinnen und sieht es sich an. Ich bleibe den Morgen zu Hause und dichte. Ich bin froh, daß ich den großen Schatz des Gesehenen nicht noch mehr anhäufen und einen Eindruck mit dem anderen beseitigen muß. Erst nach Tische unternehmen wir eine gemeinschaftliche Wanderung.

29. September. Es ist Sonntag. Wir fahren um 8 Uhr nach Albano. Von der alten *Via Appia* sahen wir neulich ein Stück, wie es erst vor kurzer Zeit zum Vorschein gebracht war, es hatte 15 Fuß unter dem Schutt gelegen. Dieser alte Weg ist sehr schmal gewesen und das Pflaster aus Polygonen zusammengefügt. Die neue *Via Appia*, auf der wir jetzt fahren, ist breit und schön gepflastert, aber welch ein trauriger Weg! Die Gegend öde, kein Baum, keine Bank, kein Haus am Wege, nur eine einzige erbärmliche Hütte für Fuhrleute und Eselstreiber. Die Felder verwildert, hie und da Wiesen und gepflügtes Land, worauf aber hohes Unkraut, Tenge ärgerlich über die schlechte Landwirthschaft; er meint, ein einziger Morgen könnte bei guter Bearbeitung so viel geben als jetzt zehn. Am Abhange des Gebirges Reben, Oelbäume und Rohr. Albano ein freundliches Städtchen. Um 2 nach Frascati durch die sogenannte Gallerie. Das ist ein vielgerühmter Weg, an dessen beiden Seiten alte Rüstern stehen, die aber eben nicht stattlich aussehn, sie sind oft mit Steinschaften gestützt oder untermauert. Unterwegs ein Wäldchen. Ich bemerke keinen graden Baum, und unter den Weibern, die noch nach Albano ziehen, auch nicht ein einzig hübsches Gesicht. Von Frascati sieht man in eine öde Gegend, durch die wir dann nach Rom zurückkehren.

1. October. Des Morgens um 6 Uhr mit dem Vetturino aus Rom. Selten wol hat jemand in so kurzer Zeit so viel gesehen, wir können in dieser Beziehung sehr zufrieden sein. Wenn ich aber an diese Tage des freilich unruhigen, aber doch großen Genusses zurückdenke, so kann ich eine Stimmung nicht unerwähnt lassen, die ich in Rom nie zu bewältigen vermochte. In einer Stadt immer unter Trümmern alter Herrlichkeit wandeln, bei jedem Genusse, den die Gegenwart beut, sich nie des Gedan-

kens an die Hinfälligkeit aller irdischen Dinge erwehren können, hat für mich auf die Dauer etwas Drückendes, Peinliches, das bei allen herrlichen Schätzen des Alterthums wol gemildert, aber nie beseitigt wird. Die Gegenwart begnügt sich nicht mit dem was war, ihr Streben und Ringen will etwas schaffen, ihr Gebiet ist die Zukunft, darin ruht ihre Hoffnung, ihr Trost und der Lohn für all ihr Trachten und Dichten.

Um 5 Abends sind wir bereits in Civita Castellana. Erstes gutes italienisches Gasthaus. Die Gegend im Abendrothscheine reizend: so müssen italienische Landschaften gemalt werden.

2. October bis Spoleto. Die Gegend sehr gebirgig, der Weg mitunter beschwerlich. Wir gehen eine weite Strecke durch einen Wald. Es begegnen uns viele Menschen, die uns alle anbetteln. Da ich weit voran gehe, so verweise ich sie an meine Nachfolger, die aber ebenfalls mit einem *via, va via, via via* die unheimlichen Gäste abspeisen. Da sagt denn einer mit mitleidiger Miene: ›Die armen *Signori*, sie haben nichts für uns als ein *Via*.‹

3. October. Um 5 ausgefahren. In Foligno wird angehalten. Wir frühstücken in der Post. Im Speisesaale auf dem Tische vor dem Spiegel steht ein ausgestopfter zweibeiniger Esel.[17]

Unterwegs herrliche Aussicht nach Assisi. Wir kommen noch so zeitig nach Perugia, daß wir einen Spaziergang machen können. Nachdem wir uns etwas erquickt, gehen wir in die Akademie der schönen Künste: eine sehenswerthe Sammlung etruskischer Alterthümer und altitalienischer Bilder.

Auch unser Wirth hat eine Kunstsammlung oder eigentlich einen Kunsthandel. Wir sehen sie an: lauter zusammengeraffter Kram. Fahne kauft ein etruskisches Rauchgefäß, von dessen Unechtheit er sich erst später überzeugt. Während er mit dem Wirthe handelt, hält dessen Frau das Gefäß in den Händen. Das langweilt Tengen und er schreit ihr zu: ›Alter Drache, setz doch das Ding endlich hin!‹ Sie erwiedert ganz freundlich mit dem Kopfe nickend: ›*Si, Signore, si, si!*‹ und wir lachen laut auf.

4. October. Um 4 Uhr Morgens nach Arezzo. Der Trasimener See, jetzt *Lago di Perugia*, in Morgenbeleuchtung, blaugrün, die

Anhöhen blau mit rosigem Anfluge. Zu Mittag in Camuscia. Angenehmer Weg, auf den Kornfeldern Ulmen mit Reben. Allmählich hört dann der Weinbau auf.

5. October. Erst um 6 Uhr aufgebrochen. Mittags in Incisa. Weinlese an den Wegen. Wir kaufen Trauben. Abends um 7 in Florenz.

6. October. Der Dom großartig, aber geschmacklos. Im Battisterio besehen wir die berühmten ehernen Thüren und die Fresken. Nach Tische im Garten des *Palazzo Pitti,* das schönste daran die Aussicht auf Florenz.

7. October. Den Vormittag in den Sammlungen des *Palazzo degli uffizi* und des *Palazzo Pitti.*

Den 9. October setzen wir unsere Reise fort mit dem Vetturino über Pisa nach Livorno, von da mit dem Vesuvio nach Genua und dann, 11. October mit dem Corriere nach Mailand. Weil wir alle sehr angegriffen sind, so bleiben wir noch den folgenden Tag.

13. October. Um 4 aufgestanden. Mit der Post nach Sesto Calende. Zwei Carabiniers begleiten uns, als ob wir Staatsgefangene wären. Wenn uns ja Räuber anfallen sollten, so sind gewiß unsere Schutzmänner die ersten, die Reißaus nehmen. – Nachmittags von 1–6 Uhr auf dem Lago maggiore. Wir landen in Magadino und fahren sofort weiter nach Bellinzona.

14. October. Mit einem Vetturino nach Airolo. Von Faido ab wird die Gegend wilder und unfruchtbar, und der Ticino braust in einem sehr engen Felsenbette. Bald sind wir in einer großartigen Alpenwelt. Wir fahren auf der neuen Straße.

Tenge, der schon seit einigen Tagen unwohl war, ist krank – kein Wunder! er reist als Courier und weiß mit seinen Kräften nicht Haus zu halten; ein solches Travellern ist mir noch nie vorgekommen. Sein Schwager von Bauer hat Recht gehabt. Wir sind besorgt um ihn und sehr verstimmt; als wir ihn aber an seinem Bette besuchen und aus seinem Munde hören, daß ihm besser ist, da sind wir wieder vergnügt, wir lassen ihn Camillen trinken und nehmen mit Champagner vorlieb.

15. October. Wir fahren zeitig aus im dichten Nebel, der lange anhält, und kommen um Mittag oben auf dem Gotthard an. Im Hospiz (6750' ü. d. M.) freuen wir uns wieder deutsch zu hören. Das Wetter war etwas besser. Wunderbares Thal der Reuß. Als wir zur Teufelsbrücke kommen, steigen wir aus und gehen hinüber. Es ist mir nicht möglich, an die Brückeneinfassung zu treten, um hinabzuschauen, ich muß hinankriechen, und selbst dann noch wird mir so eigen zu Muthe, als ich den tiefen Abgrund mit der tobenden Reuß vor mir erblicke.

Um 5 sind wir in Flüelen und eine Stunde nachher besteigen wir das Dampfschiff, das uns nach Luzern fährt. Den anderen Tag nehme ich Abschied von meinen Reisegefährten. Tenge und Fahne mit Frau gehen nach Basel, ich nach Zürich.

16. October – 10. November in Zürich.

Ich kehrte wieder in Sonneck bei Adolf Follen ein. Gleich nach meiner Ankunft überraschte er mich mit einer kleinen Liedersammlung, die während meiner Abwesenheit im Literarischen Comptoir erschienen war: ›Hoffmann'sche Tropfen‹ (Zürich und Winterthur. 1844. 16°. 78 SS. mit 35 Liedern).[18]

Meine eben vollendete italienische Reise gab uns reichen Stoff zur Unterhaltung: ich erzählte meine Erlebnisse und Stimmungen, meine Freude an Allem was Natur und Kunst mir geboten, aber auch meinen Ärger über die überschwänglichen Lobpreisungen unserer Landsleute von Dingen, die weder schön noch merkwürdig, ja oft nicht einmal des Erwähnens werth sind. Bei solchen Gelegenheiten pflegte ich dann eins und das andere meiner italienischen Lieder mitzutheilen. Follen war sehr erfreut darüber und meinte, das gäbe einen hübschen Beitrag zu dem ›Deutschen Taschenbuche‹, das sie herauszugeben beabsichtigten. Da mir nun auch noch von Anderen zugeredet wurde, diese Gedichte zu veröffentlichen, so dichtete ich noch einige dazu. Als nun meine Sammlung sich von 18 auf 40 Gedichte vermehrt hatte, ordnete ich sie und legte sie Fröbel und Follen vor. Wir versahen sie nun mit Überschriften und lachten bei diesem Geschäfte dermaßen, daß einmal Follen von der Anstrengung Seitenstiche bekam. Der Titel *Diavolini*, den ich vorgeschlagen hatte, fand Beifall. *Diavolini*, kleine Teufelchen, sind Gewürz-plätzchen, womit sich besonders beim Carneval die Masken zu werfen pflegen.[19] Nach einigen Tagen waren meine *Diavolini* gedruckt. Sie erschienen in dem ›Deutschen Taschenbuche‹.[20]

Die Morgenstunden war ich zu Hause und arbeitete. Nach-mittags ging ich mit einigen Bekannten spazieren, am See oder auf den Anhöhen. Das Wetter war mitunter noch sehr angenehm.

Der October war zu Ende gegangen. Da ich nun ernstlich daran dachte, die Schweiz zu verlassen, so wollte ich doch zuvor noch nach Winterthur, um mit dem Literarischen Comptoir ab-zurechnen. Fröbel hatte mich zu dem Zwecke schon früher ein-geladen. Den 30. October fuhr ich hinüber. Es war uns beiden lieb, daß wir zusammen kamen, um das Geschäftliche zwischen uns abzumachen und Manches für die Zukunft zu besprechen. Fröbel gab mir folgende Auskunft:

Im Januar 1844 verließen die Salonlieder die Presse, wurden nur auf Verlangen versandt	3000
Im September desselben Jahres wurde ein neuer Ab-druck veranstaltet, ebenfalls nur auf Verlangen	2000
Hievon wurden in Blumenfeld 500 confisciert und am 25. October 645 auf Verlangen an Buchhändler expe-diert.	
Im September 1844 erschienen die Hoffmann'schen Tropfen	3000
Im gleichen Monat wurden neue Ausgaben von den Gassenliedern	10 000
und von den Deutschen Liedern veranstaltet	2000.

Die aufgestellte Rechnung vom Februar 1843 bis September 1844 ergab für mich ein Guthaben von 786 fl. 40 Kreuzer. Ich war sehr angenehm überrascht. Leider ist es dabei geblieben, denn ich habe nie einen baaren Kreuzer zu Gesicht bekommen, da die Mittel des Literarischen Comptoirs erschöpft waren. Allerdings hatte ich 320 Exemplare von den Deutschen Liedern, 1050 von den Gassenliedern und 500 von den Salonliedern nach und nach erhalten, die mir als Honorar angerechnet wurden. Da ich dieselben aber für Freunde und Bekannte bestellte und diese von Anderen nicht immer Geld erhielten, auch mitunter von der Polizei die Exemplare weggenommen wurden, so war der Reinertrag für mich nur ein geringer. Unser Geschäft war bald abgemacht und wir gingen zu angenehmerer Unterhaltung über. Ich verlebte einige recht frohe Tage in Fröbel's Hause. Den 4. November kehrte ich nach Zürich zurück.

Den 11. November reiste ich über Basel, St. Louis, Mühlhausen und Straßburg nach Offenburg, wo ich den folgenden Abend um 8 ankam. Dort trafen am 15. Abgeordnete von Lahr ein, die mich dahin abholen wollten. Ehe wir die Wagen bestiegen, sollte mir noch zu Gemüth geführt werden, daß ich mich wieder in Deutschland befände. Der Herr Oberamtmann hatte drei Gendarmen in den Gasthof geschickt, zwei blieben draußen vor der Thür, der eine trat in den Speisesaal um zu untersuchen, ob mein Paß in Ordnung wäre. Der Gendarm überzeugte sich von der Richtigkeit, und wir fuhren mit einem lauten Hurrah zum Hause hinaus. In Lahr werde ich herzlich bewillkommnet. Man erzählt mir, in wie gutem Andenken ich stehe, wie von Jung und Alt meine Lieder gesungen würden etc. Nachdem wir im Rappen eine Zeitlang verweilt, gehen wir in die Sonne zum Abendessen. Große Gesellschaft. Die Kinder begrüßen mich mit dem Gesange meines ›Hohenliedes vom Censor.‹[21] Der Bürgermeister Baum bringt ein Hoch auf mich aus. Ich danke mit dem Liede: ›Der Bürgermeister von Seckenheim‹,[22] das ich erst gestern Morgen verfaßt habe. Es ist von großer Wirkung, besonders mit dadurch, daß es auf einer Thatsache beruht. Viele kommen zu mir, reichen mir die Hand und erklären, ich sollte Bürger werden, nicht Ehrenbürger, sondern activer; wenn ich des Bürgerrechts bedürftig wäre, so sollte es meinerseits nur ein Wort kosten.

19. November in Mannheim. Eben ist die zweite Sammlung meiner Kinderlieder angekommen: ›Funfzig neue Kinderlieder

von Hoffmann von Fallersleben. Nach Original- und bekannten Weisen mit Clavierbegleitung von Ernst Richter. Mit Beiträgen von Marx, Felix Mendelssohn-Barthold, Otto Nicolai, C. G. Reißiger, Robert Schumann und Louis Spohr.‹ (Mannheim. 1845. Verlag von Friedrich Bassermann).

20. November in Heidelberg. Abendessen im *Hôtel de Bavière:* Welcker u. a. Ich singe mehrere Lieder. Es geht sehr munter her. Später findet sich noch der ›Liederkranz‹ ein und begrüßt mich. Welcker knüpft an meine Anwesenheit den Vorschlag zur Bildung eines allgemeinen Unterstützungsvereins für Politisch-Verfolgte. Die Mannheimer Abendzeitung berichtete über diesen ›einen Abend, wie wir ich sobald wieder erleben werden‹: ›Man muß Hoffmann seine Gedichte selbst singen hören, man muß selbst den Eindruck beobachten können, den die göttliche Gabe des Sängers, seine Lebendigkeit, sein Vortrag, die Kraft seiner Begeisterung, die Schärfe seines Spottes und Hohnes auf die Zuhörer macht, dies Alles muß man selbst mitgemacht haben, um ein vollständiges Bild von dem Dichter sich entwerfen zu können.‹ Der Artikel enthält trotz der Censurlücke des Lobes noch mehr, unter anderem ›wahrhaftig, ein Lied von Hoffmann wirkt mehr als hundert Zeitungsartikel.‹

Kein Wunder, daß so etwas von Seiten der Regierung nicht unbeachtet blieb. Schon den 26. November erfolgte ein Ministerial-Erlaß, ›wonach dem Professor Hoffmann auf den Grund seiner Reden (?) und Gedichte aufregenden und verdächtigenden Inhalts das Gastrecht im Großherzogthum gekündigt werden soll.‹ Die Ausführung dieses Beschlusses unterblieb natürlich, weil ich damals schon nicht mehr in Baden war.

Von Heidelberg ging ich nach Mannheim und dann mit dem Dampfschiffe nach Geisenheim und blieb dort 22. November bis 6. December.

Ich wohnte wieder bei Karl Dresel. Ich verlebte einige stille Tage, da ich mich wenig an den geselligen Vergnügungen der Familie betheiligte, auch oft sehr unwohl war. Ich saß meist auf meinem Zimmer, schrieb Briefe, las, dichtete und vollendete eine neue Sammlung Lieder, der ich den Titel gab ›Geräuschlose Zündhölzer.‹[23] Ich schickte sie an Follen, um sie im Verlage des Literarischen Comptoirs erscheinen zu lassen. Dieses war aber seiner Auflösung nahe, und daher unterblieb die Veröffentlichung.

7. December nach Frankfurt, den Abend bin ich bei Gutzkow. Dann eilte ich nach Leipzig. Mein erster Gang zu Engelmann. Er überreicht mir die erst vor einiger Zeit fertig gewordenen ›Spenden zur deutschen Litteraturgeschichte von Hoffmann von Fallersleben‹. (...)

Im *Hôtel de Bavière* treffe ich Herrn Moorcommissär Wehner. Er erzählt mir, er habe mit Pertz wegen meiner Bibliothek verhandelt und überreicht einen Brief. Pertz schreibt mir, nachdem er meine Preise ermäßigt hat, ›und halte ich mich daher nicht berechtigt, mehr als 1400 bis 1500 Rb. für das Ganze in Anschlag zu bringen.‹ Das veranlaßt mich nach Berlin zu gehen, das mir freilich von Polizeiwegen verboten ist. Den 20. December kehre ich bei Dr. Rutenberg ein. Es ist 2 Uhr. Wir fahren in die Stadt. Pertz nicht zu Hause. Ich wiederhole um 4 Uhr meinen Besuch und treffe ihn. Er ist sehr freundlich, aber sehr verlegen. Wir gehen aus seinem Zimmer in die Bibliothek und besprechen uns über den Kauf meiner Handschriften. Wir einigen uns über 1600 Rb. Ich eile zu Rutenberg, der in der Nähe auf mich wartet. Ich gehe mit ihm zur Post und fahre bald darauf ab. Um 9 in Oranienburg.

Den folgenden Tag nach Meklenburg. Eine Nacht in Scharpzow. Von da in einer schönen Kutsche mit vier Pferden zum alten Müller in Gerdshagen bei Güstrow, der hier Pächter ist, während er sein Rittergut Holdorf an seinen Neffen und Schwiegersohn Rudolf Müller verpachtet hat. Den Tag vor Weihnachten kommen die Holdorfer. Freudiges Wiedersehen und frohe Feiertage. Den 29. fahren wir nach Holdorf. Den 30. besuche ich die Buchholzer. Am Silvestertage bin ich wieder in Holdorf. Hier begrüßen wir in heiterster Stimmung das Neue Jahr mit meinem Liede:

So singen wir, so trinken wir
Uns froh hinein ins Neue Jahr![24]

Daß ich als Preuße sehr leicht in einen Preßprozeß verwickelt und der Majestätsbeleidigung angeklagt und verurtheilt werden könnte – diese Besorgniß quälte mich sehr und trieb mich, Alles aufzubieten, um so bald als möglich mein preußisches Heimats- und Staatsbürgerrecht mit einem andern zu vertauschen. Nach einigen vergeblichen Bemühungen versuchte ich es mit unserm nächsten Städtchen Brüel. Durch Vermittelung unsers freundlichen Nachbars, des Pastors Zarncke in Zahrenstorf verhandelte ich mit dem Bürgermeister Born. Alles ging gut. Als ich aber eine günstige Entscheidung erhalten sollte, erfolgte plötzlich aus Brüel der Bescheid, daß das Bürgerrecht mir nicht ertheilt werden könne. Wir waren sehr überrascht. Am 18. April hatte ich mit Rudolf Müller den Herrn Bürgermeister besucht und ihm meine Eingabe überreicht; er fand Alles in bester Ordnung, lud uns zum Abendessen ein und wir waren sehr vergnügt und kehrten des Erfolgs sicher im herrlichen Mondenschein heim. Herr Born hatte dem Herrn Pastor Zarncke auf dreimalige Anfragen, ob nichts dem Antrage entgegen stehe, erklärt: ›Nein! Unbedenklich!‹ Aber der Herr Bürgermeister war in Schwerin gewesen und hatte von seinem Herrn Schwager, einem Manne der Regierung, die Mahnung erhalten: ›Wenn er einen solchen Menschen zum Brüeler Bürger mache, so würde er sich das Allerhöchste Mißfallen zuziehen.‹

Die Sache machte etwas Aufsehen, aber dabei blieb es. Es hätte übrigens gar nicht so vieler Umstände bedurft, um mich zum Ziele gelangen zu lassen. Ein eigentliches meklenburgisches Staatsbürgerrecht gab es nicht, aber jede Stadt und jedes Domanium oder jeder Ritter hatte das Recht, jemandem das Heimatsrecht zu ertheilen. Nachdem dies meinen Freunden klar geworden, war die Angelegenheit schnell erledigt. Dr. Samuel Schnelle, nahm mich bald darauf als Insassen seines Gutes auf und ertheilte mir als Guts- und Gerichtsherr das Einwohner- und Heimatsrecht in Buchholz. Ich schickte eine durch einen Notar beglaubigte Abschrift an die Regierung in Breslau, dieselbige entließ mich darauf hin aus dem preußischen Unterthanen-Verbande.

Weit und breit war große Freude, daß durch ein so einfaches Mittel den polizeilichen Verfolgungen vorgebeugt war. – Die Nachricht ging in viele deutsche Zeitungen über und wurde als ein erfreuliches Ereigniß begrüßt. Nur einige Standesgenossen des Dr. Schnelle konnten nicht begreifen, wie derselbe dazu gekommen, einen Menschen in sein Gut aufzunehmen, den er doch zu nichts gebrauchen könnte, ja sogar noch unterhalten müßte, wenn er in seinem Nichtsthun alt und hinfällig würde etc. Auf solche Bedenken erwiederte ein Witzkopf: ›Der etc. Hoffmann ist Kuhhirt, hat aber im Sommer einen Stellvertreter.‹ Das mochte Glaßbrenner zu Ohren gekommen sein und er versah es mit einer andern Pointe in seinem Büchlein: ›1845 im Berliner Guckkasten‹:

Guckkästner. Nanu weiter! Rrrrr, ein andres Bild: Hür, meine Herrschaften, präsentiert sich Ihnen der wendische Kuhhirte Hoffmann von Fallersleben, wie er eben uf Doctor Schnelle's Jut bläst, deß es in Meklenburg Morgen wird.

Bücke. Wenn Sie entschuldjen wollen, ich denke – –

Guckkästner. Ja, ich dhu' des, aber überall wird des nich entschuldigt.

Bücke. Ich wollte sagen: ich denke, Hoffmann von Fallersleben is en deutscher Dichter?

Guckkästner. Ja, aber um in Deutschland bleiben zu können, is er Kuhhirte jeworden.

Erster Junge. Na, aber versteht er denn des aber ooch?

Guckkästner. O ja, er hat schon früher des Rindvieh recht jut behandelt. Rrrrr …

(…)

So sehr es für mich ein Bedürfniß war zu arbeiten, so schien mir doch auch eine Nothwendigkeit, dadurch zugleich Geld zu verdienen. Auf große wissenschaftliche Werke konnte ich mich bei meinem Wanderleben nicht einlassen; auch würde der Aufwand von Zeit und Kräften und das Herbeischaffen von Hülfsmitteln in gar keinem Verhältnisse gewesen sein zu dem etwaigen Geldgewinne. Bei Arbeiten von minderem Umfange und zeitgemäßem Inhalte würde mir, sobald sie nur irgend die Politik berührten, Censur und Polizei immer hindernd in den Weg treten. Letzteres würde noch mehr der Fall sein, wenn ich mich nur mit Publicistik befaßte. Da dachte ich nun einen andern zwar mühsamen, aber sicherer zum Ziele führenden Weg einzuschlagen. Ich wollte eine Geschichte der deutschen Litteratur ausarbeiten, die sollte den Sommer 47 vollendet sein. Dann wollte ich in Frankfurt Vorlesungen halten, und im Jahre 1848 in London und Newyork. Zu letzterem Zwecke wollte ich dann noch recht tüchtig englisch lernen. Ich theilte brieflich diesen Plan Freiligrath mit (29. November), und besprach ihn auch mit meinen Freunden, aber – weiter kam ich nicht damit. Es gehörte dazu auch wieder ein ruhiges, sorgenfreies Leben und eben dazu ließen mich ›die großmüthigen Unterstützungen des deutschen Volkes‹, die nur die Kölner Zeitung kannte, nicht gelangen.

Um in meinen Aufenthalt etwas Abwechselung zu bringen, und auch um mich zu entschädigen für die Tage wo ich krank war, unternahm ich einige Ausflüge nach Hallgarten, Bingen, Kreuznach und Wiesbaden. (...)

Daß meine Bibliothek zu Kauf stände, war wol in öffentlichen Blättern angezeigt, auch wol näher besprochen worden. Dann war es wieder still: ich bekam keine Anfragen, keine Angebote. Da erfuhr ich denn aus Briefen von Philipp Nathusius, daß sich Frau Bettina von Arnim der Sache annähme.

(...)

Am 23. Februar reise ich von Geisenheim ab und bleibe einige Tage in Mannheim im engsten Verkehre mit den badischen Volksfreunden.

2. März. Mit Itzstein nach Heidelberg. Ich lerne Johanna[25] kennen.

4. März. Meine ersten Ghaselen an Johanna.

10. März nach Stuttgart. Gustav Schwab, jetzt Ober-Consistorialrath, wohnt unglaublich hoch. Er kennt mich kaum wieder, ist sehr freundlich und kann sich nicht genug wundern über Freiligrath's *Ça ira,* ›das sind Gedichte, die wird selber ein H. v. F. nicht billigen.‹ – Wolfgang Menzel wundert sich: ›Kerl, Du bist ja noch ganz jung, Du hast ja noch nicht einmal graue Haare!‹ – ›Nun, ich soll auch wol noch den Leuten den Gefallen thun, alt zu werden?‹

12. März in Tübingen. Heiterer Himmel, scharfer Wind, 14° unter 0, ein unglaubliches Wetter kurz vor Frühlingsanfang! Ich besuche den Oberbibliothecar Professor Keller. Er findet den Preis meiner Bibliothek zu hoch. Ich setze ihm aus einander, 2000 Rb. sei nur ein Ausgebot, darüber könne man wol gehen, aber nicht darunter. Ich merke schon an seiner Miene, daß aus unserm Handel nichts wird. Die Thaler fallen ihm zu schwer auf's Herz, wenn es noch Gulden wären!

Sehr erfreulich ist mir die persönliche Bekanntschaft mit F. Silcher. Er war mir immer einer der liebsten Componisten meiner wieder gewesen. Durch seine einfache schöne Melodie zu ›Morgen müssen wir verreisen‹[26] ist mein Lied erst recht zum Volksliede geworden. Wir sprechen viel über Volksweisen. Bei einem späteren Besuche frage ich ihn, ob sich Ghaselen wol componiren lassen? Er will's versuchen, und ich besorge ihm die Abschrift einiger meiner Ghaselen.

Noch am Vormittage besuche ich auch Uhland. Wir sprechen von unseren Reisen und seinen Studien. Er hat die deutschen Volkslieder bei Seite gelegt und beschäftigt sich mit Sagenforschungen. Nach Tische besuchen mich Keller und Uhland. Letzterer ist schon vorher einmal dagewesen und hat mir die beiden Bände seiner deutschen Volkslieder gebracht – ein mir sehr liebes willkommenes Geschenk! Er holt mich ab, ich soll bei ihm einen Kalbsbraten verzehren helfen. Ein sehr gemüthliches Abendessen. Uhland sehr heiter und gesprächig wie auch seine Frau. Während wir traulich mit einander plaudern und ich gar nichts ahnde, ertönt Gesang: die Studenten bringen mir ein

Ständchen. Uhland führt mich auf den Balcon seines Hauses. Nachdem mir ein Hoch ausgebracht ist, bringe ich als Dank ein Hoch dem ›Vorwärts.‹[27] Ich spreche laut und so deutlich, daß jedes Wort verstanden wird, und wenn ich durch Beifallrufen unterbrochen werde, so warte ich, bis Alles wieder ruhig ist. Großer Jubel. Dann singen sie: ›Wenn heut' ein Geist hernieder stiege‹, und bringen dem Dichter des Liedes ein dreimaliges Hoch!

Wir bleiben bis 11 Uhr in heiterster Stimmung beisammen. Uhland erzählt mir noch eine hübsche Geschichte. Handwerksburschen sangen einst: ›Ich hatt' einen Kameraden.‹ Als sie näher kamen, sang der eine, mit Bewegung des Armes nach Uhland hindeutend: ›Als wär's ein Stück von *dir*!‹

13. März wieder in Stuttgart. Dingelstedt war damals allgemein sehr unbeliebt und den Kreisen, worin ich mich bewegte, sogar verhaßt. Es war wol mehr daran Schuld sein hochfahrendes Wesen als der Glaube, er übe bei Hofe einen den Volksinteressen nachtheiligen Einfluß aus. Auch außerhalb Wirtenberg hatte sich damals die Ansicht über Dingelstedt sehr geändert. Der Verfasser des Artikels Dingelstedt im Meyerschen Conversations-Lexicon (1846) ist ganz voll überschwänglichen Lobes der Gedichte des Nachtwächters, aber wenig erbaut von den späteren Lebensverhältnissen des Dichters und seinen Poesien.

Meine beiden Scherzgedichte über den ›Seligen Kosmopolitischen Nachtwächter‹, die in jenen Tagen entstanden sind, finden großen Beifall, jeder möchte sie haben, und so entschließe ich mich denn sie drucken zu lassen. Sie sollen im Beobachter erscheinen, die Censur aber streicht von dem einen die drei letzten Strophen. Sie werden also ohne Censur gedruckt und zwar auf schlechtem Papiere und ganz nach der Art der Lieder ›Gedruckt in diesem Jahr.‹[28]

22. März. Ich nehme Abschied. Mehrere meiner neuen Freunde begleiten mich zum Postwagen. Gerührt von den vielen Beweisen der Theilnahme verlasse ich Stuttgart. Ich übernachte in Heilbronn, und gehe den andern Tag mit dem Dampfschiffe

nach Heidelberg. Ich lebte nun bis in die Mitte des Mais meist in Heidelberg als Welcker's Gast. Ich hatte oft Gelegenheit, Johanna zu sehen und zu sprechen, der Frühling im Neckarthale ward für mich ein Liebesfrühling. Eine Anzahl Ghaselen[29] entstand in den Tagen kurz nachher als ich Johanna das erste Mal sah. Während ich in Stuttgart war, hatte einer meiner Freunde Gelegenheit, diese Gedichte Johanna zu überreichen. Als ich nach einigen Wochen nach Heidelberg zurückgekehrt war, sendete sie mir ebenfalls einige Ghaselen.

Unser öfteres Zusammensein, ihre innige Theilnahme an meinem Leben, ihre Freude über jedes Lied, jeden Blumenstrauß, jeden Blüthenzweig, über Alles womit ich sie zu erfreuen hoffte, erhöhte meine Liebe zu ihr und stimmte mich heiter und poetisch.

An meinem Geburtstage (2. April) hatte auch Johanna meiner gedacht: sie überreichte mir eine Brieftasche mit meinem Namenszuge, von ihrer Hand gestickt, und einem Gedichte:

> Wohl danken möcht' ich ohne Ende
> Dir für den duft'gen Minnesang,
> Für Deine süße Blumenspende,
> Die wie ein Frühling zu mir drang.

> Der frische Athem Deiner Lieder
> Hat mich gar heimlich angeweht,
> Sie klingen tief im Herzen wieder,
> Das ja zu lieben auch versteht.

> Den Frühling trag' ich längst im Herzen,
> Die Liebe läßt ihn nimmer zieh'n;
> Sie hält ihn fest in Glück und Schmerzen
> Und heißt ihn täglich mir erblüh'n.

> Und hat der Lenz nicht aller Orten
> Die junge Erde ausgeschmückt?

Ist nicht auch Frühling Dir geworden,
Und hat er Dich nicht auch beglückt?

Ich muß mich Deiner Liebe freuen,
Sie ist so wunderschön und rein!
Dir kann ein Frühling sich erneuen,
Doch – Freunde laß uns immer sein!

Als ich den Schluß las, da kamen mir Uhland's schöne Worte
entgegen:

Ja, Schicksal! ich verstehe dich:
Mein Glück ist nicht von dieser Welt,
Es blüht im Traum der Dichtung nur:
Du sendest mir der Schmerzen viel
Und giebst für jedes Leid ein Lied. –

und ich liebte, litt und dichtete.

Welcker wohnte auf einem Landsitze am Ende von Neuenheim,
einer ehemaligen Besitzung des Professors Gervinus. Das Haus
war nicht sehr groß, aber bequem eingerichtet, ausreichend für
eine kleine Familie. Durch seine prachtvolle Aussicht und die
freundlichen Gartenanlagen daneben mußte es, obschon es wegen seiner Entfernung von der Stadt für den geselligen Verkehr
nicht günstig, doch seinen Bewohnern lieb und werth sein, und
seinen Gästen es werden. Ich wohnte im obern Stocke und ge-
noß einer weiten Aussicht: mir gegenüber lag Heidelberg mit
seinem Neckar, seinem Schlosse und seinen Bergen. Fast jede
Tageszeit bot mir ein neues Bild der schönen Landschaft. Wohlthuend und erheiternd wie die ländliche Stille und die freundliche Umgebung wirkte auf mein Gemüth auch das Familienleben, dem ich nicht wie ein gern gesehener Gast, sondern wie
ein alter Freund angehörte.

Welcker machte mich nach und nach mit vielen seiner Freunde

und Collegen bekannt. Gelegenheit ergab sich täglich durch die Harmonie, welche wir fleißig besuchten, dann auch die Mittags- und Abendessen, wozu auch ich immer mit eingeladen wurde. Einen sehr angenehmen traulichen Verkehr unterhielt ich mit der Familie des Hofraths Kapp.

Während ich bisher meist heiter gestimmt die Zeit verlebte, berührten mich sehr schmerzlich zwei traurige Ereignisse.

Am 7. April hatte ich einen Ausflug nach Geisenheim gemacht. Als ich dort eintraf, erzählte mir Karl Dresel den Anlaß und die Entwickelung seines kaufmännischen Unglücks. Obschon noch Verhandlungen im Gange waren, so überzeugte ich mich doch bald, daß das Haus Dresel seiner Auflösung entgegen gehen würde. Tief bewegt nahmen wir den andern Tag Abschied von einander, es war zugleich ein Abschied von allen den frohen Tagen, deren wir uns hier erfreuten und sich hier für uns wol nie wieder erneuen würden.

Als ich am 9. April nach Heidelberg zurückkehrte, traf die Nachricht von Steinacker's Tode ein: er war an meinem Geburtstage, den 2. April gestorben. So tief mich die Trauerbotschaft erschütterte, so war doch sofort mein Gedanke, etwas für die Familie zu thun. Steinacker hatte eine Frau und fünf unversorgte Kinder hinterlassen und statt eines Vermögens nur Schulden. Ich besprach mich mit Welcker und ging dann zu Gervinus, um ihn für eine Steinacker-Stiftung zu gewinnen. Darauf begab ich mich in derselben Angelegenheit nach Mannheim und fand von Soiron bereitwillig, einen Aufruf zu erlassen.

Obschon mir Liebe und Frühling jetzt mehr waren als alle Politik, so konnte ich mich doch der letzten nicht fern halten. Der tägliche Verkehr mit Welcker und seinen Freunden gab mir immer Anlaß und Anregung zu politischer Betheiligung, und während Andere durch Gespräche und Reden für Entscheidung irgend einer Tagesfrage im liberalen Sinne zu wirken suchten, mußte ich durch Trinksprüche und Lieder die Stimmung beleben. Dies war namentlich der Fall bei dem großen Welcker'schen Deputierten-Essen am 1. Mai. Nachdem manches Hoch ausgebracht und der Champagner die Heiterkeit erhöht hatte, bat man mich zu singen, und ich sang und hatte ein dankbares Publicum. Itzstein schrieb den andern Tag: ›Wir kamen vergnügt von Heidelberg hier an, was wir Welcker's Einladung und Deinen Liedern verdanken – Aber singen kann sie Niemand wie Du, mit dieser Kraft, mit dieser Mimik und diesem Accent.‹

Schon in den ersten Tagen nach meiner Ankunft in Heidelberg bat mich Welcker, ich möchte doch für das Staatslexikon mein Leben schreiben. So angenehm mir sonst ein solcher Antrag gewesen wäre, so war er es mir im Augenblicke nicht; um etwas mehr als das gewöhnliche Skizzenartige zu liefern, fehlten mir meine Aufzeichnungen und manche Vorarbeiten, die mir nothwendig schienen. Da es sich aber hier hauptsächlich um eine Seite meines Lebens, um die politische handelte, so verstand ich mich endlich dazu und begann meine Arbeit, die trotz allen Unterbrechungen doch schon nach vier Wochen vollendet war. Am 3. Mai überreichte ich sie Welcker'n, der sie dann dem Staatslexikon einverleibte.

(...)

Den 15. Mai ging ich mit Itzstein auf sein Gut in Hallgarten. Es fanden sich bald noch mehrere Gäste ein. Den ersten Pfingsttag (28. Mai) war gerade der Jahrestag von Itzstein's Ausweisung aus Berlin. Wir feierten diesen für uns doppelt festlichen Tag. Es war wundervolles Wetter. Auf dem Hause flatterte die schwarzrothgoldene Fahne. Als der Maitrank auf die Tafel gesetzt und jedes Glas gefüllt war, brachte ich ein Hoch[30] auf Itzstein aus. Alle erhoben sich und stimmten jubelnd ein, und unter dem hellen Klange der Gläser erscholl ein herzliches Hoch dem edlen unermüdlichen Volksvertreter, unserm Vater Itzstein! (...)

Obschon ich mich der Gesellschaft nicht entzog, so ergab sich doch oft Gelegenheit allein zu sein. Ich saß dann auf meinem stillen Zimmer und dichtete, oder ich wanderte hinaus in die freie Natur und freute mich des Frühlings und meiner Liebe. Ich war damals einige Tage recht unwohl, trotzdem aber nicht traurig oder gar muthlos. Auch hätte ich es mit Gleichmuth aufgenommen, wenn ich es damals erfahren, was mir das großherzoglich badische Ministerium am 25. Mai zugedacht hatte: ich sollte nämlich aus Mannheim und drei benachbarten Aemtern ausgewiesen werden. Itzstein war zum Abgeordneten Ausschuß in Carlsruhe einberufen und reiste den 29. Mai ab. Den 1. Juni verließ auch ich Hallgarten und war einige Tage in Bieberich. Erfreulich waren mir die mehrmaligen Spaziergänge im Schloßgarten, der sich vor vielen anderen durch die großartige Einfachheit in seinen Anlagen auszeichnet. Selten findet man so riesige Platanen, Tulpen- und Kastanienbäume. Der Rasen war überall schön gehalten und die Teiche waren von allerlei Schwimmvögeln belebt. Sehenswerth waren auch die Gewächshäuser, die unter der Aufsicht und Pflege des tüchtigen Garteninspectors Tellemann sehr emporgekommen.

(...)

21. September um 10 nach Berlin. Bettinas Wohnung ist nicht weit vom Bahnhof, noch außerhalb der Ringmauer. Als ich eben zuversichtlich die Treppe hinaufsteige, da bedeutet mich die Haushofmeisterin, die alte Appel, daß ich nicht vorgelassen werden könnte. Ich setze ihr auseinander, daß ich nur gekommen, um Frau von Arnim zu sprechen. Sie geht hinein und fragt an. Sie kommt wieder und giebt mir ungenügenden Bescheid. Ich ärgerlich die Treppe hinunter. Da ruft mich Bettina zurück: ›Nur rasch, rasch! Aber sagen Sie niemandem, daß Sie bei mir waren – gleich kommt mein Advocat.‹ – Sie erzählt mir von ihrem Prozesse mit dem Magistrate, findet einen Zusammenhang zwischen ihrem Buche für mich und diesem Prozesse u.s.w. Da kommt der Advokat. Ich muß eiligst zur Hinterthür hinaus durch die Küche in den Hof hinab zur großen Belustigung der alten Appel. Um 3 soll ich zu Tische kommen. Ich fahre in einer Droschke zu Erk. Es ist 12 Uhr Mittags, er ist noch nicht aus dem Seminar zurück. Ich unterhalte mich mit seiner Frau. Nach einer Weile tritt er ein, freudig überrascht. Ich theile ihm meinen Plan mit, 1000 Volkslieder der Deutschen mit Singstimme und

Clavierbegleitung herauszugeben, und lade ihn ein zu gemeinschaftlicher Herausgabe. Er ist gern bereit. Wir besprechen das Unternehmen nach allen Seiten. Ich muß mit ihm zu Mittag essen. Um 3 in einer Droschke zu Bettina. Sie führt mich zu Tische. Lebhafte Unterhaltung. Sie erzählt mir Alles was sich nach der Grimmschen Geschichte für sie begeben hat, von den Ränken gegen sie und mich, von dem kläglichen Benehmen ihrer Freunde etc. Um 5 wollte ich mich empfehlen. Daran sogar gar nicht zu denken. Sie theilt mir die Aushängebogen ihres neuesten Buches mit,[31] sie zeigt mir die handschriftliche Fortsetzung dieses Briefwechsels mit Philipp Nathusius, sie spricht von der Vorrede,[32] was selbige Alles enthalten soll etc. Dann kommen wir auf meine Bibliothek, auf ihren Prozeß mit den Magistrate, sie liest mir darauf bezügliche Actenstücke vor etc. Endlich besprechen wir, was für Meusebach's Bibliothek zu thun sei, damit selbige zur Ehre und zum Besten des Vaterlandes erhalten und zugleich für die Familie ein dem hohen Werthe entsprechender Preis erzielt werde. Sie liest mir den darauf bezüglichen Brief an den König. Ich soll dazu noch Notizen geben. Wir verabreden eine Zusammenkunft in Potsdam auf morgen 3 Uhr, wir wollen dann nach Baumgartenbrück hinausfahren. Ich nehme Abschied und kehre mit dem 7 Uhrzuge nach Potsdam zurück.

22. September. Frühmorgens zu Karl von Meusebach. Wir frühstücken zusammen und plaudern bis 12 Uhr. Er erzählt von dem Tode seines Vaters und daß die Grimms nicht die mindeste Theilnahme bewiesen hätten. Um 12 gehen wir zu Lehmann und speisen zu Mittag. Karl macht mir manche Mittheilungen aus dem Leben seines Vaters, dessen Äußerungen über mich u. dgl. Ich erkläre wie schon am Morgen abermals, daß ich in Betreff der Bibliothek zu Rath und That bereit sei. Um 2 gehen wir auf den Bahnhof, begegnen Bettina, unterhalten uns mit ihr, und fahren dann zu Frau von Witzleben,[33] Karls Schwester. Die arme Frau liegt seit langer Zeit von der Gicht gelähmt danieder – ein erbarmenswerther Anblick! Daß ich sie so wiedersehen mußte! Ich bin furchtbar ergriffen und vermag kaum zu reden. Wehmüthig

nehme ich Abschied. – Mit Karl fahre ich dann nach Baumgartenbrück. Als ich die Bibliothek wiedersehe, wird mir eigen zu Muthe: wie manche Erinnerungen für mich hangen an vielen dieser Bücher und ihrem unermüdlichen Sammler! Dem unruhigen Tage folgt ein stiller Abend. Um 9 Uhr treffen wir in Potsdam ein.

Den andern Tag kehrte ich nach Königsborn zurück. Mein erstes Geschäft war ein Bericht über die Meusebach'sche Bibliothek, den ich denn auch sofort an Frau Bettina einsendete. Eines Abends fingen wir an ihr Buch zu lesen: das gab Anlaß und Stoff zu lebhafter Unterhaltung. Ich sprach mich aus über die seltene Ehrlichkeit bei Beurtheilung von litterarischen Werken und Kunstsachen, über Unklarheit in Darstellung unserer Gedanken und Gefühle, über Gefühlsschwelgerei und dergleichen. Es gäbe Bücher, worin hochklingende Sätze vorkämen, die einen neuen großartigen Gedanken zu enthalten schienen, und wenn man die Sache näher untersuchte, so wäre es nur glänzender Unsinn. Da meinte Wilhelm: ›Dergleichen Bücher lese ich in Einem Zuge. Was ich nicht verstehe, kümmert mich nicht. Finde ich dann etwas Schönes, so freut es mich.‹

(...)

In den letzten Tagen des Septembers reiste ich durch Thüringen über Frankfurt in den Rheingau. Wie ich Itzstein auf seinem Gute nicht traf, ging ich zu ihm nach Mannheim. Den 4. October begrüßte ich ihn, blieb aber vorläufig im Weinberg. Als ich am 7. October in die Stadt zu Itzstein zurückgekehrt war, fand ich ein Schreiben des großherzoglichen Stadtamts vor, wonach mir aufgegeben ward, ›innerhalb 24 Stunden bei Zwangsvermeidung das Großherzogthum Baden zu verlassen.‹ Das Schreiben berief sich auf einen Erlaß des Ministeriums des Innern vom 25. Mai und eine Verfügung der großherzoglichen Kreisregierung (Schaaff!) vom 27. Mai d. J. – Ich berieth mich sofort mit meinen Freunden. Itzstein war sehr betrübt, zumal so etwas unter dem Ministerium Bekk, seines Freundes geschehen konnte. Er war sofort bereit, mich nach Carlsruhe zu begleiten. – Den folgenden Tag fuhren wir hinüber. Unser erster Weg war zu

Bekk. Es hieß, Excellenz wäre krank. Itzstein wurde jedoch vorgelassen und kam voll Hoffnung zurück. Er machte dann eine schriftliche Eingabe, worin er als Zweck meines dortigen Aufenthalts die Traubenkur angab. Es erfolgte bald darauf an das Stadtamt ein Bescheid, mit welchem wir Abends spät ganz vergnügt nach Mannheim zurückkehrten. Ich konnte nun vorläufig in Mannheim mit polizeilicher Erlaubniß weilen. Ich machte öfter Besuche in Heidelberg. Johanna zu sehen und zu sprechen war für mich ein Bedürfniß meines Herzens. Obschon längst meine Hoffnung, ihr jemals mehr als ein Freund werden zu können, verschwunden war, so mußte mich doch der Augenblick, als sie mir das Geheimniß ihres Herzens gestand, tief bewegen. Mehrere Tage war ich traurig und voll Unruhe. Erst als ich mein Leid in Liedern ausgesprochen hatte und mit Johanna öfter zusammen gewesen war, wurde ich wieder ruhig und heiter. –

Fünfter Band
1848 bis Frühling 1854

Zufriedenheit ist ein Vergnügen,
Das kann Philistern nur genügen –
Ich lieb' auf Erden Kampf und Streit.

Zufriedenheit ist Wunsch der stillen
Spießbürger ohne Kraft und Willen –
Ich lieb' auf Erden Kampf und Streit.

Zufriedenheit ist nur für Sklaven,
Die glücklich sind nur wenn sie schlafen –
Ich lieb' auf Erden Kampf und Streit.

Zufriedenheit ist Tod des Strebens
Und Stillstand alles freien Lebens –
Ich lieb' auf Erden Kampf und Streit.

Drum will ich bleiben unzufrieden,
Will kämpfen, kämpfen stets hienieden,
Ich kämpfe mit dem Tode noch![1]

So sang ich mich hinein in das Neue Jahr 1848 und ahndete
nicht, daß alle Welt unzufrieden mit ihren alten Zuständen sich
anschickte, neue bessere zu erkämpfen. Ich lebte die winterliche
Zeit jedoch sehr friedlich und sehr zufrieden mit den Verhältnissen, welche mir durch die gütige Fürsorge meines lieben Freundes Rudolf Müller lieb und werth geworden waren. Ich konnte
fleißig arbeiten. Der Besuch von Verwandten, Freunden und
Nachbarn, der auf allen Gütern üblich ist zu jeder Jahreszeit,
hörte auch bei uns nicht auf, aber er störte mich wenig, mitunter
war er mir sogar angenehm.

Das Durchsuchen und Ordnen meiner Bücher machte mir
viel Arbeit und ich konnte damals schon mit Recht darüber an-
merken: ›Eine Geschichte meiner Bibliothek wäre zugleich eine
Geschichte einer langen unnützen Quälerei.‹ Und doch mußte
ich einmal wieder ans Ordnen gehen, wenn ich die vielen Bücher, Flugblätter, schriftlichen Sammlungen und Musicalien für
mich nutzbar machen wollte. Sehr angenehm war mir die Beschäftigung mit den Volksliedern und meinen Aphorismen, die
ich aus den Acten und Drucksachen der Zwecklosen Gesellschaft ausschrieb und zusammenstellte. Noch angenehmer jedoch, daß ich neue Lust am Dichten hatte, ich dichtete aber nur –
Kinderlieder zu schönen Volksweisen. Sie erschienen nachher
unter dem Titel: ›37 Lieder für das junge Deutschland. Vom Verfasser der »Unpolitischen Lieder«.‹ (…)

Am 14. März reiste ich nach Hamburg. Zunächst trieb mich
dorthin der Wunsch, den politischen Nachrichten näher zu sein
und auch die Volksstimmung kennen zu lernen. Ich fand Gelegenheit mit und bei meinen Freunden und Bekannten viel Neues
zu erfahren, von Augenzeugen und aus Zeitungen. Am 19. März
Mittags hörte ich zuerst von den Berliner Ereignissen und Abends
nach 10 Uhr auf dem Bahnhofe die Bestätigung. Am 21. las ich

den preußischen Amnestieerlaß und beschloß sofort meine Abreise. Den 22. besuchte ich noch Julius Campe. Er schenkte mir ein Exemplar meiner Unpolitischen Lieder und bemerkte dabei mit jener ihm eigenen unnachahmlichen wohlwollend lächelnden Miene: ›Die Unpolitischen Lieder sind jetzt Maculatur!‹

(...)

Bald darauf schrieb mir Diesterweg und lud mich ein, an der Nationalzeitung mitzuarbeiten. Den Tag nach meinem Geburtstage trat ich meine Reise nach Berlin an und traf am 5. April dort ein. Ich wunderte mich nicht wenig, daß Berlin, welches sonst durch sein buntes wühliges Leben und Treiben an eine Weltstadt erinnerte, so still und ruhig war, daß sich nirgend Soldaten, nirgend Polizisten und Gendarmen blicken ließen. Ich war bei Erk eingekehrt. Wir machten einen Spaziergang durch die Stadt. Ich glaubte noch Spuren von dem Straßenkampfe zu finden, es war aber wenig mehr zu sehen, hie und da Kugellöcher in den Wänden der Häuser. Der auch in den Zeitungen besprochene Brunnenpfeiler auf der Breiten Straße stand noch. Oben hatte eine Kanonenkugel eingeschlagen und unter der Öffnung war aufgeklebt die Ansprache des Königs ›An meine lieben Berliner.‹

Ich blieb vier Tage, die mir aber in dem weitläufigen zeitraubenden Berlin wie Ein Tag vergingen. Ich besuchte Nauwerck und die Redacteure der Nationalzeitung Rutenberg und Zabel, und mit Erk Frau Bettina, die uns die lange Verfolgungsgeschichte ihres letzten Buches erzählte. Nachdem ich mit Erk die Herausgabe des Volksgesangbuchs gehörig besprochen und dann beschlossen hatte, reiste ich den 9. April ab und kam den 13. in Breslau an. Abends ging ich in den Löwenkeller. Wie war ich überrascht, als ich unter diese Kellergäste gerieth! Ich dachte wirklich einen Augenblick, ich wäre in einen Revolutionsconvent gerathen. Junge und alte Leute von verschiedenen Lebensberufen, Bürgerwehrmänner mit Schlepp- und anderen Säbeln sprachen lärmend und laut ihre politischen Ansichten aus, keiner ließ den anderen recht zu Worte kommen. War das ein Lärm, ein Getöse! Ich kannte meine ›guttmittigen‹ Breslauer nicht wieder.

Am 15. April kam ich beim Staatsministerium ein um Wiedereinsetzung in meine Professur, in Folge des königlichen Amnestieerlasses vom 20. März, worin es ausdrücklich heißt: ›– und weil Ich die neu anbrechende große Zukunft Unseres Vaterlandes nicht durch schmerzliche Rückblicke getrübt wissen will, verkünde Ich hiermit: *Vergebung allen denen, die wegen politischer oder durch die Presse verübter Vergehen und Verbrechen angeklagt oder verurtheilt worden sind.*‹ – Den Tag über hielt ich mich sehr zurückgezogen, den Abend besuchte ich mit Resch den Annakeller. Viele in der Gesellschaft, die sich plötzlich zu tapferen Fortschrittsmännern hinauf geschwindelt hatten, blickten auf mich in ihrem stolzen Selbstbewußtsein mitleidig herab.

In diesen Tagen sah man in Breslau an mehreren Straßenecken einen großen gelben Bogen angeklebt: ›Der Minister in der Hölle‹,[2] illustrirt. Ich war nicht wenig überrascht: das Gedicht war von mir, ich hatte aber an *dieser* Art von Veröffentlichung und noch dazu in *jetziger* Zeit nicht den mindesten Antheil. In Berlin hingegen glaubte man, das Gedicht sei jetzt erst von mir verfaßt und das Bild dazu von mir veranlaßt. Man konnte sich nicht denken, daß in einer Zeit, wo Wort und Bild erst wieder frei geworden waren, selbst die harmlosesten Menschen einen Kitzel verspürten, auch einmal etwas auszuführen was früher sehr strafbar gewesen wäre. Das Gedicht ist allerdings von mir in Breslau verfaßt, aber schon im Jahre 1842, und steht zuerst gedruckt in den ›Deutschen Liedern aus der Schweiz‹ 1842, S. 146, fällt also unter die Amnestie vom 20. März 1848. Aus sicherer Quelle habe ich später erfahren, daß gerade dieser Eckenanschlag ein Hauptgrund gewesen ist, mich *nicht* wieder anzustellen. (…)

Den folgenden Abend begnügte sich das Volk nicht mehr mit diesen zeitgemäßen Kunstleistungen, es tobte lärmend auf den Straßen umher und fing in seinem Übermuth an, mehrere Bäckerläden zu stürmen und zu plündern. Erst um 12 Uhr ward es ruhig und um 1 wurden erst Soldaten sichtbar. Das was ich bis jetzt gehört und gesehen, war durchaus nicht geeignet, Vertrauen zu erwecken auf die Fähigkeit derjenigen, welche sich an die Spitze der Volksbewegung gedrängt hatten. Verstimmt über die schon jetzt von mancherlei Seiten gefährdete politische Entwickelung verließ ich Breslau.

Am 18. April war ich in Görlitz. Man beabsichtigte mir einen Fackelzug zu bringen. Das unterblieb, weil man erfahren hatte, daß ich dergleichen Kundgebungen, wie gut sie auch gemeint, doch in jetziger Zeit für unpassend hielt. Trotzdem fanden sich einige Sänger vor unserem Hause ein – ich wohnte bei Leopold Haupt – und brachten mir ein Ständchen.

(...)

Nach einem kurzen Aufenthalt in Berlin traf ich am 2. Juli in Fallersleben ein, hocherfreut daß ich endlich unangefochten meine Heimat und mein Geburtshaus wieder betreten durfte. Als ich eben angekommen war, führte man mich in eine Volksversammlung. Ich war nicht wenig erstaunt über die völlig verwandelten ehrsamen Spießbürger. Wenn sie sonst zusammen kamen und sich über das Wetter und ihre Tagesbeschäftigungen ausgesprochen hatten, setzten sie sich an den Spieltisch und ihre ganze Unterhaltung drehte sich um's Spiel, und wenn das letzte Spiel gemacht, die Pfeife ausgeraucht und das Glas ausgetrunken war, ging jeder sehr befriedigt nach Haus. Jetzt hatte sich eine lebendige Theilnahme an den öffentlichen Angelegenheiten aller Gemüther bemächtigt, man kam zusammen, las Zeitungen und besprach sich über die Tagesfragen und Neuigkeiten, es war eine Bürgerwehr und ein politischer Club entstanden, und der bisherige Gesangverein zu frischem Leben erwacht.

(...)

Den 5. August nahm ich Abschied von den Meinigen. Die nächste Zeit bis zu Anfang Octobers war ich wieder in Meklenburg, meist in Holdorf. Nach so vieler Aufregung und Anstrengung suchte ich Ruhe und Stille, und ich fand beides. Auch glaubte ich hier die Entwickelung meiner Wiederanstellungssache besser abwarten zu können.

Obschon ich der politischen Entwickelung Meklenburgs bisher viele Theilnahme gewidmet hatte, so hielt ich doch jetzt eine weitere Mitwirkung für übrig, meine Freunde nahmen sich der Sache eifrig an und erzielten an den meisten Orten ganz ihren Wünschen entsprechende Erfolge. Ueberdem betrachtete ich mich seit Erlaß der Amnestie wieder als einen Angehörigen des preußischen Staats und mein meklenburgisches Hintersassenrecht als erloschen. Dennoch betheiligte ich mich noch bei den Wahlen der Wahlmänner und der Abgeordneten.

Den 9. October reiste ich nach Berlin, um an Ort und Stelle meine Angelegenheiten besser zu betreiben. Am 10. gehe ich zu Ladenberg; obschon seine Sprechstunde ist, werde ich – nicht angenommen. Daraufhin überreicht am 11. October ein Freund meine Eingabe wegen Wiederanstellung dem Ministerpräsidenten von Pfuel. Noch denselben Abend erzählt mir Feiler aus den ministeriellen Verhandlungen, daß ich Wartegeld, wahrscheinlich mit Abzug von 100 Thlr., bekommen würde.

Am 20. October begab ich mich nun nach Meklenburg. In der Freude, daß ich doch etwas für mich erreicht hatte, kehrte ich nach Holdorf zurück, um es bald für immer zu verlassen. Nach einigen Tagen erhielt ich ein Schreiben des Cultusministers vom 20. October, wonach mir ein Wartegeld von 375 Thlr. zugesichert ward. Weil zur Erhebung dieses Geldes ein fester Wohnsitz in Preußen nothwendig war, so bereitete ich Alles vor zu meiner Uebersiedelung. Nach zehn Tagen hatte ich meine Sachen geordnet und eingepackt und am 30. October nahm ich von Rudolf Abschied.

31. October bis 27. November in Berlin. Auf der Bibliothek bin ich häufig und sehe die Liedersammlungen durch, außerdem vollende ich zu Hause das Verzeichniß der Compositionen meiner Lieder, welches in der ›musikalischen Zeitung‹ erscheinen soll.

9. November. Große Aufregung in der Stadt. Die National-Versammlung, vom König aufgelöst, tagt weiter. Um 12 Nachts besuche ich in Begleitung einiger Abgeordneten den Saal der

National-Versammlung und setze mich auf den Präsidenten-
stuhl. Ringsum Alles still und leer. *Sic transit gloria mundi.*

10. November. Ich gehe erst nach 11 Uhr aus, als eben die
Bürgerwehr zusammen getrommelt wird. Bald darauf ist von ihr
das Schauspielhaus ringsum besetzt. Auf die Kunde: ›die Soldaten kommen!‹, eile ich unter die Linden und sehe dann vom
Opernplatze aus mir den Einmarsch der Truppen an. Darauf eile
ich nach dem Gendarmenmarkt und finde einen Platz unter der
Bürgerwehr oben auf der Treppe des Schauspielhauses. Drinnen
tagt die National-Versammlung, draußen haben sich neben der
Bürgerwehr Soldaten aufgestellt. Ein seltsames Schauspiel! Es
finden Verhandlungen statt zwischen Wrangel und Rimpler,
dem Bürgerwehr-Commandanten. Ich bleibe bis nach Sonnenuntergang, besuche die National-Zeitung und als ich von da zu-
rückkehre, ist auf dem Gendarmenmarkte keine Bürgerwehr
und kein Wrangel mehr.

(…)

Es war mir jetzt unheimlich geworden: überall wo man ging,
wohin man kam, Soldaten, Constabler und Gendarmen, überall
Unmuth, Niedergeschlagenheit, Furcht und Angst. Ich sah mir
noch einige Tage die Sache an und reiste ab, zunächst nach Köthen.

(…)

Ueber Köthen begab ich mich nach Braunschweig (5. December). Der Ort hatte damals eine ganz besondere Anziehungs-
kraft für mich. Er war mir freilich immer lieb durch die Erinnerungen an meine Jugend, und in den letzten Jahren lieb
geworden durch die freundliche Anerkennung meiner Gesinnung und Dichtung. Was mich aber jetzt mehr freute als alles
das, war meine Nichte Ida zum Berge, die hier lebte. Sie wollte
sich zur Clavierspielerin und Lehrerein ausbilden (…).

Vor zwei Jahren sah ich hier Ida zuerst. Durch ihr anmuthi-
ges Wesen und ihr treffliches Clavierspiel erregte sie meine Aufmerksamkeit. Sie war ein junges hübsches liebenswürdiges Mädchen, das wie so manches andere mich im Augenblicke freute,

dann aber, wenn auch nicht vergessen, doch nicht Sehnsucht in meinem Herzen hinterließ, sie durchaus wiedersehen zu müssen. Am 1. Juli dieses Jahres sah ich sie wieder. Sie trat in unendlicher Freude mir entgegen, eine Jungfrau in der Fülle der Jungend und mit einer lieblichen Anmuth und Selbstständigkeit in ihrem Wesen, daß ich erstaunt und entzückt war. Kein Wunder, daß ich seitdem eine stille Sehnsucht nach ihr hegte.

Und so kam ich denn jetzt mitten im Winter nach Braunschweig und blieb hier sechs Tage. Wie sehr ich durch gegenseitige Besuche und Einladungen in Ansprüche genommen war, so musste ich doch Ida jeden Tag sehen und sprechen. Ich fühlte, daß sie mehr geworden war als meine Nichte und ich schied endlich von ihr in dem frohen Gedanken, daß ich durch sie und mit ihr endlich ein Glück erreichen würde, das ich oft gesucht, aber nie gefunden hatte.

Darum dachte ich jetzt ernstlicher denn je daran, eine Stellung zu gewinnen, die es mir möglich machte, einen häuslichen Heerd zu gründen. Ich ergriff jede Gelegenheit, welche mir Hoffnung dazu bot. Ich hatte aus guter Quelle vernommen, der Wolfenbüttler Bibliothecar Dr. Schönemann wolle seinen Abschied nehmen, weil er jetzt völlig erblindet seinem Amte nicht mehr vorstehen könne. Ich begab mich deshalb zum Minister von Geyso und bat ihn, mich zu brücksichtigen, wenn es wirklich einmal dazu käme, dem Dr. Schönemann einen Nachfolger zu geben. Wir sprachen wol eine Stunde mit einander. Der Herr Minister war sehr freundlich, er meinte, wenn einmal die Stelle in Wolfenbüttel erledigt wäre, so würde er meiner gedenken, und sagte zuletzt: ›Ich werde das also, was Sie mir mitgetheilt haben, als amtlich betrachten; es bedarf Ihrerseits weiter keiner Eingabe.‹

Den 11. Dezember kehrte ich nach Berlin zurück, um dort meinen bleibenden Wohnsitz zu nehmen. Daselbst erhielt ich aber sofort von der Polizei den Befehl, die Residenz binnen 24 Stunden bei Vermeidung der Verhaftung zu verlassen. So war ich am 14. wieder in Holdorf, ebenso zu meiner wie aller übrigen Ueberraschung. (...)

Im neuen Jahre (1849) war meine wehmütige Stimmung eine nachhaltige, denn unsere Zustände wurden täglich trostloser. Obschon ich wenig Hoffnung mir machte, daß meine Ausweisung aus Berlin zurückgenommen würde, so schien es mir doch Pflicht, Alles dafür zu versuchen. Am 5. Januar wendete ich mich mit einem Gesuch an das Ministerium des Innern, ich drang jedoch nicht durch.

(...)

Ich wendete mich dem Rhein zu, um auf seiner preußischen Seite einen Wohnsitz mir zu wählen. In Köln traf ich mit Freiligrath zusammen. Er hatte sich mit seiner Familie hier niedergelassen. Ich verlebte mit ihm hier und in Düsseldorf einige frohe Tage.

Die Rheinische Zeitung war als ›Neue Rheinische Zeitung‹ wieder ins Leben getreten, sie hatte aber eine Richtung eingeschlagen, die ich unter allen Verhältnissen nicht allein bisher bekämpft hatte, sondern immer zu bekämpfen für Pflicht und Ehre hielt. Ich gerieth mit Engels in heftigen Streit, wie er behauptete: ›Wir sind sehr weit, sind keine Deutsche, wollen keine Deutsche sein, wir sind Franzosen, unsere Arbeiter verstehen alle französisch, wir haben den *Code Napoléon,* wissen nichts von Feudalismus etc.‹ Dergleichen lächerlichen, wahnwitzigen Behauptungen konnte man damals leider oft begegnen. Viele die sich berufen fühlten einzugreifen in die Volksbewegung, waren außer Rand und Band gegangen, und statt aufzuklären, verwirrten sie sich und andere, als ob wir nicht schnell genug da wieder ankommen könnten, von wo wir ausgegangen waren.

(...)

Den 20. April setzte ich meine Reise fort und traf den 22. in Frankfurt ein. Der Zweck meiner Reise war, Itzstein zu sprechen und das Parlament kennen zu lernen. Beides erreichte ich. Der Eindruck, den die ganze Parlamentsgeschichte auf mich machte, war kein erfreulicher: es kam mir immer vor, als ob ein anfangs blühendes Geschäft jetzt in allmählicher Auflösung sich befände und die Firma würde nur noch eine Zeitlang so fortgeführt. Es ist manches schöne, aber mehr noch manches übrige

Wort für die deutsche Einheit und Freiheit gesprochen, manches Lied gesungen, manches Seidel und mancher Schoppen darauf getrunken, und es hat doch nichts geholfen.

Am 30. April wanderte ich weiter. Ich hatte an dem achttägigen Stück Parlamentsgeschichte nicht schwerer zu tragen als an meinem Gepäck, nach drei Stunden war ich zu Mannheim in Itzstein's Wohnung. Hier wollte ich es abwarten, bis die Nationalversammlung zu Frankfurt und der Landtag zu Carlsruhe geschlossen wären und Itzstein frei würde – er war an beiden Orten Abgeordneter –, um dann mit ihm auf sein Gut in Hallgarten zu gehen und dort den Frühling zuzubringen. Da trat die Badische Bewegung ein; es fing an unheimlich zu werden. Am 13. Mai spazierte ich bei sehr schönem Wetter in die Rheinschanze. Unterwegs viel Getümmel: Freischärler in wunderlicher Tracht und Bewaffnung, und neugierige Wanderer, Alles bunt durch einander. Ich ging dann in das Hauptquartier und traf die Leiter der kriegerischen Bewegung: Blenker, Diepenbrock, Doll. So ernst der Anlaß zu diesen Rüstungen war und so schrecklich die Folgen sein konnten, so erinnerte mich doch das ganze Thun und Treiben zu sehr an unsere Schützengildenfeste und Carnevalsaufzüge. Ich sah Leute in ärmlicher Ausrüstung mit alten Schleppsäbeln und ausgemusterten Gewehren, aber mit einer Würde einherschreiten, daß ich mich des Lachens nicht enthalten konnte. Die Aufregung war groß, aber keine Klarheit über ein einziges, gemeinsames Ziel. Dieselben Leute, die am Morgen Einheit und Freiheit, Grundrechte, Reichsverfassung schrieen, ließen Mittags das Kaiserreich, Nachmittags den Bundesstaat und Abends die Republik leben. Dennoch galt ich bei denselben für einen ihrer Parteigenossen und auf dem heutigen Spaziergange mußte ich es erleben, daß ich überall, wo man mich erkannte, mit einem Hoch begrüßt wurde.

Am 14. Mai war ganz Baden im Aufstande. Schon den Abend vorher war der Großherzog aus seiner Residenz geflohen, die Regierung beseitigt, das Heer abtrünnig geworden, der Landesausschuß hatte die Regierungsgewalt an sich gerissen und einen

Aufruf erlassen. In Mannheim war große Aufregung. Die Soldaten schlossen sich der Volksbewegung an, und eine Bürgerwehr trat ins Leben.

Ich hatte genug an diesen gewaltigen Anstrengungen aller Parteien, Alles in Verwirrung zu bringen, um schließlich weder für sich noch für das Vaterland etwas zu erreichen. Es wurde ein schreckliches Trauerspiel vorbereitet. Ich mochte nicht als müßiger Zuschauer warten, bis es in Scene gesetzt war, und wie hätte ich mich betheiligen sollen? Meine Waffe war das Lied, und diese Waffe galt bei dem großen Haufen und seinen Führern, die nur mit roher Gewalt noch etwas auszurichten hofften, gar nichts mehr. Den 15. Mai ging ich nach Darmstadt und blieb dort acht Tage. Bei Leske wurden meine Distichen gedruckt. Die Auflage war nur 700 Exemplare. ›Spitzkugeln. Zeit-Distichen von Hoffmann von Fallersleben‹.[3] (...)

Vom 25. Mai bis 2. Juli in Geisenheim. Es that mir wohl, nicht mehr in unmittelbarer Nähe den Kriegslärm zu hören und in fortwährender Angst und Aufregung leben zu müssen. (...) Den 14. Juni schrieb ich an Ida: ›Ich bin noch immer hier und weiß auch in der That nicht für den Augenblick wohin. In den alten preußischen Provinzen, wo das barbarische Landrecht gilt, ist es jetzt für keinen nur leidlich Freisinnigen geheuer. Das Wenigste was ich zu befürchten habe, wäre ein Preßprozeß ... Ich werde also unter solchen Umständen so lange auf dem preußischen Gebiete, wo das rheinische Recht gilt, bleiben und die Entwikkelung unserer verworrenen, und sich täglich mehr verwirrenden höchst traurigen Zustände abwarten ...‹

Denselben Tag ging ich mit dem Weinhändler Schultz von Rüdesheim hinüber nach Bingerbrück zum Weinhändler Euler, um dort eine Wohnung für mich zu miethen. Euler hatte in seinem Hause noch 28 Zimmer frei und wollte mir um ein Billiges den ganzen Stock ablassen, über den Miethpreis würden wir uns später schon einigen. Acht Tage später besuchte ich den Lehrer Weidenbach in Bingen. Ich las ihm meine neuesten Spitzkugeln vor und wir bestimmten, was davon einer zweiten Auflage einverleibt werden könnte. Ende Juni war der Miethvertrag mit Euler abgeschlossen. Den 3. Juli verließ ich Geisenheim und hoffte eine Zeitlang bei Itzstein weilen zu können. Als ich von Oestrich aus schon den halben Weg nach Hallgarten hinauf zurückgelegt hatte, erfuhr ich, daß Itzstein noch nicht zurückgekommen sei. Ich ging aber doch hinauf, packte meine Sachen um, nahm das Nothwendigste mit und fuhr um 7 mit dem Localboot nach Bingen. Bei aller schönen Gelegenheit, ein angenehmes Bummlerleben zu führen, fand ich es hier denn doch sehr bald sehr langweilig. Ich wollte wieder mir ganz gehören und litterarisch thätig sein. Nachdem meine Wartegeldsquittung amtlich bescheinigt war, schickte ich sie an einen Freund in Berlin, um für mich das Geld zu erheben. Den 16. Juli ging ich abermals nach Hallgarten.

Ich war nun, wie ich es gewünscht hatte, wieder allein. Ich dichtete, las Mancherlei und machte Auszüge. Ich hegte noch immer die Hoffnung, daß dieser Tage Itzstein heimkehren würde, und seine Leute konnten es sich auch nicht anders denken, als daß ihr Herr täglich zu erwarten sei. Leider aber war Itzstein nach Auflösung der Nationalversammlung geflohen, ganz ohne Noth. Da las ich denn in der ›Freien Zeitung‹: ›Itzstein, dessen Geist gebeugt ist unter der Schmach des Vaterlandes, weilt am Genfersee – das alte weiße Haupt in der Fremde, von Deutschen vertrieben!‹

Erschrocken über diese traurige Nachricht, beschloß ich sofort meine Abreise. Ich ordnete nun meine Sachen, schrieb noch mehrere Briefe und ging den 26. Juli nach Bingen, blieb die Nacht dort und fuhr den folgenden Tag mit der Concordia nach Köln. Dort besuchte ich sofort Freiligrath und bewog ihn, mich nach Düsseldorf zu begleiten. Wir waren den Abend bei Schmitz mit einigen Bekannten und trotz Belagerungszustand recht vergnügt. Am andern Morgen ging ich nach Bielefeld und den 29. Juli kam ich in Bothfeld an. Ich trat in das Pfarrhaus ein mit der festen Absicht, Ida zu heiraten. Ich war heiter und voll Zuversicht, daß ich mein Ziel erreichen würde. Die Zustimmung der Eltern schien mir gesichert, nur hatte der Vater als Geistlicher Bedenken: nach den hannoverschen Kirchengesetzen durfte er eine eheliche Verbindung zwischen so nahen Verwandten nicht begünstigen, ja es war vielmehr Pflicht für ihn, dagegen zu wirken, er mußte deshalb auch das Aufgebot und die Trauung ablehnen.

Es handelte sich also für mich nur noch um Ida. Ich betrachtete sie seit ihrer Zusage im letzten Frühjahre als meine Verlobte. Nach den Erforschungen, die ich jetzt hier anstellte, mußte ich leider schließen, daß sie sich nicht als Verlobte betrachtete und daß es überhaupt noch sehr fraglich sei, ob sie sich je zu einer Heirat mit mir verstehen würde. Ich eilte nun zu ihr selbst nach Braunschweig, und war vom 1.–4. August oft mit ihr zusammen.

Wie der Frühling nie ohne Kampf zu seiner Herrschaft gelangt, so sollte auch der Frühling meiner Liebe erst nach manchem Sturme in mein Herz einziehen. Ida konnte sich nicht finden in ein Verhältniß, das gar nicht mit ihren Jugendträumen und Wünschen übereinstimmte. Kein Wunder! sie noch so jung, ich so alt, sie voll berechtigter Ansprüche an das Leben, ich vielfach enttäuscht und nach dem Glauben der Menschen einer der abgeschlossen haben, schon fertig sein muß mit sich und der Welt. Sie dauerte mich – es war ein heftiger Kampf in ihrem Herzen um Ja und Nein, sie war traurig, aufgeregt und endlich sehr leidend. (…)

Auch ich war heftig bewegt, es war mir oft als ob mir das Herz zerspringen wollte. Nachdem ich mich mündlich und schriftlich gegen sie ausgesprochen und sie mich von einem Tag auf den anderen vertröstet hatte, entschloß ich mich weiter zu reisen. Ich ging nach Fallersleben. Zwei Stunden nach meiner Abreise hatte sich Idas Herz mir wieder ganz zugewendet. Erst am folgenden Tage erhielt ich ihr Schreiben und am 7. August kam sie selbst und begrüßte als glückliche Braut den glücklichen Bräutigam. Im Kreise unserer Familie verlebten wir frohe Tage. Mein Leben war zur Dichtung[4] geworden und Ida ›war mein Taggedanke, war mein Traum.‹

Den 17. August verließ ich mit Ida meine Heimat. Wir blieben einen Tag in Braunschweig, packten ihre Sachen ein und fuhren den folgenden Tag nach Hannover. Unsere Sachen wurden auf einen Wagen geladen und wir traten unsere Wanderung zu Fuß an. Wir waren beide sehr heiter. Als mich zwei Handwerksburschen um eine Gabe ansprachen, sagte ich zu ihnen in halbernstem Tone: ›Was! ihr werdet doch von Euresgleichen nichts nehmen?‹ – Betroffen entschuldigten sie sich: ›Ach nein! ach nein!‹ – ›Nun, sagte ich lachend, es ist so böse nicht gemeint!‹ und beschenkte sie reichlich.

Im elterlichen Hause wurden wir froh empfangen und wir fühlten uns wohl und glücklich.

(...)

Meine angenehmste Thätigkeit war jedoch das Dichten. Ich suchte meine Liebe in Beziehung zu bringen zu den Jahreszeiten und der Gegend. Als ich zuerst in diesem Jahre wieder hier war, wollte es eben Frühling werden, und die Gegend hatte noch ihr altes Ansehn: überall Heidekraut, hie und da ein Busch, ein Baum. Jetzt war es Herbst und die Verkoppelung eingetreten, Alles war vertheilt und urbar gemacht, kein Busch, kein Baum, keine Heide mehr zu sehen bis an die stadthannoversche Gränze. Unter diesen Wandelungen entstanden meine ›Heidelieder‹.[5]

Auf diese erquickliche Poesie folgte nun eine sehr unerquickliche Prosa. Um allen gesetzlichen Bestimmungen in Betreff meiner Heirat zu genügen, mußte ich mich unterziehen allerlei Schreibereien, Reisen, Besuchen und Verhandlungen. Da meine Braut als Braunschweigerin betrachtet wurde, und auf sie die braunschweigischen Gesetze Anwendung fanden, so war ein Haupthinderniß beseitigt, nämlich daß der Oheim nicht seine Nichte heiraten darf. Nach vielen Wochen Hin- und Herschreibens und Reisens zwischen Braunschweig, Hannover und Bothfeld hatte ich denn endlich eine ganze Sammlung von Scheinen herbeigeschafft, theils für mich, theils für meine Braut, als da waren: Geburts- und Confirmationsschein, Heimatsschein, Aufgebotsschein von Waldalgesheim, elterlicher Zustimmungsschein, Heiratsconsens vom Minister von Ladenberg, und braunschweigischer Magistrats-Erlaubnißschein zur Trauung. Endlich mußte ich auch um Dispens vom kirchlichen Aufgebote einkommen.

Den 26. October gingen Ida und ihre Schwester Adele nach Braunschweig, um noch Vorbereitungen zur Trauung zu treffen. Den andern Tag folgte ich nach.

Am 28. October fuhren wir um 11 Uhr in die Martinikirche. Pastor Adolf Klügel hielt die Traurede. Er hatte zum Texte genommen Ruth 1, 16: ›Wo du hingehest, da will auch ich hingehen; wo du bleibest, da bleibe ich auch. Dein Volk ist mein Volk, und dein Gott ist mein Gott.‹ Er sprach sehr schön, er wußte durch die Beziehungen auf mein Leben, die freilich sehr nahe lagen, aller Herzen zu rühren. In feierlicher und bewegter Stimmung endete für uns die heilige Handlung.

(...)

Das Wetter war für die Jahreszeit noch recht schön, und so beschlossen wir denn eine Reise nach Meklenburg zu meinen Freunden. Ida war ganz entzückt und gerührt über die freundliche Aufnahme, die wir dort überall fanden. Sie gewann sich aller Herzen durch ihr offenes, anspruchloses und heiteres Wesen und wußte dadurch und durch ihr Clavierspiel die Stimmung der Gesellschaft zu beleben und zu erheitern.

Am 19. November in Hamburg. Wir wohnten im Alsterhôtel. Obschon es recht unfreundliches Wetter war, so wanderten wir doch viel umher, besahen den Hafen, besuchten meinen Vetter F. Wiede in St. Paul und spazierten um das Alsterbecken. Das Leben und Weben einer Seestadt war neu für Ida und der wundervolle Anblick der Stadt, die sich in der Binnenalster spiegelt, machte einen gewaltigen Eindruck auf sie. Den andern Tag holte uns der Vetter ab. Wir besahen den Jungfernstieg, die Börse, fuhren durch den Hafen und speisten zu Mittag im Elbpavillon. Den dritten Tag waren wir wieder in Bothfeld. Wir dachten nun ernstlich an unsere Uebersiedelung nach Bingerbrück. Da unsere Wohnung dort noch nicht eingerichtet war, so sollte ich vorher das Nöthige besorgen, Ida wollte dann mit ihrer älteren Schwester Alwine später nachkommen.

Am 30. November kam ich in Bingerbrück an. Unser Wirth empfing mich sehr freundlich und führte mich in meine Wohnung ein. Ich dankte ihm, daß er mir meine Wünsche erfüllt und den allernöthigsten Hausrath und auch einige Wintervorräthe (Kartoffeln, Obst, Sauerkraut) und Feuerung besorgt hatte. Die nächste Zeit mußte ich nun noch manchen Weg machen für meine häuslichen und litterarischen Bedürfnisse. Ich gelangte wenig zur Ruhe. Als diese sich endlich einstellte, begann ich wieder geistig thätig zu sein. Ich holte mein Büchlein hervor, das ich den letzten Sommer vollendet hatte und arbeitete es um. Bei den vielen Geschichten, Schnurren und Witzen schien es, als ob ich das Unbehagliche meiner Lage vergessen hätte. Allerdings gab es Augenblicke, in denen ich mich recht freuen konnte, wenn ich im warmen Zimmer vor meinem Tische saß und hinausschaute in die schöne großartige Natur. Trotzdem wurde meine Unruhe und Sehnsucht täglich größer. In meiner winterlichen Einsamkeit schrieb ich mehrmals an Ida und bat sie flehentlich, sobald milderes Wetter einträte, sofort herüberzukommen. Während bei uns das Wetter ziemlich milde geworden, konnte ich nicht ahnden, daß bei Hannover die Kälte bis auf 20° gestiegen war.

Als die Dampfschiffahrt wieder eröffnet war, ging ich jeden Tag an den Rhein, um Ida zu empfangen. Am 22. December wurde wahr was auf Freiligrath's Petschaft: ein Amor unter Dornen ist mit der Umschrift umgeben: *Après la peine le plaisir.* Wie sich der Dampfer dem Strande näherte, winkten mir weiße Tücher zu, bald empfing ich freudevoll die Meinigen und führte sie nach Bingerbrück in unsere neue Wohnung.

Sie waren sehr überrascht von der prachtvollen und mannigfaltigen Aussicht aus unseren Fenstern. (…)

Obschon Ida die ersten Wochen oft sehr leidend war, so suchte sie doch jeden gesunden Augenblick zu benutzen, die Haushaltung in allen ihren einzelnen Theilen unter der schwesterlichen Leitung kennen zu lernen. Es war sehr ergötzlich, sie in der Küche schalten und walten zu sehen, wie sie ihre ersten Versuche in der Kochkunst machte. Durch Lust und Fleiß brachte sie es bald zur Uebung und endlich zur Meisterschaft. Da wir doch nur wenig Hülfe von unserer Stundenfrau hatten, so entließen wir sie den letzten Februar und machten nun Alles selbst. Wir lebten wie die Hinterwäldler: wir holten uns die Milch vom Rupertsberge, trugen uns die Kohlen zu, ich hackte täglich Holz, und seit das Wasser auf dem Hofe schlecht geworden war und da das wilde Wasser im Postgarten sich nicht zum Trinken eignete, so spazierten wir täglich zur Quelle der Hildegard und schöpften uns dort zwei Krüge voll. (…)

So weit es meine Arbeiten erlaubten, nahm auch ich an diesen häuslichen Verrichtungen Theil. Eines Abends, als Ida und Alwine den ganzen Nachmittag gewaschen hatten, schloß ich alle Thüren ab, machte Feuer an, wusch auf, verlas Salat, schnitt Schinken auf, briet Kartoffeln, bereitete Spiegeleier, setzte Maitrank an und deckte den Tisch. Als Alles auf dem Tische stand, schloß ich die Thüren auf und ließ die hungrigen Wartenden ein und erquickte sie. Wir machten den americanischen Grundsatz ›Arbeit schändet nicht‹ zur deutschen Wahrheit. Bei Anderen wäre gewiß das Sprichwort zur Geltung gekommen: ›Hoffart muß Zwang leiden.‹

In den ersten Tagen des Januars war mein neuestes Buch fertig. Anfangs hatte ich ihm den Titel gegeben: ›Die lustige Gartengesellschaft‹, dann ›Der Nationalclub‹, und endlich ›Das Parlament zu Schnappel.‹ Ich wollte auch einmal Selbstverleger sein und die von Schriftstellern so sehr beneideten und so glänzend geschilderten Erfolge eines Verlags kennen lernen. Ich wendete mich an den Buchdrucker Dettmer in Rüdesheim. Nach kurzer Verhandlung wurden wir einig: für Satz und Druck zahlte ich ihm bei einer Auflage von 1000 Exemplaren 13 Fl., Papier lieferte ich. Schon in der Mitte Januars begann der Druck und den 29. März (am Charfreitag) war das große Werk vollendet: ›Das Parlament zu Schnappel. Nach stenographischen Berichten herausgegeben von Hoffmann von Fallersleben.‹ (…)

Freiligrath nahm großen Antheil an diesem meinem neuesten Büchlein. Da es mit dem Selbstverlag nicht recht gehen wollte, so bat ich ihn, doch bei seinem Verleger anzufragen, ob derselbe vielleicht geneigt sei, den Vertrieb zu übernehmen. Im Juli schrieb mir Freiligrath und sendete zugleich ein Briefchen des Herrn W. H. Scheller (Schaub'sche Buchhandlung): ›Die gewöhnlichen Bedingungen sind folgende: Ich erhalte 50 Prozent vom Ladenpreise, dagegen trage ich alle Unkosten, wie Ankündigungen etc. Der Termin der Abrechnung würde Ostermesse 1851 sein.‹ Ich war damit einverstanden und schickte ihm in zwei neuen Kisten 1000 Exemplare. Noch ist keine Ostermesse für mich gekommen. Von den 1000 Exemplaren à ½ Rb. habe ich nie wieder etwas gehört oder gesehen. Das Einzige was ich von den mir zukommenden 333 Rb. 10 Sgr. hatte, waren einige Musicalien für Ida im Werthe von 4 Rb. 28 Sgr.!

Der Winter dauerte recht lange und schien uns hier fast noch schlimmer als in unserer Heimat: wir hatten Frost, Schnee, Sturm, endlich Thauwetter, Eisgang, Überschwemmung und Nachtfröste. In unserer großen dünnen Wohnung, die mit Thüren und Fenstern nur zu reichlich ausgestattet war, fühlten wir das Ungemach des Winters nur zu sehr und zu lange, so daß unser Humor oft nur unter Null stand. Während ich mich durch Dichten und Lesen zu erheitern wußte, fehlte Ida einer ihrer größten Lebensgenüsse: die Musik. Es hatte sich noch keine Gelegenheit ergeben, ein gutes Instrument zu kaufen, das zum Leihen angebotene entsprach nicht den bescheidensten Ansprüchen. Nun ward es aber Frühling und mit Sang und Klang, mit Duft und Blumen kam die Freude in unsere Herzen. Täglich, wenn es nur leidliches Wetter war, flogen wir ins Freie hinaus, überall fanden wir herrliche Aussichten, auf den Bergen, am Rhein, an der Nahe. Wir brachten immer die schönsten Blumen heim, auf unsern Tischen und vor den Fenstern standen immer frische Sträuße. Als das Wetter beständiger wurde, machten wir weitere Ausflüge nach dem Münsterkäppchen, Scharlachkopf, Niederwald, Rheinstein, Rüdesheim, Hallgarten, Johannisberg, Kreuznach.

Die Aussichten für den Verkauf meiner Bibliothek waren seit Bettinas Bemühungen nicht besser geworden, meine jetzige Lage aber forderte dringender wie damals dies theuere Besitzthum nutzbar zu machen. Den 1. März wendete ich mich an den Minister von Ladenberg mit der Bitte, den Ankauf meiner Bibliothek zu bewerkstelligen, für die Handschriften begehrte ich 1500 Rb., und die der Berliner Bibliothek fehlenden Werke wollte ich zu Preisen ablassen, die ihrem Werthe und ihrer Seltenheit entsprächen. Zu Anfange Mais antwortete der Minister, der Herr Oberbibliothecar Pertz würde mit mir unterhandeln. Am 20. Mai traf dann von diesem ein Brief ein: er bot mir 1000 Rb. für die Handschriften *und* die niederländischen Bücher.

Ich war außer mir. Einem wohlhabenden, angesehenen, regierungsbeliebten und in seinen Augen anständigen Manne hätte der Herr Geh. Rath so etwas nie zu bieten gewagt, aber einem gemaßregelten, verfolgten, endlich wieder amnestierten armen Teufel wie mir konnte er mit vergnügter Aussicht auf Erfolg einen solchen Spottpreis bieten. Aergerlich über die vielen bisherigen zeitraubenden und kostspieligen und immer vergeblichen Bemühungen, meine Bibliothek zu verwerthen, entschloß ich mich endlich, dieser Quälerei ein Ende zu machen, zumal nun auch der letzte Versuch gescheitert war, ein höheres Gebot beim Herrn GR. Pertz zu erzielen, und schrieb ihm, daß ich sein Gebot annähme.

(...) Hatten wir im Frühling die Weinberge nur durchstrichen, um von dort aus neue schöne Aussichten zu gewinnen, so sollten sie uns jetzt noch andere Genüsse bereiten. Die Trauben waren bereits reif und lachten uns überall an. Mit bewundernswerther Freigebigkeit führten uns unsere Nachbarn und guten Bekannten in ihre Weinberge nah und fern. (...)

Am 19. December reiste ich mit der Post von Wiesbaden bis Reichardshausen und ging dann zu Fuß nach Hallgarten hinauf. Itzstein freute sich sehr, zumal ich bei so schlechtem Wetter ihm nicht vorbeigegangen war. Ich fand Itzstein viel wohler als das letzte Mal und wieder lebensfroher. Als er mich aber den andern

Tag nach Oestrich begleitete, fand ich denn doch, daß sein Geist sehr gestört war, die Unterhaltung wurde für mich sehr peinlich und der Abschied schwerer als jemals.

Seit der Winter begonnen, hatten wir viel schlechtes Wetter, Frost und Schnee, und manchen Tag einen so undurchdringlichen Nebel, daß wir aus unseren Fenstern kaum die Brücke sehen konnten. Wir suchten uns in guter Stimmung zu erhalten. Ida musicierte viel und suchte so sich und uns zu erheitern; seit Anfang Octobers hatten wir ein eigenes Instrument und so war einer ihrer Lieblingswünsche erfüllt. Schlimmer aber als das Wetter wirkte auf unser Gemüth die immer näher rückende Kriegsgefahr. Das Trauerspiel in Kurhessen war noch nicht zu Ende gespielt. Wir hatten viele Durchmärsche und mußten uns, obschon wir nur zur Miethe wohnten, doch mehrmals Einquartierung gefallen lassen. Ob es zum Kriege kommen würde, gegen wen und wofür? wußte eigentlich niemand. Der Wunsch aber, daß unsere Truppen zum Schutze des kurhessischen Volkes aufgeboten wären, war bei uns ziemlich allgemein.

Ich suchte mich geistig und leiblich zu beschäftigen, um jede unangenehme Stimmung zu bewältigen. Den 14. November schrieb ich in mein Tagebuch: ›Diesen Morgen ist ein großes, großes Fuder Wurzelstöcke angelangt. Ich werde nun fleißig Holz hacken und nebenbei dichten. Ich weiß nicht, welche Beschäftigung von beiden die zeitgemäßere ist.‹

Das Holzhacken war leider das Zeitgemäßere: denn die Rückwärtserei war wieder oben auf, nach allen Seiten hin thätig, und ließ es an Verdächtigungen, Verläumdungen, geheimen und öffentlichen Angebereien nicht fehlen; sie fand überall Freunde und Helfershelfer; alle Zeitungen, Zeitschriften, Wochen- und Flugblätter dienten bewußt und unbewußt der politischen Umkehr. Auch die Schreiber der Litteraturgeschichten stimmten plötzlich einen andern Ton an, als ob sie jetzt erst für Pflicht erkannt hätten, jeden Dichter schlecht machen zu müssen, der jemals ein freies Wort oder auch nur eine der herrschenden Partei mißliebige Ansicht ausgesprochen hatte. Daß auch ich diesen

Herren jetzt ein willkommener Sündenbock war, läßt sich denken. Leute, die noch vor wenigen Jahren mir persönlich Achtung erwiesen, sich mir als meine Gesinnungsgenossen vorstellten, fielen über mich her wie über einen vogelfreien Sträfling.

Ich war oft sehr betrübt über so manche traurige Erscheinung der Gegenwart, dann aber auch wieder hoffnungsvoll und muthbeseelt, zumal wenn ich die vielen Soldaten über unsere Brücke hinüber und herüber ziehen sah. Da rief ich dann auch das Schillersche

> Auf der Degenspitze die Welt jetzt liegt –
> Drum wohl, wer den Degen jetzt führet!

und es war mir dann, als ob ich mich anschließen und mitmarschieren müßte, zumal eines Morgens, als ich mit Ida zum Fenster hinaus sah und ein ganzes Regiment in dem Augenblicke als es eben die Brücke betrat und gleichsam jenseits in Feindesland eindrang, mein Lied anstimmte: ›Morgen marschieren wir, ade, ade, ade, ade!‹ Diese kriegerische Stimmung kehrte oft wieder, und so dichtete ich denn Soldatenlieder, wozu ich Volksweisen benutzte oder auch eigene versuchte.

So kam das Weihnachtsfest heran und wir feierten es wie wir es seit unserer Kindheit nach heimischer Weise gewohnt waren: ein Weihnachtsbaum mit brennenden Lichtern, Flittern, vergoldeten Aepfeln und Nüssen beleuchtete die kleinen Geschenke, die wir uns einander bescherten, und wir aßen fröhlich zu unserm Kaffee den selbstgebackenen Kuchen.

Am Silvester-Abend sagten die Meinigen: ›Heute haben die Weiber die Herrschaft.‹ Gut. Da bereitete ich das Essen: ich kochte Kartoffeln, machte einen schönen Puffer und sott dazu eine Frankfurter Wurst. Dann deckte ich den Tisch, brachte alle Gerichte herein und rief meines Erfolgs bewußt wie ein erfahrener Koch, der nicht erst Rumohr's Geist der Kochkunst zu kennen braucht: ›Es ist angerichtet!‹ Zum Nachtisch brachte ich noch Apfelschnitte, die ich in Butter, Mehl und Zucker gebraten hatte, und Alles war gut. Zu meiner größten Freude las ich in Idas Tagebuche: ›Silvester, dich habe ich immer sehr fröhlich gefeiert, aber nicht so innig ruhig, meines Glückes bewußt.‹

Das Neue Jahr (1851) begann für mich mit der Freude, daß nächstens meine Liebeslieder erscheinen würden. Diese Freude war um so größer als Ida seit Jahr und Tag diese Lieder so lieb gewonnen hatte.

Sie erschienen, die Johannalieder nebst einigen anderen, im Ganzen 133, unter dem Titel: ›Liebeslieder. Von Hoffmann von Fallersleben.‹[6] (...) Zu ihrem Geburtstage überreichte ich Ida ein Exemplar mit einer Zueignung.[7] Einige Wochen später folgten meine Rheinlieder: ›Rheinleben. Lieder von Hoffmann von Fallersleben.‹[8] (...) – 20 Lieder mit in den Text gedruckten Melodien.

Unterdessen war uns unser idyllisches Leben sehr verleidet worden, namentlich durch unsern Wirth, der sich täglich wunderlicher und alberner gegen uns benahm und zuletzt ganz feindselig auftrat. Er wollte uns kündigen, ich kam ihm aber zuvor und kündigte ihm den 1. Februar. Allerdings lebten wir ja ganz glücklich unter uns und mit uns, wir fühlten aber doch, daß es in der gewohnten Weise nicht fortgehen würde und könnte. Die Gegend war freilich wunderschön, aber zu einem edlen genußreichen Leben gehören Menschen, die vielseitig gebildet, geistig angeregt und anregend sind, und unsere Theilnahme zu erwiedern sich bestreben. Die Leute hier waren gegen uns ganz freundlich und nett, das ist aber Alles was sich von ihnen sagen läßt. Sie waren eben wie die Rheinländer, die leichten Sinnes, vergnügungssüchtig und eingenommen für sich, meinen, weil der Rhein so schön, herrlich und vortrefflich, wären sie es auch, und es wäre gar nicht nöthig weiter auf der Welt etwas zu sein als ein Rheinländer, und mehr zu wissen und zu können als was nöthig ist um als anständiger Mann am Rhein zu leben.

Trotzdem wollten wir den Rhein nicht verlassen, wenn wir nur einen Ort fänden, der einigermaßen unseren Bedürfnissen entspräche. Die Wahl war uns eben so schwer, wie sie im vorigen

Frühjahre Freiligrath geworden war, als er Köln mit einem anderen rheinischen Orte vertauschen wollte. Nachdem wir über verschiedene Rheingegenden Nachrichten eingezogen hatten, wählten wir Neuwied. Den 19. Februar fuhr ich mit Ida hinüber. Wir besahen uns eine Wohnung beim Oberlehrer Henckell und einigten uns über den Preis und die Einziehzeit.

Zum 1. Mai war unsere Abreise festgesetzt. Wir hatten bis dahin Zeit genug, bequem unsere Uebersiedelung vorzubereiten. Ich machte einige Ausflüge und nahm Abschied von Freunden und Bekannten im Rheingau, in Wiesbaden, Mainz und Bingen. Einen Theil unsers Hausraths verkauften wir, den übrigen übergaben wir einem Fuhrmann, unser Clavier nahmen wir mit auf's Dampfschiff. Den 30. April trafen wir nach einer nicht eben sehr angenehmen Fahrt in Neuwied ein.

Wenn man auf dem Rhein mit dem Dampfschiffe an Neuwied vorüberfährt und in die breiten geraden Straßen mit den eben nicht hohen Häusern sieht, dann ist es ganz verzeihlich mit Simrock auszurufen: ›Das moderne, regelrecht-nüchterne Neuwied!‹ Hat man aber erst einige Tage dort gelebt, so vermißt man recht gerne was die Romantiker an den alten Rheinstädten ebenfalls schön und herrlich finden. Es thut einem recht wohl, in den breiten, geraden, reinlichen Straßen zu wandeln, wo Platz genug ist für Menschen, Wagen und Pferde, wo das Auge nicht alle Augenblicke finsteren Gesichtern, Lungerern und Tagedieben in schmieriger Tracht, oft sogar in Lumpen begegnet, wo man nicht alle Augenblicke von verwahrlosten Kindern, verkommenen Strolchen und scheinheiligen alten Weibern angebettelt wird.

Wenn Neuwied durch sein Äußeres und wol auch sonstwie einer nordamericanischen Stadt ähnelt, so ist es doch durch und durch eine deutsche Stadt, die sich unter den Rheinstädten einen ehrenvollen Rang errungen durch seine Bildung und seinen Gewerbfleiß und sich vor allen auszeichnet durch wahrhaft christlichen Sinn gegen Andersgläubige und Andersdenkende. Friedlich wohnen hier mit und neben einander Reformierte,

Lutheraner, Katholiken, Herrnhuter, Mennoniten, Quäker, Freigemeindler und Juden, eifrig bemüht, ihre geistigen und leiblichen Fähigkeiten zu entwickeln und für sich und Andere geltend zu machen. Der Geist des Stifters und der ersten Ansiedler hatte sich auf ihre Nachkommen fortgeerbt, und so mußte Neuwied allmählich das werden was es jetzt ist.

Nachdem wir uns wieder häuslich eingerichtet hatten, wollten wir Land und Leute kennen lernen: wir machten Besuche bei einigen Familien und unternahmen manchen Ausflug in die Umgegend. (...)

Das neue Jahr (1852) begann ich mit dem festen Entschlusse, eine neue Ausgabe meiner Geschichte des deutschen Kirchenliedes bis auf Luthers Zeit zu veranstalten. Bei den vielen Nachträgen, die ich selbst gesammelt hatte oder der Güte meiner Fachgenossen verdankte, hielt ich die Arbeit nicht für so schwierig. Bald aber stellte sich heraus, daß sie es war: eine völlige Umarbeitung schien mir nothwendig, und dazu war viel Zeit und Mühe erforderlich, so wie eine längere Benutzung einer großen Bibliothek. Trotzdem arbeitete ich ruhig weiter und dachte: kommt Zeit, kommt Rath.

Am 12. Januar nahm ich theil an der Liedertafel, die mich vor vier Wochen mit ihrer Ehrenmitgliedschaft beehrt hatte. Es wurde ein Chor eingeübt aus Kreutzer's Falschmünzern, die Solis sang Herr Tappenbeck sehr schön. Ich war recht angenehm angeregt und bekam wieder einmal Lust, eine Oper zu schreiben. (...)

Am 22. Januar war meine Oper fertig. Weil sie in Deutschland und Amerika spielt, so gab ich ihr den Titel: ›In beiden Welten.‹ Einige Tage nachher las ich sie vor in einer Abendgesellschaft. Man war recht erfreut darüber, meinte aber, was ich später immer wieder hören mußte, der Text sei für eine Oper zu gut, und warum? weil man sich einen Operntext nicht anders denken kann als unsinnig und gemein.

Während meiner Arbeit am Kirchenliede überzeugte ich mich täglich immer mehr von der Nothwendigkeit einer Reise nach

Göttingen, und so entschloß ich mich denn bei dem ersten guten Tage dahin abzureisen. Das Wetter war wochenlang sehr schlecht, fortwährend Wind und Regen. Als nun der erste ruhige heitere Tag kam, trat ich meine Reise an. Den 6. Februar war ich bereits in Düsseldorf.

(...)

10. Februar – 2. März in Göttingen.

Schon den Tag nach meiner Ankunft bezog ich eine Studentenwohnung, die mir Adolf, Idas Bruder, verschafft hatte. Ich richtete mich sofort häuslich ein und begann zu arbeiten. Die Bibliothek bot mir reichlichen Stoff, zumal in einer hymnologischen Sammlung, die wenig bekannt auf der Gallerie im historischen Saale aufbewahrt wird. Mein Hauptaugenmerk war auf das Kirchenlied gerichtet, nebenbei berücksichtigte ich jedoch auch andere Dinge. Ich hatte meine altniederländischen Lieder mitgebracht und dachte daran, sie hier drucken zu lassen. Eines Tages bot ich sie Herrn Vogel (Dieterichsche Buchhandlung) an. Wir einigten uns und der Druck begann sofort, nachdem ich dafür eine neue saubere Abschrift gemacht hatte. Noch während ich hier war, erschien mein Büchlein als *Pars VIII* der *Horae belgicae* und mit dem besonderen Titel: ›Loverkens. Altniederländische Lieder von Hoffmann von Fallersleben.‹[9]

(...)

5. März. Nach Hannover. In der königlichen Bibliothek finde ich das älteste katholische Gesangbuch vom Jahre 1537 und leihe es mir. Ich besuche dann Gödeke, den ich als ich das vorige Mal in Hannover war nur flüchtig kennen lernte. Er war anfangs etwas feierlich, dann aber wurde er allmählich traulich, und ich war sehr überrascht, als ich mich in meinen bisherigen Ansichten über ihn sehr getäuscht fand. Er bot mir seine ganze Bibliothek zur Verfügung und diese Bibliothek war für meine Studien sehr bedeutend.

6. März. Wieder nach Hannover und nur bei Gödeke. Er empfiehlt mir den Buchhändler Rümpler zum Verleger; durch Unternehmungsgeist und geschmackvolle Ausstattung seiner

Verlagswerke zeichne er sich aus vor vielen seiner Collegen, und rechne es sich zur Ehre an, auch gediegene wissenschaftliche Werke zu verlegen.

8. März. Ich besuche Rümpler und verhandle mit ihm über die zweite Ausgabe der Geschichte des Kirchenlieds und eine Miniatur-Ausgabe meiner Gedichte. Den folgenden Tag verhandeln wir weiter, aber erst den 15. einigen wir uns über einen Vertrag. (...)

Am 6. April war ich wieder in Neuwied. Auf den ersten Ostertag (11. April) fiel Idas Geburtstag. Wir feierten ein Doppelfest. Ida, von uns und ihren neuen Freundinnen beglückwünscht und beschenkt, war sehr erfreut und gerührt. Zu den mancherlei Geschenken, womit ich sie überrascht hatte, fügte ich noch ein Gedicht: ›Neuer Frühling, neues Leben.‹[10] Zu den Freuden des Tags kam für mich noch eine unerwartete. Noch ehe sich unsere Abendgesellschaft einfand, hatte ich die Grundzüge entworfen zu einer neuen Oper. Ich hatte diesmal meinen Stoff nicht aus der Gegenwart, sondern aus der Vergangenheit genommen und zwar nach einem alten Liede[11]: ›Der Graf von Rom‹ oder ›Der Graf im Pfluge‹, und letztere Ueberschrift für meine Oper gewählt. In den nächsten Tagen ging ich an die Ausführung und am 17. April war meine Oper vollendet.

Schon in Bothfeld hatte ich fleißig an einem Hannoverschen Namenbüchlein gearbeitet. (...)

Bald darauf erschien das Büchlein unter dem Titel: ›Hannoversches Namenbüchlein. Einwohner-Namen der Königlichen Haupt- und Residenzstadt Hannover, nach ihrer Bedeutung geordnet und erläutert von Hoffmann von Fallersleben.‹

(...)

Unterdessen war es Frühling geworden und das anmuthige Wetter lockte uns hinaus, wir lustwandelten viel im Freien. Trotzdem verließen mich meine rheumatischen Schmerzen nicht, ich war sehr leidend und mitunter so verstimmt, daß ich zum Arbeiten völlig unfähig war. Dazu kam nun noch ein stiller Kummer, den ich nicht auszusprechen wagte. Ida erwartete täglich ihre Niederkunft. Der Tag der Entbindung (30. Mai) kam. Sie mußte viel ausstehen, kämpfte aber ritterlich. Als sie hörte: ›Das Kind ist da!‹ küßte sie mich und rief. ›Nun ist eine neue Welt für mich aufgegangen!‹ Unter Freudenthränen ging ich in mein Kämmerlein und suchte meine Gefühle in einem Gedichte[12] auszusprechen.

Leider wurde unsere Freude nur zu früh getrübt: unser Kind hatte ein Leiden mit auf die Welt gebracht, das unheilbar war und ihm nur ein kurzes Leben noch gönnen ließ. (…)

Ich hätte so gerne fleißig gearbeitet, aber ich war zu wenig gesammelt und zu oft gestört; ich konnte mich nur mit Dingen befassen, wozu keine geistige Anstrengung erforderlich: ich schrieb die von mir gesammelten Wörter ab, ordnete sie alphabetisch und klebte sie auf. Daraus wählte ich dann für die Grimms einige zu den Buchstaben A und B gehörige aus und schickte sie ein. Ich hatte es nicht gewagt, einen Brief beizulegen, sondern nur ein Blättchen mit den Worten aus ›Markus Hüpfinsholz (von Meusebach), Geist aus meinen Schriften‹ S. 57.

›Wie aller Stillstand im Guten Rückgang ist, also auch in der Liebe, aber (nach einer von mir nicht zuerst gemachten Bemerkung) nicht nur in der Liebe, sondern auch im Hasse.»Nicht bloß die Liebe, sondern auch der Haß ist veränderlich und beide sterben, wenn sie nicht wachsen.« Da nun aber einer menschlichen Seele der Nachtgedanke, daß ihr Groll *ewiglich* wachsen solle, (wir dürfen es hoffen) gewiß unmöglich ist; so sollte auch keine dergleichen sich vornehmen, auch nur auf einen Monat, auf eine Woche, auf einen Tag, auf eine Stunde zu zürnen und hassen.‹

Am 24. Juni antwortete Jacob Grimm auf meine Zusendung:

Lieber Hoffmann.

Die schriftzüge der adresse waren von bekannter hand, Ihr brief und die zusendung bewegte und rührte mich, ich habe keinen groll auf Sie, und was zwischen uns getreten war hat mir oft leid gethan. Ihr herz wird noch so sein wie es war als Sie mich zur zeit des glorreichen studentenauszugs nach Witzenhausen in

Cassel zuerst aufsuchten. was nun übel oder unrecht war wollen wir vergessen sein lassen. mich freut, daß Ihnen nach so mancher bedrängnis der mut und die arbeitslust nicht sinkt und daß nachdem Sie die meisten gesammelten bücher verkaufen mußten, Sie von neuem sammeln und Sich daran freuen können. die geschickten auszüge sind willkommen und brauchbar, einige darunter kamen schon zu spät, da das zweite heft bereits gedruckt ist; die beiträge für die nächsten buchstaben werden Sie schon etwas früher zufertigen. Dank auch für Reinecke und das liederheft, und Gott befohlen. –

(...)

Ich war wieder recht fleißig: den 1. October vollendete ich den Theophilus, die nächste Zeit machte ich Studien zur Geschichte des Kirchenliedes und zur Fortsetzung meiner *Horae belgicae*. Die Trierer Ausweisung konnte mich nicht weiter verstimmen: die ganze deutsche Presse hatte sich mißbilligend darüber ausgesprochen. Mit größerer Lust schrieb ich jetzt die gesammelten Beiträge zum Grimmschen Wörterbuche ab, ich war sehr froh, daß endlich zwischen den Grimms und mir ein freundliches Verhältniß angebahnt war, Jacob hatte sich ja in seinem Schreiben sehr freundschaftlich ausgesprochen. Ich setzte voraus, daß Wilhelm wenn nicht von derselben doch von ähnlicher Gesinnung beseelt war. Das war aber ein Irrthum. Ich erhielt folgende Zuschrift:

›Von der Rümplerschen Buchhandlung ist mir in diesen Tagen das Hannöversche Namenbüchlein im Auftrag des Verfassers zugeschickt worden: ich bitte Herrn Professor Hoffmann solche Zusendungen nicht weiter zu veranlassen. Für mich ist die Erinnerung an die Vergangenheit zu herb, als daß ich in das erste ungestörte Verhältnis zurückkehren könnte.

Berlin 30. September 1852.   Wilhelm Grimm.‹

Diese Erklärung mußte mich um so mehr schmerzen, als ich an der Veranlassung ganz unschuldig war. Ich hatte allerdings Herrn Rümpler gebeten, das Namenbüchlein an die Grimms einzuschicken, aber nur *Ein* Exemplar. Nachdem mir Wilhelm Grimm nicht wie Jacob geschrieben hatte, würde ich es nie gewagt haben, an jenen je eine Zeile zu richten oder etwas einzusenden. Bei solchen unangenehmen Überraschungen pflegte ich dann wol ins Freie zu gehen und Blumen zu pflücken, oder ich nahm die Axt, spazierte hinab auf meinen Gartenfleck, den ich von meinem Nachbar gemiethet hatte, und hackte Holz, bis ich in Schweiß gerieth. In meinem Tagebuche heißt es denn auch wol: ›Holz gehackt und die Welt verachtet.‹

(...)

Den 18. und 19. December in Hallgarten. So groß erst meine Freude war, als ich Itzstein wiedersah, so wurde sie doch bald getrübt. Er schien mir allerdings wohler und ruhiger als bei meinem letzten Besuche, bald aber erfuhr ich, daß seine Geistesschwachheit seitdem nur noch zugenommen hatte. Innig gerührt und weinend nahm ich Abschied von dem Manne, dem ich für so viele Beweise wahrhaft väterlicher Theilnahme dankbar bin, und mit Wehmuth verließ ich den Ort, der mir durch so manche Freude lieb und unvergeßlich ward und geblieben ist. Erst bei meinen Freunden in Rüdesheim, Schultz und Reuter, fand ich meine heitere Stimmung wieder und verlebte mit ihnen zwei frohe Tage, die sich würdig anreihten an meine alten frohen Rheingauer Tage. Den 22. December war ich wieder in Neuwied.

(...)

Den anderen Tag traf ein Brief von Jacob Grimm ein. Nachdem mir Wilhelm Grimm erst neulich einen Absagebrief geschrieben und sich jede Zusendung meinerseits verbeten hatte, dankte sein Bruder Jacob für die neuliche und erfreute mich mit einer freundlichen Zuschrift und einer werthvollen Beilage ›*Über den Ursprung der Sprache.*‹ Seinen Wunsch: ›Treten Sie frohgemuth ins Neue Jahr!‹ suchte ich bestens zu erfüllen.

Zum neuen Jahre (1853) hatten wir Besuch: Herr Dr. Schade war von Bonn herübergekommen. Er schien sich bei uns und in unsrer kleinen Wohnung zu gefallen, er war vergnügt und unterhielt sich gerne, er sprach sich sehr freimüthig über Alles aus und suchte sich angenehm zu machen, er war nie verlegen um schöne Redensarten und Schmeicheleien. Als ich ihm meine neuesten Gedichte vorgelesen hatte, sagte er: ›Solche kann keiner aller lebenden Dichter machen.‹ Wenn wir auch keinen Werth auf dergleichen Artigkeiten und Lobspenden legten, so glaubten wir doch, daß sie Aeußerungen einer gutmüthigen Natur wären. Am Neujahrsabend wurden wir aber schon einer anderen Ansicht. Wir waren zu einer Gesellschaft eingeladen, wohin uns auch später Schade nachfolgte. Er gerieth hier bald mit einem der Anwesenden so heftig an einander, daß eine sehr langweilige unerquickliche Streiterei entstand, wodurch die vorher heitere Stimmung der Gesellschaft auf längere Zeit getrübt wurde.

(...)

1. Juli – 2. August in Göttingen.

Dem Dr. Ellissen, Professor Höck und Professor Schweiger bin ich zu vielem Danke verpflichtet; sie gestatteten mir die freieste Benutzung der Bibliothek und durch ihre gütige Vermittelung wurde mir die Einsicht der Helmstedter Handschrift des Theophilus ermöglicht. Ich war nun sehr fleißig, manchen Tag arbeitete ich zwölf Stunden. So anstrengend das Suchen, Ausschreiben, Nachsehen und Ausarbeiten war, so lohnend wurde es doch von Tage zu Tage, und nach vier Wochen hatte ich die Hälfte der neuen Ausgabe meiner Geschichte des Kirchenliedes vollendet und zur zweiten Hälfte umfangreiche Vorarbeiten gemacht.

Ich erfreute mich daneben eines angenehmen, anregenden und lehrreichen geselligen Verkehrs mit alten Freunden und Bekannten: Höck, Wilhelm Müller, Unger, Wehner; sie ließen es nicht an Aufmerksamkeiten fehlen, sie luden mich zu Spaziergängen und Abendessen ein und es ging immer recht traulich her. Bei und mit Wilhelm Müller verlebte ich manche angenehme Stunde, schon durch unsere gemeinschaftlichen Studien standen wir uns nahe; er nahm großen Antheil an meinen Arbeiten. Gieseler und Redepenning besuchte ich zuweilen; die

Nothwendigkeit, in kirchengeschichtlichen und liturgischen Dingen mich Raths zu erholen, führte mich zu ihnen.

Eines Abends begegneten mir auf dem Heimwege von einer Gesellschaft einige Studenten. Ich wich ihnen aus und steuerte auf mein Haus zu. Da rief einer: ›H. v. F.! den müssen wir haben!‹ und sofort faßten mich zwei unter und schleppten mich in ihre Kneipe. Es waren Braunschweiger und Hannoveraner. Sie kamen von einer fröhlichen Sitzung, hatten jeder eine Flasche Rheinwein in der Hand und wollten nun die Sitzung fortsetzen. (...)

Am 1. August Abends 7 Uhr holte ich Höck ab und ging mit ihm nach der Landwehrschenke hinaus. Nach und nach fanden sich die Theilnehmer ein, es mochten ihrer 50 sein, viele Bürger, die meisten Mitglieder des Magistrats, mehrere Professoren und andere Universitätsangehörige, als Gast der Obergerichts-Assessor Planck, der zum Besuche seiner Eltern in Göttingen verweilte. Gegen 9 Uhr gingen wir zu Tische. Gute Musik, gutes Essen, freundliche Gesichter. Das Hoch auf mich erwiederte ich mit einem auf Deutschlands schönere Zukunft. Dann erfolgte ein Hoch auf Planck, wofür er mit einem Hoch auf die hannoversche Verfassung dankte. Ich brachte dann ein Hoch aus auf Höck und die Göttinger Bibliothek. Höck ließ die Bürgerschaft und Universität hoch leben, Ellissen die Frauen, worauf ich dem Mann! ein Hoch brachte und noch viele Lebehochs folgen ließ. In heiterster Stimmung endete das Abendessen und wir traten befriedigt um 2 Uhr den Heimweg an. Die Nacht war heiter wie wir.

Den 3. August reiste ich ab. Ich hatte die Absicht, nur noch wenige Tage in Bothfeld zu bleiben, um die Durchsicht meines Manuscripts der Geschichte des Kirchenlieds zu vollenden.

5. August. Ich stehe um 5 auf und arbeite. Um 8 Uhr tritt der Regierungsrath Hagemann mit dem Ober-Polizei-Controleur Duve in mein Zimmer und kündigt mir an, daß er auf höheren Befehl meine Pariere untersuchen und mir meine sofortige Ausweisung aus dem Königreiche Hannover anzeigen müsse. Jetzt

beginnt die Untersuchung und dauert wol eine Stunde: Alles wird besehen, durchwühlt, gelesen, nichts bleibt unverschont, sogar mein freundschaftlicher und Familienbriefwechsel, mein Tagebuch, mein Ausgabe- und Einnahmebüchlein, meine Brieftasche und das Verzeichniß meiner Briefe. Letzteres wird als verdächtig zurückbehalten, es findet sich darin mehrmals der Name Wirth (als ob das der schon 1848 gestorbene J. G. A. Wirth sein könnte!).

Während der Untersuchung fragt meine Frau: ›Bin ich denn nun auch ausgewiesen?‹ – ›Nein, Sie nicht, Sie können so lange bleiben als Sie wollen.‹ – ›Von dieser Erlaubniß werde ich durchaus keinen Gebrauch machen, Herr RR., ich werde, sobald ich meine Sachen gepackt habe, das Land verlassen und meinem Manne folgen.‹ – Als der Herr RR. einen ihrer Briefe lesen will, sagt sie: ›Erlauben Sie, der Brief gehört mir: bei *mir* ist ja keine Haussuchung,‹ und nimmt den Brief an sich.

Ich packe schnell meine Sachen zusammen und spaziere mit meinem Schwager nach Hannover. Rümpler ist sehr erstaunt: ich überreiche ihm das Manuscript, wir speisen zusammen, und um 2 Uhr fahre ich mit dem Courierzuge nach Bückeburg. Herr Duve begrüßt mich als ich eben einsteige und wünscht mir eine glückliche Reise, worauf ich nur erwiedere: ›Gleichfalls.‹[13] Am folgenden Nachmittag empfing ich Ida mit ihrer Schwester am Bahnhof. Noch vor Mitternacht reisten wir ab und kamen den 7. August in Neuwied an. Die bückeburger Regierung hatte also nicht nöthig den Wunsch ihrer hannoverschen Collegin zu erfüllen, mich doch auch aus Bückeburg auszuweisen.

Schon den 9. August begab ich mich zum Herrn Landrath von Runkel, um mich über das Verfahren der hannoverschen Regierung zu beschweren. Er meinte, das Beste würde sein, wenn ich ihm in einer schriftlichen Eingabe meine Erzählung wiederholte, er würde dann dieselbe an den Herrn Oberpräsidenten von Kleist-Retzow einschicken. Noch denselben Tag machte ich die Eingabe. Und was war der Erfolg derselben? Der Herr Landrath von Runkel mußte die mir von ihm ausgestellte

Paßkarte mir durch den Bürgermeister abfordern lassen. Herr Polizeidirector Wermuth in Hannover behielt Recht.

In den ersten Tagen Septembers hatten wir den Besuch des Herrn Brahms. Es war schon Dämmerung als er eintrat. Meine Frau war sehr verwundert, als sie die kleine, schmächtige, jungenhafte Gestalt mit der feinen Kinderstimme vor sich sah und sich ihr Herr Johannes Brahms, der talentvolle 20jährige Tonkünstler von Hamburg vorstellte. Vor einiger Zeit war er erst in der ›Neuen Zeitschrift für Musik‹ in die Musikwelt eingeführt durch Robert Schumann, der von ihm wie von einem Messias sprach, welcher der Kunst ein neues Heil bringen und das vollenden würde was er (Schumann) angestrebt hätte. – Den andern Tag machten wir mit ihm einen hübschen Ausflug nach Rheineck und Brohl. Wir waren alle sehr lustig. Brahms erzählte uns viel aus seinem Leben und von seinen musicalischen Studien und wie es gekommen, daß er körperlich so unentwickelt geblieben sei. Er hatte viele Lieder von mir componirt, ich weiß nicht, ob er etwas davon veröffentlicht hat.

Im October hatte ich bereits die Freude, die ersten 15 Bogen meiner Geschichte des Kirchenliedes im Druck vollendet zu sehen. Für die Mischpoesie (die lateinisch-deutsche Dichtung) hatte sich der Stoff so angehäuft, daß ich beschloß, daraus ein besonderes Büchlein zu machen. Unterdessen war auch die Fortsetzung des Theophilus fertig geworden und bald gedruckt. (...)

[Ende October erhielt Hoffmann von einem Freunde, dem Bonner Privatdocenten Dr. Schauenburg die Nachricht, daß Bettina vieles eingeleitet habe, um Hoffmann die Stelle eines Oberbibliothecars in Weimar zu verschaffen; sie beabsichtige, sich persönlich an den Großherzog zu wenden. Diese Kunde bestätigte ihm bald darauf Dr. Schade, der ihm mit beredten Worten das Angenehme einer derartigen Stellung schilderte und seiner Freude Ausdruck gab, gemeinsam mit dem Dichter dort wirken zu können. Denn Schade hoffte, ebenfalls in weimarschen Diensten ein Unterkommen zu finden.]

›Die Botschaft hör' ich wol, allein mir fehlt der Glaube.‹ Mit diesem Gedanken kam ich nach Bonn. Ich unterhielt mich viel mit den Briefstellern und bedauerte ihre Leichtgläubigkeit, eine Bibliothekstelle wäre in Weimar gar nicht erledigt und das Ganze käme mir vor wie eine Erfindung, wie sie nur in dem wohlwollenden Herzen einer Bettina grünen und blühen könnte. – Da kam sie eines Tages selbst. Wir sprachen viel über Weimar. Schade griff die Sache auf und verfolgte sie weiter, ich kümmerte mich nicht weiter drum.

Den 20. December schrieb ich in mein Tagebuch: ›Die schönen Tage von Weimar sind nun vorüber und – es bleibt wahrscheinlich beim Alten.‹ Trotzdem hatte ich den festen Entschluß gefaßt, Neuwied zu verlassen. Die Gründe dazu waren eben keine neuen. Schriftstellern mußte ich, das war mein Beruf, meine Neigung, leider aber auch mein Nebenerwerb; dazu gehörten viele Hülfsmittel, die ich mir hier nur durch Reisen und Briefwechsel verschaffen konnte, und beides war mühsam und kostspielig. Ich dachte also an einen Ort, der mir in dieser Beziehung Erleichterung gewährte, und weil ich eben keinen andern wußte, so war mir Weimar schon recht, und in einer Beziehung wünschenswerth. Ich hoffte dort nicht weiter so wie hier polizeilich beaufsichtigt zu werden und schwachen Leuten einen Vorwand zu geben, mich zu meiden. Daß in Coblenz über mein hiesiges Thun und Treiben Buch geführt wurde, stand mir außer allem Zweifel und wurde mir auch später aus sicherer Quelle bestätigt.

(…)

Schade hatte mir bisher noch keine Mittheilung zukommen lassen über den Erfolg seiner Weimarischen Reise. Den 13. Januar schrieb er mir von Bonn:

›… Ich hatte, auf des Großherzogs Pläne eingehend, die Proposition gemacht, wir wollten beide zusammen, Sie und ich, die geplante Zeitschrift für Deutsche Sprache und Literatur in Weimar arbeiten, daneben noch ein literarhistorisches Taschenbuch und einen Musenalmanach ins Werk setzen. Zur Unterstützung, damit wir nicht zu hohes Redactionsgehalt zu nehmen brauchten um das Werk leichter ausführbar zu machen, sollte der Großherzog einem Jeden von uns ein Jahrgehalt von 500 Rb. zusichern, vorausgesetzt daß Sie Ihr preußisches Wartegeld behielten. Sie hätten also gegen 900 Rb. gehabt und konnten dafür gut leben. Es war für Sie keinerlei Stelle offen und Sie würden dann noch Großherzogl. Weimarischer Hofrath geworden sein. Der Großherzog war geneigt, sehr geneigt auf den Plan einzugehen und ich habe Alles aufgeboten, etwaige Besorgnisse zu zerstreuen, die man in Bezug auf Sie haben könnte wegen Ihrer politischen Vergangenheit. Sie hätten keinen besseren Fürsprecher haben können ...‹

Ich war sehr erstaunt, daß der Herr Doctor so ohne Weiteres für mich und über mich und am Ende mich selbst verhandelt hatte. Ich hatte ihm durchaus keinen Auftrag gegeben, ja sogar mich noch in einem Briefe am 15. December gegen alle derartigen Bemühungen für mich entschieden ausgesprochen, freilich hatte dieser Brief ihn nicht mehr in Bonn getroffen.

Unterdessen arbeitete ich rüstig fort. Den 18. Januar vollendete ich mein 13. Neuwieder Buch, die *Pars X.* der *Horae belgicae* und am 22. erhielt ich die letzte Correctur der *Pars IX.*, die auch unter dem Titel erschien: ›*Altniederländische Sprichwörter nach der älteste Sammlung. Gesprächbüchlein, romanisch und flämisch.* (...)

Am 22. Januar erhielt ich aus Bonn die besten Nachrichten über die Weimarische Angelegenheit. Ich entschloß mich hinüberzureisen. Schade sprach mit großer Freude und Selbstzufriedenheit über seine Weimarische Reise und die glänzenden Erfolge seiner Bemühungen. Er legte mir dann das Schreiben des Herrn von Schober aus Weimar vor.

(...)

Ich las und erklärte, daß ich darauf nicht eingehen könnte: von mir wäre ja nur nebenbei die Rede, zu einer Zeitschrift würde ich mich nur schwer verstehen, ich hätte an meiner ›Monatschrift von und für Schlesien‹ für das ganze Leben genug, auch wünsche man nicht einmal, daß ich in Weimar wohne etc. Da wurde Schade stutzig, er gab mir die Versicherung, er habe Sr. königl. Hoheit erklärt, er würde *nie ohne mich* nach Weimar gehen, auch habe er Herrn von Schober geantwortet, er müsse erst mit mir Rücksprache nehmen und würde dann selbst an den Großherzog schreiben. Dadurch freilich bekam die Sache für mich eine andere Wendung, und da ich das Schreiben des Herrn von Schober nicht als endgültige Entscheidung Sr. königl. Hoheit betrachtete, so erklärte ich mich vorläufig zur Theilnahme bereit.

Daß Schade die Bettinasche Idee für sich ausgebeutet und sich selbst zum Knotenpunkte dieser Weimarischen Beförderungsaussichten gemacht hatte, wurde mir immer klarer. In Folge des Schoberschen Briefes hatte er sich sofort verlobt, und noch den 22. Januar einen Artikel in der Kölnischen Zeitung veranlaßt, in dem nur von seiner Berufung nach Weimar die Rede war.

In den nächsten Tagen benutzten wir die Morgenstunden zu Besprechungen über das was wir gemeinschaftlich für die Göthestiftung in Weimar leisten wollten. Diese Stiftung schien eine Lieblingsidee des Großherzogs zu sein, aber was königl. Hoheit Alles damit beabsichtigte und hineinzuziehen wünschte, war uns nicht klar. Auch kannten wir nicht, was Liszt vor einigen Jahren darüber veröffentlicht hatte.[14] Wir dachten uns also selbst eine solche Stiftung und empfahlen unsere Ansichten in einigen Protokollen dem hohen Ermessen Sr. königl. Hoheit. Vorläufig verpflichteten wir uns, jährlich drei verschiedene Werke herauszugeben:

1. Weimarische Zeitschrift für deutsche Sprache und Litteraturgeschichte,
2. Weimarisches Taschenbuch für deutsche Litteraturgeschichte, und
3. Weimarischer Musenalmanach.

In den letzten Tagen des Januars schickte Schade unsere Vorschläge auf drei Bogen ein nebst einem acht Quartseiten langen Briefe, Alles sehr sauber geschrieben. Auch ich fügte noch einen

Brief hinzu, worin ich Se. königl. Hoheit bat um die Genehmigung, Hochdenselben die Geschichte meines Kirchenliedes widmen zu dürfen.

(...) Am 8. Februar kehrte ich zurück in den Frieden meiner Häuslichkeit und zu meinen stillen erfreulichen Arbeiten. Gleich nach meiner Ankunft kündigte ich meine Wohnung. Wir waren dadurch der Nothwendigkeit, uns nach einem andern Wohnorte umzusehen, näher gerückt. Jetzt wurde aber die Ungewißheit, worein wir versetzt waren, von Tage zu Tage peinigender. Von Weimar kam weiter keine Nachricht als die Anzeige des Herrn von Schober vom 15. Februar, daß der Großherzog die Widmung meines Buches ›mit Vergnügen genehmige.‹ Da entschloß ich mich nach Bonn zu gehen, um Schaden zu bestimmen, mit mir zusammen nach Weimar zu reisen und so eine Entscheidung herbeizuführen.

Schade war bereit, nach einigen Tagen aber schrieb er mir auf. Ich trat nun allein die Reise an, den 4. März traf ich in Weimar ein. Bald nach meiner Ankunft im Erbprinzen zum Hofrath Sauppe, Direktor des Gymnasiums. Er bittet seine Freunde Preller und Schöll herüber zu kommen. Da alle drei Hofräthe sind und Beziehungen zum Hofe haben müssen, so spreche ich von meinen Angelegenheiten und erbitte mir ihren Rath. Sie meinen, es sei wol das Beste, wenn ich etwas Schriftliches von Sr. königl. Hoheit erlangen könnte. Wir bleiben bis 1 Uhr ganz heiter beisammen.

5. März. Audienz beim Minister von Watzdorf. Ich trage ihm offen mein Anliegen vor. Er äußert sich sehr wohlwollend, wünscht aber ganz aus dem Spiele zu bleiben, er betrachtet die Sache als eine rein persönliche des Großherzogs. Wir kommen auf mein Verhältniß zu Preußen. Der Minister hat in Berlin angefragt und zur Antwort erhalten, man habe nichts gegen meine Uebersiedelung nach Weimar, übrigens warnt er mich vor einer Theilnahme an politischen Dingen.

Des Nachmittags führt Sauppe mich auf den Weg nach der Altenburg zu Liszt. Als wir vor der steinernen Treppe am Wäldchen Abschied nehmen, ist mir so eigen zu Muthe, als ob ich von allen Weimarischen Hofräthen schiede, denn daß Liszt näher dem Großherzoge stand als jene, wußte ich bereits. Liszt empfing mich wie einen alten Freund. Wir sprachen uns über die Göthestiftung und unsere daraus bezüglichen Vorschläge an den Großherzog, die dieser nur Liszt mitgetheilt hatte. Ich lese einige Gedichte vor zum Champagner. Die Fürstin von Wittgenstein erscheint; auch sie ist sehr erfreut über meine Lieder. Liszt wird den Großherzog um eine Audienz für mich ersuchen und vorher noch selbst mit ihm sprechen.

6. März. (…) Um 5 zur Tafel bei der Fürstin von Wittgenstein. – Um 7 fahre ich mit Liszt ins Schloß. Der Großherzog erst etwas ernst, dann heiter, gesprächig, theilnehmend. Wir sprechen über litterarische Dinge, die Göthestiftung, unsere Zeitschrift u. dgl. Als ich des Weimarischen Musenalmanachs erwähne, ist er begierig, einige dafür bestimmte Gedichte zu hören. Ich lese mehrere meiner Lieder. Er ist sehr erfreut und thut seinen Beifall in Einem fort kund: ›Vortrefflich, herrlich, schön, wunderschön!‹ oder sich an Liszt wendend: ›*Charmant, très-beau, superbe!*‹ ›Noch einige!‹ Und ich fahre wieder fort. Zuletzt übersetze ich noch mein altniederländisches Scheidelied[15] und überreiche ihm die Loverkens (*Pars VIII.* der *Horae belgicae*), nachdem ich die Entstehung derselben erzählt habe. – Nach einer Stunde fahren wir zur Altenburg zurück. Ich bin mit Liszt allein und wir besprechen meine Angelegenheit. Um 12 begleitet er mich nach Haus.

7. März. Ich miethe mir eine Wohnung und schreibe an Ida. Mittags bei Schöll, nachher mit ihm spaziert. Später besucht mich Liszt. Den Abend bin ich bei Sauppe.

8. März. Liszt erzählt mir, wie sich der Großherzog über mich geäußert habe und daß er uns beide morgen um 9 erwarte. – Mittagsessen auf der Altenburg: Frau von Schorn mit ihrem Sohne, der französische Gesandte Graf Talleyrand, Prediger Steinacker, Musiker Peter Cornelius. Nach Tische lese ich meine Oper, dann spielt Liszt drei Stücke, später lese ich noch einige Lieder.

Viele Schüler Liszt's haben sich nach und nach eingefunden. Alles in heiterer und dankbarer Stimmung. Um 11 Uhr heim.

9. März. Kurz vor 9 kommt Liszt und holt mich ab ins Schloß. Der Großherzog empfängt uns sehr freundlich. Er spricht sich über sein Verhältniß zu der beabsichtigten Zeitschrift ganz bestimmt aus; er bewilligt dem Unternehmen 1000 Rb. jährliche Unterstützung. Nach einer Stunde entläßt er uns. Er reicht mir die Hand mit den Worten: ›Ich vertraue Ihnen, und – das ist viel gesagt.‹ – Befriedigt eile ich in den Gasthof, mache mich reisefertig und fahre zum Bahnhof hinaus. Den Abend spät komme ich in Mainz an, den andern Tag erreiche ich Neuwied.

Ida war hocherfreut, daß sich die Weimarische Angelegenheit endlich so entwickelt hatte, daß wir getrost unsere Uebersiedelung ausführen konnten. Besonders lieb war ihr Liszt's große Theilnahme, an ihm hoffte sie mit mir würden wir eine gute Stütze haben; sie hatte mir schon nach Bonn geschrieben, daß ihn Freiligrath ›einen edelen Menschen und unsern vielfach gebildetsten Künstler‹ genannt habe.

Den 16. März kam Schade. Wir einigten uns über alles auf unsere Zeitschrift Bezügliche, auch über den Inhalt des ersten Heftes und über einen Verlagsvertrag, den ich dann Herrn Rümpler mittheilte. Schon nach einigen Tagen erfolgte eine zustimmende Antwort. Die Zeitschrift sollte jedes Jahr in vier Heften oder zwei Bänden erscheinen unter dem Titel: ›*Weimarisches Jahrbuch für deutsche Sprache, Litteratur und Kunst.*‹

Den 1. April wiederholte Schade seinen Besuch. Wir besprachen die Richtung des Jahrbuchs. Wenn ich glaubte mit ihm völlig im Reinen zu sein, so fühlte ich mich plötzlich weiter vom Ziele ab als je. Als wir am dritten Tage von einem Spaziergange zurückgekehrt waren, äußerte er sich dermaßen, daß ich ihm erklärte, wenn er bei solchen Ansichten beharrte, so wollte ich mit dem Jahrbuche nichts zu thun haben. Wir geriethen heftig an einander. Nach einiger Weile lenkte er ein und der Friede war wieder hergestellt.

Als ich am Abend allein zu Hause war, lebten alle Gespräche

mit Schade wieder auf. Es war mir, als ob solch ein litterarisches Compagnie-Geschäft mit ihm unmöglich wäre. Ich beschloß, vom Jahrbuche zurückzutreten und ihm morgen (4. April) brieflich meinen Beschluß mitzutheilen, denn, dachte ich, besser wir scheiden jetzt in Frieden und Liebe als daß wir später in Zank und Haß mit einander brechen. Schon am dritten Tage erhielt ich ein langes Schreiben von Schade voll von Vorwürfen, Betheuerungen, Versprechungen, Vorsätzen und Vorschlägen. Da durch letztere eine gemeinschaftliche Wirksamkeit ermöglicht war, so nahm ich sie an und sendete ihm einige Gegenvorschläge ohne auf den übrigen Inhalt seines Briefes einzugehen, weil ich doch von jeder näheren Erörterung nichts Ersprießliches erwartete.

Die Unklarheit, die mit unserer Weimarischen Angelegenheit verwachsen war und blieb, war die Quelle aller Streitigkeiten unter uns und schließlich unseres Zerwürfnisses; sie gab den Mißgünstigen steten Anlaß und Gelegenheit, feindselig und hindernd zu wirken gegen uns und gegen Alles was wir wollten und thaten. Unklar war und blieb die Göthestiftung, unklar unser Verhältniß zum Großherzog und zum Jahrbuch. Daß unter solchen Umständen überhaupt noch etwas zu Stande kam, ist ein Wunder, und ein größeres, daß ich bei dem vielen Aerger und Verdruß meinen guten Humor behielt und nie die Lust verlor zum Arbeiten und Dichten.

Sechster Band
Weimar, Frühling 1854 bis Frühling 1860

(...)

Weimar sah ich zuerst als Student im Jahre 1818 und dann nach einem langen Zeitraume im Jahre 1842. Es machte jedesmal und so auch jetzt wieder auf mich den Eindruck eines thüringischen Landstädtchens. Die öffentlichen Gebäude, selbst die mancherlei Neubauten haben nichts Großartiges, nichts Ansprechendes, ja nicht einmal einen Stil. Anspruchlos jedoch in der anspruchlosen Umgebung fand ich mich bald heimisch, und die Residenzstadt mit ihrer Bevölkerung ward mir lieb und werth. Es wandelt sich ganz gut auf dem leidlichen, aber reinlichen Pflaster, man wird nirgend behelligt vom Pferdegetrappel und Wagengerassel und von einem wühligen Menschengedränge; auch vermißt man recht gern so Manches, was einen in anderen Städten oft unangenehm berührt oder belästigt. Ich habe nie einen leer stehenden Wagen auf der Straße bemerkt, an dem nicht bei Eintritt der Dunkelheit eine Laterne hing, habe nie einen betrunkenen Menschen, nie eine Schlägerei oder Rauferei gesehen, nie einen pöbelhaften Lärm gehört, nicht einmal den sonst pflichtmäßigen Ruf des Nachtwächters oder sein schreckenerregendes Horn und bin in der Stadt nie einem Leichenzuge begegnet. Vornehm und Gering ging anständig seines Weges, war fast immer freundlich, artig und höflich, und schien Wohlgefallen zu haben an der schönen Natur und Kunst und sich gern im Freien zu ergötzen. Es machte einen wohlthuenden Eindruck, wenn man sah, wie alle öffentlichen Anlagen geschont wurden, wie jede Blume, jeder Strauch und Baum vor Frevel sicher war, und wie sogar die Vögel bei Schnee und Kälte sich der liebenden Theilnahme unserer Nachbaren zu erfreuen hatten und täglich ihr Mittagsmal empfingen.

Daneben war nun freilich viel Philisterei und Residenzlerei, und im Bürgerstande viel Zopf: der Zunftzwang und das Privilegium hemmten alle freie Bewegung und allen Mitbewerb im Handel und Verkehr und hielten allen Unternehmungsgeist nieder.

Obschon ich mehrere Tage in einer uneingerichteten Wohnung und noch dazu allein hausen mußte, so hatte ich mich doch in diesen vorläufigen, wenn auch unangenehmen, doch leidlichen Zustand gefunden. Auch ich hätte mich nicht viel anders aussprechen können wie Schiller in einer ähnlichen Lage. Als er nämlich 1787 in Weimar seinen Aufenthalt genommen hatte, äußerte er sich in den ersten Tagen also:

›Wenn ich aufrichtig sein soll, so kann ich nicht anders sagen, als daß es mir ungemein gefällt und der Grund davon ist leicht einzusehen. Die möglichste bürgerliche Freiheit und Unangefochtenheit, eine leidliche Menschenart, wenig Zwang im Umgang, ein ausgesuchter Zirkel interessanter Menschen und denkender Köpfe, die Achtung, die auf die litterarische Thätigkeit gelegt wird, dazu der wenige Aufwand, den ich an einem Orte wie Weimar zu machen habe, warum sollte ich nicht zufrieden sein?‹

Etwas aber ließ mich zu solchen Betrachtungen nicht gelangen: immer trat wie ein heimtückisches Gespenst die Jahrbuchsangelegenheit vor mich hin und trübte mir die Gegenwart und hüllte in noch größeres Dunkel die Zukunft.

Unsere Zeitschrift sollte bald erscheinen. (…)

(…)

Es war wirklich ein Wunder, daß das Jahrbuch endlich doch noch ins Leben trat. Die adeliche und die bürgerliche Camarilla hatte sich wirklich alle mögliche Mühe gegeben, den Großherzog zu bewegen, seine guten Absichten in Bezug auf mich rückgängig zu machen, ja es wurde meine ganze Vergangenheit ausgebeutet, um meine etwaige litterarische Thätigkeit und am Ende mich selbst zu beseitigen. Alles wurde benutzt, den Großherzog gegen mich zu stimmen, so daß er den Wunsch gegen Herrn Hofrath Sauppe aussprach, mein Name möchte nicht auf dem Titel stehen.

Gewiß hat sich damals manche Stimme bei Hofe *gegen* mich erhoben, und es mag der Großherzog, wenn auch nicht umgestimmt, doch oft verstimmt gewesen sein. So fragte er eines Tags einen Mann, der in amtlicher Beziehung zum Hofe stand, als das Gespräch auf mich kam: ›Sind Sie auch einer von denen, die einen Stein auf ihn werfen?‹ – ›Im Gegentheil, königliche Hoheit!‹

Um dieselbe Zeit fragte der Großherzog einen meiner Freunde: ›Ich weiß, Sie kennen Hoffmann genauer, was halten Sie von ihm?‹ – ›Königliche Hoheit, ich liebe und verehre Hoffmann in jeder Weise.‹ – ›Was halten Sie von seinen politischen

Ansichten?‹ – ›Königliche Hoheit, wir sprechen fast nie über Politik, doch habe ich die Ueberzeugung, daß seine Ansicht keinem Menschen eine schlaflose Nacht bereitet.‹ –

Nach dieser höchst unerquicklichen Geschichte der Gründung des Weimarischen Jahrbuchs kehre ich nun zurück auf unser häusliches und geselliges Leben und Treiben.

Den 23. Mai kam meine Frau mit ihrer Schwester Agnes, den Tag vorher hatte sich ihr Bruder, der in Leipzig studierte, zum Besuch eingefunden. Unser erstes Geschäft war die Einrichtung unserer Wohnung und unsers Haushalts. Wir kauften sofort das Nothwendigste. Da uns das hiesige Möbelmagazin nur wenig für uns Passendes darbot und das was uns gefiel oft zu theuer war, so wendeten wir uns nach Erfurt und fanden dort Möbeln und Hausrath in größerer Auswahl und besser und billiger. Nach einigen Tagen waren unsere Zimmer bereits wohnlich eingerichtet, so daß wir Besuche darin empfangen konnten.

Die schönen Maitage lockten uns ins Freie hinaus. Wir machten Ausflüge nach Belvedere, dem Felsenkeller, dem Ettersberge, nach Tiefurt etc. und spazierten viel im Park. Nachdem wir so die Gegend kennen gelernt, wollten wir nun auch die Menschen kennen lernen. Wir machten zunächst Besuche bei der Fürstin Wittgenstein, den Hofräthen Schöll, Sauppe und Preller, dem Kirchenrath Dittenberger, dem Obermedicinalrath Froriep u. a.

(...) Ida schaltete und waltete wie eine Hausfrau, und wenn sie eben nicht krank war, wußte sie sich und mich zu erheitern. Das Weimarische Leben sagte ihr von Tage zu Tage mehr zu. Sie erfreute sich bald sehr angenehmen Familienverkehrs mit der Altenburg, Professor Preller's, Steinacker's und Rank's. Anspruchlos, heitern Sinns und lebendig in ihrer Unterhaltung war sie überall gern gesehen. Der Besuch ihrer Mutter, die einige Wochen bei uns war, wirkte sehr wohlthuend auf ihre Stimmung, und so mancher Kunstgenuß, den ihr das Theater gewähre oder womit uns Liszt und seine Schüler erfreuten, machte ihr Weimar bald lieb und werth.

Als nun die Vorboten des Winters, Kälte, Stürme und Regenschauer sich einstellten, da fühlten wir die Nothwendigkeit, unsere Wohnung aufzugeben. Wir suchten im ganzen classischen Weimar umher, jede Wohnung, die sich für uns geeignet hätte, war besetzt. Endlich fanden wir eine am Casernenberge, aber sie war schlecht im Stande und da die Besitzerin, eine arme Wittwe, nichts dafür aufwenden konnte, so mußten wir sie erst auf unsere Kosten einrichten. Das geschah denn, und in sehr unfreundlicher Zeit war endlich Alles so weit gediehen, daß wir am 21. November einziehen konnten in B. 134, an der Wilhelms-Allee, 790' ü. d. M.

Auch diese Wohnung war sehr unzweckmäßig eingerichtet: die Hauptzimmer lagen nach Norden, die Küche und Hausflur nach Süden, zwei Zimmer konnten wir gar nicht benutzen. Trotzdem fanden wir uns bald zurecht und machten uns die wenigen Räume wohnlich. Wir hatten doch nun eine Aussicht, vorn in die Gärten, wohinter der Sommersitz der Erholung, und hinten wieder den Blick in unser Gärtchen und in die Nachbargärten. Kurz nach unserm Einzuge hatte ich mein Arbeitszimmer mit dem Notwendigsten versehen und meine kleine Bibliothek aufgestellt. Ich begann sofort meine Muß-Arbeit, das war das Jahrbuch. Da der Inhalt unterhaltend und mannigfaltig zugleich sein sollte, so war ich gezwungen, meine wissenschaftliche Thätigkeit auf Dinge zu leiten, die weder zu meinen Berufs- noch Lieblingsarbeiten gehörten. Dennoch konnte ich es nicht unterlassen, mich auch mit diesen zu beschäftigen. Die Geschichte des deutschen Kirchenliedes war mir zu lieb und zu frisch, als daß ich nicht an eine Fortsetzung hätte denken sollen. Ich machte deshalb nebenbei viele Vorarbeiten und fand den Sommer über hier und anderswo manchen Stoff dazu. Ich benutzte sehr fleißig die Weimarische Bibliothek. Die Beamten waren alle sehr freundlich und gefällig und immer bereit im Nachweisen und Aufsuchen für mich. Zur Verfolgung meiner literarischen Zwecke beschränkte ich mich jedoch nicht auf Weimar, ich besuchte auch die Bibliotheken der Nachbarschaft. (...)

An Besuchen fehlte es uns nicht. Einheimische und Fremde fanden sich ein. Manche blieben zum Mittagsessen, zum Kaffee oder zum Thee bei uns. Es ging oft ganz lebhaft und munter her. Sehr angenehm war uns der Besuch von Liszt und seinen Schülern Pruckner, Schreiber und von Bronsart, und Cornelius. Anfangs waren auch öfter da Schade und Raff. Später hatten wir innigen Verkehr mit den Familien Preller und Rank. Mit allem was von irgend litterarischer oder künstlerischer Bedeutung nach Weimar gelangte oder daselbst lebte, pflegte ich in Berührung zu kommen.

(…)

Gegen Ende des Jahrs traten zwei Ereignisse ins Leben, die mir und meinen Freunden geistige Anregung und Genüsse, und Belebung des geselligen Verkehrs unter einander versprachen. Im November wurde der *Neu-Weimar-Verein* gestiftet. Die Idee dazu ging von mir aus. Ich hatte sie bereits im Laufe des Sommers Liszt mitgetheilt. Da ich damals meine guten Gründe hatte, daß es nicht aussehen sollte, als ob es von mir ausginge, setzte ich Herrn Dr. Richard Pohl in Kenntniß und bat ihn die passenden Leute, aus denen sich ein Verein, wie ich ihn im Sinn hatte, bilden ließe, einzuladen. (…)

Das zweite Ereigniß war das *Weimarische Sonntagsblatt*, eine Unterhaltungzeitschrift, die unter Redaktion Jos. Rank's im Verlage von Böhlau erscheinen sollte. Auf die Einladung des Verlegers und des Herausgebers versprach ich mich dabei zu betheiligen.

Das Weihnachtsfest war unterdessen herangekommen und ich versuchte, wie ich immer gern zu Weihnachten gethan hatte, Anderen eine kleine Freude zu bereiten. Ich dichtete 12 lyrisch-dramatische Kindergedichte.[1]

Den 23. December um 4 Uhr holte mich Liszt ab zum Großherzog. Ich überreichte ihm für seine Gemalin und seine Mutter je ein Exemplar meiner beiden Sammlungen der Kinderlieder mit Clavierbegleitung. Er nahm sie sehr freundlich an. Dann las ich ihm meine zwölf neuen Kindergedichte vor, worüber er sehr erfreut war. Zum Abschied sagte er: ›Nun erlauben Sie mir, daß ich Ihnen recht herzlich die Hand drücken darf.‹

Was würde jener Mann gesagt haben, der zum alten und neuen Weimarischen Hofe in naher Beziehung stand, wenn er *das* gehört und gesehen hätte! Hatte er doch neulich sich geäußert: ›Wenn ich gewußt hätte, daß der etc. in Weimar bleiben würde, so hätte ich einen Fußfall gethan vor der Frau Großfürstin und gebeten, Alles aufzubieten, dies Unglück abzuwenden.‹ Als wir in die Wilhelms-Allee gezogen waren, hat er geweint. Wie würde er geweint haben, wenn er gesehen hätte, wie wir den heiligen Christabend mit ein paar Freunden feierten! Wir waren fröhlich wie die Kinder über die kleinen Geschenke, die wir uns wechselseitig bescherten, als der Christbaum mit seinen glänzenden Lichtern alle die schönen Erinnerungen an unsere Kindheit hervorzauberte.

Den andern Tag war großes Gastmal auf der Altenburg. Wir statteten unsern Dank ab für die reiche Christbescherung, womit uns die Fürstin und Liszt Tags vorher erfreut hatten. Ich schenkte der Fürstin meine neuen Kindergedichte, die ich nachher vorlas.

Unser Verein hatte sich beim Beginn des neuen Jahres (1855) bereits so weit entwickelt, daß man ihm, wenn die Theilnahme seiner Mitglieder nur so blieb, ein erfreuliches Gedeihen vorhersagen konnte. Liszt hatte uns zum Silvester-Abend auf die Altenburg eingeladen. Oben im dritten Stock waren drei Zimmer für uns hergerichtet, im mittelsten stand eine lange gedeckte Tafel. Um 9 Uhr begann das Essen und zugleich eine große Heiterkeit. Nachdem mehrere Hochs ausgebracht waren, hielt ich eine Heerschau[2] über die Mitglieder des Vereins, die fast alle zugegen waren. Ich hatte durchaus nicht die Absicht, Lob zu spenden, vielmehr die Eigentümlichkeiten, absonderlichen Neigungen und kleinen Schwächen in dem Leben und Streben jedes Einzelnen, so weit sie mir kund geworden, auf eine scherzhafte Weise zur Sprache zu bringen. Mein Scherz gelang, Alles lachte, und in heiterster Stimmung begrüßten wir bald nachher das Neue Jahr.

Mitglieder des Vereins bei seiner Gründung waren: Dr. Franz Liszt, Hoffmann von Fallersleben, die Musikdirectoren Carl Stör und Carl Montag, die Mitglieder der Hofcapelle Edmund Singer, Bernhard Coßmann und Johann Walbrül, Hofschauspieler Eduard Genast, die Musiker Hans von Bronsart, Peter Cornelius, Dionysius Pruckner, Alexander Ritter, Ferdinand Schreiber und Eugen von Soupper, Dr. Richard Pohl, Dr. Josef Rank, Joachim Raff; bald darauf traten hinzu Dr. Oscar Schade und Professor Friedrich Preller, im folgenden Jahre noch Hofschauspieler Heinrich Grans, Maler Sixtus Thon und die Musiker Rudolf Viola und Alexander Winterberger.

Ueber die Statuten und den Namen des Vereins wurde viel hin und her gesprochen, endlich einigten wir uns über einige Punkte, die ich in folgende Distichen zusammenfaßte:

Die zwölf Gebote des Neu-Weimar-Vereins

§. 1. Zweck des Vereins sind wir, wir wollen uns suchen und finden,
Und mit dem Einen Zweck haben wir Alles bezweckt.

§. 2. Weil an den Raum und die Zeit in der Welt ist Alles gebunden,
Binden wir billig uns auch wenigstens streng' an die Zeit.

§. 3. Montag-Abend um acht verpflichtet sich jeder zu kommen,
Über das Wo wird alljährlich gefaßt ein Beschluß.

§. 4. Und so wie Eine Sonne die Welt beleuchtet und wärmet,
Soll ein einziger Stern unsere Sonne nur sein.

§. 5. Aber die Sonne, genannt Vorsteher, vermag doch nicht Alles:
Darum steht ein Geschäftsführer zur Seit' ihr als Mond.

§. 6. Unsere Zahl soll sein wo möglich ohne Beschränkung,
Ausgeschlossen jedoch ist der Beschränkte mit Recht.

§. 7. Will man die Mitgliedschaft des Vereines erlangen, so soll das

Nur auf folgende Art künftig und immer geschehn.

§. 8. Melden kann man sich nie, für Jeden ist nöthig ein Vorschlag,
Ferner bedarf's dann zwei Drittel der Stimmen zum Ja.

§. 9. Vierzehn Tage hindurch wird reiflich erwogen die Sache,
Endlich erfolgt ein Nein oder ein freudiges Ja.

§. 10. Bleib' Alt-Weimar für sich, wir bleiben für uns und es ist
uns
Jeglicher Heimische fremd, aber willkommen der Gast.

§. 11. Altes giebt es genug, wir hoffen was Neues in Weimar,
Darum haben wir Neu-Weimar-Verein uns genannt.

§. 12. Wenn wir's finden in uns, so wird es sich finden in Weimar,
Und frisch, fröhlich und frei können wir lange bestehn.

Unter den vielen Vorschlägen zu einer Benennung des Vereins
wurde endlich der von mir gemachte angenommen: *Neu-Weimar-Verein*. Als Vereinstag stellten wir den Montag fest und als
Zeit die siebente Stunde Abends. Zum Versammlungsort mie-
theten wir ein Zimmer für unsern Abend im Stadthaus, der Be-
trag dafür wurde durch monatliche Geldbeiträge erhoben. Zum
Präsidenten wurde Liszt erwählt, ich zum Vizepräsidenten und
Schreiber zum Geschäftsführer.

Um die Mitglieder noch mehr an die Vereinsabende zu fesseln
und ihnen zugleich Gelegenheit zu geben, selbst mitwirkend
sich zu betheiligen, wurde der Vorschlag angenommen, ein
handschriftliches Witz- und Scherzblatt zu gründen, das jeden
Abend im Verein vorgelesen werden sollte. Raff wurde mit der
Leitung betraut und nahm sich der Sache mit vielem Eifer und
Geschick an. Die Laterne – so wurde unser Blatt getauft – ließ
ihr Licht so glänzend leuchten durch ihre mancherlei treffenden
Witzfunken und Blitze, daß große Heiterkeit und Wärme in die
ganze Gesellschaft ausströmte.

(...)

In den Februar fielen die Geburtstage der Fürstin von Wittgenstein und ihrer Tochter Maria. Beide Tage wurden immer

festlich gefeiert. Ehe ich weiter davon erzähle, will ich Näheres über die Altenburg mittheilen.

Jenseit der Ilm hinter einem hochgelegenen Tannenwäldchen an der Landstraße nach Jena steht ein dreistöckiges Haus, das sein früherer Besitzer seiner Gemalin zu Liebe ›die Altenburg‹ nannte. In diesem Hause, das später der Großherzog kaufte, wohnte damals die Fürstin[3] mit ihrer Tochter und deren Gesellschafterin Miß Anderson, und in dem Nebenbau Liszt. Die Fürstin hatte die Zimmer zum Theil fürstlich herrichten lassen, es waren darin kostbare, geschmackvolle Möbeln und Kunstsachen aller Art.[4] Sie waltete wahrhaft fürstlich durch ihre Gastfreundschaft und die Art und Weise, wie sie ihre Gäste empfing und zu beehren verstand. Sie war geistreich, vielseitig gebildet, belesen, eine Kunstkennerin, hatte in vielen Dingen ein richtiges Urtheil, war immer bereit, jedes edele Streben zu fördern, erwies sich gegen Andere freundlich theilnehmend, unterstützte Arme und Kranke, und wußte diejenigen, die sie ehrte und liebte, bei allen Gelegenheiten auszuzeichnen. Daß sie in letzter Beziehung oft einseitig sein konnte und auch dadurch wol ungerecht gegen Andere wurde, darf man wenigstens ihrem guten Herzen nicht zum Vorwurf machen. Trotz manchen Trübsalen, die sie schon früh erleben mußte, hatte sie sich einen heitern Sinn bewahrt, wenigstens konnte sie Anderen gegenüber recht heiter sein und sich bei freudigen Gelegenheiten den Anschein geben, als ob auch sie sich recht glücklich fühlte. Die Meinigen haben mit mir ihr immer ein liebevolles Andenken bewahrt und nie vergessen, wie viel Gutes sie uns erwiesen, wie viele frohe Stunden sie uns in Weimar bereitet hat.

Die Prinzeß Maria[5], jung, jugendlich schön, wie eine aufblühende Rose, jungfräulich schüchtern, harmlos und milden, heiteren Sinnes, gewann durch ihr immer liebenswürdiges Wesen Aller Herzen. So zurückhaltend und still sie in größeren Gesellschaften war, so mittheilend und lustig konnte sie in kleinen Kreisen sein, wo sie sich behaglich und heimisch fühlte. Ein poetisches Gemüth, das die Prosa des Lebens noch nicht kannte. Sie hatte viel gelernt, und schien sich zu erholen, wenn sie lesen konnte was sie ansprach. Bewundernswerth war ihr Sprachentalent: sie sprach deutsch, französisch, englisch, italienisch und polnisch. Ihre Mutter hegte eine zärtliche, überschwängliche Liebe zu dieser ihrer einzigen Tochter, und jede Aufmerksamkeit, selbst die kleinste, die man dieser bewies, nahm die Mutter auf, als ob dieselbe zugleich ihr gälte. – Große Freude gewährte es mir, daß die Prinzessin mit meiner Frau in einem fast innigen Verkehre stand. Sie kam öfter in unser Haus und beide wußten sich dann so scherzhaft zu unterhalten, daß ich oft von fern das Lachen hörte.

Dr. Franz Liszt, der großherzogliche Hofcapellmeister, war immer der geistreiche, bedeutende Künstler, der liebenswürdige Gesellschafter, der theilnehmende Freund. Kein Wunder, daß bei diesen drei Persönlichkeiten ein Besuch auf der Altenburg sehr anziehend und angenehm sein mußte. Und wirklich, es war denn auch, als ob dort Hof gehalten würde für alle Geister im Gebiete des Könnens und Wissens.

(...)

19. Mai. Nachmittags um 6 kehrte ich von Belvedere zurück. Schon um 5 hatten sich bei Ida die Wehen eingestellt. Die Hebamme und Frau Preller warteten auf die Entbindung. Ich war in höchster Aufregung: ich gehe in den Garten, finde nirgend Ruhe, hacke Holz, begieße Blumen. Um 7 erschallt der Ruf: ›ein tüchtiger Junge!‹ Seit einem Vierteljahre hatte ich vor diesem Augenblicke große Angst gehabt – jetzt war Alles gut und ich verkündete sofort dies frohe Ereigniß der Altenburg und meinen Freunden.

8. Juni Mittagsmal auf der Altenburg. Ich treffe dort Ernst Rietschel und Ernst Förster. Beide kannte ich bisher noch nicht persönlich. Ich stelle mich ihnen vor und nehme Theil an ihrem Gespräche. Beide sind nicht sonderlich erbaut von der neuen Zeit; sie sehen in ihr eine gar zu materielle Richtung und keine sonderliche Begeisterung für das Schöne in Litteratur und Kunst. Ich kann ihnen nicht recht beistimmen, namentlich Riet-

schel'n nicht, der sehr trübe in die Zukunft sieht und wenig Gutes für die Kunst erwartet. (...)

Rietschel war nach Weimar gekommen, um sich nochmals den Platz für das Göthe-Schiller-Denkmal anzusehen, und mit dem Denkmal-Comité Rücksprache zu nehmen. (...)

Sein letztes großes Werk: die Standbilder Göthe's und Schiller's waren endlich vollendet. Sie kamen nach Weimar und der Künstler selbst. Den 3. September 1857 war die Grundsteinlegung zum Denkmal für Carl August. Da ich von aller näheren Betheiligung ausgeschlossen war, so fühlte ich mich nicht im mindesten veranlaßt theilzunehmen. Es war ein Hof- und Hofrathsfest. Man hatte nicht einmal daran gedacht, Rietschel'n einen Sitzplatz anzuweisen, er mußte in der Hofbibliothek auf eine Leiter klettern, um ein Treppenfenster zu erreichen und von dort aus die Feierlichkeit sich mit anzusehen. – Den zweiten Tag war die Enthüllung der Dichtergruppe. Nun erst gedachte man würdig des Künstlers: er wurde allergnädigst bewillkommnet und beehrt und vom Volke bejubelt, und dann dermaßen in Anspruch genommen, daß unser einer ihn nicht einmal zu sehen bekam. Ich hoffte noch immer irgendwo und wie mit ihm zusammen zu kommen. Vergebens. So blieb dann *ungesprochen* mein Trinkspruch,[6] den ich Ihm aus vollem Herzen bringen wollte, und der als ein Immergrünblättchen dem Eichenkranze beigefügt werden mag, womit seine unsterblichen Verdienste das dankbare Vaterland krönt!

14. Juni ward unser Kind getauft. Pathen: Franz Liszt, Friedrich Preller und der Pastor zum Berge, des Kindes Großvater. Er erhielt nach diesen dreien die Namen Franz Friedrich Hermann. (...)

Im Laufe des Sommers hatte ich fortwährend an der neuen Ausgabe der niederländischen Volkslieder gearbeitet. Ich war, so weit meine Hülfsmittel reichten, jetzt im Juli damit fertig. Das genügte mir aber nicht: eine Reise nach den Niederlanden schien mir nothwendig, um meinem Buche die möglichste Vollendung zu geben. So entschloß ich mich denn schnell zur Reise. (...)

Die neue Ausgabe des 1. Theils meiner *Horae belgicae* war in Weimar so weit gediehen als sie bei meinen Hülfsmitteln gedeihen konnte. Das aber genügte mir nicht. Eine abermalige Reise in die Niederlande schien mir unumgänglich nothwendig.

(...)

So wichtig mir diese Arbeit auch für die Wissenschaft schien und so viele Freude sie mir auch gemacht hatte, so stand das Honorar doch in gar keinem Verhältnisse zu der unsäglichen und langen Mühe und den mancherlei Kosten, die außerdem damit verbunden waren. Ich mußte jetzt, da ich nicht mehr solche Opfer der Wissenschaft und meiner Liebhaberei bringen durfte, an eine Schriftstellerei denken, die nicht solche Vorstudien und Kosten erforderte, sondern leichter auszuführen war und etwas einbrachte. Ohne eine größere, sichere Einnahme, wie sie das Jahrbuch gewährt hatte, ließ sich mein Weimarischer Hausstand nicht mehr durchführen. Wir hatten bisher sehr einfach, durchaus nicht in Herrlichkeit und Freuden gelebt, und doch jedes Jahr sehr viel ausgegeben: 1854 1353 Rb. und 1856 1042 Rb. Es war mir deshalb erfreulich, daß mir ein litterarisches Unternehmen angetragen wurde, durch dessen Ausführung ich mir ein sicheres Einkommen auf mehrere Jahre ermöglichen könnte. Herr Theodor Oswald Weigel in Leipzig hatte nämlich die Idee, ein ›Handbuch der deutschen Bibliographie‹ zu verlegen und sich deshalb an mich gewendet. Da er durchaus noch nicht darüber im Klaren war, so bat er mich, nach Leipzig zu kommen und mit ihm die Sache zu besprechen. (...)

Am 29. März ging ich nach Leipzig. Den andern Tag besuchte ich Herrn Weigel. Ich theilte ihm meine Ansichten mit und wir einigten uns: er übernahm den Verlag des bibliographischen Handbuchs und ich die Ausführung. Es handelte sich nur noch um Honorar und Vorschüsse auf 4 bis 5 Jahre. Wir zogen Professor Zarncke zu Rathe und dieser sprach sich sehr klar aus. Weigel wollte nun einen Vertrag entwerfen und das Weitere betreiben, während ich nach Weimar zurückkehrte.

(...)

Am 13. April überbrachte mir Liszt die letzte großherzogliche Unterstützungssumme für das Jahrbuch. ›Und, fragte ich, was hat der Großherzog gesagt?‹ – ›Er interessiere sich nicht mehr für das Unternehmen.‹ So endete das Jahrbuch und damit schienen alle Beziehungen zu Sr. königlichen Hoheit enden zu sollen.

Zu Anfange Mais theilte mir Zarncke die Hauptpunkte des Weigelschen Vertrages mit. Danach sollte ich drei Jahre nach einander jährlich 500 Rb. erhalten, im Laufe des Jahres 1860 das Manuscript zum Druck abliefern und für den Druckbogen mir 10 Rb. Honorar berechnen lassen. Ich erschrak – 1500 Thaler ist allerdings ein hübsches Stück Geld. Ich kannte aber meine Arbeit bereits in ihrem ganzen Umfange und mit allen ihren Schwierigkeiten. Wenn ich drei Jahre diesem Buche all meine Zeit und meine Kräfte gewidmet gehabt hätte, konnte es leicht kommen, daß ich noch fernere drei Jahre arbeiten und das bereits verzehrte Geld abverdienen mußte und nebenher nichts weiter beginnen konnte. Nein! lieber frei, selbst mit einer ungewissen Zukunft, als ein Sklav von Verpflichtungen, deren Erfüllung mich geistig und leiblich zu Grunde richten müßte.

Also auf *diese* Weise geht es nicht, es muß ein anderer Weg gesucht und gefunden werden. Ich dachte mir, wenn man sich nur auf die deutsche Dichtung beschränkte und dann aus den Dichtungsarten Abtheilungen machte und während man die eine ausarbeitete, für alle übrigen fortsammelte, so ließe sich der große Stoff bewältigen und nach einem längeren Zeitraume doch das Ganze vollenden etc. Da ich nun für diesen Zweck früher in der Meusebach'schen und Berliner Bibliothek, dann in der Breslauer fleißig gesammelt hatte, also vor länger als 30 Jahren, so schien mir ein Fortsammeln für diesen Zweck, wobei sich doch noch mancher andere berücksichtigen ließ, des Versuches werth. Und so ging ich denn wieder auf Reisen.

(...)

Nachdem ich mein Wartegeld in Naumburg gehoben, kehrte ich aus dem Saalthale zurück.

Ich glaubte vorläufig nicht wieder dorthin zu müssen. Da hörte ich aber, daß der Minister von Raumer die Badecur in Kösen gebrauchte. Ich versuchte nun von Almerich aus, zur Audienz bei Sr. Excellenz zu gelangen. Am 14. Juli wurde mir dieselbe gewährt, nachdem ich ihm meine Geschichte des deutschen Kirchenliedes und eine Eingabe hatte überreichen lassen. Der Minister empfing mich sehr freundlich, dankte für mein Buch und meinte, auf meine Eingabe könne er nur amtlich antworten, versprechen wolle er mir nichts, ich könne ihn sonst morgen schon beim Worte halten etc. Ich sprach über meine litterarische Thätigkeit und bemerkte, daß es mir eben nicht sonderlich ginge. Da meinte denn der Herr Minister: ›Nun, man sieht es Ihnen nicht an, daß es Ihnen traurig geht.‹ Er lächelte und ich mußte lachen: ›Excellenz, mit der Traurigkeit kommt man auch nicht weiter.‹

(…)

Eines Abends in der Erholung blickte ich in das Frankfurter Journal. Ich wurde sehr überrascht, als ich las: ›J. G. Wirth hat sich mit Hinterlassung bedeutender Schulden aus dem Staube gemacht.‹ So war also wieder ein Stück unsers ersparten Geldes dahin. Es ist schwerer Geld zu behaupten als Geld zu verdienen. Ich hatte Wirth Sohn in Mainz ein baares Darlehn anvertraut und noch Honorarforderungen an ihn. Ich mußte jetzt einen Versuch machen, zu retten was noch zu retten war. So drückend und anhaltend die Sommerhitze, so entschloß ich mich doch zur Reise (26. Juli). In Mainz fand ich leider Alles bestätigt. Ich bevollmächtigte den Dr. Röder, meine Forderungen geltend zu machen und übergab ihm meine Papiere.

(…)

Da ich noch immer keine Antwort auf meine Eingabe wegen Wiederanstellung an die Minister von Manteuffel und von Raumer erhalten hatte, so hielt ich es für das Beste, mir selbst eine Antwort zu holen und nebenbei die Bibliothek zu benutzen. Den 7. October reiste ich ab, blieb die Nacht in Dessau und traf den andern Tag in Berlin ein. Gustav Eggers empfing mich am

Bahnhofe und führte mich in die Wohnung, die er für mich gemiethet hatte. Ich besuchte nun die Bibliothek, einige Freunde
und geheime Räthe. Während letztere mir die Unterstützung
meines Gesuchs versprachen, ward mir ein Brief, der schon mit
der Post abgesendet werden sollte, eingehändigt: Raumer schlug
meine Bitte um Wiederanstellung ab.

(...)

Bei meiner Rückkehr fand ich die Meinigen sehr leidend und
bald wurde ich es auch. Trotzdem arbeitete ich fleißig und
machte einen neuen Versuch, vom Ministerium wenigstens eine
Unterstützung für ein größeres litterarisches Werk zu erlangen.
Ich schickte dem Minister eine sauber abgeschriebene Probe der
Bücherkunde der deutschen Dichtung bis zum Jahre 1700 und
bat dies Werk zu unterstützen.

(...)

Dem hohen Ministerium gegenüber war mein ganzes litterarisches Thun und Treiben so gut wie gar nicht mehr vorhanden; ich
durfte von dieser Seite keine Unterstützung, ja nicht einmal eine
Aufmunterung erwarten. Am 7. December ließ mir Excellenz
von Raumer durch Dr. J. Schulze kurz und bündig schreiben:
›daß ich Ihrem Gesuche um eine Unterstützung der von Ihnen
unternommenen litterarischen Werke nicht willfahren kann.‹

Das Jahr endete mit einem frohen Ereignisse. Ida wurde von
einem Knaben glücklich entbunden und trotz unseren Besorg-
nissen schien sich Alles gut zu gestalten.

(...) Leider sollten wir uns unsers Glückes nicht lange mehr
freuen. Unser Edward erkrankte, und während wir uns der besten Hoffnung hingaben, daß es bald genesen würde, war es
plötzlich verschieden.

(...)

Für meine Bücherkunde hatte ich im Laufe des Winters wenig
thun können, nur der Opitz als Vorläufer und Probe war vollendet. Als es nun zum Frühling neigte und das Reisen bald wieder bequemer wurde, wollte ich erst sehen, ob meine Wünsche
in Betreff meines Werkes sich verwirklichen würden. Den

15. März reiste ich nach Leipzig. Ich besuchte sofort T. O. Weigel. Er empfing mich ziemlich lau, sprach über Geldkrisis, schlechte Geschäfte u. dgl. Ich zeigte ihm den Opitz. Er meinte, so etwas würde nichts helfen, er wolle ein Lexikon von A-Z, keine einzelnen Abtheilungen. ›Nun, sagte ich, gedruckt wird er doch,‹ und empfahl mich. – Den dritten Tag besuchte mich Engelmann. Ich theilte ihm den Plan meines Werkes mit und wir wurden schnell einig. Zuerst sollte der Opitz gedruckt werden, dann die dramatische Litteratur folgen. Zu meiner großen Freude übernahm auch Engelmann die zweite Ausgabe meines Buches über ›Unsere volksthümlichen Lieder.‹ Den vierten Tag war ich wieder in Weimar.

Den 25. März besuchte mich Bogumil Goltz. Ein fröhliches Wiedersehen seit so langer Zeit. Als wir uns zum letzten Male sahen, da gedachte ich also seiner: ›Goltz nimmt heute (23. Oct. 30) Abschied von mir – ich hatte mich auf ein langes, recht vielseitiges Gesprächspiel mit ihm gefreut, und nun ist Alles vorbei. Er wußte nicht oft genug sich zu äußern, wie sehr meine Aphorismen über die Liebe ihn angesprochen hätten, wie vieles daraus gleichsam aus *seiner* Seele geschrieben sei.‹

Preller war um diese Zeit oft sehr leidend. Wenn sich seine Kopfschmerzen einstellten, lag er oft fast bewußtlos darnieder. Am 25. April wollten wir ihn zu seinem Geburtstage beglückwünschen, aber wie erschraken wir! Er lag mit den heftigsten Kopfschmerzen auf dem Sopha und konnte kein Wort sprechen. Wir gingen traurig und schweigend heim, und er hörte und las nicht wie wir es so herzlich meinten.[7]

(…)

Am 9. Mai, als wir noch bei Tische saßen, fragte ich Ida: ›Kennst Du Gödeke?‹ – Nein. – Da schellte es, und wer kam? Karl Gödeke. Drei Tage war ich nun fast immer mit ihm zusammen. Gödeke sah sich so ziemlich Alles an was für jemanden, der so tief eingeweiht ist in die Weimarische Glanzperiode, sehenswerth sein muß. Wir wanderten in und um Weimar umher, waren in Tiefurt und sogar in Ettersburg.

(…)

Schon zu Anfange Junis erschien mein Büchlein über Opitz, nachdem ich jeden Bogen zweimal sorgfältigst corrigiert hatte: ›Martin Opitz von Boberfeld. Vorläufer und Probe der Bücherkunde der deutschen Dichtung bis zum Jahre 1700. Von Hoffmann von Fallersleben.‹

(…)

Den 15. Juni traten wir unsere schon lange beschlossene Reise an. Ich begleitete die Meinigen nur bis Wolfenbüttel, da mir das Welfenreich immer noch verschlossen war. Ob ich mit ihnen in ihrer Heimat noch zusammenkommen würde, war noch sehr ungewiß, auf meine Eingabe an Herrn von Borries war noch keine Antwort erfolgt.

(…) Ich war übrigens bis den letzten Augenblick noch recht fleißig gewesen. So hatte ich noch den 17. Juli 30 Bände aus der Bibliothek untersucht und verzeichnet. Meine litterarische Ausbeute hatte an Umfang sehr zugenommen Am 18. Juli reiste ich mit Hirsche's nach Braunschweig. Wir waren noch zu guter Letzt recht heiter zusammen. Den folgenden Tag traf ich in Bothfeld ein. (…)

Am 24. Juli meldete mir das königliche Amt Langenhagen oder der Reg. Rath Hagemann, ›daß das unter dem 7. August 1845 erlassene Verbot Ihres Aufenthalts im hiesigen Königreiche in seiner Allgemeinheit zur Zeit nicht aufgehoben werden könne, daß Ihnen indessen unter Allerhöchster Genehmigung bis auf Weiteres gestattet werde, in Bothfeld bei Ihren dortigen Verwandten, zu deren Besuche Sich aufzuhalten etc.‹ Ich konnte mir gar nicht denken, daß das so wörtlich gemeint sei. Ich ging am 27. Juli ohne irgend etwas Schlimmes zu ahnden nach Hannover. Ich blieb mehrere Stunden auf der königlichen Bibliothek, sah das ganze Fach der deutschen Litteratur durch und suchte die Bücher aus, die ich später näher ansehen wollte, dann machte ich einige Besuche und ging heim.

Den 29. Juli wiederholte ich meine Wanderung. Ich war wieder einige Stunden auf der Bibliothek und freute mich, daß ich für die nächste Zeit eine hübsche Ausbeute machen würde. Als ich eben in einer Musikhandlung nach Compositionen meiner Lieder suchte, kam Ida mit einem Briefe des RR. Hagemann. Ich wurde gewarnt, wenn ich den mir durch die Gnade Sr. Majestät gestatteten Aufenthalt nochmals überschritte, so würde sofort die Ausweisung erfolgen.

Jetzt blieb mir weiter nichts übrig als mich ruhig zu verhalten. Wie ernstlich die Confinierung, diese sinnreiche Erfindung und berechtigte hannoversche Eigenthümlichkeit aus den Zeiten Ernst Augusts, gemeint war, wurde bald klar: zwei Gendarmen wurden auf dem angränzenden Gehöfte einquartiert, um mich zu überwachen. Daß sie um meinetwillen da waren, ist erst zur unumstößlichen Gewißheit geworden durch den eigenhändig von Sr. Majestät George V. unterzeichneten Cabinetsbefehl an den damaligen Chef der Gendarmerie E. Poten, der sich in seinem Nachlasse vorfand.

(…) Endlich den 26. August, nachdem ich durch ein abermaliges Gesuch an den Herrn von Borries nichts erreichte, verließ ich mein St. Helena und begab mich in die Republik Hamburg. (…)

Den 8. October traf ich in Berlin ein. Ich wohnte wieder bei Erk. Das war mir für meine Liederforschung höchst willkommen. Ich konnte nun mit ihm in seinen freien Stunden gemeinschaftlich arbeiten und in seiner Abwesenheit seine reichen Sammlungen benutzen.

Mehrmals besuchte ich die königliche Bibliothek. (…) Ich beschränkte mich jedoch nicht auf die königliche Bibliothek, eine andere reiche Fundgrube eröffnete sich mir: Freiherr Wendelin von Maltzahn lud mich ein auf seine Schätze. Ich wiederholte öfter meinen Besuch und war jedesmal mehrere Stunden bei ihm. Er hatte seit Jahren für ältere und neuere deutsche Litteratur gesammelt und erstaunliches Glück gehabt. Mit dankenswerther Bereitwilligkeit legte er mir Alles vor was ihm für meinen Zweck wichtig schien, und seine Freude mitzutheilen war eben so groß als die meinige sein mußte zu empfangen. Diese Arbeiten und die weiten Wege raubten mir täglich viel Zeit, so daß mir zu Besuchen nur wenig übrig blieb. Ueberdem fand ich manchen Bekannten nicht zu Hause und so sah ich denn nur wenige.

Während meiner Anwesenheit gelangte die Regentschaftsfrage zur Entscheidung. Am 9. October enthielt die Volkszeitung in fetter Schrift die Nachricht, daß die Cabinetsordre zur Uebernahme der Regentschaft dem Prinzen von Preußen ausgefertigt sei. Ich knüpfte an dies Ereigniß auch für mich große Hoffnungen, die aber für mich nur Hoffnungen blieben.

(...)

Zu Weihnachten wurden wir alle erfreut durch eine reiche Christbescherung von der Altenburg, jedes war bedacht, auch unser kleine Franz, der auf seinem hübschen Schaukelpferde fröhlichen Muthes in das Neue Jahr hineinritt, während uns leider das schöne Fest sehr getrübt wurde, Ida war seit längerer Zeit schon recht krank.

(...) Am 12. Februar, als ich eben von der Bibliothek gekommen und mit Dr. Köhler und Dr. Kräuter unten vor der Thür noch stand, kam der Großherzog, der eben von einem Spaziergange zurückkehrte, auf mich zu, reichte mir die Hand und erkundigte sich nach dem Befinden meiner Frau. Ich war sehr überrascht – seit länger als Jahr und Tag hatte ich den Großherzog nicht mehr gesehen, und meinerseits konnte ich keine Schritte thun, mir eine Audienz zu erbitten. Nach dieser freundlichen Begegnung glaubte ich es wagen zu dürfen, den Großherzog um eine Verwendung für mich in Berlin anzugehen. Schon einige Tage nachher schrieb mir Herr Rath Vent im höchsten Auftrage, ›daß Se. königl. Hoheit zusehen werde, was in fraglicher Angelegenheit zu thun sey.‹ Bei dieser zweifelhaften Aussicht dachte ich: Selbst ist der Mann! und entschloß mich zur Reise nach Berlin. (...)

(...) Geh. Regierungs-Rath Justus Olshausen empfing mich recht herzlich. Ich setzte ihn in Kenntniß von meiner mißlichen Lage, sprach meine Wünsche aus und bat ihn, dieselben dem Minister vortragen und mir Bescheid geben zu wollen. Nach acht

Tagen wiederholte ich meinen Besuch. Olshausen war wieder recht freundlich, es schien mir aber sein Gespräch mit dem Minister vorläufig erfolglos geblieben zu sein: ›Der Minister wollte sich die Sache noch überlegen.‹ Unterdessen machte ich meine Aufwartung dem Minister R. von Auerswald und dem Minister von Bethmann-Hollweg. Letzterer hörte mich ruhig an: ›Ich sage Ihnen vorläufig nichts, weil ich das halte was ich sage, ich muß mir die Sache in Erwägung nehmen.‹ Ich überreichte ihm meine Geschichte des Kirchenliedes und empfahl mich.

Es waren abermals acht Tage vergangen, da besuchte ich wieder GR. Olshausen. Er hatte mit dem Minister gesprochen, ich sollte jetzt nur einfach um eine Unterstützung meiner ›Bücherkunde‹ einkommen. Den Tag vor meiner Abreise nahm ich Abschied von Olshausen. Er fragte mich, ob ich an den Minister bereits geschrieben hätte? Ich las ihm meine Eingabe vor, er war damit einverstanden. Ich bemerkte dann noch: ›An eine Professur darf ich wol nicht denken – nun, ich will mit einer Unterstützung zufrieden sein. Eine Professur würde zuviel Aufsehen machen und das Ministerium fürchtet sich davor.‹ Olshausen wollte das nicht recht zugeben, aber ich merkte ihm doch an, daß ich Recht hatte.

(…)

Den 27. März verließ ich Berlin, blieb noch zwei Tage in Leipzig, besuchte S. Hirzel und Hofrath Freytag und war den 29. wieder in Weimar.

(…)

Ida's Geburtstag, der 11. April, sonst immer ein so frohes Familienfest, wurde uns diesmal durch ihre Krankheit sehr getrübt. (…)

(…)

Der lange vorhergesehene Krieg Oesterreichs gegen Frankreich und Italien war endlich ausgebrochen, und gegen Ende Mais lasen wir schon Berichte über den ersten Zusammenstoß der feindlichen Heere. Oesterreich that auf einmal ganz gewaltig deutsch. Durch seine ultramontanen und absolutistischen Vorkämpfer und Anhänger ließ es überall verkünden, der jetzige Krieg sei kein österreichischer, sondern ein rein deutscher. Süddeutschland wurde bald für diese Ansicht gewonnen und auch bei uns fehlte es nicht an Freunden und Fürsprechern, aus Liebe zur Kleinstaaterei oder mehr noch aus Haß gegen Preußen. Es war einem ehrlichen Deutschen viel zugemuthet, sich für Oesterreich zu begeistern und mitzuhelfen, daß Deutsche ihm in seinem wohlverdienten Unglück das eigene Leben opfern sollten. War es doch dasselbe Oesterreich, das viertehalb hundert Jahre Alles aufgeboten hatte, jede freiheitliche Entwickelung zu unterdrücken oder mindestens zu hemmen, dies Oesterreich mit seinen Concordatlern, Jesuiten, Absolutisten, Windisch-Grätzlern und Haynau's! Sollte Deutschland sich etwa am Kriege gegen Frankreich betheiligen, so war dazu nur ein einziger Grund vorhanden, der voraussichtlich auch noch später vorhanden sein dürfte: Deutschland für sich selbst, nicht für Oesterreich. Daß ein solcher Krieg jetzt nicht aus dem Bereiche des Möglichen lag, gaben die Rüstungen Preußens und des deutschen Bundes zu erkennen, und da sich Alles rüstete, glaubte ich auch, auf meine Weise mich rüsten zu müssen. Ich sammelte viele meiner früheren Lieder, die mir jetzt in Bezug auf Deutschland zeitgemäß schienen. Mit dem Abschreiben und Ordnen war ich bald fertig; am 10. Juni war mein Büchlein gedruckt: ›Deutschland über Alles. Zeitgemäße Lieder von Hoffmann von Fallersleben.‹[8] (…)

Mit der Schlacht von Solferino am 24. Juni wurde auch mein Buch geschlagen, das kaum das Licht der Welt erblickt hatte. Der bald darauf folgende Friede von Villafranca beruhigte die Gemüther und niemand wollte sich aufregen lassen, weder prosaisch noch poetisch. Mein Büchlein konnte nicht einmal vergessen werden, da es ja gar nicht bekannt geworden war.[9] Ich hatte nichts davon als die Freude, daß ich einen Liederstrauß in den Strauß der Parteien hatte werfen wollen; ich konnte mein Honorar nicht einmal verwenden zu den Kriegssteuern, die auch ich nachher bezahlen mußte, da ich keins empfing. Uebrigens hatte mein Gemüth gegen Ende Mais schon wieder eine friedliche Stimmung gewonnen, als ob ich geahndet hätte, daß der Weltfrieden bereits im Anzuge wäre. Ich dichtete an einem Kindergesangfeste: ›Die vier Jahreszeiten‹ und vollendete den Frühling.

In den ersten Tagen des Junis wurde ich sehr angenehm überrascht: das Ministerium hatte mir Behufs Ausführung meiner ›Bücherkunde‹ eine Unterstützung von 150 Rb. bewilligt. Ich entschloß mich nun sofort zum Reisen. Mein nächstes Ziel galt der Bibliothek zu Zwickau. Von den vielen deutschen Liederbüchern, meist aus dem 16. Jahrhundert, die noch im Jahre 1827 als vorhanden angegeben wurden, war nichts mehr vorhanden. Weder Uhland, der im Jahre 1843 die Bibliothek besuchte, noch ich fanden etwas vor. Sie scheinen für immer verschwunden zu sein. Trotzdem war ich mit meiner Ausbeute sehr zufrieden. Den 10. kehrte ich nach Weimar zurück.

Den 15. Juni brachte ich Ida ins Bad nach Kösen und durchforschte dann die Bibliotheken zu Zeiz und Gera. Dann besuchte ich den Buchhändler Eberhard Hofmeister in Ronneburg. Er empfing mich sehr freundlich, behielt mich als seinen Gast und gewährte mir die Benutzung seiner sehr bedeutenden Autographen-Sammlungen. Wir begannen sofort die Durchsicht und mit Erfolg. Den andern Tag fuhren wir damit fort. Einiges schrieb ich mir ab. Ich überzeugte mich bald, daß ich für dies Mal den reichen Schatz nicht heben könnte, und versprach bald wiederzukommen. So kehrte ich denn den 20. nach Weimar zurück.

(...)

Am 1. Juli ging ich abermals auf Reisen. In Kösen besuchte ich Ida. Sie war so wohl, frisch und heiter, gar nicht zum Wiedererkennen. Wir waren den anderen Tag noch sehr fröhlich bei Steinhart's in Pforta zusammen. Den 3. Juli kam ich in Ronneburg an. Ich war nun abermals Hofmeister's Gast und Findlingssucher. Die Durchsicht der Autographen machte mir wie ihrem Besitzer große Freude. Ich war sehr fleißig im Abschreiben und meine ›Findlinge‹ wurden durch manchen werthvollen Beitrag bereichert. Übrigens beschränkte ich mich nicht auf meine ›Findlinge‹, ich dichtete auch mitunter, und so konnte ich denn am 8. Juli Ida melden: ›Gestern habe ich den Winter vollendet und bin jetzt beim Herbste. Dann sind alle vier Jahreszeiten des Kinder-Gesangfestes fertig.‹[10]

(…)

Abends pflegten wir zu spazieren, gewöhnlich nach dem Brunnen und brachten dann wol einige Stunden zu im Club, der auch hier unter dem vielversprechenden Namen ›die Erholung‹ besteht. Die Unterhaltung drehte sich gewöhnlich um den österreichisch-französischen Krieg. Merkwürdig, ich bin kein politischer Seher, aber am 13. Juli schrieb ich die wenigen Worte in mein Tagebuch: ›Es ist also Friede! und was nun? Krieg gegen Oesterreich, Krieg für Deutschland!‹ – Am 19. Juli kehrte ich nach Weimar zurück, nachdem ich noch vorher zwei Tage mit Ida zusammen gewesen war in Kösen. Am 25. holte ich sie von dort heim.

Ich beschloß nun mit den Meinigen eine größere Reise: sie wollten zu den Eltern nach Bothfeld und dort verweilen, während ich Bibliotheken und Freunde in Schlesien besuchte. Ueber Leipzig, Dresden und Görlitz eilte ich ins schlesische Gebirge, zunächst nach Eichberg bei Hirschberg zu Eduard Kießling, der jetzt Rittergutsbesitzer war. Es that mir wohl, nach so mancher Anstrengung in den staubigen, dumpfen Bibliotheken als willkommener Gast hier zu leben, in der schönen Natur mich zu ergehen, und nach Belieben mich mit mir oder mit den lieben Freunden Eduard und Albert zu unterhalten. So vergingen gar schnell vierzehn genußreiche Sommertage. Ich mußte nun wieder ans Arbeiten denken und begab mich am 29. August nach Warmbrunn.

Der gräfliche Bibliothecar, Wilhelm Burghardt, verschaffte mir bereitwilligst Alles aus der Bibliothek was ich wünschte. Zunächst richtete ich mein Augenmerk auf die vom Grafen angekaufte Autographen-Sammlung des Geh. Raths Stenzel. Ich fand darin und auch noch sonstwo Manches für meinen Zweck.

Wenn ich nicht zu Hause arbeitete, verkehrte ich mit einigen Badegästen, lustwandelte in den Umgebungen oder spazierte zur Villa Aderholz. Schon von Eichberg aus hatte ich Aderholz besucht. Wir waren dann oft zusammen und freuten uns der schönen Natur und des alten Breslauer Verkehrs. Als ich am 4. September Warmbrunn verließ, mußte ich noch zwei Tage bei ihm zubringen.

Aderholz hatte sich an der Straße, die von Hirschberg nach Warmbrunn führt, etwa Mitte Wegs, einen hübschen Sommersitz geschaffen. Die Aussicht vom Balcon des Hauses nach dem Gebirge ist entzückend; die parkartige Umgebung genügte, wenn man sich im Freien ergehen wollte. Wir waren unter uns und mit anderen sehr heiter gewesen. Beim Abschiede mußte ich versprechen, nächsten Sommer längere Zeit bei ihm zu weilen.

7.–24. September in Breslau. (...)

Breslau war seit 48, als ich es zuletzt sah, wieder ein anderes geworden. Auf den Straßen war es noch wühliger, das Gedränge noch viel ärger. An Einwohnern und Häusern hatte es noch mehr zugenommen. Von meinen alten Freunden und Bekannten war mancher heimgegangen; manche Kunde mußte ich hören, die mich sehr schmerzlich berührte. Ich wandelte in den belebten Straßen wie ein Fremder, der nichts mehr findet in der Gegenwart was sich freudig an die Vergangenheit anreiht.

Da war es mir denn recht angenehm, daß ich einen bestimmten Zweck hatte, der mich herführte und hier festhielt: die Durchsicht der deutschen Litteratur in den Bibliotheken. In der königlichen und Universitäts-Bibliothek war mir die Benutzung sehr erleichtert, da ich wußte wo und wie ich zu suchen hatte, dagegen waren die Schwierigkeiten in den städtischen Bibliotheken immer noch die alten. Noch einer anderen Ausbeute konnte ich mich erfreuen: Herr Robert Weigelt bot mir seine reiche Autographensammlung zur Benutzung an und ich fand manchen werthvollen Beitrag für meine ›Findlinge.‹ Mein diesmaliger geselliger Verkehr war übrigens sonst ein angenehmerer, vielseitigerer als in den Tagen der Aufregung im Jahre 48.

(...)

Den 25. September trat ich meine Heimreise an. Um nicht denselben Weg wieder zu machen, ging ich über Berlin. Den folgenden Tag blieb ich in Liegnitz und hielt noch eine Nachlese in der Bibliothek der Ritterakademie, deren musicalische Sammlungen ich früher viel benutzt hatte.

Da ich nun einmal wieder in Berlin war, so wollte ich sehen, ob ich nichts für mich erreichen könnte. Zunächst besuchte ich GR. Olshausen. Er meinte, es sei kein Geld da, vorläufig dürfe ich auf nichts rechnen, ich möchte zu Anfange Februars einkommen um eine Wiederholung der Unterstützung. Den andern Tag ging ich zum GR. Lehnert: ›Gehen Sie zum Minister. Lassen Sie sich auf Redensarten nicht ein! Wenn er Ihnen sagt, ich will Sie anstellen, dann ist es gut.‹ – So ging ich denn zum Minister. Als ich ihm meinen Wunsch aussprach, wieder angestellt zu werden, sagte er: ›Das ist mir ganz neu, darüber habe ich noch nie nachgedacht.‹

Den 10. October verließ ich Berlin, blieb noch zwei Tage in Köthen und kam den 13. in Weimar an. Den 15. October war der Hochzeitstag der Prinzeß Maria von Wittgenstein-Sayn. Tags vorher hatte ich sie beglückwünscht und ihr einige Kleinigkeiten zum Andenken überreicht.[11] Daß dieser Tag auch für mich ein Glückstag sein sollte, konnte ich nicht ahnden: aus liebevoller Theilnahme für uns hatte mich die Prinzessin dem Herzog von Ratibor empfohlen und diese Empfehlung war von bestem Erfolge. Den 20. holte ich Ida und Franz auf ihrer Reise von Bothfeld in Kösen ab. Wir waren nun alle wieder beisammen und gingen mit neuen Hoffnungen ins Neue Jahr hinein.

(...)

[1860] Der Herzog von Ratibor wollte mich erst persönlich kennen lernen und Rücksprache mit mir nehmen, ehe er mir die Stelle eines Bibliothecars in Corvey antrüge. Als ich die Anwesenheit des Herzogs in Berlin erfuhr, reiste ich hin. Ich erbat mir Audienz und schon auf den folgenden Morgen (11. Februar) wurde ich zu ihm beschieden. Der Herzog war sehr huldreich.

Ich sprach meine Wünsche aus und wir waren bald einig, nur meinte der Herzog noch, ich möchte doch erst mir die Bibliothek ansehen und Bericht erstatten, er wisse ja auch nicht, ob mir die Sache genehm wäre etc.

Ich begab mich nun nach Corvey, machte meinen Bericht und kehrte den 2. März nach Berlin zurück. Den folgenden Tag empfing mich der Herzog. Nachdem wir Alles erwogen, meinte Durchlaucht, wir wollten nun jeder einen Vertrag aufsetzen, der bessere solle dann gelten. Ich machte den meinigen, konnte ihn aber erst den 5. März vorlegen, weil der Herzog immer verhindert war, mich zu empfangen. Er theilte mir nun den von ihm eigenhändig entworfenen und unterzeichneten Vertrag mit, und weil derselbe weit besser war als der meinige, so unterzeichnete ich ihn. Froh und dankbar nahm ich Abschied. Den Abend war ich schon in Halle, den andern Mittag (6. März) zu Hause, freudig von den Meinigen empfangen. Ich hatte nun viel mit Corrigieren zu thun. Bei meiner Ankunft fand ich 5 Bogen vor. *Ein* Buch war wenigstens wieder vollendet: ›Findlinge. Zur Geschichte deutscher Sprache und Dichtung von Hofmann von Fallersleben.‹

(...)

Den 2. April wurde mein Geburtstag zunächst in unserm kleinen häuslichen Kreise gefeiert. Zu den Geschenken der Meinigen brachte noch Herr Hofmeister von Ronneburg mein Bildniß, gemalt von Walther, im goldenen Rahmen, der von Ronneburger Fräulein mit einem Lorbeerkranze geschmückt war. – Zum Mittag war ich mit Ida auf die Altenburg eingeladen. – Von Genelli erhielt ich noch nachträglich ein sehr liebes Andenken: zwei schöne Handzeichnungen, die eine mit seinen Worten:

Ist man reich, so sei man ein Mensch!
Ist man arm, so sei man ein Mann!

Denselben Tag ward mir der Auftrag, sämmtliche Mitglieder des Neu-Weimar-Vereins zum Abendessen auf der Altenburg einzuladen: ›unser verehrter Präsident soll zu seinem Namenstage überrascht werden.‹ Die meisten Mitglieder waren zugegen, auch sonst noch Einheimische und Fremde hatten sich eingefunden. Es ging sehr heiter zu. Nachdem ich zweimal Liszt ein Hoch ausgebracht hatte, wurde auch mir eins zu Theil, welches ich mit einem Trinkspruch auf die einzelnen Maler beantwortete. Zuletzt sprach ich noch einen Wunsch und eine Hoffnung aus.[12]

Am 9. April wohnte ich zum letzten Male dem Vereine bei. Es war ein Abendessen im Stadthause. Ich erwiederte das Hoch auf mich mit einem Spruch.[13] Der Abschied von allen den lieben Freunden und Bekannten ging mir sehr nahe, von niemandem mehr als von Liszt, denn es schien mir ein Abschied auf Nimmerwiedersehn. Was ich auch ihm aus vollem Herzen sagen konnte, sagte er mir im letzten Augenblicke unseres Scheidens: ›Die schönsten Stunden, die ich hier verlebt, habe ich Dir mit zu verdanken.‹

Wir hatten nun genug zu thun mit unserer Uebersiedelung. Nachdem meine Bücher und Schriften eingepackt waren und ich überall Abschied genommen hatte, ging ich den Meinigen voran nach Corvey. Den 25. April traf ich ein, und den 1. Mai übernahm ich das Amt eines Bibliothecars Sr. Durchlaucht des Herzogs von Ratibor, Fürsten von Corvey.

Victor amandus Dux nobis haec otia fecit.

Anmerkungen

Erster Band

1 Bei dem Pastor in Heddingshausen (Kreis Brilon), einem sehr liebenswürdigen gelehrten Mann fand ich eine Handschrift des Heldenbuchs v. Jahre
1442.

2 Hoffmann veröffentlichte diesen Brief noch in demselben Jahre in Oken's
Isis (Jahrg. 1818. Spalte 1764–1766) unter Nennung seines Namens. In demselben Jahrgang der Isis sind auch Hoffmannsche Epigramme, jedoch anonym, mitgeteilt (vgl. unten S. 69 und 70). Diese beiden Veröffentlichungen
sind die einzigen des Jahres 1818 und überhaupt die ersten, welche aus Hoffmanns Feder geflossen sind.

3 In den ›Bonner Burschenliedern‹ teilt Hoffmann zwei eigene Lieder, die
kurz vorher in Bonn entstanden sind, unter dem Pseudonym ›P. Siebel‹ mit.
Es sind die Lieder Nr. 7. S. 18–20. ›Was flimmert wie goldene Sterne‹ – und
Nr. 39. S. 211–213: ›Wo die Berge sich heben im Sonnenlicht‹. Das letztere
Lied ist in die Ges. W. (Bd. III. S. 31–33) aufgenommen. Schon Goedeke
schreibt beide Lieder Hoffmann zu (Grundriß zur Gesch. d. Deutschen
Dichtung. Bd. III. S. 261) und erklärt das Pseudonym richtig als ›Poet Sie-
bel.‹ Hoffmann führte nämlich unter seinen Bonner Studiengenossen den
Spitznamen. ›Der Poet‹. (...) Genaueres giebt J. M. Wagner in einem Nach-
trag zu seiner bibliographischen Schrift über Hoffmann (Petzholdt's Neuer
Anzeiger für Bibliographie und Bibliothekswissenschaft. 1870. April. S. 107.
108 – von uns mitgeteilt in den Ges. W. Bd. III. S. 283. Anm. 6).

4 Die Gretchenlieder finden sich in dem ersten Abschnitte der ›Lieder und
Romanzen‹ (S. 1–42; 29 Gedichte), aus welchem eine Auswahl von 23 Gedichten in die Ges. W. aufgenommen ist (Bd. I. S. 175–192; vgl. ebenda
S. 397. Anm. 45). Doch enthält dieser Abschnitt nicht nur Lieder an Gretchen; 2 Gedichte liegen vor der Bonner Zeit (Nr. 3. 20); einige Lieder gelten
Henriette von Schwachenberg, die Hoffmann zu Anfang April 1820 kennen
lernte. Die Trennung zwischen den Liedern an Gretchen und Henriette läßt
sich nicht vollständig durchführen. Durch das Vorkommen des Namens
sind als Gretchenlieder bezeugt Nr. 2. 6. 7. 10. 11. 18; diejenigen anderen
Lieder, die nachweislich vor des Dichters Bekanntschaft mit Henriette entstanden sind, dürfen wohl ebenfalls auf Gretchen bezogen werden.

5 S. die zusammengestellten Acten im 3. Hefte der ›Geschichte der geheimen
Verbindungen der neuesten Zeit‹ (Lpz. Barth 1831).

6 Aus den ›Liedern und Romanzen‹ ist der größte Teil der Liebeslieder in die
Ges. W. aufgenommen (...), dagegen sind von den Romanzen nur einige
Proben mitgeteilt (vgl. Ges. W. Bd. III S. 255–260 u. S. 299 Anm. 59).

Zweiter Band

1 2.–4. Februar 29.
2 Gedruckt in meiner Monatschrift von und für Schlesien 1829. S. 394–403.
3 *Fundgruben für Geschichte deutscher Sprache und Litteratur herausgegeben von Dr. Heinrich Hoffmann. 1. Theil. Breslau. 1830. bei Grass, Barth u. C. 8°. VIII. 400 SS.*
4 Frau von Winterfeld, Gattin des mehrfach erwähnten Oberlandesgerichts-Rathes Carl von Winterfeld.
5 Kalitte brandenburgisch der Schmetterling.
6 Davida von Thümen. Näheres s. die Nachträge.
7 Ges. W. Bd. I. S. 226 ff. und S. 400. Anm. 56.
8 Dieselben sind in die Ges. W. nicht aufgenommen. Sie sind von H. veröffentlicht in der Brockhaus'schen Ausgabe seiner ›Gedichte‹. (Leipzig. 1834. Erstes Bändchen. S. 259–290).
9 *Vocabularius latino-teutonicus* sec. XI. in Haupt's Zeitschrift. 3. Bd. S. 368–381.
10 *De cognitione metri* in den Altd. Blättern. 1. Bd. S. 212–215.
11 Buch der Liebe von Hoffmann von Fallersleben. Breslau bei Georg Philipp Aderholz. 1836. 8°. 96 SS. – vgl. Ges. W. Bd. I. S. 249–311.
12 *Die deutsche Philologie im Grundriss. Ein Leitfaden zu Vorlesungen von Dr. Heinrich Hoffmann. (Breslau. Aderholz 1836. 8°. XXXXII und 239 SS.),* dem Geheimerath Dr. Johannes Schulze gewidmet.
13 Ges. W. Bd. I. S. 313–316 und S. 402. Anm. 67.

Dritter Band

1 ›Warum soll ich nicht singen‹ – Ges. W. Bd. I. S. 42.
2 Ges. W. Bd. I. S. 33.
3 Hoffmann reichte dem Minister ein außerordentlich umfangreiches Aktenstück ein. In demselben spricht er mit einem Freimut, welcher bei Berücksichtigung seiner Amtsstellung zum mindesten sehr kühn zu nennen ist, über die Verhältnisse an der Breslauer Bibliothek. Er tadelt die Übelstände, welche sich in der Verwaltung eingeschlichen haben, beschwert sich über die willkürliche Behandlung, die ihm seitens seiner Vorgesetzten zu Teil wird, und bittet das Ministerium um Festsetzung einer Geschäftsordnung für das gesammte Beamtenpersonal der Bibliothek, damit er nicht weiter Willkürlichkeiten ausgesetzt sei.
4 Der zweite Theil der ›Fundgruben‹ erschien auch unter dem Titel: ›*Iter Austriacum. Altdeutsche Gedichte grösstentheils aus österr. Bibliotheken. Herausgegeben von Hoffmann von Fallersleben.‹ (Breslau. G. P. Aderholz. 1837. 8°. 339 SS.)* – P. V. der *Horae belgicae* hatte auch den Titel: ›*Lantsloot ende die scone Sandrijn. Renout van Montalbaen.‹* (Breslau. 1837. 8°. 127 S.).
5 Ges. W. Bd. VI. S. 12–14.

6 Ges. W. Bd. IV. S. 3. 4.

7 Hattemer's Arbeit erschien unter dem Titel: *Denkmahle des Mittelalters.*
St. Gallen's altteutsche Sprachschätze. Gesammelt und herausgegeben von
H. Hattemer. 1.–3. Bd. St. Gallen. 1844–49. 8°. – Hoffmann und Hattemer
nahmen gegenseitig an ihrem Leben und Wirken den innigsten Anteil.
Durch einen Zufall geriet der Verkehr beider Männer ins Stocken: ein Brief
Hattemer's ging verloren und kam erst nach 22 Jahren in Hoffmanns Hände.
Inzwischen war Hattemer längst gestorben. Doch widmet Hoffmann am
Schlusse dieses 3. Bandes von ›Mein Leben‹ dem Freunde einen warmen
Nachruf, auf dessen Wiedergabe wir verzichten müssen.

8 Th. 1. S. 182–185; vgl. Ges. W. Bd. IV. S. 97–99.

9 Ges. W. Bd. III. S. 237.

10 Ges. W. Bd. III. S. 53 und S. 284. Anm. 8.

11 Hoffmann teilt den Briefwechsel hier viel ausführlicher mit; wir beschränken uns auf die Wiedergabe des Wichtigsten, wobei allerdings mancher für
die damaligen Zeitverhältnisse bemerkenswerte Zug verloren geht.

12 Wie gern ich damals wie immer dort war, giebt noch mein Abschiedslied
vom 28. April kund: ›So leb nun wohl, du friedlich Thal!‹ *H.* – vgl. Ges. W.
Bd. VI. S. 17.

13 ›Es war ein langes schönes Träumen‹ – Ges. W. Bd. VI. S. 18.

14 Ges. W. Bd. IV. S. 51. 59.

15 Ges. W. Bd. I. S. 317–322.

16 Ges. W. Bd. IV. S. 103. 276. 228.

17 Ges. W. Bd. III. S. 233. Bd. IV. S. 277. 275. 276.

18 Eine ausführliche Schilderung dieser Welckerfeier findet sich in dem Buche:
›Die Hamburger Turnerschaft von 1816, von ihrer Begründung bis zur Gegenwart. Verfaßt von Carl Schneider.‹ (Hamburg. 1891. S. 50. 51.).

19 ›Frühling 1842‹ im Feuilleton der Köln. Zeitung.

20 Ges. W. Bd. IV. 248.

21 Sprecher Dr. Kaiser.

22 Ges. W. Bd. IV. S. 270.

23 Von Robert Blum.

24 Heinrich Laube.

25 Dr. Kaiser.

26 Darüber ist später noch oft gescherzt worden, selbst in thüringischen Blättern. Herr Ludwig Westrum hat daraus eine ganze Geschichte gemacht und
in Versen zum Besten gegeben im Dorfbarbier 1865. Nr. 49. vom 2. December.

27 Ges. W. Bd. IV. S. 203.

28 Ges. W. Bd. IV. S. 7. 8.

29 Gustav Schwetschke's ausgewählte Schriften (Halle. 1864.) S. 26–29.

30 Ges. W. Bd. IV. S. 256.

31 Für diesen Abend dichtete Hoffmann ein Commerslied; vgl. Ges. W. Bd. III.
S. 58 und S. 284. Anm. 11.

32 Ges. W. Bd. IV. S. IV. S. 217–284 und S. 361. Anm. 54.

33 Ges. W. Bd. II. S. 117.

Vierter Band

1 Ges. W. Bd. I. S. 57. 58.
2 Hoffmann dankte mit einem Liede: Ges. W. Bd. VI. S. 31.
3 ›Und wieder hatt' es mich getrieben‹ – Ges. W. Bd. I. S. 58. 59. – In Musik gesetzt von ›E. H. z. S.‹ (Ernst Herzog zu Sachsen-Coburg.) Lpz. Breitkopf u. Härtel.
4 Ges. W. Bd. III. S. 234 und Bd. IV. S. 310–313.
5 Henriette von Schwachenberg, Hoffmanns erste Liebe.
6 Ges. W. Bd. IV. S. 301.
7 Ein Glaubensbekenntniß. Zeitgedichte von Ferdinand Freiligrath. Mainz, Victor von Zabern. 1844. S. 307–314.
  Über H. v. F. und Freiligrath vgl. Ges. W. Bd. VI. S. 352.
8 Hoffmann läßt hier eine Anzahl Aeußerungen der Presse aus jenen Tagen (besonders der Kölnischen Zeitung) folgen: fast überall wurde das Verfahren der Gebrüder Grimm gemißbilligt und besonders im Hinblick auf die eigene Vergangenheit beider mit mehr oder weniger scharfen Worten verurteilt.
9 Meyen erzählt die nähere Veranlassung seiner Bestrafung, in der Berliner Reform vom 11. Januar 1862.
10 Ges. W. Bd. IV. S. 320.
11 ›Maiglockchen läutet in dem Thal‹. – Ges. W. Bd. II, S. 329.
12 Ges. W. Bd. IV. S. 347. 348.
13 Verehrter Herr!
  Nehmen Sie gütigst das beikommende Buch als späte, wenn auch hoffentlich nicht zu späte, Antwort auf den freundlichen Brief an, den Sie mir vor zwei Jahren zu schreiben die Gewogenheit hatten. Ich denke, daß er sich seinem ganzen Inhalte nach durch das ›Glaubensbekenntniß‹ erledigt findet, und unterlasse drum alle weiteren Auseinandersetzungen und Commentare. Ich denke, wir verstehen uns!
  Eine Bitte hab' ich Ihnen aber noch vorzutragen. *Die* nämlich, daß Sie sich veranlaßt finden möchten, meiner guten Schwiegermutter einige Worte der Erläuterung und des Trostes zu sagen, wenn sie sich, wie ich vermuthe, über diese meine jüngsten Gedichte mehr oder weniger entsetzen sollte. Suchen Sie ihr die Überzeugung mitzutheilen, daß das Volk mehr zu bedeuten hat, als die Fürsten; daß das ›Glaubensbekenntniß‹ ein aus innerem Drange hervorgegangenes Werk, daß es eine Nothwendigkeit ist, der ich ohne Widerstreben folgen *mußte*. Ein klares, verständiges Wort eines dritten wird hier mehr und besser wirken, als alle directe schriftliche Auseinandersetzung von meiner eignen Hand. Ich verlasse mich drum vertrauensvoll auf Ihre Güte, und danke Ihnen im Voraus herzlich für Alles!
  Mit den freundschaftlichsten Grüßen, auch von meiner Frau,
                    treu ergeben
               F. Freiligrath.
          Mainz, 18. August 1844.
14 Ges. W. Bd. VI. S. 33. 34.
15 Refrain des Liedes ›Ja, ihr habt es denn endlich vollendet‹ – Ges. W. Bd. IV. S. 297. 298.

16 Diesem Anlaß entstammt das Gedicht: ›Lorbeern, Myrthen und Oliven‹. –
   Ges. W. Bd. V. S. 49. 50.
17 Vgl. das Gedicht: Ges. W. Bd. V. S. 57.
18 Vgl. Ges. W. Bd. IV. S. 332–349 und S. 367. Anm. 77.
19 Valentini giebt folgende Erklärung: *Spezie di zuccherini, di sapore acutis-
   simo, composti principalmente collo spirito di canella, garofano e simili detti
   diavolini.*
20 Vgl. Ges. W. Bd. V. S. 40–72 und S. 330 ff. Anm. 9.
21 Ges. W. Bd. IV. S. 310–313. Bd. V. S. 21. 22.
22 Ges. W. Bd. IV. S. 310–313. Bd. V. S. 21. 22.
23 Eine Sammlung Gedichte unter diesem Titel ist weder im Druck erschienen,
   noch handschriftlich im Nachlasse erhalten.
24 Ges. W. Bd. III. S. 88.
25 Johanna Kapp widmete er die 1847–1849 entstandenen Johanna-Lieder,
   daraus in diesem Band S. XXX
26 Ges. W. Bd. III. S. 104.
27 Ges. W. Bd. VI. S. 42. 43.
28 Ges. W. Bd. V. S. 117–119 und S. 346. Anm. 29. Diese Gedichte sind auch
   Dingelstedt anonym zugeschickt worden; vgl. Rodenberg: Franz Dingelstedt. Blätter aus seinem Nachlaß. Berlin. 1891. Bd. II. S. 1. 2.
29 Vgl. Johannalieder. Ges. W. Bd. I. S. 323 ff. und S. 403. Anm. 71.
30 Ges. W. Bd. VI. S. 45. 46.
31 Es erschien unter dem Titel: ›Ilius Pamphilius und die Ambrosia. Von Bettina Arnim. 1. 2. Bd. Berlin. 1848. Expedition des v. Arnim'schen Verlags.‹
   Es fand nicht den Beifall im Publicum, welchen Bettinas Freunde erwartet
   hatten. Vgl. Blätter für lit. Unterhaltung 1849. S. 14. 15. und daselbst 1848.
   S. 1331. den Auszug aus dem Athenaeum.
32 Die Vorrede ist nie gedruckt und auch wohl nie geschrieben worden.
33 Arlikona.

Fünfter Band

1 Gedruckt in: Deutsches Volksgesangbuch von H. v. F. (Lpz. Engelmann.
   1848) Nr. 177 mit der Volksweise eines Liedes, das also beginnt: ›Zufriedenheit ist *mein* Vergnügen.‹
2 Ges. W. Bd. IV. S. 254. 255.
3 Die ›Spitzkugeln‹ sind in die Ges. W. noch nicht aufgenommen, sondern für
   einen beabsichtigten 9. Band zurückgelegt.
4 Damals entstanden die ›Idalieder‹. Ges. W. Bd. II. S. 3–5 und S. 394. Anm. 1.
5 Ges. W. Bd. II. S. 6–8 und S. 394. Anm. 2.
6 Die Johannalieder stehen nach einer neuen, vom Dichter später getroffenen
   Anordnung in Ges. W. Bd. I. S. 323–388 (vgl. ebenda S. 403. Anm. 71.)
7 ›Wenn dich mein Arm so fest umschlungen hält‹ – Ges. W. Bd. I. S. 104.
8 Ges. W. Bd. III. S. 60–68 und S. 285 Anm. 12.

9 Bisher in die Ges. W. noch nicht aufgenommen, sondern für einen neunten Band zurückgelegt.

10 Ges. W. Bd. I. S. 105.

11 Uhland's Volkslieder. 1. Bd. S. 784–794.

12 ›Kein König gab mir einen Orden‹ – Ges. W. Bd. I. S. 106.

13 Diese Ausweisung gab H. Veranlassung zu dem Gedicht. ›In des Sommers milden Tagen‹ – Ges. W. Bd. V. S. 153.

14 *De la Fondation-Goethe à Weimar. Lpz. Brockhaus 1851. 162 SS.* Vgl. Blätter für lit. Unterhaltung 1851. S. 497–501.

15 »*Vaer wel, vaer wel, mijn soete lief*« – *Horae belgicae. P. II.* 1833. S. 155. 156.

Sechster Band

1 H. faßte diese Sammlung unter dem Namen ›Kinderleben‹ zusammen. – Ges. W. Bd. II. S. 237–254.

2 Der Trinkspruch ist so voll persönlicher und lokaler Anspielungen, daß von seiner Aufnahme in die Ges. W. abgesehen ist. Einige Abschnitte desselben hat Hoffmann an dieser Stelle seiner Lebensgeschichte veröffentlicht.

3 Fürstin Caroline Elisabeth von Sayn-Wittgenstein, geb. v. Iwanowska; näheres über sie Ges. W. Bd. VI. S. 373, 374.

4 ›Ein Besuch auf der Altenburg in Weimar‹ in der Illustrirten Zeitung 1855. Nr. 621. 622. von *RP* (Richard Pohl). S. 848 ›Bibliothek- und Musiksaal mit Beethoven's Flügel‹ und S. 364 ›Musiksalon mit dem Riesenflügel von Alexander und Sohn in Paris.‹ – Nach *diesem* Aufsatze kann man sich nur eine falsche Vorstellung von der Altenburg machen. Der Fürstin wird z. B. gar nicht gedacht, *ihre* Zimmer sind zugleich als Liszt'sche aufgeführt etc.

5 Prinzessin Maria von Wittgenstein, jetzige Fürstin Hohenlohe-Schillingsfürst zu Wien. Näheres Ges. W. Bd. VI. S. 374.

6 Ges. W. Bd. VI. S. 156. 157.

7 ›So wünsch' ich wieder dir auch heute‹ – Ges. W. Bd. VI. S. 171.

8 Ges. W. Bd. V. S. 155–157 und S. 350. Anm. 42.

9 Vgl. das Gedicht: ›Deutschland, Deutschland über Alles!‹ – Ges. W. Bd. VI. S. 271. 272 und S. 324. Anm. 128.

10 Erschien erst im folgenden Jahre: ›Die vier Jahreszeiten. Vier Kinder-Gesangfeste von Hoffmann von Fallersleben.‹ (Mit zweistimmigen Volks- und anderen Weisen. Berlin. 1860. Adolph Enslin. 92 SS. – Neue, mit einem Anhang verm. Ausg. 1864. 8°. VIII. 103 SS.)

11 Ges. W. Bd. VI. S. 186.

12 In die Ges. W. Bd. ist von den hier angeführten nur ein Gedicht aufgenommen. Bd. VI. S. 187.

13 Ges. W. Bd. VI. S. 188. 189.

ANHANG

Editorische Notiz

Die politischen Lieder Hoffmanns von Fallersleben sind stets in unmittelbarer zeitlicher Nähe ihres Erscheinens entstanden, deshalb werden deren einzelne Entstehungsdaten hier nicht nachgewiesen. Anders bei den Liedern, Kinderliedern, Liebesliedern – deren Entstehungsdaten werden deshalb einzeln am Schluss jedes Gedichts angeführt.

Das Motto-Gedicht ›Ja sie kehren immer wieder‹ steht unter dem Titel ›Widmung‹ in: Gedichte von Hoffmann von Fallersleben, Breslau (Aderholz) 1837. Hier zitiert nach: H.v.F.: Auswahl in drei Teilen, herausgegeben und mit Anmerkungen versehen von Augusta Weldler-Steinberg, Berlin, Leipzig, Wien, Stuttgart (Bong) o.J., Band 1.

Das Motto-Gedicht zu den ›Zeitgedichten‹ (›Zwischen Frankreich und dem Böhmerwald‹) hat den Titel ›Nur in Deutschland!‹ und entstand bereits 1824. Es wurde erstmals in dem Band ›Gedichte‹ (Breslau 1827) veröffentlicht und findet sich danach in vielen Gedichtsammlungen des Autors – auch unter dem Titel ›Via buona‹ in den ›Diavolini‹ von 1848.

Den Texten der einzelnen Kapitel liegen folgende Ausgaben zugrunde:

Lieder und Kinderlieder. Aus: Gesammelte Werke, herausgegeben von Heinrich Gerstenberg, Berlin 1890 bis 1893, Bd. 1–3.

Liebeslieder. Aus: Gesammelte Werke, herausgegeben von Heinrich Gerstenberg, Berlin 1890 bis 1893, Bd. 1–3.

Unpolitische Lieder I u. II. Hamburg (Hoffmann und Campe) 1840 u. 1841.

Deutsche Lieder aus der Schweiz. Aus: Gesammelte Werke, herausgegeben von Heinrich Gerstenberg, Berlin 1890 bis 1893, Bd. 4.

Deutsche Gassenlieder. Zürich und Winterthur (Verlag des literarischen Comptoirs) 1843.

Deutsche Salonlieder. Zürich und Winterthur (Verlag des literarischen Comptoirs) 1844. [Hier nach dem Neudruck in einem Band der Literarischen Vereinigung Braunschweig, Band 38 der bibliophilen Schriften, Jahresgabe 1991.]

Maitrank, Hoffmann'sche Tropfen, Texanische Lieder, Schwefeläther, Heimatklänge, An die deutschen Kriegspoeten von 1870 und 1871. Aus: Auswahl in drei Teilen, herausgegeben und mit Anmerkungen versehen von Augusta Weldler-Steinberg, Berlin, Leipzig, Wien, Stuttgart (Bong) o. J.

Diavolini. Darmstadt (C. W. Leske) 1848 [zweite, vermehrte Auflage].

Zwölf Zeitlieder. Aus: Gesammelte Werke, herausgegeben von Heinrich Gerstenberg, Berlin 1890 bis 1893, Bd. 5.

Streiflichter. Berlin (Franz Lipperheide) 1872.

Gründerlieder. Aus: Gesammelte Werke, herausgegeben von Heinrich Gerstenberg, Band 5, Berlin 1891.

Mein Leben. Aus: Gesammelte Werke, herausgegeben von Heinrich Gerstenberg, Berlin 1890 bis 1893, Bde. 7 und 8.

Ich danke Herrn Dr. Kurt Schuster, dem Präsidenten der Hoffmann von Fallersleben-Gesellschaft in Fallersleben/Wolfsburg, für freundliche Kontrolle und manchen Hinweis sehr herzlich.

Heinz Ludwig Arnold

Daten zu Leben und Werk

2. April 1798
August Heinrich Hoffmann wird als Sohn des Kaufmanns, Gastwirts und Bürgermeisters Heinrich Wilhelm Hoffmann in Fallersleben im damaligen Kurfürstentum Hannover geboren. In *Mein Leben* berichtet er von einer glücklichen Kindheit.

25. Februar 1803
Reichsdeputationshauptschluß

1804–1814
Napoleon I. Kaiser von Frankreich

1806
Niederlage Preußens und Beginn der Kontinentalsperre gegen England.
Ende des Heiligen Römischen Reiches Deutscher Nation

7. und 9. Juli 1807
Der Frieden zu Tilsit beendete den Vierten Koalitionskrieg (1806–1807) zwischen Preußen und dem Russischen Reich einerseits und Frankreich andererseits und teilte Osteuropa in eine französische und eine russische Interessensphäre; das preußisch-französische Abkommen stufte Preußen auf den Status einer europäischen Mittelmacht zurück.

August 1807
Gründung des Königreichs Westfalen unter Napoleons jüngstem Bruder Jerôme

7. April 1812–2. April 1814
Hoffmann am Pädagogium in Helmstedt

1812
Napoleons Feldzug gegen Rußland

1813–1814
Die deutschen Befreiungskriege

28. April 1814–März 1816
Hoffmann ist Schüler des Catharineums in Braunschweig.

1815 erscheint Hoffmanns erste gedruckte Gedichtsammlung
Deutsche Lieder.

1814–1815
Wiener Kongress

1815
8. Juni: Gründung des Deutschen Bundes als Nachfolge des
Heiligen Römischen Reiches Deutscher Nation (bestand bis
1866); in Jena Gründung der deutschen Burschenschaft (der sog.
Urburschenschaft)

28. April 1816–Frühling 1819
Hoffmann beginnt im Sommersemester sein Studium an der
Universität Göttingen. Er studiert auf Wunsch der Familie
Theologie, wendet sich aber mehr und mehr den alten Spachen
und dem Studium der klassischen Altertumswissenschaft zu.

18./19. Oktober 1817
Wartburgfest: Die Jenaer Burschenschaft lädt zum 18. Oktober
zu einem Nationalfest auf die Wartburg ein.

8. September 1818
Begegnung Hoffmanns mit den Brüdern Jacob und Wilhelm
Grimm in Kassel und beginnt nach deren Ermunterung das Stu-
dium der deutschen Sprache, Literatur und Kunstgeschichte.

1819

Am 23. März Ermordung des Dramatikers August Friedrich Ferdinand von Kotzebue in Mannheim durch den Jenaer Buschenschaftler Karl Ludwig Sand; darauf verabschiedet der Frankfurter Bundestag im September die sogenannten Karlsbader Beschlüsse zur Überwachung und Bekämpfung liberaler und nationaler Bewegungen (»Demagogenverfolgungen«).

8. Mai 1819–11. April 1821

Hoffmann wechselt zum Studium der Germanistik von Göttingen an die 1818 gegründete Friedrich-Wilhelm-Universität zu Bonn, Immatrikulation am 10. Mai 1819; erste Studienreisen nach Holland, besondere Vorliebe für das Studium der altniederländischen Sprache – im Lauf der Zeit als Ergebnis dieser Studien Edition der mehrbändigen *Horae Belgicae*. 1821 erscheinen *Lieder und Romanzen*, die erste Publikation unter dem Namen Hoffmann *von Fallersleben*.

Viele Wanderungen und Reisen an Rhein, Maas, in der Eifel, an der Mosel und im Ausland.

3. Dezember 1821–21. März 1823

Hoffmann in Berlin, bemüht um eine Stelle, die ihm seinen Lebensunterhalt garantiert; Bekanntschaft mit dem Juristen und Literaturwissenschaftler Karl Hartwig Gregor Freiherr von Meusebach, dessen Bibliothek in ganz Preußen gerühmt wird wegen ihres Reichtums; u. a. auch Bekanntschaft mit Adelbert von Chamisso und Joseph von Eichendorff.

14. Juni 1823

Hoffmann erhält die Ehrenpromotion der Universität Leyden für seine *Horae Belgicae*.

23. März 1823

Hoffmann wird in Breslau Kustos der Bibliothek der Universität.

1823–1830
Hoffmann unternimmt in diesen Jahren ausgedehnte Studienreisen durch Österreich, die Schweiz, Frankreich und die Niederlande.

18. März 1830
Ernennung Hoffmanns zum außerordentlichen Professor der deutschen Sprache und Literatur an der Universität Breslau.

1831–1832
Verlobung mit Davida von Thümen, Tochter des königlich preußischen Generalleutnants Wilhelm von Thümen

1833/1834
Gründung des Deutschen Zollvereins, des Zusammenschlusses deutscher Bundesstaaten zum Zwecke der Zoll- und Handelspolitik

1835
Hoffmann wird ordentlicher Professor der deutschen Sprache und Literatur in Breslau.

26. September 1837
Hoffmann entdeckt in Valenciennes das *Ludwigslied*: ein althochdeutsches Preislied in rheinfränkischem Dialekt, das den Sieg des westfränkischen Königs Ludwig III. über die Normannen in der Picardie am 3. August 881 besingt.

1840/1841
1840 erscheinen die *Unpolitischen Lieder, I. Teil* (mit 140 Gedichten), 1841 die *Unpolitischen Lieder, II. Teil* (mit 150 Gedichten) im Hamburger Verlag Hoffmann und Campe und erreichen bis 1843 eine Auflage von 20 000 Exemplaren.

26. August 1841
Hoffmann schreibt auf Helgoland das *Lied der Deutschen,* das
am 5. Oktober 1841 in Hamburg erstmals öffentlich gesungen
wird.

Dezember 1842
Hoffmann wird wegen seiner *Unpolitischen Lieder* von der
preußischen Regierung seiner Professur in Breslau ohne Anspruch auf Pension enthoben und ist in der Folgezeit immer
wieder Ausweisungen und polizeilichen Verfolgungen ausgesetzt.

25. Februar 1843
Hoffmann wird die preußische Staatsbürgerschaft entzogen, er
wird des Landes verwiesen und verlässt Breslau.

1843–1849
Zahlreiche Wanderungen und Reisen durch deutsche Länder,
aus denen er neununddreißigmal aus politischen Gründen ausgewiesen wird, dreimal auch aus seinem Heimatort Fallersleben.
1845 erteilt ihm der bürgerliche Rittergutsbesitzer Schnelle auf
seinem mecklenburgische Gut Buchholz das Heimatrecht eines
»Hintersassen«, erklärt ihn gegenüber den Behörden als Kuh-
hirten; so kommt Hoffmann in den Besitz eines gültigen Pas-
ses. – Hier entstehen Hoffmanns schönste Kinderlieder.
  Überlegungen, nach Amerika auszuwandern, wo wohlha-
bende Freunde ihm in Texas einen Grundbesitz mit Blockhütte
geschenkt haben, verwirft er; er schreibt seine *Texanischen Lieder.*

Herbst 1844
Hoffmann reist nach Italien (dort entstehen seine Gedichte *Diavolini,* 1848).

1847
Begegnung Hoffmanns mit Johanna Kapp in Heidelberg (er schreibt seine *Johanna-Lieder*, 1847–1849)

1848–1849
Die Deutsche Nationalversammlung tagt in der Paulskirche zu Frankfurt am Main.
1848 verschafft ein Amnestiegesetz Hoffmann ein kleines »Wartegeld«, aber die erhoffte Wiedereinstellung als Professor bleibt ebenso aus wie die von ihm in seinen politischen Liedern geforderte Veränderung der politischen Verhältnisse.

1849–1854
Im Juni 1849 geht Hoffmann ins rheinische (preußische) Bingerbrück, weil er sein »Wartegeld« nur in Preußen beziehen kann. Am 28. Oktober 1849 heiratet er seine 18jährige Nichte, die Pastorentochter Ida zum Berge (aus Bothfeld bei Hannover) in der Martinikirche zu Braunschweig, weil dort eine Trauung so enger Verwandter gesetzlich zugelassen ist. Bis 1854 lebt er in Bingerbrück und Neuwied. – Wiederaufnahme seiner Forschungen in den Niederlanden.

14. Mai 1854–1860
Hoffmann folgt einem Ruf nach Weimar, wo er an der vom Großherzog Karl Alexander geförderten Herausgabe der *Weimarer Jahrbücher* mitarbeiten soll. Dort Freundschaft mit Franz Liszt und dem Maler Friedrich Preller.

1855
Geburt des Sohnes Franz Friedrich Hoffmann-Fallersleben (nach seinen Paten Franz Liszt und Friedrich Preller), der Landschaftsmaler wird.

Sommer 1856
Hoffmann geht zur Kur an den Kochelsee.

1860

Da die *Weimarer Jahrbücher* eingestellt wurden, weil der Großherzog das Interesse daran verloren und seine finanzielle Unterstützung entzogen hatte, nimmt Hoffmann das Angebot von
Victor I., Herzog von Ratibor, an, bei ihm als Schlossbibliothe-
kar in Corvey zu arbeiten. Er siedelt am 25. April um und tritt
am 1. Mai sein Amt an.

Am 28. Oktober 1860 stirbt Hoffmanns Frau Ida.

1864–1871

Die deutschen »Einigungskriege«

1867

Gründung des Norddeutschen Bundes

18. Januar 1871

Errichtung des Deutschen Reiches

19. Januar 1874

Nach einem Schlaganfall am 8. Januar und einem weiteren am
19. Januar stirbt Hoffmann und wird auf dem Klosterfriedhof
von Corvey unter der Begleitung von 4000 Trauergästen neben
seiner Frau Ida beigesetzt.

Aus Kindlers Literatur Lexikon:
August Heinrich Hoffmann von Fallersleben,
›Das lyrische Werk‹

»Frisch: Knüppel aus dem Sack / Auf's Lumpenpack! / Auf's
Hundepack!« Mit diesem Wunsch endete Hoffmanns erstes politisches Gedicht. Es stand nicht zufällig am Anfang seiner zwei-
bändigen Sammlung *Unpolitische Lieder* (1840/41), war es doch
provoziert worden von der Amtsenthebung seiner Mentoren,
der Brüder Grimm, die zu den Göttinger Sieben gehörten. Ihrem Welfenkönig und seinen Geheimen Räten waren die Prügel
aus dem Grimm'schen Märchen zugedacht. In schneller Folge
waren dann 1838 in Breslau und 1839 auf Reisen durch Österreich, Südwestdeutschland, die Schweiz, Frankreich und Belgien die Gedichte entstanden, die 1840 bei Hoffmann und
Campe im liberalen Stadtstaat Hamburg mit Genehmigung der
Zensur verlegt wurden. Der geschäftstüchtige Campe machte
daraus in kurzer Zeit einen Bestseller und regte Hoffmann zur
Fortsetzung seiner politischen Dichtung, wenn möglich in noch
schärferem Ton, an. Die satirischen Angriffe auf die politischen
und gesellschaftlichen Zustände in dem folgenden zweiten Band
waren dann in der Tat gezielter und treffender und führten Ende
1842 zur Entlassung des Autors aus dem Amt eines ordentlichen
Professors an der königlichen Universität Breslau ohne Pension.
  Hoffmanns Gedichte, beflügelt durch Hoffnungen auf eine
Liberalisierung beim Thronwechsel in Preußen, standen am Beginn einer neuen Welle politischer Lyrik, die die letzten Jahre
des Vormärz bis zur Revolution von 1848 begleitete und einen
nicht zu unterschätzenden Beitrag zur politischen Bewusst-
seinsbildung in Deutschland leistete. Hoffmann blieb nicht allein. Herwegh, von Dingelstedt, Freiligrath schlugen einen ähnlichen Ton an, waren jedoch längst nicht so erfolgreich, nicht
zuletzt weil Hoffmann, nach Art mittelalterlicher Spielleute
durch die deutschen Länder ziehend, seine Lieder selbst bekannt
machte. Immer wieder polizeilich ausgewiesen, bewältigte er

bis zur Revolution eine sechsjährige ›Tournee‹, die ihn durchschnittlich nicht länger als fünf Tage an einem Ort verweilen ließ. Während dieser Zeit ließ er weitere Sammlungen mit kritischen Liedern folgen, zum Teil wegen der Zensur in der Schweiz verlegt, zum Teil unter fiktiven Orts- und Verlegernamen: *Deutsche Lieder aus der Schweiz* (1842), *Deutsche Gassenlieder* (1843), *Deutsche Salonlieder* (1844), *Maitrank* (1844), *Hoffmann'sche Tropfen* (1844), *Schwefeläther* (1847) zeugen von seiner Produktivität und Kreativität angesichts dieser erzwungen unsteten Lebensweise.

Von ›A‹ wie ›Adel‹ bis ›Z‹ wie ›Zensur‹ ließ er kein Thema aus, das sich für einen satirischen oder parodistischen Angriff eignete, und es überrascht nicht, dass er am Rande auch die zeitgenössischen deutschen Vorbehalte gegen expansive Franzosen, geschäftstüchtige Juden und panslawistische Russen bediente. In die Entstehungszeit dieser Gedichte gehört auch sein »Lied der Deutschen«, dessen dritte Strophe heute die deutsche Nationalhymne ist. Seine politische Lyrik war bewusst auf Singbarkeit nach bekannten Melodien angelegt, was der biedermeierlichen Geselligkeit entsprach, kontrafaktorisch darauf abzielte, den Spitzeln ein Schnippchen zu schlagen, und auch musikalisch durchaus provokanten Charakter haben konnte, wenn er zum Beispiel seinem Lied »Schleppt den Frühling in den Kerker, / Denn er ist ein Demagog« die Singanweisung voranstellte: »Mel.: Gott erhalte Franz den Kaiser«, die Kaiserhymne also. Hinzu kamen eine im Vergleich zu Herwegh oder Freiligrath bewusst einfach gehaltene Sprache und Versform.

Seine größte Wirkung erzielte er als agitatorischer Begleiter der Wahlkämpfe südwestdeutscher Liberaler wie Welcker, von Itzstein oder Hecker. Hat die Rezeptionsgeschichte seiner politischen Lyrik bisher darauf beharrt, ihm mangelnde Reflexion über gesamtgesellschaftliche Zustände, Naivität, politische Hilflosigkeit, ein fehlendes Konzept vorzuwerfen, so wird man heute, nach Phasen obrigkeitsstaatlich, nationalistisch oder marxistisch inspirierter Interpretationsmuster, eher fragen, ob er mit seiner souveränen Zurückweisung prinzipieller Welterklärungen und Handlungsanweisungen, zum Beispiel gegenüber Arnold Ruge oder Friedrich Engels, der Wirklichkeit nicht näher kam als seine zeitgenössischen und späteren Kritiker.

Mit dem Scheitern der 1848er Revolution war nicht das Ende seiner politischen Lyrik gekommen. Bis zu seinem Tod 1874 klagte er die liberalen Programmpunkte ein: staatliche Einheit, den Rechtsstaat und die bürgerliche Freiheit. Bis zuletzt, auch als 1871 die von ihm begeistert begrüßte nationalstaatliche Einheit erreicht war, mahnte er zur Standhaftigkeit gegenüber dem Obrigkeitsstaat. Zur Feier des Sieges über die Franzosen bei Sedan stellte er 1873 fest: »Freiheit von den fremden Ketten / Mag uns schon gelungen sein. / Von den eignen uns zu retten / Fällt uns immer noch nicht ein.«

Das poetische Werk Hoffmanns ist nicht auf sein gesellschaftskritisches Engagement beschränkt. Es umfasst daneben patriotische Lieder, Liebes- und Naturlyrik, Volks-, Kinder- und Wiegenlieder und speist sich nicht nur aus persönlichem Erleben, sondern ebenso aus seinen literarhistorischen Forschungen zur mittelalterlichen Poesie im deutschen, niederländischen und skandinavischen Sprachraum sowie aus seiner Feldforschung und Sammlertätigkeit auf dem Gebiet des Volks- und Kirchenliedes, auch im teilweise slawischsprachigen Raum Schlesiens.

Die erste selbständige Publikation (*Lieder und Romanzen*, 1821) fällt noch in seine Studentenzeit und erschien ihm selbst so wenig gelungen, dass er in spätere Ausgaben seiner Gedichte (1827; 1834; 1836; 1837; 1843) nur drei daraus aufnahm. Gretchen, die Tochter seines Poppelsdorfer Zimmerwirts, Henriette von Schwachenberg, Karolina von Meusebach, Davida von Thümen, Johanna Kapp und schließlich seine Frau Ida sind über die Jahrzehnte die Adressaten seiner Liebesgedichte. Diese stehen an Zahl seinen gesellschaftspolitischen Liedern nicht nach, wohl aber in ihrer Bedeutung. Die meisten wären längst vergessen, hätten nicht die angesehensten Komponisten seiner Zeit seine »locker verwobenen« (Rühmkorf) Verse nur allzu gern in Töne gesetzt: Brahms, Erk, Kreutzer, Liszt, Loewe, Lortzing, Marschner, Mendelssohn Bartholdy, Nicolai, Schletterer, Schumann, Silcher, Spohr sind darunter. Hoffmann gilt als einer der meistvertonten Dichter im deutschsprachigen Raum. Doch nicht alle seine Gedichte sind nur der Musik wegen in der Erinnerung geblieben. Es gibt einige, deren poetische Sprache sich bis heute behauptet: »Abend wird es wieder über Wald und Feld« oder »O, wie ist es kalt geworden« gehören dazu.

Hoffmanns Formensprache ist breit entwickelt. Die intensive Schulung des Gymnasiasten an antiken Autoren und die lebenslange Beschäftigung des Gelehrten mit der Dichtung der germanischen Sprachen spiegeln sich auch in seinem eigenen lyrischen Werk. Von frühen Sonetten und Elegien über das immer wieder gepflegte Distichon (*Spitzkugeln*, 1849), mannigfaltige, oft kehrreimgeschmückte Volksliedstrophen, so ausgefallene Versformen wie die aus dem Persischen stammenden Ghaselen (»Johanna-Lieder«, 1851) bis hin zum überraschend am Ende auftauchenden Blankvers (*Streiflichter*, 1871) reicht sein Repertoire. Obwohl er keinerlei musikalische Ausbildung erhalten hatte, kein Instrument spielte, nicht Noten lesen konnte, wusste er seine Zuhörer doch durch seinen Gesang zu fesseln. Für eine Reihe seiner Lieder hat er die Melodien selbst erfunden. Er sah den engen Zusammenhang zwischen Poesie und Musik, schrieb »statt der Töne Worte auf« und dichtete »nie ohne zugleich zu singen«, so dass nicht nur die Vertonung seiner Texte durch die Komponisten, sondern umgekehrt auch seine Worte auf vorhandene Melodien diesen erst zu größerer Bekanntheit verhalf: Die deutsche Nationalhymne auf Haydns »Kaiserhymne«, »Morgen kommt der Weihnachtsmann« auf Mozarts »Ah, vous dirai-je Maman«, »Der Kuckuck und der Esel« auf eine Melodie Zelters sind Beispiele.

Über 500 Kinderlieder stammen von Hoffmann – *Die vier Jahreszeiten*, 1860; *Alte und neue Kinderlieder*, 1873 – und werden bis auf den heutigen Tag gesungen, meistens ohne das Bewusstsein, wer ihr Verfasser war. Es ist, als hätte paradoxerweise gerade der Erfolg seinen Urheber in Vergessenheit geraten lassen. »Alle Vögel sind schon da«, »Kuckuck, Kuckuck, ruft's aus dem Wald«, »Maikäfer flieg«, »Winter ade«, »Wer hat die schönsten Schäfchen«, »Summ, summ, summ, Bienchen summ herum«, »Ein Männlein steht im Walde«, »Morgen Kinder wird's was geben« – sie bezaubern heute noch mit ihrer einfachen, kindgerechten Sprache, ihren einprägsamen Bildern und Melodien und haben weltweite Verbreitung gefunden. So kann man sagen, dass ein Großteil von Hoffmanns politischer Dichtung – so bedeutend sie für die Zeit war – heute nur mit Erläuterungen verständlich ist, dass ein Großteil seiner Liebeslyrik ihr Überdauern der Musik, nicht seinen poetischen Bildern verdankt, und dass es seine Kinderlieder sind, die ihm einen Platz in den Anthologien für lange Zeit sichern.

Kurt Schuster

Aus: Kindlers Literatur Lexikon. 3., völlig neu bearbeitete Auflage. Herausgegeben von Heinz Ludwig Arnold (ISBN 978-3-476-04000-8). – © der deutschsprachigen Originalausgabe 2009 J. B. Metzler'sche Verlagsbuchhandlung und Carl Ernst Poeschel Verlag, Stuttgart (in Lizenz der Kindler Verlag GmbH).

Verzeichnis der Lieder und Gedichte

Bettine von Arnim
Aus meinem Leben
Ein Lesebuch von Dieter Kühn
Band 90133

Ein »Lauffeuer verbundener Gefühle und Gedanken« nennt
Bettine von Arnim den Briefwechsel mit ihrer Freundin
Karoline von Günderrode. Und ein solches Lauffeuer ist der
gesamte vorliegende Band, der eine der witzigsten und mu-
tigsten Schriftstellerinnen der Romantik präsentiert. Neben
einer Auswahl ihrer schönsten Texte enthält das Lesebuch
einen fortlaufenden Kommentar von Dieter Kühn, der ein-
fühlsam und kritisch zugleich Bettines Lebensspur folgt.
Kennenlernen kann man dabei nicht nur eine wunderbare
Erzählerin, sondern auch eine selbstbewusste Frau und
Idealistin, die ihrer Epoche weit voraus war.

Das gesamte Programm von Fischer Klassik
finden Sie unter:
www.fischer-klassik.de

Fischer Taschenbuch Verlag

Brüder Grimm
Kinder- und Hausmärchen
Band 90015

Sie gehören in jedes Kinderzimmer, große Dichter haben ihre Fantasie an ihnen geschult: die Märchen, die Jacob und Wilhelm Grimm auf ihren Reisen gesammelt und weitergedichtet haben. Das Brüderpaar hat damit uralte Geschichten vor dem Vergessen bewahrt, ohne deren Bildwelten unsere Kultur nicht vorstellbar ist. Nicht nur Hollywood und Disneyland, auch schnöde Produktwerbung bedient sich aus diesem sagenhaften Fundus des am häufigsten übersetzten deutschen Buchs. Und: Wer hat noch nicht versucht, einen Frosch zu küssen, um einen Prinzen zu finden?

Das gesamte Programm von Fischer Klassik finden Sie unter:
www.fischer-klassik.de

Fischer Taschenbuch Verlag